자바로 배우는 쉬운 자료구조

한빛아카데미
Hanbit Academy, Inc.

지은이 **이지영** witch21@dreamwiz.com

서경대학교 컴퓨터과학과를 졸업하고 동대학원에서 소프트웨어공학을 전공하였다. 현재 서경대학교 컴퓨터과학과 겸임 교수이며 프로젝트관리기술사(PMP)로 활동하고 있다. 저서로는 『C로 배우는 쉬운 자료구조(개정3판)』(한빛아카데미, 2016)과 『최신 인터넷의 이해』(청람, 2004)가 있다. 주요 연구 분야는 소프트웨어 프로세스, 알고리즘, 빅데이터 분석 등이며, 자료구조, 데이터베이스, C·자바·안드로이드프로그래밍, 디지털 논리 설계 등을 강의한다.

IT CookBook, 자바로 배우는 쉬운 자료구조

초판발행 2013년 07월 30일
7쇄발행 2018년 07월 26일

지은이 이지영 / **펴낸이** 김태헌
펴낸곳 한빛아카데미(주) / **주소** 서울시 서대문구 연희로2길 62 한빛아카데미(주) 2층
전화 02-336-7195 / **팩스** 02-336-7199
등록 2013년 1월 14일 제2013-000013호 / **ISBN** 978-89-98756-42-0 93000

총괄 배용석 / **책임편집** 김현용 / **기획** 박현진 / **진행** 유경희
영업 이윤형, 김태진, 주희, 김성삼, 길진철, 이정훈 / **마케팅** 김호철

이 책에 대한 의견이나 오탈자 및 잘못된 내용에 대한 수정 정보는 아래 홈페이지나 이메일로 알려주십시오.
잘못된 책은 구입하신 서점에서 교환해 드립니다. 책값은 뒤표지에 표시되어 있습니다.

홈페이지 www.hanbit.co.kr / 이메일 question@hanbit.co.kr

Published by HANBIT Academy, Inc. Printed in Korea

원리를 알면 IT가 맛있다
IT COOKBOOK

1시간 강의를 위해 3시간을 준비하는 마음!

:: 군더더기 없는 핵심 원리 + 말랑말랑 쉬운 컨텐츠

핵심 원리 하나만 제대로 알면 열 가지 상황도 해결할 수 있습니다.
친절한 설명과 명확한 기승전결식 내용 전개로 학습 의욕을 배가시켜줍니다.

:: 핵심 원리 → 풍부한 예제와 연습문제 → 프로젝트로 이어지는 계단 학습법

기본 원리를 다져주는 예제, 본문에서 배운 내용을 촘촘하게 점검해볼 수 있는 연습문제,
현장에서 바로 응용할 수 있는 프로젝트를 단계별로 구성해 학습의 완성도를 높였습니다.

:: 학습욕구를 높여주는 현장 이야기가 담긴 IT 교과서

필드 어드바이저의 인터뷰와 주옥 같은 현업 이야기를 담았습니다.
강의실 밖 현장의 요구를 접하는 기회를 제공하고,
학생들 스스로 필요한 공부를 할 수 있도록 방향을 제시합니다.

>> 저자 머리말

오늘보다 나은 내일을 위한 업그레이드

"모로 가도 서울만 가면 된다"는 옛말이 있습니다. 어떤 방법을 사용하든지 결과만 맞으면 된다는 뜻입니다. 서울로 가는 길을 물어보는 초보 운전자에게 이런 말은 전혀 도움이 되지 않을 것 입니다. 직접 데려다 주지 못한다면 성능 좋은 네비게이션을 사용하여 좀 더 가깝고 막히지 않는 길로 운전할 수 있도록 해주어야 할 것입니다.

처음 컴퓨터 프로그래밍을 배우게 되면 무슨 프로그램을 만들 것인가를 생각하고, 결과값이 맞으면 완성된 프로그램이라고 생각하기 마련입니다. 정말 그럴까요? '초보' 프로그래머에게는 맞는 말일지 모르지만, 언제까지나 초보 딱지가 붙어있는 자신을 좋아하는 프로그래머는 없을 것입니다. 초보 프로그래머인가 아닌가는 프로그래밍을 할 때 '무엇을'에 중점을 두는가, 아니면 '어떻게'에 중점을 두어 어떻게 하면 좀더 효율적이고 완성도 높은 프로그램을 작성할지를 생각하는가에서 구별됩니다. 초보 프로그래머에서 벗어나게 해주는 네비게이션이 바로 자료구조입니다.

많은 이들이 공감하는 것처럼, 자료구조가 쉬운 과목은 아닙니다. 또한 자료구조를 배우면서도 왜 배우는지, 얼마나 필요한 내용인지를 깨닫기도 쉽지 않습니다. 당장은 무엇인지 보이지 않지만, 한조각 한조각 맞추어가다 보면 결국 완성된 전체 그림이 나타나는 퍼즐맞추기처럼 자료구조와 알고리즘들을 하나씩 배워두면 실무 프로젝트에 참여할 때 분명 진가를 발휘하게 될 것입니다.

자신을 업그레이드하는 일이 쉽기만 하다면 오히려 시시하게 생각되고, 정말 업그레이드되고 있는지 의구심이 생길지도 모릅니다. 쉽게 얻은 것은 쉽게 잃기 마련이며, 힘들게 얻은 것은 쉽게 잃지 않는다는 것을 기억하기 바랍니다.

이 책에서 배울 자료구조와 알고리즘은 컴퓨터를 이용하여 문제를 해결하는 데 필요한 방법들입니다. 여러 가지 방법들을 배우고 이해하여 주어진 문제에 대한 최적의 해결 방법을 선택하고 활용하는 능력을 익혀 고급 프로그래머로 업그레이드할 수 있는 발판을 만들고자 이 책을 저술하게 되었습니다.

따라서 자료구조와 알고리즘을 어렵고 추상적인 이론으로만 다루지 않고 쉽게 이해할 수 있도록 다양한 그림을 통해 풀어 설명하고, 자바 프로그래밍을 통하여 실제적으로 사용할 수 있도록 하고자 노력하였습니다. 그리고 정보처리 자격증을 준비하는 학생들을 위해 각 장에서 다루는 내용에 해당하는 기출 문제를 수록하였습니다.

이 책은 『IT CookBook, C로 배우는 쉬운 자료구조』(한빛미디어, 2005)의 자바 개정판입니다. 두 책을 비교해보면, 내용은 크게 다르지 않지만, 같은 알고리즘에 대해서 각각 C와 자바 프로그래밍으로 구체화시키는 방법을 다루고 있습니다. 하나의 문제를 가지고 성질이 다른 프로그래밍 언어를 사용하여 구현해봄으로써 언어 자체의 활용력뿐만 아니라 자료구조와 알고리즘에 대한 응용력을 키우는 데 많은 도움이 될 것입니다.

프로그래밍은 창의적이고 활동적인 작업입니다. 자료구조와 알고리즘을 이용한 프로그램들을 스스로 분석하고 수정해보면서 고급 프로그래머로 나아가는 길에 이 책이 도움이 되길 바랍니다.

이 책이 나오기까지 힘써주신 한빛미디어 식구들, 특히 일정을 조정하느라 노심초사했을 박현진님께 감사드립니다. 또한 지금껏 자료구조 강의를 해오면서 눈높이 강의를 할 수 있도록 도와주고 때로는 엉뚱한 질문으로 웃게 해주었던 나의 사랑하는 학생들에게 뿌듯한 미소와 고마움을 전합니다.

원고 쓰느라 지칠 때마다 삼계탕과 격려의 말을 해주었던 친구들에게도 이 자리를 빌어서 고마움을 전하며, 책을 집필하는 동안 격려와 도움을 주신 모든 분들께 고마움을 전합니다.

마지막으로 항상 힘이 되어주시는 부모님과 가족들에게 깊은 감사를 드립니다.

이지영

>> 워밍업

이 책을 읽기 전에

누구를 위한 책인가

이 책은 2·3년제 대학의 컴퓨터 관련학과 2학년생 또는 자료구조의 기본 개념을 익히고자 하는 4년제 컴퓨터 관련학과 2학년생들을 대상으로 한다. 도식화한 쉬운 설명과 프로그래밍 예제로 구성하여 자료구조 입문자와 고급 프로그래밍을 배우고자 하는 학생들에게 실용적인 학습 교재로 사용될 수 있다. 또한 정보처리 자격증을 준비하는 학생들의 참고 교재로 활용할 수 있다.

선수 연계 과목

이 책을 이해하기 위해 필요한 선수과목은 자바 언어다. 각 장마다 실제로 구현한 자바 프로그램을 삽입하였으므로 이를 이해하기 위해서는 자바 프로그램의 기본 문법에 대한 학습이 필요하다.

• **본 도서는 강의용 교재로 개발되었으므로 연습문제 해답은 제공하지 않습니다.**

이 책의 구성 요소

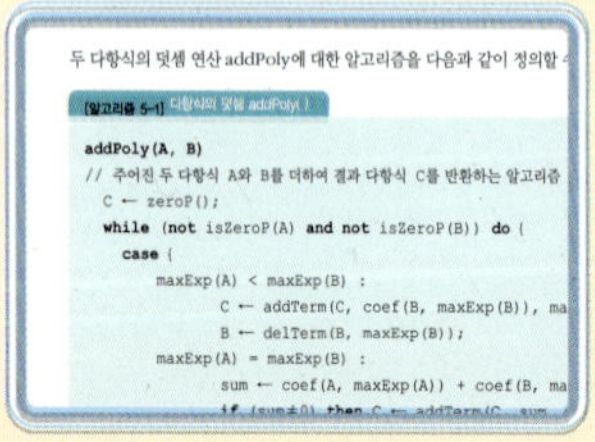
두 다항식의 덧셈 연산 addPoly에 대한 알고리즘을 다음과 같이 정의할

[알고리즘 5-1] 다항식의 덧셈 addPoly( )

```
addPoly(A, B)
// 주어진 두 다항식 A와 B를 더하여 결과 다항식 C를 반환하는 알고리즘
  C ← zeroP();
  while (not isZeroP(A) and not isZeroP(B)) do {
    case {
      maxExp(A) < maxExp(B) :
            C ← addTerm(C, coef(B, maxExp(B)), ma
            B ← delTerm(B, maxExp(B));
      maxExp(A) = maxExp(B) :
            sum ← coef(A, maxExp(A)) + coef(B, ma
```

알고리즘
해당 연산에 대한 알고리즘을 정리한다.

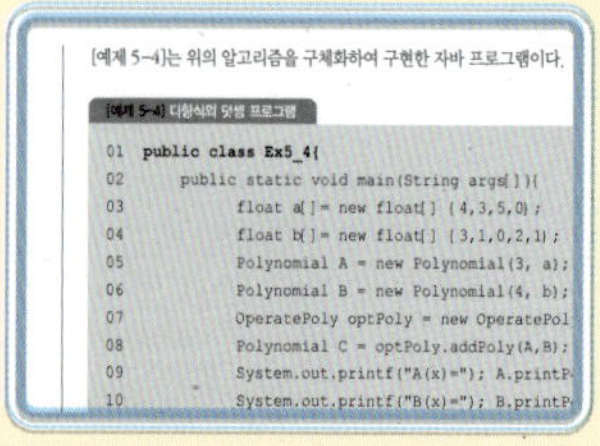
[예제 5-4]는 위의 알고리즘을 구체화하여 구현한 자바 프로그램이다.

[예제 5-4] 다항식의 덧셈 프로그램

```
public class Ex5_4{
    public static void main(String args[]){
        float a[]= new float[] {4,3,5,0};
        float b[]= new float[] {3,1,0,2,1};
        Polynomial A = new Polynomial(3, a);
        Polynomial B = new Polynomial(4, b);
        OperatePoly optPoly = new OperatePol
        Polynomial C = optPoly.addPoly(A,B);
        System.out.printf("A(x)="); A.printP
        System.out.printf("B(x)="); B.printP
```

예제
앞에서 정리한 알고리즘으로 개념을 정리한 뒤 자바 언어로 실제 프로그램을 작성해본다.

이 책의 뼈대만 빨리 보기

이 책은 '자료구조 시작하기 → 자료구조의 기본 표현 방식 → 응용 자료구조 → 자료의 정렬과 검색'의 4부분으로 구성되어 있다. 자료구조의 개념과 기본적인 자료구조를 설명한 후에 이를 응용한 고급 자료구조를 알아본다. 그리고 자료에 대한 정렬과 검색 방법을 알아본다.

❶ 자료의 표현, 소프트웨어와 자료구조, 자바 프로그래밍과 객체지향 기법(1장, 2장, 3장, 4장)

자료구조와 알고리즘을 이해하기 위한 기본 지식을 학습한다. 구체적인 자료구조를 알아보기에 앞서 컴퓨터에서 자료를 표현하는 방법을 이해하고, 좋은 소프트웨어 개발과 자료구조의 관계를 알아본다. 알고리즘을 이해하고 프로그래밍하기 위해 필요한 자바 프로그래밍 기법과 객체지향의 개념을 익힌다.

❷ 순차 자료구조, 연결 자료구조(5장, 6장)

자료를 컴퓨터에서 구현하는 기본 구조로서, 자료의 논리적인 순서와 저장되는 물리적 순서를 일치시키는 순차 자료구조 표현 방법을 알아본다. 또한 물리적인 순서를 고려하지 않고 논리적인 순서대로 연결하여 구성하는 연결 자료구조 표현 방법을 알아보고, 이 둘의 차이를 이해한다.

❸ 스택, 큐, 트리, 그래프(7장, 8장, 9장, 10장)

순서를 갖는 자료들을 구조화시킨 자료구조인 스택과 큐, 트리, 그래프에 대해서 알아보고 그 특징과 연산 방법을 이해한다. 스택, 큐, 트리, 그래프를 표현하는 순차 표현 방법과 연결 표현 방법을 이해하고 구현한다.

❹ 정렬과 검색(11장, 12장)

자료를 사용할 때 필요한 정렬과 검색을 살펴본다. 정렬 방법으로 선택 정렬, 버블 정렬, 퀵 정렬, 삽입 정렬, 셸 정렬, 병합 정렬, 기수 정렬, 힙 정렬, 트리 정렬을 설명한다. 그리고 순차 검색, 이진 검색, 이진 트리 검색, 해싱 등의 검색 방법을 설명한다.

요약

장이 끝날 때마다 핵심적인 내용을 요약해서 정리한다. 본문에서 익힌 세분화된 지식을 여기에서 전체적으로 조립하여 완성된 모습으로 볼 수 있다.

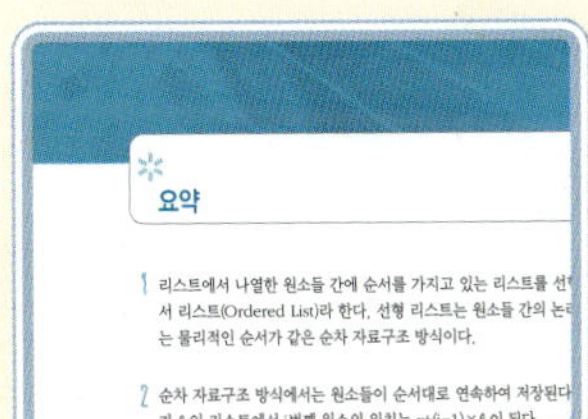

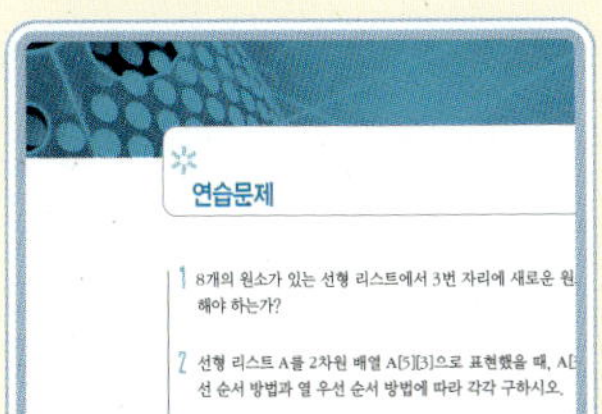

연습문제

장이 끝날 때마다 본문에서 익힌 핵심적인 내용을 문제 형식으로 정리한다.
또한 정보처리 자격증 시험에 대비할 수 있도록 해당 챕터와 관련된 기출문제를 수록했다.

>> 강의 계획표

빠른 속도 스케줄 표

빠른 속도 스케줄표는 모든 장을 학습하도록 구성하였으므로 철저한 예습과 복습이 필요하다. 수업중에는 중요한 기본 이론이나 개념을 설명하고 간단한 예제를 살펴보면서 학생들이 원리를 이해하도록 도와주는 것이 좋다. 책에 있는 프로그램이나 응용 프로그램을 작성하고 분석하는 숙제를 주어 이론적인 내용을 실제 프로그램으로 적용하는 방법을 학생 스스로 이해하고 익힐 수 있도록 한다.

주	해당 장/과제	주 제
1	1장, 2장	자료의 표현, 소프트웨어와 자료구조
2	3장, 4장	객체지향 프로그래밍, 자바 프로그래밍
3	5장	순차 자료구조
4	6장	연결 자료구조
5	7장	스택
6	7장, 8장	스택, 큐
7	8장	큐
8		**중간고사**
9	9장	트리
10	9장, 10장	트리, 그래프
11	10장	그래프
12	11장	정렬
13	11장	정렬
14	12장	검색
15	12장	검색
16		**기말고사**

중간 속도 스케줄 표

중간 속도 스케줄표는 학습 진도보다는 단계별 이해 증진을 염두에 두고 구성한다. 따라서 부수적인 몇 개의 장은 생략하고, 학생이 충분히 이해할 수 있을 정도의 진도를 유지한다. 전체 내용보다 중요한 기본 개념을 중심으로 수업하고, 개념에 대한 알고리즘과 이를 구현한 함수 및 프로그램에 대해서 함께 분석하고 설명하면서 학생이 원리를 확실히 이해할 수 있도록 돕는다.

주	해당 장/과제	주 제
1	1장	자료의 표현
2	2장	소프트웨어와 자료구조
3	3장, 4장	객체지향 프로그래밍, 자바 프로그래밍
4	5장	순차 자료구조
5	6장	연결 자료구조
6	7장	스택
7	7장	스택
8		**중간고사**
9	8장	큐
10	8장, 9장	큐, 트리
11	9장	트리
12	10장	그래프
13	10장, 11장	그래프, 정렬
14	11장	정렬
15	12장	검색
16		**기말고사**

>> 숲과 나무 이야기

자료구조 관련 성장 맵

자료구조란 무엇이며, 이 과목에서는 무엇을 배우나요?

컴퓨터는 자료를 처리하는 장치입니다. 따라서 컴퓨터를 잘 사용한다는 것은 내가 원하는 대로 자료를 잘 처리한다는 의미가 되겠죠. 그런데 컴퓨터가 처리하는 자료에는 여러가지 형태가 있고, 그에 따라서 특징이 다를 수 있습니다. 그런 자료들을 효율적으로 처리하기 위해서 어떻게, 어떤 구조로 구성하고 연산할 것인가를 배우는 것이 자료구조입니다.

컴퓨터 과학 전공에서 자료구조를 배워야하는 이유는 무엇인가요?

소프트웨어나 프로그램의 개발 프로젝트에서 원하는 결과물을 얻었다고 해서 프로젝트가 성공했다고 할 수는 없습니다. 얼마나 효율적으로 개발하였고, 사용 및 관리가 될 수 있는가가 중요합니다. 그러기 위해서는 개발할 소프트웨어를 정확히 이해하고, 사용할 자료와 자료간의 연산 관계를 분석하여 최적의 자료구조를 정의하고, 이에 대한 가장 효율적인 구조를 고안하여 개발해야 하는데, 자료구조에 대한 이론적 · 실제적 내용을 모르고서는 좋은 소프트웨어를 개발할 수 없습니다.

이 책은 여기까지

1단계 : 준비운동

자료구조를 이해하기 위한 다음의 기본 항목을 익혀둔다.

- 컴퓨터에서의 자료 표현 방법
- 소프트웨어와 자료구조의 관계
- 소프트웨어 성능 분석 방법
- 배열, 구조체, 포인터, 재귀호출

목표 : 자료구조에서 학습하는 개념들을 이해하기 위해 필요한 기본 사항들을 익힌다.
수준 : 아르바이트와 경쟁한다.

2단계 : 계단 올라가기

자료구조를 표현하는 기본적인 방법을 이해하고, 실제 응용 능력을 배양한다.

- 순차 자료 표현 방법
- 연결 자료 표현 방법

목표 : 자료를 컴퓨터에서 표현하는 기본 표현 기술을 이해하여 밑바탕을 다진다.
수준 : 현장에서 기본은 한다.

3단계 : 에스컬레이터 타기

여러 가지 자료구조를 이해하고 프로그래밍 응용 방법을 익힌다.

- 스택
- 큐
- 트리
- 그래프

목표 : 처리할 자료의 특성을 분석하여 최적의 자료구조 방법을 선택하고 프로그래밍한다.
수준 : 현장에서 자기 색깔을 나타내는 프로그래머 되기

4단계 : 엘리베이터 타기

스스로 자료구조를 설계하고 효율적으로 활용하는 실력을 배양한다.

- 자료의 특성에 맞는 자료구조 설계
- 자료구조에 맞는 최적의 정렬 방법 설계
- 최적의 자료 검색 방법 설계

목표 : 자료를 활용하는 정렬과 검색의 개념들을 바탕으로 이를 프로젝트에 활용한다.
수준 : 여러 프로젝트에서 러브콜을 받는다.

>> 자료구조/알고리즘 관련 학습 로드맵

자료구조는 거의 모든 응용 교과목의 선수과목이라는 의미에서 일종의 전공 필수과목이라고 할 수 있다.

알고리즘을 별도 과목으로 취급할 때는 알고리즘 자체가 다른 학부 교과목의 선수과목이 되는 일은 거의 드물다. 그러나 자료구조와 그 자료구조를 사용하는 알고리즘을 분리해서 생각하기 어렵다는 점에서 이 책은 이들 과목을 단일화하여 설명하고자 한다.

>> 강의 보조 자료와 참고도서 및 사이트

강의 보조 자료와 예제 소스

- 다음 사이트에 교수 회원으로 가입하신 교수/강사분에게 교수용 자료를 제공합니다.
  http://www.hanbit.co.kr

- 본문의 예제 소스는 다음 주소에서 내려받을 수 있습니다.
  www.hanbit.co.kr/exam/4042

참고도서 및 사이트

- **『IT CookBook, C로 배우는 쉬운 자료구조(개정판)』 이지영, 한빛미디어, 2010**
  자료구조의 개념과 알고리즘을 살펴본 후 C 언어로 프로그래밍을 해봄으로써 이론과 실습을 만족시키는 자료구조 입문서다.

- **『IT CookBook, 자바 프로그래밍 기초』 고응남, 한빛미디어, 2006**
  자바 문법뿐만 아니라 프로그래밍의 구조와 원리를 익힐 수 있는 자바 입문서로, 이론과 실습을 병행해 학습한다.

- **『IT CookBook, 쉽게 배우는 알고리즘』 문병로, 한빛미디어, 2007**
  자료구조와 알고리즘을 다룬 책으로, 컴퓨터 관련 학과 학생들뿐만 아니라 알고리즘에 관심있는 직장인, 중고생들까지 대상으로 한다. 프로그래밍 언어와 자연어 사용 예를 통해 문제 해결의 기본기를 익힐 수 있다.

Contents

>> Contents

Part 02 자료구조의 기본 표현 방식

>>Contents

>>Contents

Part

01

자료구조 시작하기

Chapter 01

자료구조 개요

*학습목표

- 자료구조의 의미와 중요성을 알아본다.
- 자료구조에서 다루는 내용을 알아본다.
- 컴퓨터 내부의 2진수 코드체계를 알아본다.
- 자료의 형태에 따른 자료표현 형식을 알아본다.

Section

01 자료구조 개요

우리는 인터넷, TV, 책 등 매일 엄청난 양의 자료 속에서 자료와 더불어 살아가고 있다. 사회가 정보화, 다양화될수록 우리가 사용할 수 있는 자료 또한 더욱 풍부해지고 다양해진다. 하지만 주위에 자료가 많다는 것과 내가 자료를 가지고 있다는 것은 다른 의미다. 다양한 자료를 효율적으로 표현하고 저장하고 처리하여 사용할 수 있도록 하는 것이 자료구조다.

예를 들어, 문구점에서 필기구를 진열하는 방법을 살펴보자. 종류와 색상에 관계없이 판매하는 모든 종류의 필기구를 같은 상자 안에 넣어 둘 수도 있고, 종류별 · 색상별로 분류해서 진열할 수도 있다. 원하는 필기구를 찾을 때 어떤 방법이 더 효과적일까? 그냥 생각해봐도 종류별 · 색상별로 분류하는 방법이 더 효과적이라는 것을 알 수 있다. 이처럼 다양한 자료를 효율적으로 표현하고 저장하고 처리하여 사용할 수 있도록 하는 것이 자료구조다.

[나쁜 자료구조] [좋은 자료구조]

[그림 1-1] 자료구조의 예

컴퓨터 분야에서의 자료구조는 어떻게 사용되고 있을까? 자료를 컴퓨터에서 어떻게 표현하고, 표현한 자료를 어떻게 좀더 효율적으로 저장하고 처리할 것인지에 대한 논리적인 구조와 프로그램적인 처리 방법 등이 컴퓨터 분야에서의 자료구조다. 컴퓨터가 자료를 처리하는 장치라는 것을 생각한다면 컴퓨터 전공 분야에서의 자료구조는 기본적이고 필수적인 내용임을 알 수 있다.

컴퓨터가 모든 일을 처리할 텐데 왜 우리가 자료구조를 공부해야 하는 것일까? 컴퓨터가 무슨 일이든지 자동으로 알아서 척척 해결하는 만능 해결사로 오해하는 사람들이 있다. 컴퓨터는 똑똑한 장치가 아니다. 다만 말을 잘 듣는 장치일 뿐이다. 옆 사람에게 "문 닫고 나가!" 라고 말한다고 해서 ① 문을 닫고 ② 나가는 사람은 없다. 문을 닫고 나가는 것은 불가능하다는 것을 스스로 이해하기 때문에 ① 나가서 ② 문을 닫을 것이다.

하지만 컴퓨터에게 똑같이 지시한다면 어떤 일이 벌어질까? 움직일 수 있는 컴퓨터라면 분명 ① 문을 닫고 ② 나가려다가 문에 부딪히는 우스운 상황이 벌어질 것이다.

[그림 1-2] 문 닫고 나가려고 하는 컴퓨터

컴퓨터의 동작 성능은 명령을 내려주는 사람이 얼마나 똑똑한가에 달려있다.

컴퓨터에 의한 문제해결 과정을 생각해보자.

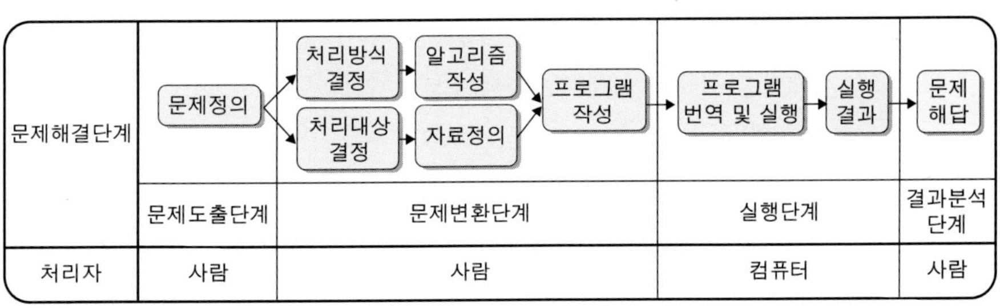

[그림 1-3] 문제해결 과정

컴퓨터가 효율적으로 자료를 처리하려면 문제를 자료구조 측면에서 분석하고 구성하여 더 좋은 프로그램으로 작성해야 한다. 이는 바로 사용자(프로그래머)의 몫이다. 따라서 문제를 보다 효율적으로 해결하기 위해서는 사용자가 자료구조에 대한 개념과 활용능력을 갖추고 있어야 한다.

자료구조에서 다루는 내용은 [그림 1-4]와 같다.

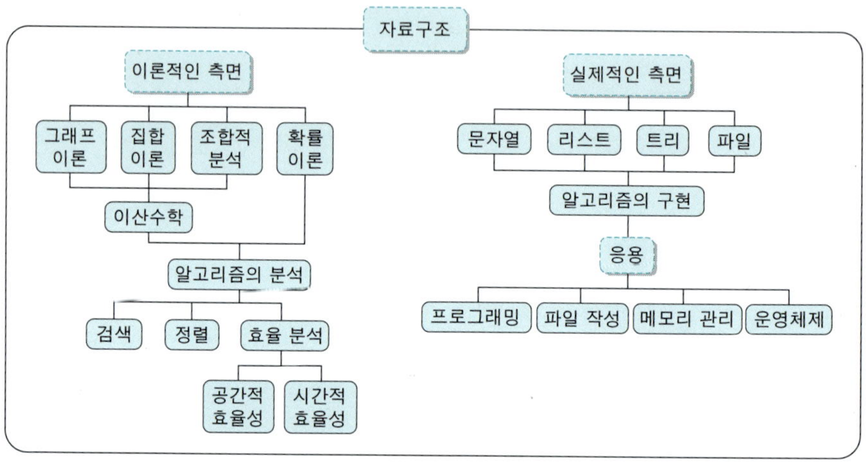

[그림 1-4] 자료 구조의 내용

자료구조는 이론적인 측면과 효율적인 측면을 모두 다루어야 한다. 이론적인 측면에서 그래프이론, 집합이론, 조합이론의 이산수학과 확률이론을 기본으로 알고리즘을 분석하여 검색 · 정렬방법 등을 결정하고, 효율적인 측면에서 최상의 상태를 분석하여 결정한다. 이렇게 결정한 자료의 이론적인 구조에 따라 실제적인 측면에서 문자열, 리스트, 트리, 파일 등의 구조로 표현하고 알고리즘을 구현하여 프로그램과 파일 작성 및 메모리관리, 운영체제 등에서 사용한다. 고급 개발자가 되기 위해서는 다양한 자료구조에 대한 이해와 논리적이고 수학적인 분석을 통해 최적의 알고리즘을 개발할 수 있는 이론적인 능력과 이를 적용하여 실제 시스템을 개발할 수 있는 실제적인 능력이 모두 중요하다.

Section

02 자료구조의 분류

자료를 형태에 따라 분류하면 프로그래밍 언어에서 배운 정수, 실수, 문자, 문자열 등의 데이터 타입에 해당하는 단순구조와 일대 일(1:1)의 관계를 가지고 있는 선형 구조, 일대 다(1:다), 다대 다(다:다) 관계의 비선형 구조 그리고 파일 구조로 나뉜다. 표현하고자 하는 자료의 특성과 양, 자료의 주된 사용 방법과 수행하는 연산의 종류, 구현에 필요한 기억 공간 용량을 고려하여 가장 효율적인 자료구조를 선택해야 한다.

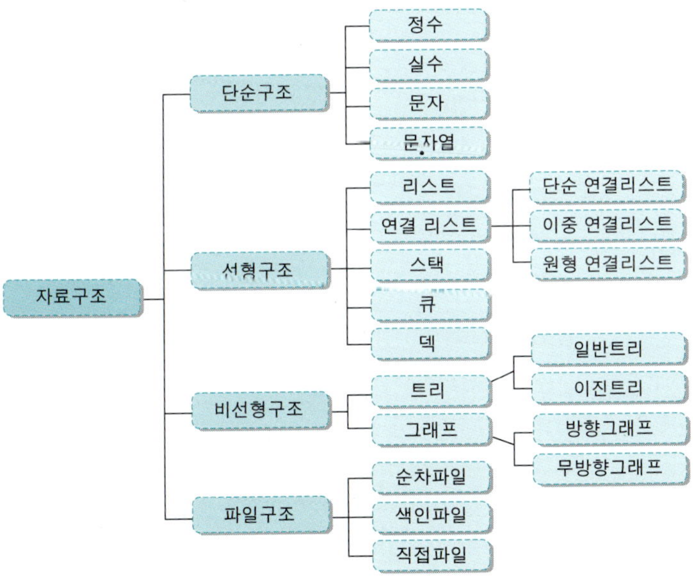

[그림 1-5] 자료 구조의 형태에 따른 분류

선형 구조

선형 구조는 자료간의 앞뒤 관계가 일대일로 고정되어 있는 구조로서, 리스트(list)와 연결 리스트(linked list), 스택(stack), 큐(queue), 덱(deque) 등이 있다. 순차 리스트라고도 하는 리스트는 자료의 논리적인 순서와 기억장소에 저장되는 물리적 순서가 일치하는 구조고, 연결 리스트는 물리적인 순서에 상관없이 저장되어 있는 주소를 사용하여 논리적인 순서를 갖는 구조다. 스택과 큐, 덱은 자료의 삽입 · 삭제 위치에 대한 제한 조건을 가진 선형 구조다.

비선형 구조

비선형 구조는 자료 간에 선형구조가 아닌 계층(hierarchical) 구조나 망(network) 구조를 갖는 자료구조로서 트리와 그래프가 있다.

파일 구조

파일 구조는 서로 관련 있는 필드들로 구성된 레코드의 집합인 파일에 대한 자료구조로서, 보조기억장치에 데이터가 실제로 기록되는 자료구조다. 파일의 구성 방식에 따라 순차 파일과 색인 파일, 직접 파일 등이 있다.

Section

03 자료의 표현

컴퓨터에서는 자료를 표현하기 위해서 1과 0(ON과 OFF, 참(True)과 거짓(False))의 조합으로 구성된 이진수 코드를 사용한다. 숫자 · 문자 · 그림 · 소리 등의 다양한 형식의 자료가 컴퓨터 내부에서는 오직 1과 0의 이진수 코드 형태로 표현되어 처리되고 저장된다.

한 자리의 1 또는 0을 표현하는 단위를 비트(bit)라고 하는데, 비트는 디지털 시스템에서 자료를 표현하는 최소 단위가 된다. 4개의 비트 그룹을 니블(nibble), 8개의 비트 그룹을 바이트(Byte)라고 한다. n개의 비트로 2^n개의 상태를 표현할 수 있다.

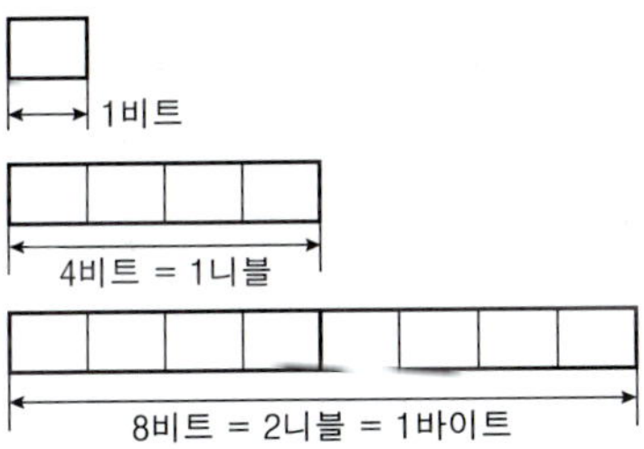

[그림 1-6] 비트와 니블과 바이트

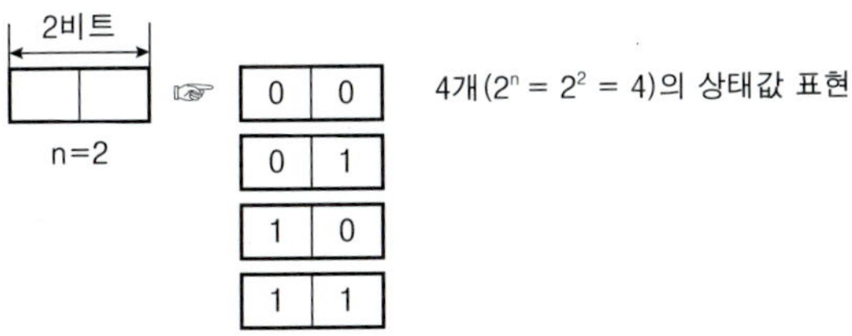

[그림 1-7] n개의 비트로 2^n개의 상태 표현 ① : n=2인 경우

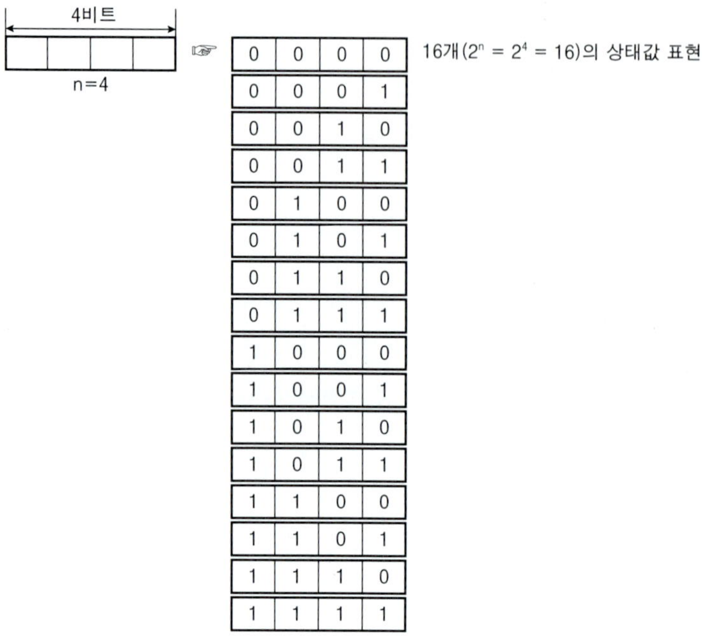

[그림 1-8] n개의 비트로 2^n개의 상태 표현 ② : n=4인 경우

컴퓨터 내부에서 표현할 수 있는 자료는 [그림 1-9]와 같고, 모두 컴퓨터 내부에서는 1과 0의 이진수 조합으로 표현된다.

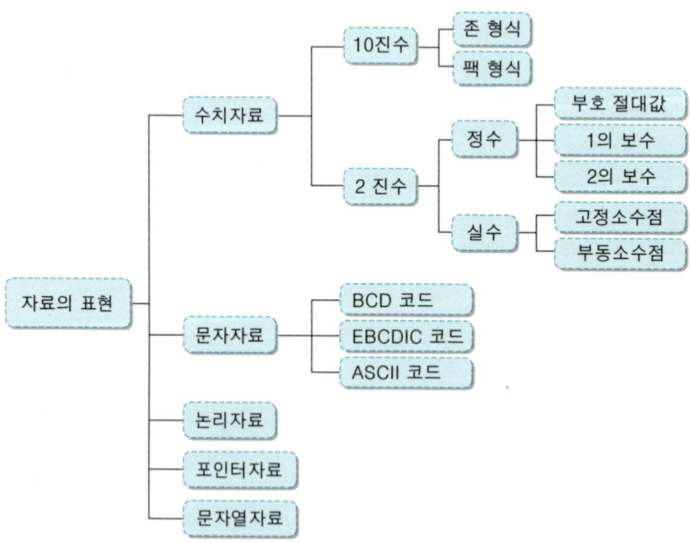

[그림 1-9] 컴퓨터 내부에서 자료를 표현하는 방법

1 수치 자료의 표현

10진수의 표현

■ 10진수의 존(Zone) 형식의 표현

10진수 한 자리를 표현하기 위해서 1바이트(8비트)를 사용하는데, 상위 4비트의 존(Zone) 영역과 하위 4비트의 수치 영역으로 이루어진다.

존 영역				수치 영역			
				8	4	2	1
x	x	x	x	x	x	x	x

[그림 1-10] 존 형식의 구조

존 영역은 항상 1111로 표시한다. 수치 영역은 표현하고자 하는 10진수 한 자리의 값에 대한 2진수 값을 표시한다. 10진수 값을 2진수로 변환하기 위해서 4비트의 수치 영역은 각 비트 자리마다 2진수의 자리값을 갖는다. 즉 최상위 비트는 2^3=8, 그 다음 비트는 2^2=4, 그 다음 비트는 2^1=2, 마지막 최하위 비트는 2^0=1의 자리값을 갖는다. 4비트의 이진수로 10진수 0~15를 표현할 수 있는데, 10에서 15까지의 두 자리 10진수는 16진수에서 사용하는 A~F 사이의 문자를 사용하여 한 자리로 표현한다.

[표 1-1] 수치 영역의 10진수 표현

수치 영역의 값				10진수 변환	10진수
0	0	0	0	0 × 8 + 0 × 4 + 0 × 2 + 0 × 1	0
0	0	0	1	0 × 8 + 0 × 4 + 0 × 2 + 1 × 1	1
0	0	1	0	0 × 8 + 0 × 4 + 1 × 2 + 0 × 1	2
0	0	1	1	0 × 8 + 0 × 4 + 1 × 2 + 1 × 1	3
0	1	0	0	0 × 8 + 1 × 4 + 0 × 2 + 0 × 1	4
0	1	0	1	0 × 8 + 1 × 4 + 0 × 2 + 1 × 1	5
0	1	1	0	0 × 8 + 1 × 4 + 1 × 2 + 0 × 1	6
0	1	1	1	0 × 8 + 1 × 4 + 1 × 2 + 1 × 1	7
1	0	0	0	1 × 8 + 0 × 4 + 0 × 2 + 0 × 1	8
1	0	0	1	1 × 8 + 0 × 4 + 0 × 2 + 1 × 1	9
1	0	1	0	1 × 8 + 0 × 4 + 1 × 2 + 0 × 1	10 = A

1	0	1	1	1 × 8 + 0 × 4 + 1 × 2 + 1 × 1	11 = B
1	1	0	0	1 × 8 + 1 × 4 + 0 × 2 + 0 × 1	12 = C
1	1	0	1	1 × 8 + 1 × 4 + 0 × 2 + 1 × 1	13 = D
1	1	1	0	1 × 8 + 1 × 4 + 1 × 2 + 0 × 1	14 = E
1	1	1	1	1 × 8 + 1 × 4 + 1 × 2 + 1 × 1	15 = F

표현하고자 하는 10진수의 자릿수만큼 존 형식을 연결하여 사용하고, 부호는 최하위 바이트의 존 영역에 나타낸다.

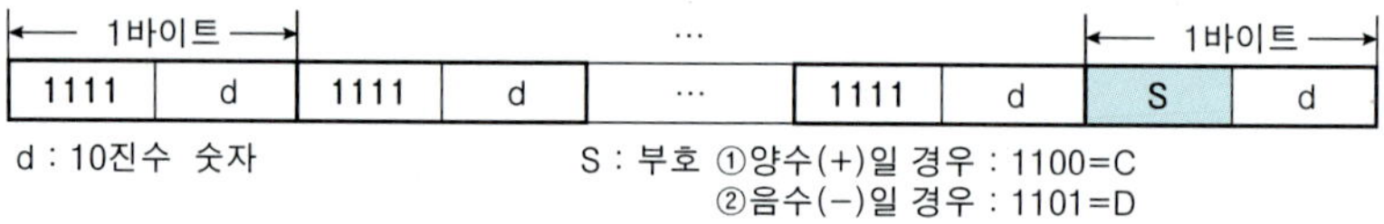

[그림 1-11] 존 형식의 10진수 표현 형식

+213과 −213을 존 형식으로 나타내보자.

① +213

1111	0010	1111	0001	1100	0011
F	2	F	1	C(+)	3

② −213

1111	0010	1111	0001	1101	0011
F	2	F	1	D(−)	3

■ 10진수의 팩(Pack) 형식 표현

숫자만 사용하는 10진수 연산에서 존 형식을 사용하면 최하위 바이트에서 부호를 표시하는 존 영역 이외의 다른 존 영역은 항상 1111이 들어가므로 기억 공간을 낭비하고 처리시간을 지연시키게 된다. 이러한 문제를 해결하고자 팩(Pack) 형식에서는 1바이트에 10진수 두 자리를 표현한다. 그리고 최하위 바이트의 하위 4비트에 부호를 표시한다.

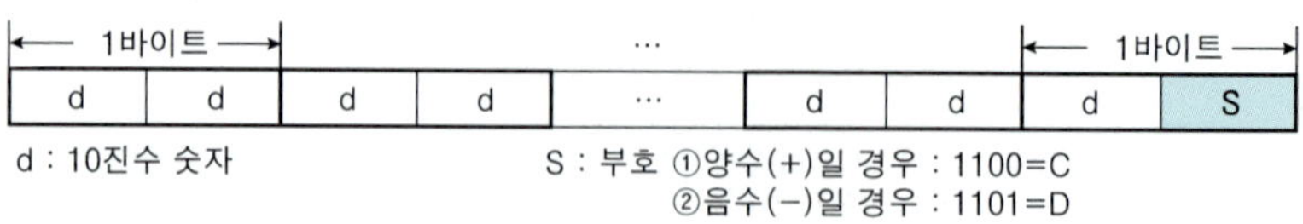

[그림 1-12] 팩 형식의 10진수 표현 형식

+213과 −213을 팩 형식으로 나타내보자.

① +213

0010	0001	0011	1100
2	1	3	C(+)

② −213

0010	0001	0011	1101
2	1	3	D(−)

2진수의 정수 표현

2진수는 일정한 길이의 n비트로 표현하는데 최상위 비트(MSB, Most Significant Bit)인 첫 번째 1비트는 부호를 나타내기 위해 사용하고 나머지 n−1비트는 2진수 값을 표현하기 위해 사용한다.

■ 부호절대값 형식의 표현

부호절대값 형식은 최상위 비트에 부호를 표시하고 나머지 비트에 표현하고자 하는 2진수의 절대값을 표시한다. 부호가 양수(+)일 경우에는 최상위 비트를 0으로 하고, 음수(−)일 경우에는 최상위 비트를 1로 한다. 1바이트를 사용하여 2진수를 표현한다면 첫 번째 1비트는 부호비트가 되고, 나머지 7비트에 2진수의 절대값을 표현한다.

+21과 −21을 각각 부호절대값 형식으로 나타내보자.

① +21

1비트	← 7 비트 →
0	0 0 1 0 1 0 1
부호	절대값 = 21

② −21

1비트	← 7 비트 →
1	0 0 1 0 1 0 1
부호	절대값 = 21

■ 1의 보수 형식의 표현

1의 보수 형식에서 양수의 표현 방법은 부호절대값 형식과 같고, 음수의 표현에서 2진수를 1의 보수(1's Complement)로 변환하여 표현한다. 1바이트를 사용하여 2진수를 표현할 경우에 1의 보수를 만드는 방법은 전체 8비트를 1로 한 값에서 절대값을 뺀다.

-21을 표현하기 위해 1의 보수로 변환해보자.

```
  11111111
- 00010101      ☜ -21의 절대값 = +21
----------
  11101010      ☜ 21의 1의 보수 = -21
```

+21과 -21을 1의 보수 형식으로 나타내보자.

① +21

0	0 0 1 0 1 0 1
부호	←── 21의 절대값 ──→

② -21

1 1 1 0 1 0 1 0 ☜ 21의 1의 보수

1	1 1 0 1 0 1 0
부호	

■ **2의 보수 형식의 표현**

2의 보수 형식에서 양수의 표현 방법은 부호절대값 형식과 같고, 음수의 표현에서 2진수를 2의 보수(2's Complement)로 변환하여 표현한다. 2의 보수를 만드는 방법은 1의 보수에 1을 더해준다. -21을 표현하기 위해 2의 보수로 변환해보면 다음과 같다.

```
  11111111
- 00010101      ☜ -21의 절대값 = +21
----------
  11101010      ☜ 21의 1의 보수
+        1
----------
  11101011      ☜ 21의 2의 보수 = -21
```

+21과 -21을 2의 보수 형식으로 나타내보자.

① +21

0	0 0 1 0 1 0 1
부호	←── 21의 절대값 ──→

② -21

1 1 1 0 1 0 1 1 ☜ 21의 2의 보수

1	1 1 0 1 0 1 1
부호	

2진수의 세 가지 표현 방법인 부호절대값 표현 형식과 1의 보수 표현 형식, 2의 보수 표

현 형식에서 양수에 대한 표현 방법은 모두 같다는 것을 알 수 있다. 하지만 음수를 표현하는 방법에 있어서 n-1비트의 절대값으로 표현하고 최상위 비트에 음수 부호를 나타내는 1을 표시하느냐, n비트의 1의 보수로 표현하느냐, n비트의 2의 보수로 표현하느냐의 차이가 있다.

2진수의 실수 표현

정수와 달리 소수점을 가지고 있는 실수는 소수점에 대한 표현 방법이 필요하다. 2진수 실수의 표현 방법은 소수점의 위치가 고정되어 있는 고정소수점 표현 형식과 소수점의 위치가 고정되어 있지 않고 변하는 부동소수점 표현 형식이 있다.

■ 고정소수점 형식의 표현

고정소수점 표현 형식은 소수점이 항상 최상위 비트의 왼쪽 밖에 고정되어 있는 것으로 취급한다. 즉 고정소수점 방식으로 표현된 00010101이 있다면 이 값은 0.00010101의 실수값이 된다.

■ 부동소수점 형식의 표현

부동소수점 형식은 고정소수점 표현 형식에 비해 표현 가능한 값의 범위가 크고, 아주 작은 값이나 아주 큰 값을 표현할 수 있다. 부동 소수점 표현 형식은 부호와 지수, 소수의 세 부분으로 구성된다

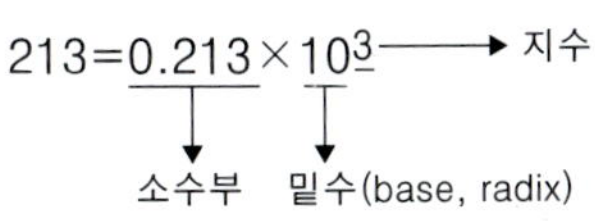

일반적으로 컴퓨터에서 실수 자료형은 4바이트(32비트)나 8바이트(64비트)로 표현된다. 4바이트를 사용한 부동소수점 표현 형식을 보면 [그림 1-13]과 같다.

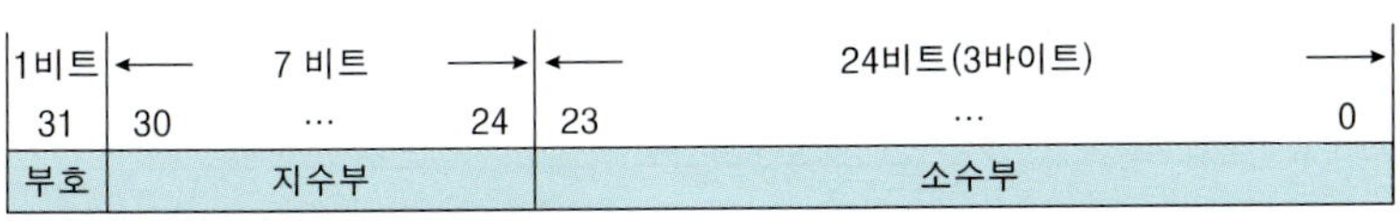

[그림 1-13] 4바이트 부동소수점 표현 형식

부호 비트는 양수(+)면 0, 음수(-)면 1을 표시한다.

2 문자자료의 표현

컴퓨터 내부에서는 문자 자료 역시 1과 0의 2진수 조합으로 표현한다. 문자에 대한 2진 코드를 정의해놓은 문자 코드들이 있는데 그 중에서 주로 사용하는 코드는 BCD 코드와 EBCDIC 코드, ASCII 코드, 유니코드가 있다. C를 비롯한 대부분의 프로그래밍 언어는 ASCII 코드를 사용하여 문자를 표현하고, 자바는 유니코드를 사용한다.

BCD 코드

BCD 코드는 6비트를 사용하며 상위 2비트의 존 비트와 하위 4비트의 숫자 비트로 구성된다. 존 비트와 숫자 비트의 조합으로, 0~9까지의 10진수 숫자와 영어 대문자와 특수문자를 표현할 수 있다.

존 비트		←— 숫자 비트 —→			
A	B	8	4	2	1
x	x	x	x	x	x

존 비트 AB의 값
- 00 : 0, 1~9(1010, 0001~1001)
- 01 : 문자 A~I(0001~1001)
- 10 : 문자 J~R(0001~1001)
- 11 : 문자 S~Z(0010~1001)

[그림 1-14] BCD 코드의 구성

[표 1-2] BCD 코드표

존 비트		숫자 비트				문자	존 비트		숫자 비트				문자	존 비트		숫자 비트				문자	존 비트		숫자 비트				문자
0	0	0	0	0	1	1	0	1	0	0	0	1	A	1	0	0	0	0	1	J							
0	0	0	0	1	0	2	0	1	0	0	1	0	B	1	0	0	0	1	0	K	1	1	0	0	1	0	S
0	0	0	0	1	1	3	0	1	0	0	1	1	C	1	0	0	0	1	1	L	1	1	0	0	1	1	T
0	0	0	1	0	0	4	0	1	0	1	0	0	D	1	0	0	1	0	0	M	1	1	0	1	0	0	U
0	0	0	1	0	1	5	0	1	0	1	0	1	E	1	0	0	1	0	1	N	1	1	0	1	0	1	V
0	0	0	1	1	0	6	0	1	0	1	1	0	F	1	0	0	1	1	0	O	1	1	0	1	1	0	W
0	0	0	1	1	1	7	0	1	0	1	1	1	G	1	0	0	1	1	1	P	1	1	0	1	1	1	X
0	0	1	0	0	0	8	0	1	1	0	0	0	H	1	0	1	0	0	0	Q	1	1	1	0	0	0	Y
0	0	1	0	0	1	9	0	1	1	0	0	1	I	1	0	1	0	0	1	R	1	1	1	0	0	1	Z
0	0	1	0	1	0	0																					

[표 1-2]의 BCD 코드표를 보고, 영문자 A에 대한 BCD 코드를 찾아보자.

A=01 0001

존 비트		←— 숫자 비트 —→			
0	1	0	0	0	1

EBCDIC 코드

EBCDIC 코드는 8비트를 사용하며 상위 4비트의 존 비트와 하위 4비트의 숫자 비트로 구성된다. 존 비트와 숫자 비트의 조합으로 0부터 9까지의 10진수 숫자와 영어 대문자와 소문자, 특수문자까지 나타낼 수 있다.

← 존 비트 →				← 숫자 비트 →			
A	B	C	D	8	4	2	1
x	x	x	x	x	x	x	x

존 비트 AB의 값
- 00 : 여분
- 01 : 특수 문자
- 10 : 영어 소문자
- 11 : 영어 대문자

존 비트 CD의 값
- 00 : 문자 A~I(0001~1001)
- 01 : 문자 J~R(0001~1001)
- 10 : 문자 S~Z(0010~1001)
- 11 : 숫자 0~9(0000~1001)

[그림 1-15] EBCDIC 코드의 구성

[표 1-3] EBCDIC 코드표

상위 / 하위	0000	0001	0010	0011	0100	0101	0110	0111	1000	1001	1010	1011	1100	1101	1110	1111
0000	NUL	DLE	DS		SP	&	−						{	}	₩(\)	0
0001	SOH	DC1	SOS				/		a	j	~		A	J		1
0010	STX	DC2	FS	SYN					b	k	s		B	K	S	2
0011	ETX	TM							c	l	t		C	L	T	3
0100	PF	RES	BYP	PN					d	m	u		D	M	U	4
0101	HT	NL	LF	RS					e	n	v		E	N	V	5
0110	LC	BS	ETB	UC					f	o	w		F	O	W	6
0111	DEL	IL	ESC	EOT					g	p	x		G	P	X	7
1000	GE	CAN							h	q	y		H	Q	Y	8
1001	RLF	EM							i	r	z		I	R	Z	9
1010	SMM	CC	SM		¢	!		:								
1011	VT	CU1	CU2	CU3	.	$	,	#								
1100	FF	IFS		DC4	<	*	%	@								
1101	CR	IGS	ENQ	NAK	(	)	_	'								
1110	SO	IRS	ACK		+	;	>	=								
1111	SI	IUS	BEL	SUB	|	¬	?	"								

※ **코드의 의미**

ACK	Acknowledge	EOT	End of Transmission	PN	Punch On
BEL	Bell	ESC	Escape	RES	Restore
BS	Backspace	ETB	End of Transmission Block	RS	Reader Stop
BYP	Bypass	ETX	End of Text	SI	Shift In
CAN	Cancel	FF	From Feed	SM	Set Mode
CC	Cursor Control	FS	Field Separator	SMM	Start of Manual Message
CR	Carriage Return	HT	Horizontal Tab	SO	Shift Out
CU1	Customer Use 1	IFS	Interchange File Separator	SOH	Start of Heading
CU2	Customer Use 2	IGS	Interchange Group Separator	SOS	Start of Significance
CU3	Customer Use 3	IL	Idle	SP	Space
DC1	Device Control1	IRS	Interchange Record Separator	STX	Start of Text
DC2	Device Control2	IUS	Interchange Unit Separator	SUB	Substitute
DC4	Device Control4	LC	Lower Case	SYN	Synchronous
DEL	Delete	LF	Line Feed	TM	Tape Mark
DLE	Data Link Escape	NAK	Negative Acknowledge	UC	Upper Case
DS	Digital Select	NL	New Line	VT	Vertical Tab
EM	End of Medium	NUL	Null	¢	Cent Sign
ENQ	Enquire	PF	Punch off	¬	Logical NOT

[표 1-3]의 EBCDIC 코드표를 보고, 영문자 A에 대한 EBCDIC 코드를 찾아보자.

A = 1100 0001

← 존 비트 →				← 숫자 비트 →			
A	B	C	D	하위 비트			
1	1	0	0	0	0	0	1

ASCII 코드

ASCII 코드는 7비트를 사용하며 상위 3비트의 존 비트와 하위 4비트의 숫자 비트로 구성된다. 존 비트와 숫자 비트의 조합으로 0부터 9까지의 10진수 숫자와 영어 대문자와 소문자, 특수문자를 나타낼 수 있다. EBCDIC 코드와 유사하지만 표준코드인 ASCII 코드를 더 많이 사용한다. 데이터 통신용으로 ASCII 코드를 사용할 경우에 패리티 비트를 최상위 비트로 추가하여 8비트 형식으로 사용하기도 한다.

← 존 비트 →			← 숫자 비트 →			
			8	4	2	1
x	x	x	x	x	x	x

[그림 1-16] ASCII 코드의 구성

[표 1-4] ASCII 코드표

하위 \ 상위	000	001	010	011	100	101	110	111
0000	NUL	DLE	SP	0	@	P	`	p
0001	SOH	DC1	!	1	A	Q	a	q
0010	STX	DC2	″	2	B	R	b	r
0011	ETX	DC3	#	3	C	S	c	s
0100	EOT	DC4	$	4	D	T	d	t
0101	END	NAK	%	5	E	U	e	u
0110	ACK	SYN	&	6	F	V	f	v
0111	BEL	ETB	′	7	G	W	g	w
1000	BS	CAN	(	8	H	X	h	x
1001	HT	EM	)	9	I	Y	i	y
1010	LF	SUB	*	:	J	Z	j	z
1011	VT	ESC	+	;	K	[	k	{
1100	FF	FS	,	<	L	₩(\)	l	|
1101	CR	GS	−	=	M	]	m	}
1110	SO	RS	.	>	N	∧	n	~
1111	SI	US	/	?	O	_	o	DEL

※ 코드의 의미

GS	Group Separator	RS	Record Separator	US	Unit Separator

[표 1-4]의 ASCII 코드표를 보고, 영문자 A에 대한 ASCII 코드를 찾아보자.

A = 100 0001

← 존 비트 → (상위 비트)			← 숫자 비트 → (하위 비트)			
1	0	0	0	0	0	1

유니코드

앞서 살펴본 ASCII 코드로는 각 나라의 언어를 표현할 수 없기 때문에 나라별 언어를 모두 표현하기 위해 정의한 코드가 유니코드다. 유니코드는 모든 문자를 16비트로 표현하며, 최대 65,536문자를 표현할 수 있다. 유니코드표에서는 16비트의 코드값을 4자리의 16진수로 표시한다. 즉 코드표에서 찾은 0030은 4자리의 16진수로 표현한 값이고, 컴퓨터에서 처리하는 실제값은 16비트의 이진수 0000 0000 0011 0000이 된다.

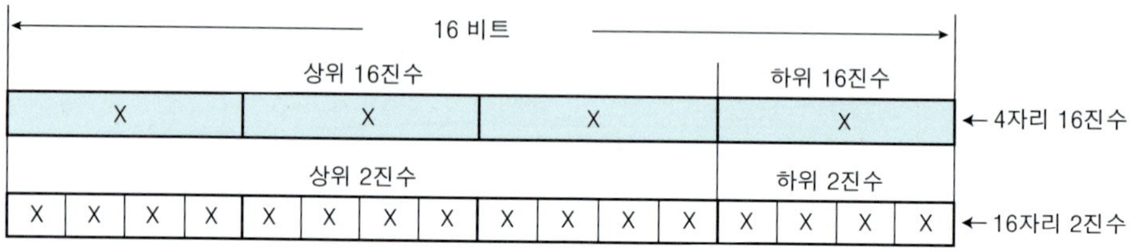

[그림 1-17] 유니코드의 구성

영문 대소문자와 숫자 코드는 유니코드 사이트 (http://www.unicode.org/charts/PDF/U0000.pdf)에서 제공하고 있다.

[표 1-5] 유니코드표: 영문대소문자, 숫자에 대한 유니코드

상위16진수 하위16진수	000	001	002	003	004	005	006	007
0	NUL	DEL	SP	0	@	P	`	p
1	SOH	DC1	!	1	A	Q	a	q
2	STX	DC2	"	2	B	R	b	r
3	ETX	DC3	#	3	C	S	c	s
4	EOT	DC4	$	4	D	T	d	t
5	ENQ	NAK	%	5	E	U	e	u
6	ACK	SYN	&	6	F	V	f	v
7	BEL	ETB	'	7	G	W	g	w
8	BS	CAN	(	8	H	X	h	x
9	HT	EM	)	9	I	Y	i	y
A	LF	SUB	*	:	J	Z	j	z
B	VT	ESC	+	;	K	[	k	{
C	FF	FS	,	⟨	L	\	l	|

D	CR	GS	–	=	M	]	m	}
E	SO	RS	.	〉	N	^	n	~
F	SI	US	/	?	O	_	o	DEL

[표 1-5]의 유니코드표를 보고, 영문자 A에 대한 유니코드를 찾아보자.

A = 004 1 (☞4자리 16진수)
  = 0000 0000 0100 0001 (☞16비트 2진수)

← 16 비트 →															
상위 16진수												하위 16진수			
0				0				4				1			
상위 2진수												하위 2진수			
0	0	0	0	0	0	0	0	0	1	0	0	0	0	0	1

한글에 대한 유니코드는 AC00~D7A3까지 11,172자를 표현할 수 있도록 정의되어 있다.

초성 19개 × 중성 21개 × 종성 28개 = 11,172개

한글에 대한 유니코드는 유니코드 사이트(http://www.unicode.org/charts/PDF/UAC00.pdf)에서 제공하고 있다.

[표 1-6] 유니코드표: 한글에 대한 유니코드 중 일부

상위16진수 / 하위16진수	AC0	AC1	AC2	AC3	AC4	AC5	AC6	AC7
0	가	감	갠	갰	걀	걐	걠	거
1	각	갑	갡	갱	걁	걑	걡	걱
2	갂	값	갢	갲	걂	걒	걢	걲
3	갃	갓	갣	갳	걃	걓	걣	걳
4	간	갔	갤	갴	걄	걔	걤	건
5	갅	강	갥	갵	걅	걕	걥	걵
6	갆	갖	갦	갶	걆	걖	걦	걶
7	갇	갗	갧	갷	걇	걗	걧	걷
8	갈	갘	갨	갸	걈	걘	걨	걸

9	갉	같	갩	갹	걉	걙	걩	걹
A	갊	갚	갪	갺	걊	걚	걪	걺
B	갋	갛	갫	갻	걋	걛	걫	걻
C	갌	개	갬	갼	걌	걜	걬	걼
D	갍	객	갭	갽	걍	걝	걭	걽
E	갎	갞	갮	갾	걎	걞	걮	걾
F	갏	갟	갯	갿	걏	걟	걯	걿

[표 1-6]의 유니코드표를 보고, 한글 '가'에 대한 유니코드를 찾아보자.

가 = AC0 0 (☞4자리 16진수)
= 1010 1100 0000 0000 (☞16비트 2진수)

16 비트															
상위 16진수												하위 16진수			
A				C				0				0			
상위 2진수												하위 2진수			
1	0	1	0	1	1	0	0	0	0	0	0	0	0	0	0

한글(HWP)의 문자표 입력(Ctrl + F10) 대화상자에서도 유니코드를 쉽게 확인할 수 있다.

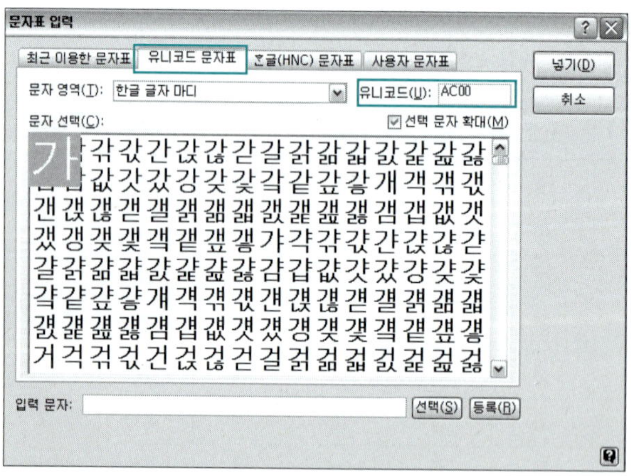

[그림 1-18] 한글 문자표에서 사용하는 유니코드

3. 논리 자료의 표현

논리자료는 논리값을 표현하기 위한 자료 형식이다. 논리값이란 참(True)과 거짓(False)의 두 가지 상태 중에서 하나를 표시하기 때문에 1비트로도 표현이 가능하다. 그러나 일반적으로 컴퓨터 내부에서는 1바이트나 1워드를 사용한다. 1바이트를 사용하여 논리자료를 표현하는 경우, 참과 거짓의 논리값을 표현하기 위해 다음의 세 가지 방법이 있다.

방법 1) 참인 경우에는 최하위 비트를 1로 표시하여 00000001로 표현하고, 거짓인 경우에는 00000000으로 표현한다.
방법 2) 참인 경우에는 전체 비트를 1로 표시하여 11111111로 표현하고, 거짓인 경우에는 00000000으로 표현한다.
방법 3) 참인 경우에는 하나 이상의 비트를 1로 표시하고, 거짓인 경우에는 00000000으로 표현한다.

4. 포인터(참조) 자료의 표현

포인터 자료는 메모리의 주소를 표현하고 사용하기 위한 자료 형식으로서 자료를 저장하고 있는 변수나 특정 위치에 대한 메모리상의 주소를 저장하고 주소 연산에 사용한다. 포인터 자료를 사용하면 복잡한 자료구조 연산을 메모리상에서의 주소 연산만으로 처리할 수 있다.

5. 문자열 자료의 표현

문자열(string) 자료는 하나의 문자만 표현할 수 있는 문자 자료와 달리 여러 문자로 이루어진 문자의 그룹을 하나의 자료로 취급하여 메모리상에 연속적으로 저장하는 자료 형식이다. 문자열 자료는 부분 문자열을 포함할 수 있는데, 이런 경우 메모리상에 문자열 자료를 표현하는 방법으로는 다음과 같은 것들이 있다.

방법 1) 부분문자열 사이에 구분자를 두고 연속 저장하는 방법
방법 2) 가장 긴 부분문자열의 길이에 맞춰 고정 길이로 연속 저장하는 방법
방법 3) 부분문자열을 연속저장하고, 각 부분문자열에 대한 포인터를 사용하는 방법

{COMPUTER, DATA STRUCTURE, STRING}처럼 3개의 부분문자열로 구성된 문자열 자료구조를 표현해보자.

[그림 1-19]는 세미콜론(;)을 구분자로 사용하여 표현하는 방법이다.

[그림 1-19] 구분자를 사용하여 저장하는 방법(방법 ①)

구분자를 사용하는 방법은 표현하기는 간단하지만, 필요한 부분문자열을 찾기 위해서 문자를 비교하여 구분자를 식별하는 연산과 시간이 필요하다.

가장 긴 부분문자열의 길이를 기준으로 사용하는 고정길이 저장 방법은 부분문자열마다 같은 고정길이를 가지고 있기 때문에 부분문자열을 찾기가 쉽다. 하지만 부분문자열 간에 길이 차이가 큰 경우에는 사용하지 않는 공간이 많아져 공간의 낭비가 생긴다.

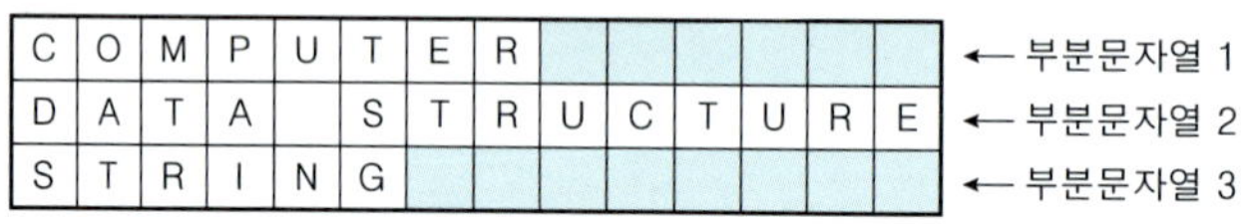

[그림 1-20] 고정 길이로 저장하는 방법(방법 ②)

포인터를 사용하는 방법은 부분문자열에 대한 시작주소를 HEAD 포인터에 저장하고 문자열의 마지막 주소를 END 포인터에 저장하여 주소 연산으로 부분문자열을 찾는다.

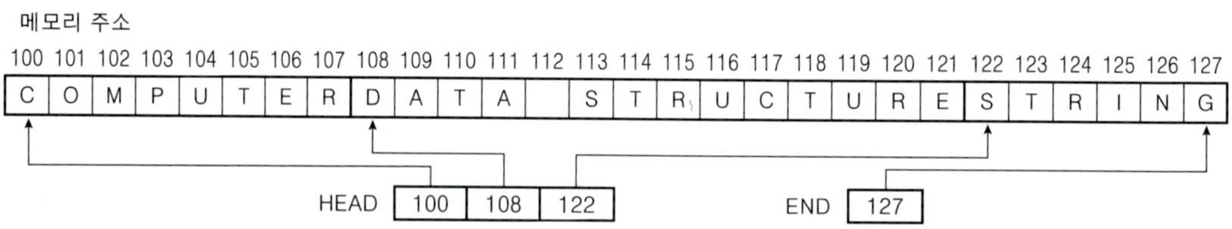

[그림 1-21] 포인터를 사용하여 저장하는 방법(방법 ③)

문자열을 표현하는 세 가지 방법을 메모리 이용률과 부분문자열 탐색시간에 대하여 비교해 보자.

[표 1-7] 문자열 표현방법의 비교

방법 / 비교항목	구분자를 사용하는 방법	고정길이로 저장하는 방법	포인터를 사용하는 방법
메모리 이용률	문자열 길이 + 구분자 길이 ☞ 효율적	가장 긴 부분문자열 길이 × 부분문자열의 개수 ☞ 비효율적	문자열 길이 + 포인터 저장공간 ☞ 효율적
부분문자열 탐색시간	문자 비교연산시간 + 구분자 식별시간 ☞ 비효율적	문자 비교연산시간 ☞ 효율적	문자 비교연산시간 + 포인터 주소연산시간 ☞ 효율적

요약

1 다양한 자료를 효율적으로 표현해 저장하고 처리하여 사용할 수 있도록 하는 것이 자료구조다. 자료를 컴퓨터상에 표현하는 방법과 표현한 자료를 효율적으로 저장하고 처리할 수 있는 논리적인 구조, 그에 대한 프로그램적인 처리 방법을 위해 사용하는 것이 자료구조다.

2 자료를 형태에 따라 분류해보면 프로그래밍 언어에서 배운 정수, 실수, 문자, 문자열 등의 데이터 타입에 해당하는 단순 구조와 자료 간에 일대일의 관계를 가지고 있는 선형 구조, 자료 간에 일대다 또는 다대다의 관계를 가지는 비선형 구조 그리고 파일 구조가 있다.

3 표현하고자 하는 자료의 특성과 양, 자료의 주된 사용 방법과 수행하는 연산의 종류, 구현에 필요한 기억 공간 용량을 고려하여 가장 효율적인 자료구조를 선택해야 한다.

4 컴퓨터에서 자료를 표현하기 위해서 1과 0(ON과 OFF, 참(True)과 거짓(False))의 조합으로 구성한 이진수 코드를 사용한다. 숫자 · 문자 · 그림 · 소리 등의 다양한 형식의 자료가 컴퓨터 내부에서는 오직 1과 0의 이진수 코드 형태로 표현되어 처리되고 저장된다.

5 10진수의 표현 방법은 존(Zone) 형식과 팩(Pack) 형식이 있다.

6 2진수 정수의 표현 방법은 부호절대값 방법과 1의 보수 방법, 2의 보수 방법이 있다. 양수에 대한 표현은 세 방법이 모두 같고, 음수에 대한 표현에만 차이가 있다.

7 2진수 실수의 표현 방법은 고정소수점 표현 형식과 부동소수점 표현 형식이 있다. 부동소수점 표현 형식은 고정소수점 표현 형식보다 나타낼 수 있는 값의 범위가 크고, 아주 작은 값이나 아주 큰 값을 표현할 수 있다.

8 컴퓨터 내부에서는 문자 자료 역시 1과 0의 2진수 조합으로 표현한다. 문자에 대한 2진 코드를 정의해 놓은 문자 코드들이 있는데 그 중에서 주로 사용하는 코드는 BCD 코드와 EBCDIC 코드, ASCII 코드 그리고 유니코드가 있다.

9 논리 자료는 0과 1의 논리값을 표현하기 위한 자료 형식이다.

요약

11 포인터(참조) 자료는 메모리 주소를 사용하기 위한 자료 형식으로서 메모리의 주소를 저장하고 주소 연산에 사용한다.

12 문자열 자료는 여러 문자로 이루어진 문자의 그룹을 하나의 자료로 취급하여 메모리상에 연속적으로 저장하는 자료 형식이다. 문자열에 포함된 부분문자열을 표현하는 방법은 구분자를 사용하는 방법, 고정길이를 정하여 사용하는 방법, 포인터를 사용하는 방법이 있다.

연습문제

1 다음 중 선형 자료구조가 아닌 것은 무엇인가? (2003년, 2004년, 2006년 기출문제)

가. 리스트　　나. 그래프　　다. 스택　　라. 큐

2 컴퓨터에서 정보를 표현할 수 있는 최소 단위는 무엇인가?

3 6개의 비트를 가지고 서로 다른 상태값을 표현할 때 최대 몇 개의 값을 표현할 수 있는가?

4 $(1001)_2$을 10진수로 변환하면 얼마인가?

5 8비트 부호절대값 형식으로 +62와 −62를 표현하시오.

6 8비트 1의 보수 형식으로 +62와 −62를 표현하시오.

7 10진수 516을 존 형식과 팩 형식으로 각각 표현하시오.

8 다음의 정수를 표현하는 방법 중에서 같은 크기의 비트수를 사용할 때 표현 범위가 가장 큰 것은 무엇인가?

가. 2의 보수 방법　　나. 부호절대값 방법
다. 팩 형식　　라. 존 형식

9 다음의 자료 형식 중에서 가장 적은 비트수가 필요한 것은 무엇인가?

가. 실수형 자료　　나. 정수형 자료
다. 문자형 자료　　라. 논리형 자료

10 EBCDIC 코드를 사용하여 영어 대문자 A~I를 표현할 때 EBCDIC 코드의 존 비트(상위 4비트)의 값은 무엇인가?

11 10진수 634를 BCD code로 표현하였을 때 옳은 것은? (2005년, 2006년 기출문제)

가. 0110 0011 0100　　나. 0110 0011 0011
다. 0011 0011 0100　　라. 0011 0011 0011

연습문제

12 문자 자료와 문자열 자료의 차이를 설명하시오.

13 2의 보수 표현 방법에서 8비트의 기억 공간에 정수를 표현할 때 표현 범위는? (2006년 기출문제)

가. $-2^7 \sim +2^7$
나. $-2^8 \sim +2^8$
다. $-2^7 \sim +2^7 - 1$
라. $-2^8 \sim +2^8 - 1$

14 ASCII 문자에 해당하지 않는 것은? (2006년 기출문제)

가. 제어 문자
나. 영문자
다. 로마 문자
라. 아라비아 숫자

15 자료에 관한 설명 중 옳은 것은? (2007년 기출문제)

가. ASCII 코드는 IBM 사에서 개발한 것으로 대형 컴퓨터용으로 쓰인다.
나. 자료의 가장 작은 단위를 Bit라 하며, Bit는 Binary Digit의 약자다.
다. EBCDIC 코드는 데이터 통신용으로 널리 쓰이며, 특히 소형 컴퓨터용으로 쓰인다.
라. 부동 소수점 방식의 특징은 적은 Bit를 차지함과 동시에 정밀도가 낮다는 것이다.

16 −121을 표시하는 부호화된 2's complement number는 어느 것인가? (2007년 기출문제)

가. 00000111
나. 10000111
다. 01111000
라. 11111000

Chapter 02

소프트웨어와 자료구조

＊학습목표

- 소프트웨어의 단계적 생명주기를 이해한다.
- 추상화와 구체화를 이해한다.
- 알고리즘의 개념과 조건을 이해하고 알고리즘의 표현 방법을 알아본다.
- 알고리즘의 선택 기준과 성능 분석 방법을 알아본다.

Section

01 소프트웨어 생명주기

소프트웨어를 단순히 컴퓨터 프로그램이라고 생각하지만 소프트웨어는 프로그램의 개발과 운영 및 유지 보수에 관련된 모든 정보와 작업을 포함한다. 소프트웨어나 프로그램의 개발 프로젝트에서 원하는 결과물을 얻었다고 해서 프로젝트가 성공했다고 할 수는 없다. 결과물의 출력은 물론이고 얼마나 정확하고 효율적으로 개발과 사용 및 관리가 이루어질 수 있는가 하는 것이 중요하다. 이는 더 좋은 삶의 질을 추구하는 현대인의 생활양식과도 유사하다.

정확하고 효율적인 소프트웨어를 개발하기 위해서는 개발할 소프트웨어를 정확히 이해하고, 사용할 자료와 자료간의 연산관계를 분석하여 자료구조를 정의하고, 이에 대한 가장 효율적인 구조를 고안하여 개발해야 한다. 결국 자료구조에 대한 이론적 · 실제적 내용이 없이는 좋은 소프트웨어도 있을 수 없다.

소프트웨어 개발 단계와 방법을 이해하고 체계적으로 개발 · 관리하기 위해서 소프트웨어의 개발 과정을 몇 단계로 구분하고, 이를 소프트웨어 생명주기(Software Life Cycle) 또는 소프트웨어 개발주기(Software Development Cycle)라고 한다. 소프트웨어 생명주기는 일반적으로 요구분석, 시스템 명세, 설계, 구현, 테스트, 유지 보수의 6단계로 구분한다. 소프트웨어 생명주기를 수행하면서 진행 상황에 따라 필요한 이전 단계로의 피드백(Feed Back)을 반복하면서 소프트웨어의 완성도를 높이는 방식으로 진행한다.

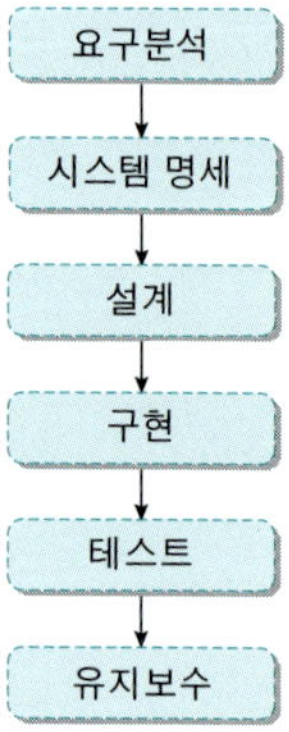

[그림 2-1] 소프트웨어 생명주기

1. 요구 분석 단계 : Requirement Analysis

소프트웨어 개발의 첫 단계는 요구 분석이다. 요구 분석은 문제 분석이라고도 하는데 개발할 소프트웨어의 기능과 제약조건, 목표 등을 소프트웨어 사용자와 함께 명확히 정의하는 단계다. 이 과정에서 개발해야 할 소프트웨어의 성격을 정확히 이해하고 개발 방법과 필요한 자원과 예산을 예측해야 한다. 요구 분석 단계에서 요구 명세서를 작성하는데, 요구 명세서는 소프트웨어의 개발 완료 여부를 결정짓는 근거가 되므로 정확하게 작성해야 한다.

2. 시스템 명세 단계 : System Specification

시스템 명세 단계는 시스템이 무엇을 수행해야 하는가를 정의한다. 이 단계에서 시스템 기능 명세서를 작성하여 소프트웨어의 입력 데이터는 무엇이며, 입력 데이터로 처리하는 내용과 그 결과 생성되는 출력이 무엇인지를 정의한다. 기능 명세서는 개발 과정에서 의견 차이나 오류로 인해서 재개발 작업이나 사용자의 불만이 발생하지 않도록 가능한 정확하게 작성해야 한다.

3. 설계 단계 : Design

설계 단계에서는 시스템 명세 단계에서 정의한 기능을 실제 수행할 수 있도록 그 수행 방법을 논리적으로 결정한다. 이 단계에서 개발 목표 기능을 어떻게 해결할 것인지를 구체적으로 정의한다. 설계는 시스템 구조 설계와 프로그램 설계, 사용자 인터페이스 설계로 구분할 수 있다. 시스템 구조 설계는 시스템을 구성하는 내부 프로그램이나 모듈 간의 관계와 구조를 설계하고, 프로그램 설계는 프로그램 내의 각 모듈에서의 처리 절차나 알고리즘을 설계한다. 그리고 사용자 인터페이스 설계는 시스템을 사용하는 사용자에게 보이는 부분에 대한 설계를 한다. 시스템을 설계하는 방법에는 하향식 설계(Top-down Design) 방법과 상향식 설계(Bottom-up Design) 방법, 그리고 객체지향 설계(Object-oriented Design) 방법이 있다.

하향식 설계 방법

하향식 설계 방법은 무엇을 수행할 것인지를 정의하는 단계에서 시작하여 다음 단계에서 어떻게 수행할 것인지를 구체적으로 정의하고, 그 다음 단계에서 더 세분화하여 정의하는 방식으로서 하위 단계로 갈수록 더 구체적으로 세부 문제를 정의한다. 마지막으로 최하위 단계로 분할(divide)된 작은 단위의 문제들을 각각 처리함으로써 전체 문제를 해결(conquer)한다. 이러한 방식을 분할 정복(Divide and Conquer)이라 한다.

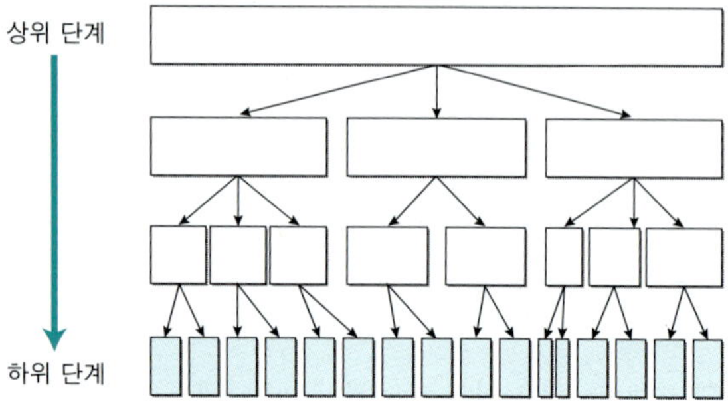

[그림 2-2] 하향식 설계 방법

상향식 설계 방법

상향식 설계 방법은 하향식 설계 방법의 반대 개념으로, 최하위 단계에 있는 작은 단위를 먼저 결정하여 해결하고 이를 이용하여 좀더 큰 단위인 상위 단계의 문제를 해결하는 방법이다. 최하위 단위의 문제들에 대해 기존에 개발되어 있는 문제해결 도구(알고리즘)를 재사용할 수 있는 경우에는 개발 기간과 비용을 단축하고 신뢰성을 확보할 수 있다.

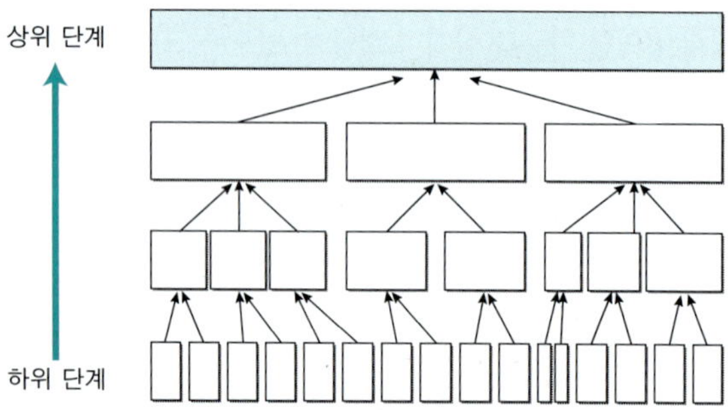

[그림 2-3] 상향식 설계 방법

객체지향 설계 방법

객체지향 설계 방법은 하위 단위의 문제해결 도구를 재사용한다는 점에서 상향식 설계와 유사하다. 객체지향 설계 방법에서는 작은 단위의 문제에 대해 문제해결을 위한 데이터와 처리 방법을 묶어서 객체를 만들고, 이런 객체들을 연결하여 재사용하는 방법을 사용한다.

4. 구현 단계 : Implementation

구현 단계에서는 설계 단계에서 논리적으로 결정한 문제해결 방법(알고리즘)을 C, C++, JAVA 등의 특정 프로그래밍 언어를 사용하여 실제 프로그램을 작성한다. 따라서 구현 단계에서는 사용할 프로그래밍 언어를 선택해야 하고 프로그래밍 기법과 스타일, 프로그래밍 순서 등을 결정해야 한다. 프로그래밍 언어는 개발기간과 개발 비용 및 테스트와 유지 보수 단계까지 영향을 미치기 때문에 프로젝트에 대한 사용자의 요구, 프로그래머의 능력, 현재 사용중인 언어, 컴파일러의 가용성과 품질, 지원 가능한 개발도구, 언어의 호환성, 개발 경험 등을 고려하여 선택해야 한다.

주로 사용하는 프로그래밍 기법에는 구조화 프로그래밍과 모듈러 프로그래밍이 있다.

- 구조화 프로그래밍(Structured Programming)
  구조화 프로그래밍은 지정문과 조건문, 반복문 만을 사용하여 프로그램을 작성함으로써 순차구조, 선택구조, 반복구조의 세 가지 제어구조로 표현하는 기법이다. 세 가지 구조만 사용하므로 구조가 간단하고 명확하여 정확성 검증이 쉽고, 테스트와 유지 보수가 쉽다는 장점이 있다.
- 모듈러 프로그래밍(Modular Programming)
  모듈러 프로그래밍은 프로그램을 여러 개의 작은 모듈(module)로 나누어서 계층 관계를 갖도록 구성하는 프로그래밍 기법이다. 각각의 모듈은 구조화 프로그래밍 기법으로 작성하고 기본적으로 하나의 기능만을 수행하도록 구성한다. 모듈별로 개발과 테스트, 유지 보수가 가능할 뿐만 아니라 재사용도 가능하다.

효과적인 프로그래밍 스타일은 프로그램을 간결하고 읽기 쉽게 작성하는 것이다. 그러기 위해서 프로그램을 명확하게 작성해야 하고 임시변수는 되도록 사용하지 않는 것이 좋다. 또한 변수명은 일관되고 이해하기 쉬운 이름을 사용하고 같은 문장의 반복을 최소화하면서 주석을 두는 것이 좋다.

5. 테스트 단계 : Test

구현이 완료된 시스템은 설계한 대로 동작하는지 테스트해야 한다. 테스트란 개발한 시스템이 요구사항을 만족하는지, 실행결과가 예상한 결과와 정확하게 맞는지를 검사하고 평가하는 일련의 과정으로 숨어있는 오류를 최대한 찾아내어 시스템의 완성도를 높이는 작업이다. 테스트는 일반적으로 단위 테스트(Unit Test), 통합 테스트(Integration Test), 인수 테스트(Acceptance Test)의 3단계로 시행한다.

단위 테스트

단위 테스트는 시스템의 최소 구성요소가 되는 모듈들에 대해 개별적으로 시행하여 요구사항 명세서에 기술된 기능을 제대로 수행하는지를 테스트한다.

통합 테스트

통합 테스트는 단위 테스트를 통과한 모듈을 모아서 전체 시스템을 완성하기 위해 통합적으로 시행하는 테스트다. 통합 테스트에서 전체 모듈을 한번에 테스트하면 오류를 발견했을 때 그 오류가 어디에서 발생했는지 찾기가 어렵기 때문에 최소의 모듈을 연결하여 작은 구성요소로 통합 테스트를 하고 점진적으로 다른 구성요소를 연결하면서 전체 시스템을 테스트해야 한다. 점진적인 테스트 방법으로 하향식 테스트와 상향식 테스트가 있다.

- 하향식 테스트
  상위 단계의 구성요소를 통합하여 테스트한 후에 그 각각의 구성요소에 부속된 하위 단계의 구성요소들을 테스트하고 다시 그 하위 단계의 구성요소를 테스트하는 식으로 최하위 단계까지 반복 시행하면서 테스트하는 방식이다.
- 상향식 테스트
  최하위 단계의 단위 프로그램을 테스트하고 그 상위 단계의 구성요소를 테스트한 후에 다시 그 상위 단계의 구성요소를 테스트하는 식으로 최상위 단계까지 반복 시행하여 테스트를 완료하는 방식이다.

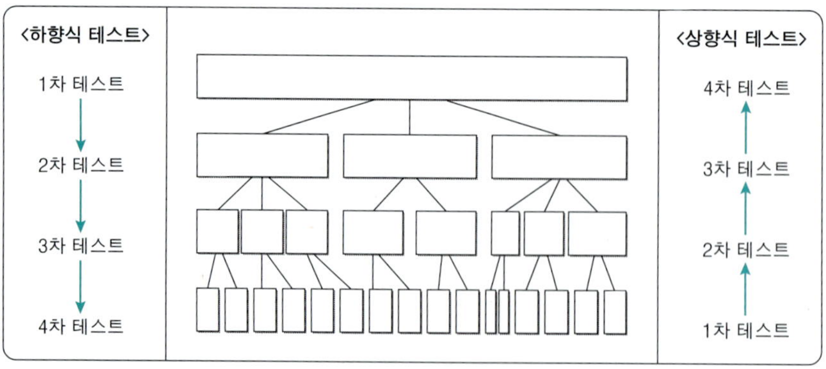

[그림 2-4] 하향식 테스트와 상향식 테스트

인수 테스트

인수 테스트는 시스템을 완성된 제품으로 보고 실제 데이터를 사용하여 시스템을 테스트하는 과정으로, 시스템이 실질적으로 사용되기 위해 마지막으로 시행되는 테스트다. 인수 테스트의 방법으로 시스템을 사용할 환경에 설치한 후 개발자 및 관계자들이 직접 사용해보면서 테스트하는 알파 테스트와 제품을 판매하기 전에 제품을 사용할 의사가 있는 잠정적 고객들이 실제로 사용해보도록 하여 개발자가 찾지 못한 오류를 찾아내는 베타 테스트가 있다.

6. 유지 보수 단계

유지 보수는 시스템이 인수되고 설치된 후 일어나는 모든 활동을 포괄적으로 의미한다. 유지 보수 단계는 프로그램의 오류 수정에서부터 시스템 디자인의 수정이나 새로운 요구사항에 대한 기능 추가, 시스템 사용 환경 변화에 대한 시스템 교정 등의 모든 활동을 포함하는 것으로, 소프트웨어 생명주기에서 가장 긴 시간을 차지한다.

유지 보수의 유형으로 수정형, 적응형, 완전형, 예방형이 있다.

- 수정형 유지 보수 : 사용 중에 발견한 프로그램의 오류를 수정하는 작업
- 적응형 유지 보수 : 시스템과 관련한 환경적 변화에 적응하도록 재조정하는 작업
- 완전형 유지 보수 : 시스템의 성능을 향상시키기 위해 개선하는 작업
- 예방형 유지 보수 : 앞으로 발생할지 모를 변경 사항을 수용할 수 있도록 미리 대비하는 작업

유지 보수에 들어가는 비용이 시스템의 개발 비용보다 더 많이 들어가는 경우도 있고 유지 보수가 잘못되어 시스템을 운영할 수 없게 되는 경우도 생길 수 있으므로 시스템 개발 초기부터 유지 보수에 대한 계획을 면밀하게 세워야 한다.

이렇게 개발된 소프트웨어의 품질은 정확성과 유지 보수성, 무결성, 사용성과 같은 기준에 따라 평가한다.

- 정확성
  요구되는 기능들을 소프트웨어가 정확하게 수행하는 정도를 말한다. 정확하게 작동하는 소프트웨어라면 의미가 없다.

- 유지 보수성

  사용하는 동안 사용 환경이나 사용자의 요구사항이 변경되었을 때 변경사항을 쉽게 수용할 수 있는지를 나타낸다.

- 무결성

  바이러스 같은 외부의 공격에 대해 문제가 발생하지 않는 보안성을 의미한다.

- 사용성

  사용자가 쉽게 사용법을 배우고 편하게 사용할 수 있는 정도를 나타낸다.

이런 관점에서 볼 때 성공한 소프트웨어란, 정확하고, 사용 환경의 변화에 대한 적응이 쉽고, 보안 기능이 있으며, 널리 사용되는 소프트웨어라고 정의할 수 있다.

Section

02 추상 데이터 타입

컴퓨터는 사람이 해결하기 어려운 복잡한 문제를 풀기 위해 만들어졌다. 컴퓨터는 크고 복잡한 문제들을 처리해야 하는데, 이를 위해서 인간의 뇌 기능 중 하나인 추상화(abstraction)를 이용한다.

우리가 사람을 기억하는 방식을 생각해보자. 우리는 보통 누군가를 기억해두기 위해 그에 대한 모든 종류의 구체적이고 세세한 정보를 저장하지는 않는다. 사실 그렇게 하기도 어렵다. 그 대신 다른 사람들과 구별할 수 있는 특징을 찾아서 기억한다. 이렇듯 각종 정보들 중에서도 필수적이고 중요한 특징만을 골라서 단순화시키는 작업이 추상화 작업이다.

[그림 2-5] 뇌의 추상화 기능

컴퓨터에서 문제를 해결할 때도 추상화 작업을 적용하여 복잡한 문제를 단순화시켜 좀더 쉽게 문제를 해결하는 방법을 찾는다. 문제해결을 위해 처리해야 할 데이터를 추상화하는 데이터 추상화(Data Abstraction) 작업은 이미 알고 있는 잘 정의된 기본 개념을 이용하여 표현한다.

데이터 추상화에 주로 이용하는 기본 개념으로 데이터(data), 연산(operation), 데이터 타입(Data Type)이 있다.

- 데이터
  데이터는 프로그램의 처리 대상이 되는 모든 것을 의미하며, 어떤 값(value) 자체를 의미하기도 한다.
- 연산
  연산은 어떤 일을 처리하는 과정으로 연산자에 의해 수행된다. 예를 들어, 더하기 연산은 + 연산자에 의해 수행된다.
- 데이터 타입
  데이터 타입은 처리할 데이터의 집합과 데이터에 대해 수행할 수 있는 연산자의 집합이다. 데이터 타입을 정의할 때는 데이터 타입에 속하는 값(데이터)들과 이를 처리하기 위해 사용할 수 있는 연산을 정의한다. 예를 들어, 정수 데이터 타입의 데이터는 정수의 집합 {…, −1, 0, 1, …}이 되고 연산자는 {+, −, ×, ÷, mod}가 된다.

데이터 타입은 프로그래밍 언어에서 정의하여 제공하는 시스템 정의 데이터 타입과 사용자가 정의하여 사용하는 사용자 정의 데이터 타입이 있다. 사용자 정의 데이터 타입은 사용자가 필요에 따라 시스템 정의 데이터 타입이나 기존에 정의해 놓은 다른 사용자 정의 데이터 타입을 이용하여 정의할 수 있다.

데이터 타입을 정의하기 위해서는 구체적인 구현에 앞서 데이터 타입에 대한 데이터와 연산자의 특성이 무엇이고 연산자는 무엇을 수행하는지를 논리적으로 정의해야 한다. 이렇게 논리적으로 추상화하여 정의한 데이터 타입을 추상 데이터 타입(ADT, Abstract Data Type)이라 한다. 추상 데이터 타입은 구체적인 구현을 포함하지 않기 때문에 문제해결 방법인 알고리즘 개발이 단순해지고 원하는 프로그래밍 언어를 사용하여 프로그램으로 구체화하는 작업이 쉬워진다.

추상화는 무엇인가(what)를 논리적으로 정의하는 것이고, 구체화는 어떻게 할 것인지(how)를 실제적으로 표현하는 것이다. 우리나라 속담에 '귀에 걸면 귀걸이, 코에 걸면 코걸이' 라는 말이 있다. 어떤 하나의 사물이 있을 때 어떻게 사용하느냐에 따라서 그 용도가 정해진다는 뜻이다. 추상화와 구체화의 개념에서 생각해보면 '고리' 는 추상화된 기본틀이 되고, 이 기본틀을 용도에 따라 귀걸이나 코걸이로 사용한 것은 실제적인 구체화에 해당된다.

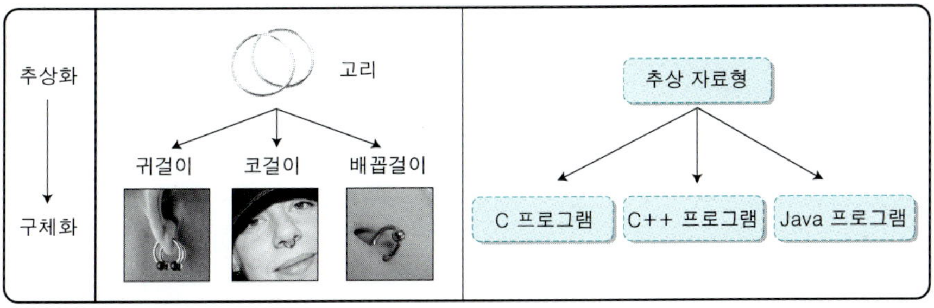

[그림 2-6] 추상화와 구체화의 예 ①

[그림 2-7] 추상화의 구체화의 예 ②

데이터와 연산에 있어서 추상화와 구체화의 관계는 [표 2-1]과 같다.

[표 2-1] 데이터와 연산에 있어서의 추상화와 구체화

	데이터	연산
추상화	추상 데이터 타입	알고리즘 정의
구체화	데이터 타입	프로그램 구현

Section

03 알고리즘

흔히 '알고리즘'이란 단어를 떠올릴 때면 막연히 복잡하고 어렵다는 생각부터 하기 마련이지만, 알고보면 그리 어려운 것만은 아니다. 간단한 예를 통해 알고리즘에 대한 개념을 살펴보고, 알고리즘을 표현하는 다양한 방법에 대해 알아보자.

1. 알고리즘의 이해

알고리즘(algorithm)은 주어진 문제를 해결하기 위한 방법을 추상화하여 일련의 단계적 절차를 논리적으로 기술해 놓은 명세서다.

잠시, 딸기시럽 치즈케이크를 만들어보자.

요리 재료

스펀지케이크(20cm×20cm) 1개, 크림치즈 200g, 달걀 푼 물 2개 분량, 설탕 3큰술, 레몬즙 · 바닐라에센스 1큰술씩, 딸기시럽(딸기 500g, 설탕 1½ 컵, 레몬즙 1작은술), 딸기 1개, 플레인 요구르트 2큰술

요리법

① 케이크 틀의 가장자리에 필름을 돌린 다음 스펀지케이크를 놓는다.

② 볼에 크림치즈를 넣고 거품기로 젓다가 달걀 푼 물과 설탕 3큰술을 세 번에 나누어 넣으면서 크림 상태로 만든다.

③ ②에 레몬즙과 바닐라에센스를 넣고 살짝 저은 다음 ①에 붓는다. 이것을 180°C의 오븐에 넣고 20분 정도 굽는다.

④ 냄비에 슬라이스한 딸기와 설탕 1½ 컵을 넣고 끓이다가 약한 불에서 눌어붙지 않도록 저으면서 거품을 걷어낸다. 되직해지면 레몬즙을 넣고 차게 식힌다.

⑤ 접시에 치즈케이크를 한 조각 담고 ④의 시럽을 뿌린 다음 플레인 요구르트와 딸기를 얹어낸다.

딸기시럽 치즈케이크를 만들기 위해 사용한 [요리 재료]는 '데이터'가 되고, [요리 재료를 다루는 방법]은 데이터에 대한 '연산'이 된다. 그리고 요리를 완성하기 위해서 데이터와 연산을 어떻게 사용할지를 단계적으로 설명하고 있는 [요리법]은 딸기시럽 치즈케이크를 만들기 위한 '알고리즘'이 된다.

효율적이고 정확하게 문제를 해결하기 위해서는 데이터를 정확히 정의하고, 데이터를 처리하기에 적당한 알고리즘을 작성해야 한다. 효과적인 알고리즘이 되기 위해서는 다음의 조건을 만족해야 한다.

(1) 입력(input) : 알고리즘 수행에 필요한 자료가 외부에서 입력되어야 한다.
(2) 출력(output) : 알고리즘 수행 후 하나 이상의 결과를 출력해야 한다.
(3) 명확성(definiteness) : 수행할 작업의 내용과 순서를 나타내는 알고리즘의 명령어들은 명확하게 명세되어야 한다.
(4) 유한성(finiteness) : 알고리즘은 수행 뒤에 반드시 종료되어야 한다.
(5) 효과성(effectiveness) : 알고리즘의 모든 명령어들은 기본적이며 실행이 가능해야 한다.

2 알고리즘의 표현

알고리즘을 표현하기 위해 다음과 같은 방법을 사용한다.

■ **자연어를 이용한 서술적 표현 방법**

사람이 사용하는 자연어(언어)를 이용하여 표현하는 방법이다. 그러나 자연어는 서술적이고 사용하는 사람에 따라 일관성과 명확성을 유지하기가 어렵다. 따라서 누구나 이해하고 사용할 수 있어야 하는 알고리즘의 표현 방법으로는 부적절하다.

■ **순서도를 이용한 도식화 표현 방법**

알고리즘을 그림으로 도식화하여 표현하는 방법으로, 순서도(flow chart)의 작성 규칙에 따라 해결 순서와 방법을 도식화한다. 순서도는 명령의 흐름을 쉽게 파악할 수 있다는 장점이 있지만, 표현의 한계가 있어 복잡한 알고리즘을 나타내기에는 효과적이지 못하다.

■ **프로그래밍 언어를 이용한 구체화 표현 방법**

프로그래밍 언어를 사용하여 알고리즘을 표현하는 방법이다. 이 방법을 사용하여 알고리즘을 작성할 경우에는 알고리즘 자체가 실제로 구체화된 구현이므로 추가적인 구체화 작업이 필요 없다. 하지만 특정 프로그래밍 언어로 작성된 알고리즘은 그 언어를 모르는 사람은 이해하기가 어렵고, 개발 언어가 바뀌는 경우에는 기존 알고리즘을 번역하여 해당 프로그래밍 언어로 변환해야 하므로 오히려 비효율적이다.

■ **가상코드를 이용한 추상화 표현 방법**

알고리즘을 프로그래밍 언어로 표현했을 때의 장단점을 감안하여 특정 프로그래밍 언어가 아니면서 프로그래밍 언어의 형태와 유사한 가상코드(pseudo-code)를 사용하여 알고리즘을 표현하는 방법이다. 가상코드는 프로그래밍 언어가 아니기 때문에 그 상태에서 실행할 수는 없지만, 프로그래밍 언어의 일반적인 형태를 가지기 때문에 원하는 특정 프로그래밍 언어로 변환(구체화 작업)하기가 쉽다.

위의 네 가지 방법들 중에서 순서도와 가상코드를 주로 사용하므로 이 둘에 대해서 살펴보기로 하자.

순서도

순서도는 [그림 2-8]과 같은 기호를 사용하여 알고리즘의 실행 단계를 표현한다.

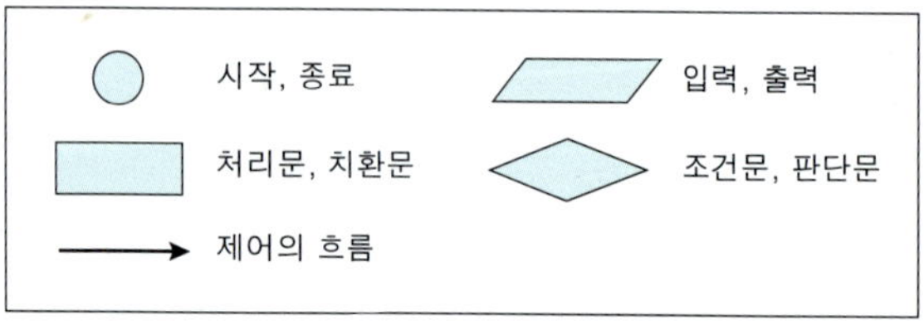

[그림 2-8] 순서도에 사용되는 기호

1부터 5까지의 합을 구해서 출력하는 문제를 순서도로 표현하면 [그림 2-9]와 같다.

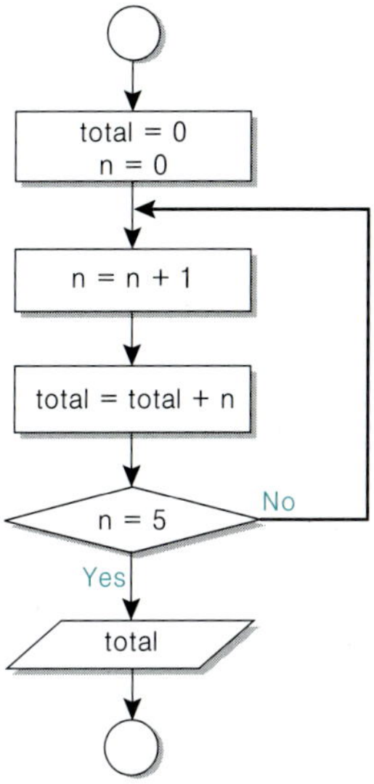

[그림 2-9] 1부터 5까지의 합을 구하기 위한 순서도

가상코드

가상코드는 알고리즘 기술 언어(ADL, Algorithm Description Language)라고도 한다. 가상코드를 사용하여 알고리즘을 표현하기 위해 가상코드의 형식을 알아보자.

■ 기본 요소

가상코드에서 알아둬야 할 기본요소는 기호와 데이터 타입, 연산자다. 기호는 문자나 숫자의 조합으로, 첫 글자는 반드시 영문자여야 한다. 기호는 변수, 데이터 타입 이름, 프로그램 이름, 레코드의 필드명, 문장의 레이블명 등을 나타낼 때 사용한다. 문장의 레이블 다음에는 콜론(:)을 두어서 수행할 문장과 구분한다. 데이터 타입은 정수 타입과 실수 타입의 수치 타입, 문자 타입, 논리 타입, 포인터, 문자열 등의 모든 데이터 타입을 사용할 수 있다. 연산자는 산술 연산자, 관계 연산자, 논리 연산자가 있다.

■ 대입문

변수에 값을 대입하는 대입문은 다음의 형식을 사용한다.

```
변수 ← 값 ;
```

대입문의 의미는 대입 연산자(←)의 오른쪽에 있는 값(상수 또는 식의 계산 결과 값이나 변수 값)을 대입 연산자(←)의 왼쪽에 있는 변수에 저장하라는 의미다. 명령문은 세미콜론(;)을 사용하여 한 문장의 끝을 표시하고, 한 줄에 여러 개의 명령문을 쓸 수 있다. 대입문에는 산술식, 부울식, 문자식 등 모든 연산식을 사용할 수 있다.

■ 조건문

조건문은 조건에 따라 실행할 명령문이 결정되는 선택적 제어 구조를 만든다. 조건문에는 if 문과 case 문이 있다.

① if 문

if 조건문의 형식은 다음과 같다.

```
if (조건식) then 명령문 1;
else 명령문 2;
```

또는

```
if (조건식) then 명령문 1;
```

조건식의 결과에 따라서 실행할 명령문이 선택된다. 조건식이 참이면 then 다음의 명령문 1이 수행되고, 조건식이 거짓이면 else 다음의 명령문 2가 수행된다. 하나 이상의 명령문을 중괄호({ })로 묶어서 블록으로 만들면 하나의 명령문처럼 취급한다. 조건문의 제어 흐름을 순서도를 사용하여 설명하면 [그림 2-10]과 같다.

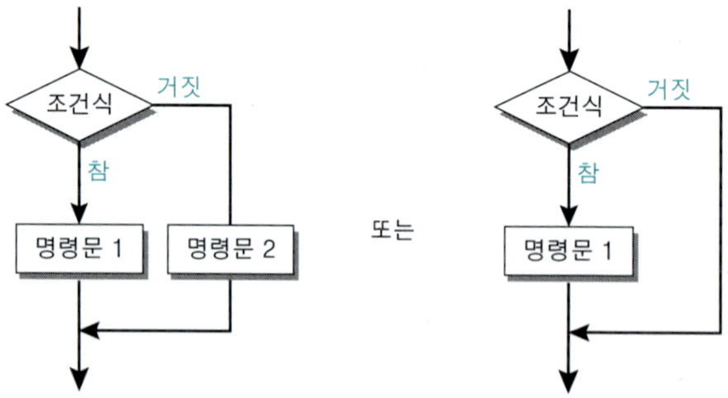

[그림 2-10] if 문의 제어 흐름

복잡한 조건식을 표현하기 위해 if 문을 여러 개 중첩하여 사용할 수 있다.

```
if (조건식 1)  then  명령문 1 ;
else if (조건식 2)  then  명령문 2;
        else  명령문 3;
```

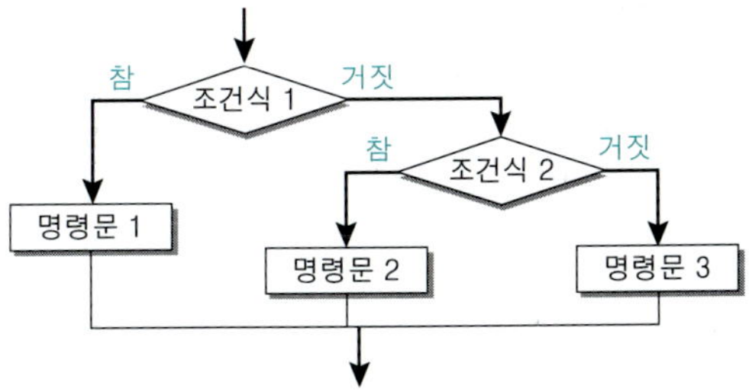

[그림 2-11] 중첩 if문의 예

평균이 90 이상이면 A, 90 미만 80 이상이면 B, 80 미만 70 이상이면 C, 70 미만이면 F 등급을 주는 조건문을 if 문을 사용하여 표현하고, 순서도를 사용하여 제어 흐름을 표현해보자.

```
if  Average >= 90 then  grade = "A" ;
else if Average >= 80 then grade = "B" ;
    else  if Average >= 70 then  grade = "C" ;
          else  grade = "F" ;
```

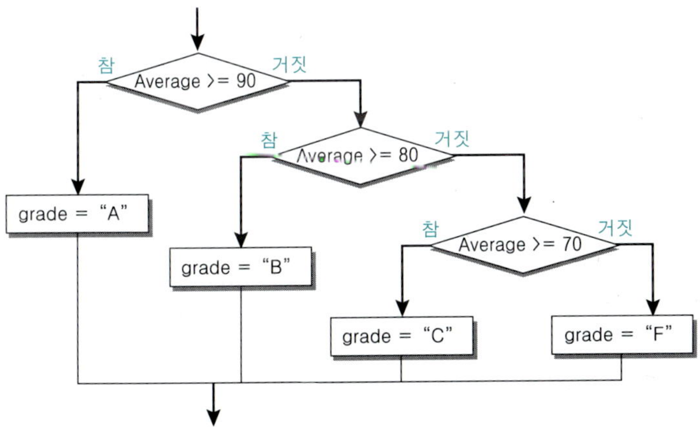

② case 문

case 문은 여러 조건식 중에서 해당하는 조건식을 찾아서 그에 대해 정해진 명령을 수행하는 조건문이다. 하나의 case 문으로 중첩 if 문과 같은 의미를 나타낸다. case 문의 형식은 다음과 같다.

```
case {
        조건식 1 : 명령문 1;
        조건식 2 : 명령문 2;
          ...
        조건식 n : 명령문 n;
        else     : 명령문 n+1;
    }
```

case 문에서의 제어 흐름을 [그림 2-12]와 같이 순서도로 나타낼 수 있다.

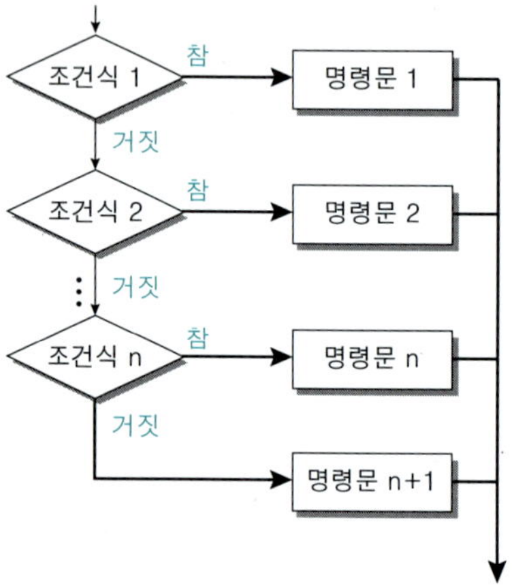

[그림 2-12] case 문의 제어 흐름

평균이 90 이상이면 A, 90 미만 80 이상이면 B, 80 미만 70 이상이면 C, 70 미만이면 F 등급을 주는 조건문을 case 문을 사용하여 표현하고 순서도를 사용하여 제어 흐름을 나타내보자.

```
case  {
            Average >= 90 :  grade = "A" ;
            Average >= 80 :  grade = "B" ;
            Average >= 70 :  grade = "C" ;
            else          :  grade = "F" ;
      }
```

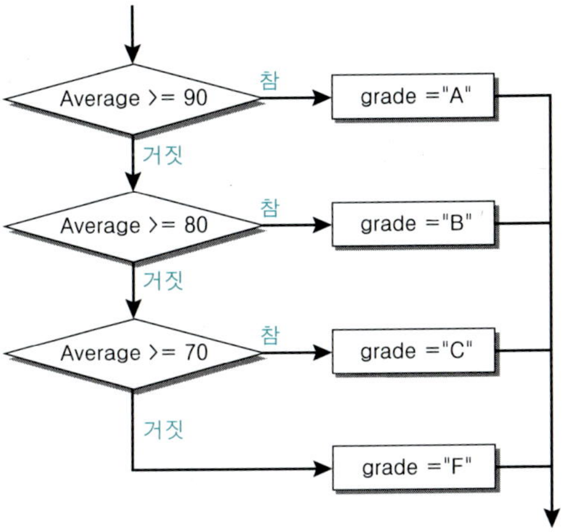

■ **반복문**

반복문의 제어구조는 일정한 명령을 반복 수행하는 루프(loop) 형태가 된다. 반복문에는 for 문과 while-do 문, do-while 문이 있다.

① for 문

가장 많이 사용하는 반복문이다. for 문의 형식은 다음과 같다.

```
for (초기값 ; 조건식 , 증감값) do 명령문 ;
```

'초기값' 은 반복문을 시작하는 시작값이고, 한번 수행할 때마다 '증감값' 에 따라 증가 또는 감소하고, '조건식' 을 검사하여 참인 동안 '명령문' 을 반복 수행한다. 명령문은 하나일 수도 있고 여러 개의 명령문을 묶어서 만든 명령문의 그룹일 수도 있다. for 문의 제어 흐름은 [그림 2-13]과 같다.

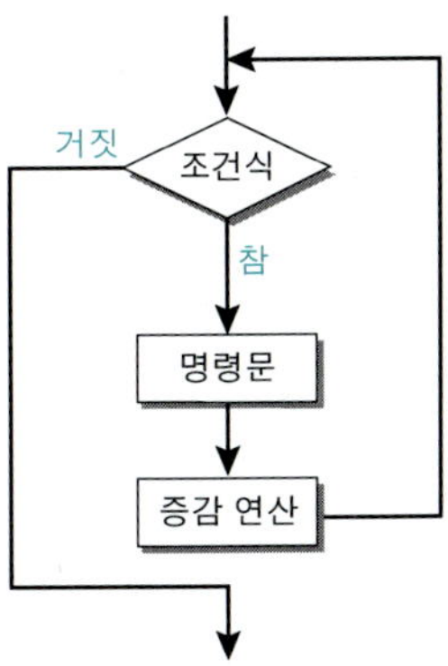

[그림 2-13] for 문의 제어 흐름

② while 문

while-do 문의 형식은 다음과 같다.

```
while (조건식) do 명령문 ;
```

조건식을 검사하여 조건식이 참인 동안 명령문을 반복 수행한다. while 문의 제어 흐름은 [그림 2-14]와 같다.

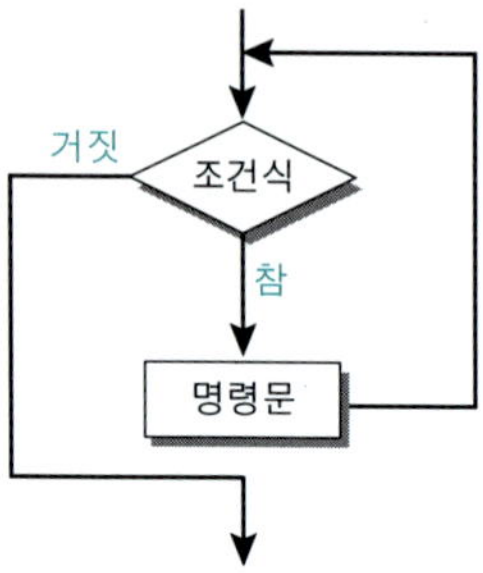

[그림 2-14] while 문의 제어

③ do-while 문

do-while 문의 형식은 다음과 같다.

```
do 명령문 ;
while (조건식) ;
```

먼저 명령문을 수행하고 그 다음에 조건식을 검사하여, 조건식이 참이면 반복 수행을 시작한다. do-while 문은 while 문과 달리 조건식이 참이 아니더라도 명령문이 반드시 한번은 수행된다. do-while 문의 제어 흐름은 [그림 2-15]와 같다.

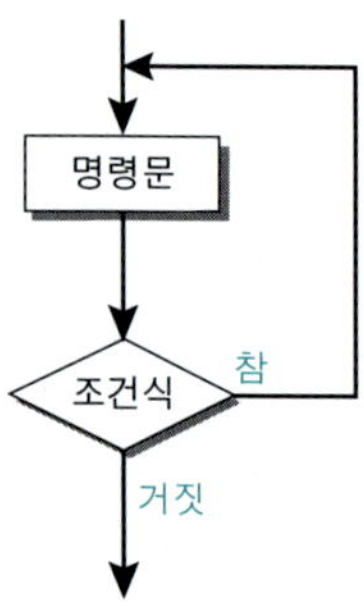

[그림 2-15] do-while 문의 제어 흐름

■ 함수문

어떤 문제를 처리하는 프로그램을 작성할 때, 한 개의 프로그램으로 구성하는 것보다 처리할 작업별로 작은 부프로그램으로 나누어 구성하면 프로그램의 크기가 줄어들고 수정과 관리가 쉬워진다. 또한 이 프로그램에서 사용한 부프로그램을 다른 프로그램에서도 재사용할 수 있다. 이렇게 작업별로 모듈화하여 만든 부프로그램을 함수(function)라고 한다. 함수는 독립적으로 실행되며, 함수 호출을 통해서 다른 함수나 프로그램과 연결한다.

함수의 형식은 다음과 같다.

```
함수이름 (매개변수)
        명령문 ;
        ...
        return  결과값 ;
end
```

return은 함수의 실행 결과값을 함수를 호출한 위치로 반환하고, end 문으로 함수의 실행이 끝난다. 간단한 함수 호출과 실행 및 결과값 반환에 대한 제어 흐름을 [그림 2-16]과 같이 표현할 수 있다.

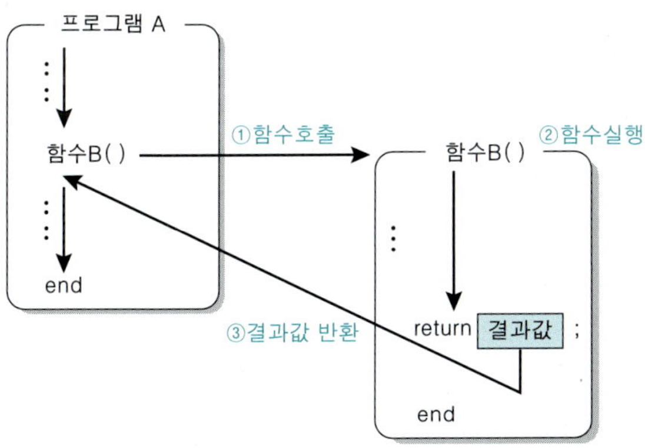

[그림 2-16] 함수의 호출과 실행 및 결과 값 반환에 대한 제어 흐름의 예

Section

04 성능분석

어떤 문제에 대한 해결 방법이 여러 개일 수 있듯이 하나의 문제에 대해 여러 개의 알고리즘이 있을 수 있다. 그 중에서 가장 효율적이고 사용 환경에 최적인 알고리즘을 결정하기 위해서는 알고리즘을 분석하고 평가할 수 있어야 한다.

1. 알고리즘 분석 기준

알고리즘을 분석하는 기준에는 정확성, 명확성, 수행량, 메모리 사용량, 최적성 등이 있다.

- 정확성

  올바른 입력이 들어왔을 때 정해진 시간 내에 올바른 결과를 출력하느냐 하는 것이다.

- 명확성

  알고리즘의 표현이 얼마나 이해하기 쉽게 명확하게 작성되었는가를 판단한다. 알고리즘이 명확할수록 이해와 변경이 쉽고, 정확성을 판단하기도 쉬워진다.

- 수행량

  알고리즘의 수행량을 판단하기 위해서는 기본적으로 포함되는 일반적인 연산은 제외하고, 알고리즘의 특성을 나타내는 중요 연산들을 분석해야 한다. 프로그램은 사용하는 명령어와 변수, 입출력 데이터와 정보를 저장하기 위해 메모리를 사용하는데, 알고리즘에 의해 사용되는 메모리의 사용량도 판단 기준이 될 수 있다.

- 최적성

  최적성은 알고리즘 분석의 중요한 요소다. 알고리즘을 적용할 시스템의 사용 환경에 따라 수행량과 메모리 사용량이 달라지기 때문에 가장 '좋은' 알고리즘이란 가장 '최적의' 알고리즘이라 할 수 있다.

일반적으로 알고리즘의 성능 분석은 실행에 필요한 공간 측면에서 분석하는 공간 복잡도와 실행에 소요되는 시간 측면에서 분석하는 시간 복잡도를 추정하여 일반적인 평가를 한다.

2 알고리즘 성능분석 방법

공간 복잡도

공간 복잡도는 알고리즘을 프로그램으로 실행하여 완료하는 데 필요한 총 저장 공간을 의미한다. 따라서 공간 복잡도는 필요한 고정 공간과 가변 공간을 합하면 구할 수 있다. 고정 공간은 프로그램의 크기나 입출력의 횟수에 상관없이 고정적으로 필요한 저장 공간으로, 프로그램의 저장 공간과 변수 및 상수들을 저장하기 위한 공간이다. 가변 공간은 실행 과정에서 사용하는 데이터와 변수들을 저장하는 공간과 함수 실행에 관련된 정보를 저장하는 공간이다.

시간 복잡도

시간 복잡도는 알고리즘을 프로그램으로 실행하여 완료하는 데 걸리는 시간이다. 시간 복잡도는 프로그램의 컴파일 시간과 실행 시간의 합으로 표현한다.

컴파일 시간은 프로그램의 특성과 큰 관련이 없으므로 거의 고정되어 있는 시간이다. 그리고 한번 컴파일되면 프로그램을 수정하지 않는 한 추가 컴파일 작업이 없으므로 시간 복잡도에서 컴파일 시간은 중요한 요소가 되지 않는다. 실행 시간은 같은 프로그램이라고 해도 실행되는 컴퓨터의 성능에 따라서 달라질 수 있기 때문에 실제 실행 시간을 측정하기보다는 명령문의 실행 빈도수를 계산하여 실행 시간을 구한다.

시간 복잡도는 알고리즘 간의 비교를 위한 것이므로 정확한 실행 시간을 추정하여 사용하기 보다는 실행 빈도수를 사용한다. 지정문, 조건문, 반복문 내의 제어문과 return 문은 시간 차이가 거의 없으므로 하나의 단위 시간을 갖는 기본 명령문으로 취급하여 실행 빈도수를 계산한다.

피보나치 수열의 알고리즘을 예로 들어 시간 복잡도를 구해보자. 피보나치 수열은 바로 이전의 두 항의 합으로 다음의 새로운 항이 만들어지는 수열이다. 첫 번째 항을 f0라고 하고 그 다음 항을 f1이라 하면, f0=0, f1=1이 되고 일반항 f_n은 $f_{n-1}+f_{n-2}$ (단, $n \geq 2$)가 된다.

다음은 n에 대한 피보나치 수열을 구하는 방법을 가상코드로 표현한 알고리즘이다.

[알고리즘 2-1] 피보나치 수열 알고리즘

```
   fibonacci(n)
1     if (n<0) then
2          stop ;
3     if (n≤1) then
4          return n ;
5     f1 ← 0 ;
6     f2 ← 1 ;
7     for (i←2 ; i≤n ; i←i+1) do {
8          fn←f1+f2 ;
9          f1←f2 ;
10         f2←fn ;
11     }
12     return  fn ;
13  end
```

먼저, n<0, n=0, n=1의 경우에 대해서 위의 알고리즘의 각 명령문에 대한 실행 빈도수를 구해보자([표 2-2]).

[표 2-2] 피보나치 수열 알고리즘의 실행 빈도수 : n<0, n=0, n=1의 경우

행 번호	n<0	n=0	n=1
1	1	1	1
2	1	0	0
3	0	1	1
4	0	1	1
5~13	0	0	0

위의 세 가지 경우에는 for 문이 수행되지 않기 때문에 실행 빈도수가 그다지 의미가 없다. for 문이 수행되는 n>1인 경우에 대해 다시 생각해보자([표 2-3]).

[표 2-3] 피보나치 수열 알고리즘의 실행 빈도수 : n>1의 경우

행 번호	실행 빈도수	행 번호	실행 빈도수
1	1	8	n−1
2	0	9	n−1
3	1	10	n−1
4	0	11	0
5	1	12	1
6	1	13	0
7	n		

위의 실행 빈도수를 보면 중괄호나 end는 실행 명령문이 아니므로 실행 시간을 0으로 계산하고, 7번 행의 for 문은 하나의 실행 단위로 계산하였다. [표 2-3]에서 총 실행 빈도수를 계산하면 $1+0+1+0+1+1+n+(n-1)+(n-1)+(n-1)+0+1+0 = 4n+2$가 된다. 따라서 이 알고리즘의 실행 빈도수, 즉 실행 시간은 n에 따라 정해진다. 이를 시간 복잡도로 나타낼 때 빅-오(Big Oh) 표기법을 사용하여 O(n)으로 표기한다.

위의 예에서 실행 시간 함수는 4n+2이고, n 값의 변화에 따라 함수 값에 가장 큰 영향을 주는 항, 즉 4n항을 선택한다. 4n항에서 계수 4는 생략하고 O의 오른쪽 괄호 안에 n을 표시하여 O(n)으로 표기한다.

알고리즘에 따라 logn, n, nlogn, n^2, n^3, 2^n 등의 실행 시간 함수가 있다.

[표 2-4] n값에 대한 실행 함수 비교

logn	<	n	<	nlogn	<	n^2	<	n^3	<	2^n
0		1		0		1		1		2
1		2		2		4		8		4
2		4		8		16		64		16
3		8		24		64		512		256
4		16		64		256		4096		65536
5		32		160		1024		32768		4294967296

여기서 잠깐

빅-오 표기법 방법

① 실행 빈도수를 구하여 실행시간 함수를 찾는다.

② 실행시간 함수의 값에 가장 큰 영향을 주는 n에 대한 항을 선택하여 계수는 생략하고 O의 오른쪽 괄호 안에 표시한다.

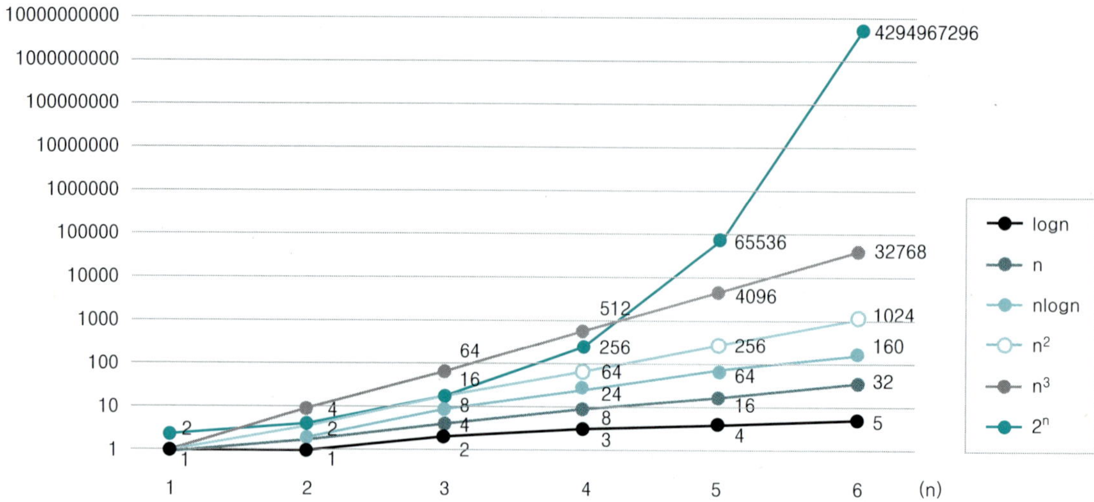

[그림 2-17] n값에 대한 실행 시간 함수 그래프

[표 2-4]와 [그림 2-17]에서 알 수 있듯이 n값이 커질수록 실행시간 함수 값의 크기는 logn < n < nlogn < n^2 < n^3 < 2^n의 순서로 커진다. 실행 빈도수가 상수 값을 가지는 경우에는 O(1)로 표기하며 가장 빠른 실행시간이 된다.

문제해결을 위한 알고리즘들을 작성하고, 그에 대한 실행시간 함수를 구하여 가장 작은 값의 실행시간 함수를 갖는 알고리즘을 선택한다.

요약

1 소프트웨어 개발 단계와 방법을 이해하고 체계적으로 개발 · 관리하기 위해서 소프트웨어의 개발 과정을 몇 단계로 구분하고, 이를 소프트웨어 생명주기(Software Life Cycle) 또는 소프트웨어 개발주기(Software Development Cycle)라고 한다. 일반적으로 요구 분석, 시스템 명세, 설계, 구현, 테스트, 유지 보수의 6단계로 구분한다.

2 요구 분석은 문제 분석이라고도 하는데, 이 단계에서 개발할 소프트웨어의 기능과 제약 조건, 목표 등을 소프트웨어 사용자와 함께 명확히 정의한다.

3 시스템 명세 단계는 시스템이 무엇을 수행해야 하는지를 정의한다.

4 설계 단계에서 시스템 구조 설계와 프로그램 설계, 사용자 인터페이스 설계를 한다. 설계 방법에는 하향식 설계(Top-down Design) 방법과 상향식 설계(Bottom-up Design) 방법 그리고 객체지향 설계(Object-oriented Design) 방법이 있다.

5 구현 단계는 설계 단계에서 논리적으로 결정한 문제 해결 방법(알고리즘)을 C, C++, JAVA 등의 특정 프로그래밍 언어를 사용하여 실제로 프로그램을 작성하는 단계다. 따라서 구현 단계에서 사용할 프로그래밍 언어를 선택하고 프로그래밍 기법과 스타일, 프로그래밍 순서 등을 결정해야 한다.

6 테스트 단계는 개발한 시스템이 요구사항을 만족하는지, 실행 결과가 예상한 결과와 정확하게 맞는지를 검사하고 평가하는 일련의 과정으로, 숨어있는 오류를 최대한 찾아내어 시스템의 완성도를 높이는 것을 목표로 한다. 테스트는 일반적으로 단위 테스트(Unit Test), 통합 테스트(Integration Test), 인수 테스트(Acceptance Test)의 3단계로 시행한다.

7 유지 보수 단계는 시스템이 인수되고 설치된 후에 일어나는 모든 활동을 의미한다.

8 개발된 소프트웨어의 품질은 정확성과 유지 보수성, 무결성, 사용성 등에 따라 평가한다.

9 추상화는 무엇인가(what)를 논리적으로 정의하는 것이고, 구체화는 어떻게 할 것인지(how)를 실제적으로 표현하는 것이다.

요약

10 알고리즘(algorithm)은 주어진 문제를 해결하기 위한 방법을 추상화하여 일련의 단계적 절차를 논리적으로 기술해 놓은 명세서다. 알고리즘은 입력, 출력, 명확성, 유한성, 효과성에 대한 조건을 만족해야 한다.

11 알고리즘의 성능 분석은 실행에 필요한 공간 측면에서 분석하는 공간 복잡도와 실행에 소요되는 시간 측면에서 분석하는 시간 복잡도를 추정하여 일반적인 평가를 한다.

12 공간 복잡도는 알고리즘을 프로그램으로 실행하여 완료하는 데 필요한 총 저장 공간을 의미하는 것으로, 고정 공간량과 가변 공간량의 합으로 구할 수 있다. 시간 복잡도는 알고리즘을 프로그램으로 실행하여 완료하는 데 걸리는 시간을 의미하는데, 프로그램의 컴파일 시간과 실행 시간의 합으로 표현한다. 시간 복잡도를 나타낼 때 빅-오(Big Oh) 표기법을 사용한다.

연습문제

1 소프트웨어 생명 주기와 각 단계를 시스템 예를 들어 설명하시오.

2 데이터베이스 설계 단계의 순서로 알맞은 것은? (2005년 기출문제)

① 물리적 설계 ② 구현 ③ 개념적 설계
④ 요구 조건 분석 ⑤ 논리적 설계

가. ③-⑤-④-①-② 나. ④-①-③-⑤-②
다. ④-③-⑤-①-② 라. ③-⑤-①-④-②

3 소프트웨어 개발 방법론에서 구현(Implementation)에 대한 설명으로 가장 적절한 것은? (2004년 기출문제)

가. 요구 사항 분석 과정 중 모아진 요구 사항을 옮기는 것
나. 시스템이 무슨 기능을 수행하는지에 대한 시스템의 목표 기술
다. 프로그래밍 또는 코딩이라고 불리며 설계 명세서가 컴퓨터가 알 수 있는 모습으로 변환되는 과정
라. 시스템이나 소프트웨어 요구 사항을 정의하는 과정

4 소프트웨어 개발을 위한 프로그래밍 언어의 선정 기준으로 거리가 먼 것은? (2005년 기출문제)

가. 개발 담당자의 경험과 지식
나. 대상 업무의 성격
다. 과거의 개발 실적
라. 4세대 언어 여부

5 소프트웨어 개발의 생산성에 영향을 미치는 요소가 아닌 것은? (2004년 기출문제)

가. 프로그래머의 능력
나. 팀 의사 전달
다. 제품의 복잡도
라. 소프트웨어 사용자의 능력

연습문제

6 소프트웨어의 재사용으로 얻어지는 이익이 아닌 것은? (2004년 기출문제)

가. 표준화의 원칙을 무시할 수 있다.
나. 프로젝트의 개발 위험을 줄여줄 수 있다.
다. 프로젝트의 개발 기간과 비용을 줄일 수 있다.
라. 개발자의 생산성을 향상시킬 수 있다.

7 소프트웨어의 재사용과 관련된 내용 중 가장 적절한 설명은? (2004년 기출문제)

가. 시스템 명세, 설계, 코드 그리고 다른 팀에서 작성한 문서를 공유함으로써 소프트웨어 개발을 복잡하게 만든다.
나. 소프트웨어를 재사용함으로써 유지 보수 비용이 높아진다.
다. 모든 소프트웨어를 개발할 때는 반드시 소프트웨어를 재사용해야만 한다.
라. 소프트웨어의 개발 생산성과 품질을 높이려는 주요 방법이다.

8 상향식 통합테스트(Bottom-Up Integration Test)의 과정이 옳게 나열된 것은? (2004년 기출문제)

① 드라이버(Driver)라는 제어 프로그램의 작성
② 낮은 수준의 모듈들을 클러스터(Cluster)로 결합
③ 클러스터의 검사
④ 드라이버를 제거하고 클러스터를 상위로 결합

가. ① - ② - ③ - ④
나. ② - ① - ③ - ④
다. ② - ③ - ① - ④
라. ① - ② - ④ - ③

9 소프트웨어 품질 측정의 항목으로 거리가 먼 것은? (2004년 기출문제)

가. 정확성
나. 무결성
다. 간결성
라. 사용성

10 소프트웨어 라이프 사이클 단계 중 가장 오랜 시간이 걸리며 대부분의 비용을 차지하는 단계는? (2004년, 2006년 기출문제)

가. 타당성 검토 단계
나. 운용 및 유지 보수 단계
다. 기본 설계 단계
라. 실행 단계

11 좋은 소프트웨어의 조건이라고 할 수 없는 항목은? (2004년 기출문제)

가. 남이 알아보기 쉬워야 한다.
나. 경제적이어야 한다.
다. 문서화가 잘 되어 있어야 한다.
라. 프로그램이 독창적이어야 한다.

12 시스템 테스팅 단계의 순서가 적절하게 이루어진 것은? (2004년, 2006년 기출문제)

가. 단위 테스트 – 통합 테스트 – 시스템 테스트 – 수용 테스트
나. 수용 테스트 – 단위 테스트 – 통합 테스트 – 시스템 테스트
다. 단위 테스트 – 통합 테스트 – 수용 테스트 – 시스템 테스트
라. 수용 테스트 – 시스템 테스트 – 단위 테스트 – 통합 테스트

13 검증 시험(Validation Test)을 할 때 Beta Test에 대한 설명으로 옳은 것은? (2005년 기출문제)

가. 사용 부서에서 개발 담당자가 시험한다.
나. 개발 부서와 사용 부서가 공동으로 시험한다.
다. 개발 부서에서 개발자가 시험한다.
라. 실업무를 가지고 사용자가 직접 시험한다.

14 유지 보수의 활동 종류로 볼 수 없는 것은? (2005년 기출문제)

가. 정정(Corrective) 보수
나. 품질(Quality) 보수
다. 적응(Adaptive) 보수
라. 예방(Preventive) 보수

연습문제

15 알고리즘의 요건을 설명하시오.

16 다음의 알고리즘을 순서도를 사용하여 표현하시오.

```
for (i←1 ; i<=n ; i←i+1) do {
    for (j←1 ; j<=n ; j←j+1) do
        A ← A + B ;
}
```

17 문제 16번 알고리즘의 시간 복잡도를 Big-Oh 표기법으로 표현하시오.

18 소프트웨어 유지 보수 작업의 목적으로 부적절한 것은? (2006년 기출문제)

가. 하자 보수　　나. 환경 적응
다. 예방 조치　　라. 설계 수정

19 소프트웨어 유지 보수에 관련된 설명으로 옳지 않은 것은? (2006년 기출문제)

가. 유지 보수는 소프트웨어가 인수, 설치된 후 발생하는 모든 공학적 작업을 말한다.
나. 유지 보수는 원인에 따라 수정 보수, 적응 보수, 완전화 보수, 예방 보수 등이 있다.
다. 소프트웨어에 가해지는 변경을 제어 관리하는 것을 형상 관리라고 한다.
라. 소프트웨어 비용 중 유지 보수 비용은 개발 비용보다 적다.

20 공학적으로 좋은 소프트웨어에 대한 설명으로 적합하지 않은 것은? (2007년 기출문제)

가. 사용법, 구조의 설명, 성능, 기능이 이해하기 쉬워야 한다.
나. 유지보수가 용이해야 한다.
다. 실행 속도가 빠르고, 소요 기억 용량을 많이 차지할수록 좋다.
라. 사용자 수준에 따른 적당한 사용자 인터페이스를 제공해야 한다.

21 소프트웨어의 품질 목표 중에서 옳고 일관된 결과를 얻기 위하여 요구된 기능을 수행할 수 있는 정도를 나타낸 것은? (2007년 기출문제)

가. 무결성　　나. 정확성　　다. 효율성　　라. 신뢰성

22 알고리즘 시간 복잡도 O(1)이 의미하는 것으로 옳은 것은?

가. 모든 O(1) 알고리즘은 어떤 컴퓨터에서나 동일한 수행시간을 갖는다는 의미다.
나. 모든 O(1) 알고리즘은 한 컴퓨터에서 동일한 수행시간을 갖는다는 의미다.
다. 알고리즘의 입력 데이터 수가 한 개라는 의미다.
라. 알고리즘의 수행시간이 입력 데이터 수와 상관없이 일정하다는 의미다.
마. 알고리즘의 길이가 입력 데이터보다 작다는 의미다.

23 아래의 시간 복잡도를 작은 것부터 큰 순서로 나열한 것을 골라라.

① O(n)　② O(nlogn)　③ O(logn)　④ O(log(logn))

가. ④ < ③ < ① < ②　나. ③ < ① < ② < ④　다. ③ < ① < ④ < ②
라. ④ < ③ < ② < ①　마. ② < ③ < ① < ④

Chapter 03

자바 프로그래밍

*학습목표

• 자료구조를 지바 프로그램으로 구현하기 위해 필요한 자바 프로그래밍의 기본 문법을 알아본다.
• 자바의 기본 타입과 참조 타입을 이해한다.
• 클래스 타입 정의 방법과 클래스 타입 변수의 사용방법을 알아본다.
• 인터페이스 타입 정의 방법과 사용방법을 알아본다.
• 열기 디입에 대한 정의 방법과 사용방법을 알아본다.
• 자바 제어문의 형식과 사용방법을 알아본다.
• 메소드 호출에 대한 구조와 사용방법을 알아본다.
• 실행 시간에 발생하는 예외 처리방법을 알아본다.

Section

01 자바의 기본 익히기

사람들은 서로 간의 의사소통을 위해서 소리, 그림, 글자 등으로 표현한 언어를 사용한다. 사용자가 컴퓨터에게 작업 지시를 내리기 위해서는 서로 이해할 수 있는 의사소통 방법이 필요하다. 우리는 소리, 그림, 글자 등을 사용하지만 컴퓨터는 오직 이진수의 조합(기계어)으로만 표현하고 이해하고 처리한다. 컴퓨터가 사람의 언어 방식에 맞출 수 없으니 우리가 컴퓨터의 방식에 맞춰줘야 한다. 컴퓨터와의 의사소통을 위해서 만든 것이 프로그래밍 언어다. 프로그래밍 언어를 사용하여 컴퓨터가 작업할 일들을 작성한 문서가 프로그램이 된다. 사람의 언어에도 한국어, 영어, 독일어 등 여러 가지가 있는 것처럼 프로그래밍 언어 역시 다양하다. 이 책에서는 자바(Java) 언어를 사용하여 자료구조를 표현하고자 한다.

먼저 자바 프로그램을 작성 · 실행할 수 있도록 프로그램을 다운로드하여 설치하는 과정을 살펴보자.

1. 자바 준비하기

자바 프로그램을 컴파일하고 실행하기 위해서는 자바 개발 환경을 제공하는 소프트웨어인 JDK(Java™ Standard Edition Development Kit)가 필요하다. 현재까지의 최신버전은 JDK 6.0이다.

JDK 6.0 다운로드

1 웹 브라우저로 http://www.sun.com/ 사이트에 접속하면 다음과 같은 홈페이지가 나타난다. Downloads 메뉴에서 Java SE를 선택한다.

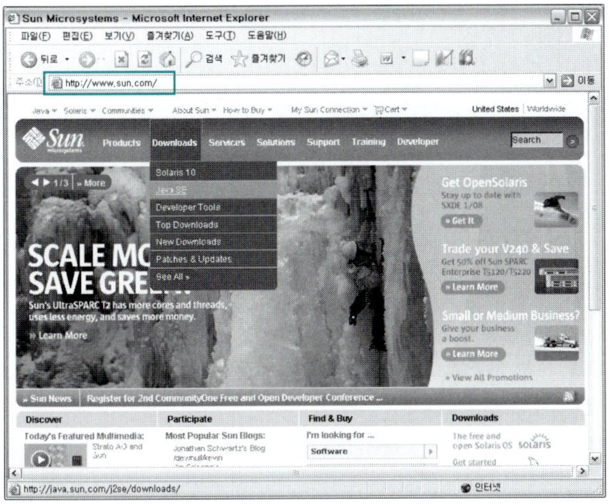

[그림 3-1] JDK 6.0 다운로드하기_1

2 Java SE 다운로드 화면에서 다운받을 JDK 버전을 선택한다.

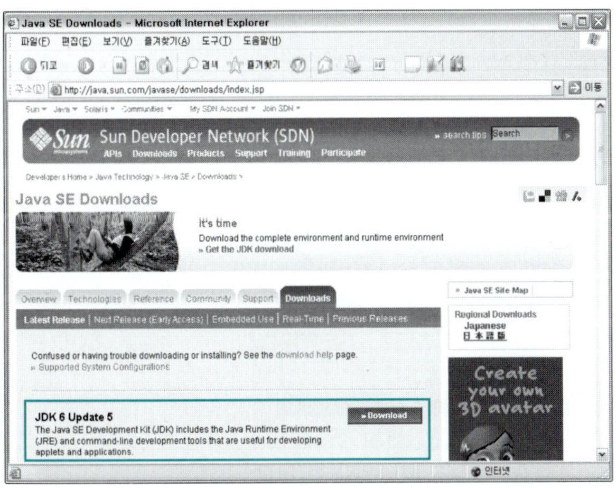

[그림 3-2] JDK 6.0 다운로드하기_2

3 License Agreement를 "Accept"로 선택한다.

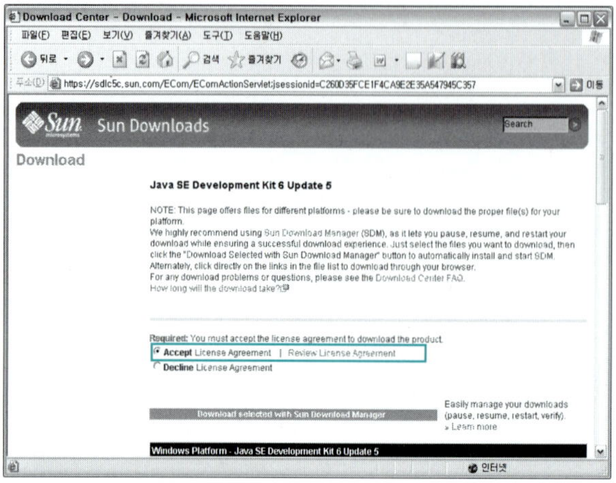

[그림 3-3] JDK 6.0 다운로드하기_3

4 윈도우즈 플랫폼의 JDK 6.0을 클릭하여 파일을 다운로드한다.

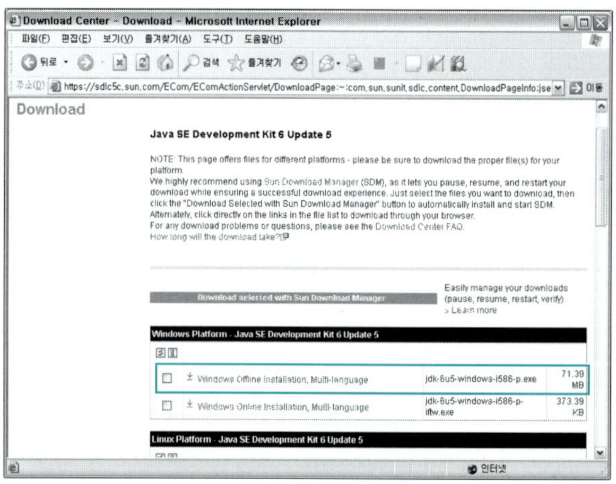

[그림 3-4] JDK 6.0 다운로드하기_4

5 다운로드 창이 뜨면 [저장(S)]을 누른다.

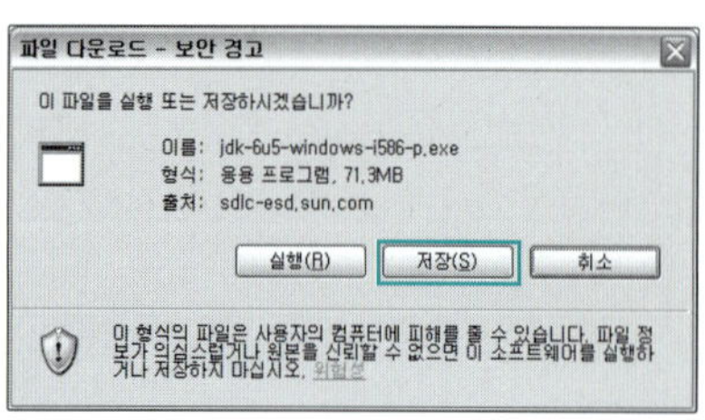

[그림 3-5] JDK 6.0 다운로드하기_5

JDK 6.0 설치하기

1 다운받은 파일을 더블클릭하면 설치 프로그램이 단계적으로 실행된다. License Agreement 대화상자에서 [Accept]를 누른다.

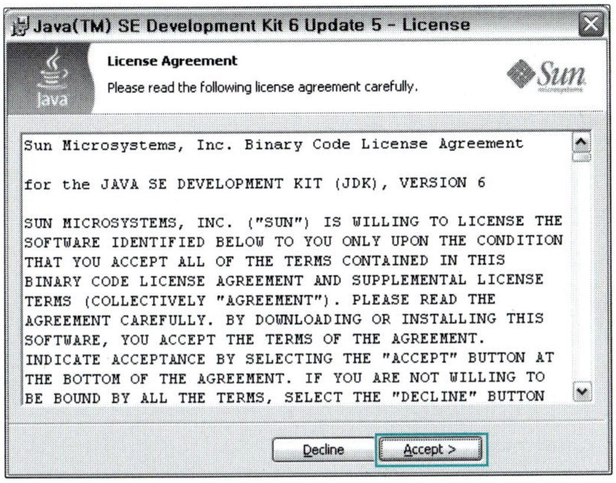

[그림 3-6] JDK 6.0 설치하기_1

2 JDK에 포함된 4개의 설치 항목과 설치할 위치를 보여주는 대화상자가 나타난다. [Next]를 클릭하면 설치 작업이 진행된다.

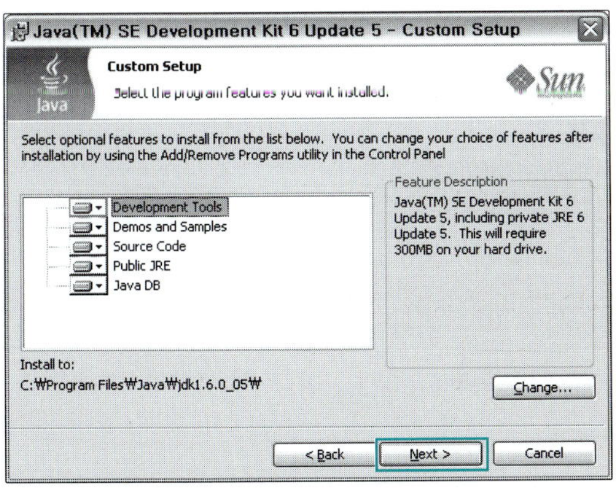

[그림 3-7] JDK 6.0 설치하기_2

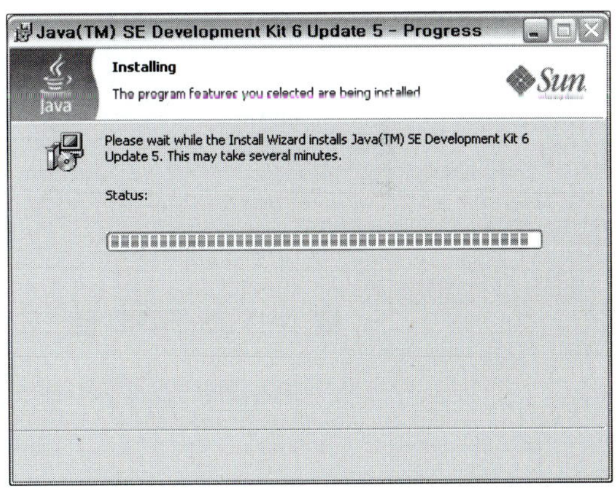

[그림 3-8] JDK 6.0 설치하기_3

3 설치 항목 중에 Public JRE가 포함되어 있으면 설치 항목과 설치할 위치를 보여주는 대화상자가 다시 나타난다. JRE는 웹 브라우저에서 자바 애플릿을 실행할 때 사용되는 소프트웨어다. [Next]를 눌러 설치작업을 계속한다.

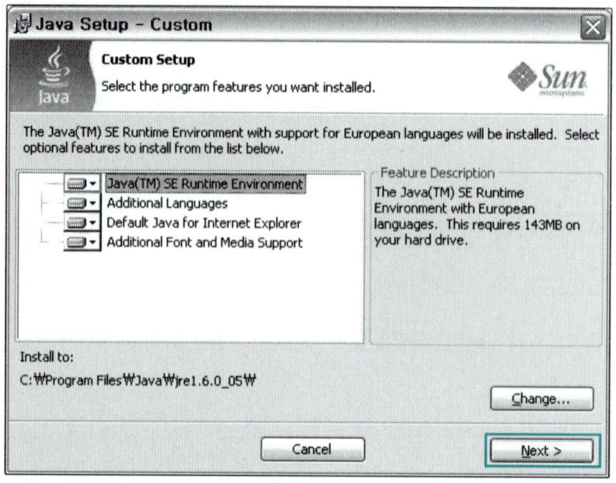

[그림 3-9] JDK 6.0 설치하기_4

4 설치 완료 화면이 나오면 [Finish] 버튼을 누른다.

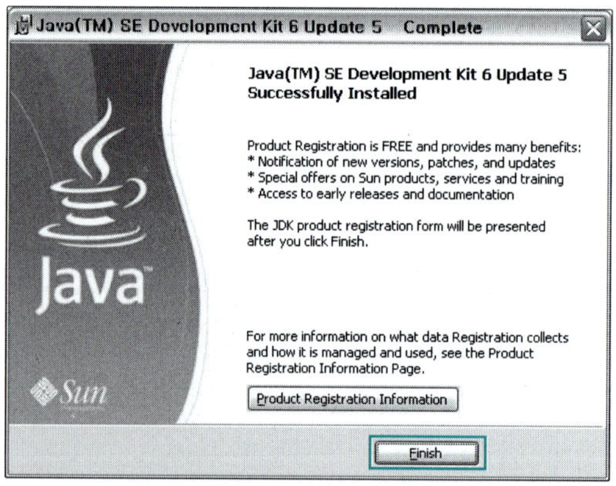

[그림 3-10] JDK 6.0 설치하기_5

5 설치작업을 종료하면 2번 단계에서 설정한 폴더를 확인한다.

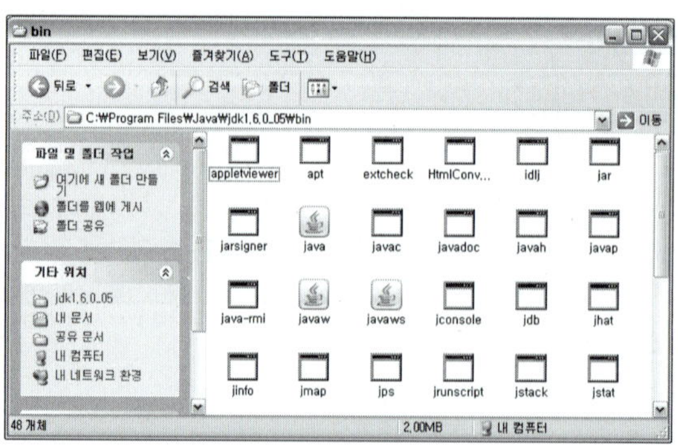

[그림 3-11] JDK 6.0 설치하기_6

JDK 6.0을 사용하기 위한 환경변수 설정

환경변수는 운영체제에서 관리하는 변수다. 그 중 PATH라는 변수는 디렉토리의 경로(path)를 담고 있는 환경변수로서 이 안에 저장된 디렉토리 내에 있는 프로그램들은 따로 경로를 지정하지 않고도 실행할 수 있다. 자바 프로그램을 컴파일하고 실행할 때 매우 유용한 기능으로, 우리도 앞서 설치한 자바 디렉토리 정보를 환경변수 PATH에 추가하기로 하자.

1 [시작]→[설정]→[제어판]→[시스템]→[고급] 메뉴를 선택한 후, [환경변수]를 클릭한다.

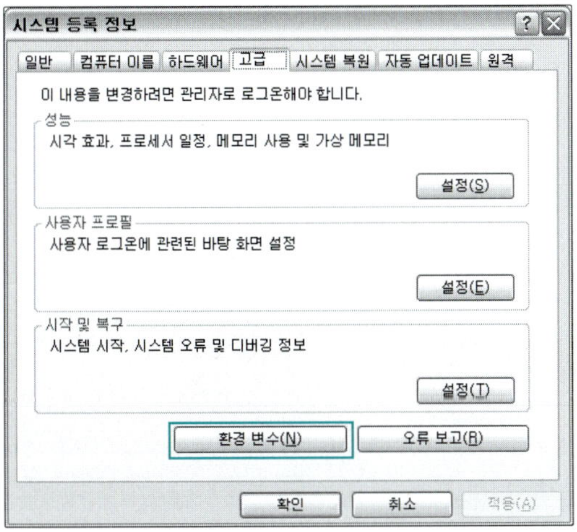

[그림 3-12] 환경변수 설정 1

2 [환경 변수] 대화상자에서 'path'를 클릭하고, [편집] 버튼을 누른다.

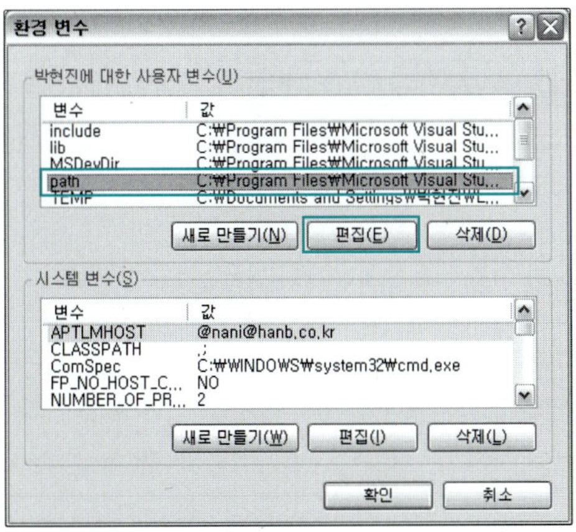

[그림 3-13] 환경변수 설정_2

3 [사용자 변수 편집] 대화상자의 '변수 값' 입력상자의 제일 뒤에 세미콜론(;)을 쓰고 JDK 설치 디렉토리의 bin 서브디렉토리의 경로를 입력하고, [확인] 버튼을 클릭한다.

[그림 3-14] 환경변수 설정_3

설치한 JDK 버전 확인하기

이제 설치한 JDK의 버전을 확인해보자.

1 [시작]→[실행] 메뉴를 선택하고, 입력창에 'cmd'를 입력하고, [확인] 버튼을 눌러서 명령 프롬프트 프로그램을 실행시킨다.

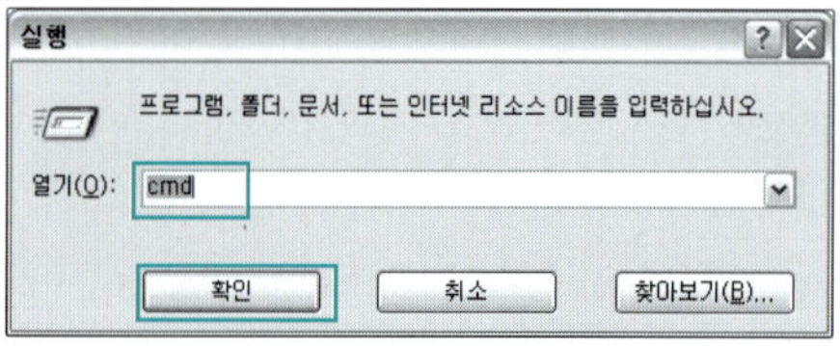

[그림 3-15] 명령 프롬프트 프로그램 실행하기

2 명령 프롬프트 화면에 javac -version 명령을 입력하여 자바 컴파일러의 버전을 확인한다. 그리고 java -version 명령을 입력하여 java.exe 파일의 버전도 확인한다.

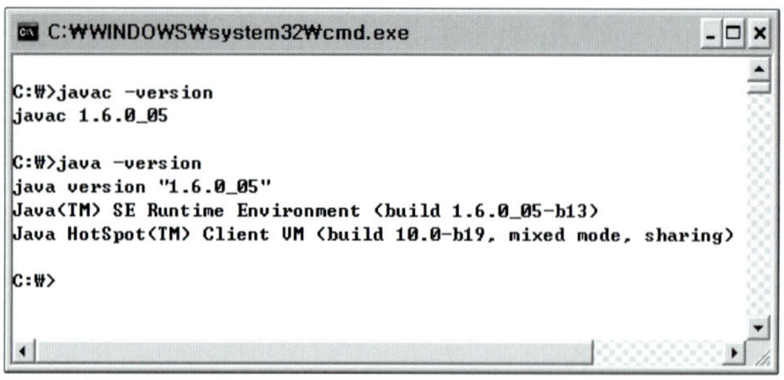

[그림 3-16] JDK 버전 확인

2. 자바의 구성

자바 플랫폼(Java Platform)

자바 플랫폼은 자바 프로그램을 실행할 수 있게 하는 '하드웨어적 프로그램'으로, 자바 API(Java Application Programming Interface)와 자바 가상 머신으로 구성되어 있다.

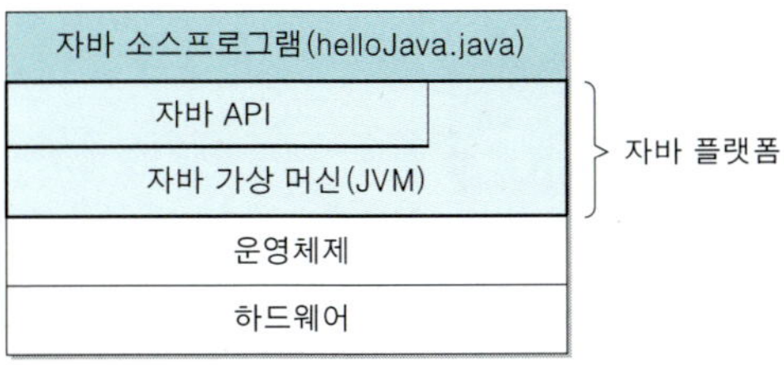

[그림 3-17] 자바 플랫폼

■ 자바 API

전자제품의 기능과 사용방법을 설명해 놓은 제품 매뉴얼처럼 자바 API는 자바 응용프로그램을 만드는 데 필요한 유용한 클래스들과 사용 방법을 문서화하여 제공한다. 자바 API의 종류와 내용이 많아 '자바 API 문서'라는 도움말 형식의 문서를 제공한다.

웹에서 자바 API 문서를 확인해보자.

1 http://www.sun.com/ 사이트에 접속한 후 [Developer]→[APIs & Docs] 메뉴를 선택한다.

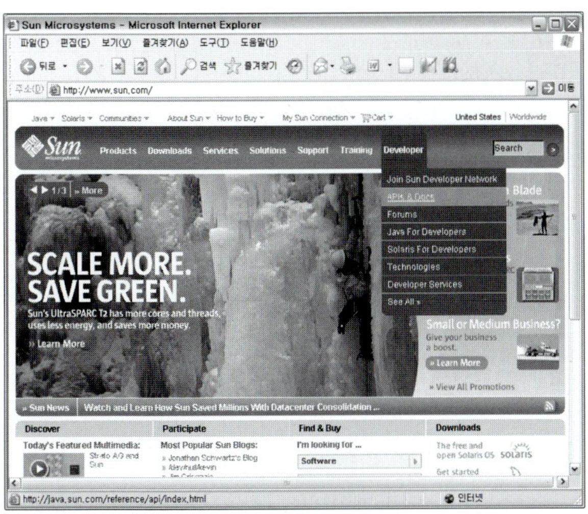

[그림 3-18] 자바 API 문서 보기_1

2 JDK 버전에 맞는 API 버전을 선택한다.

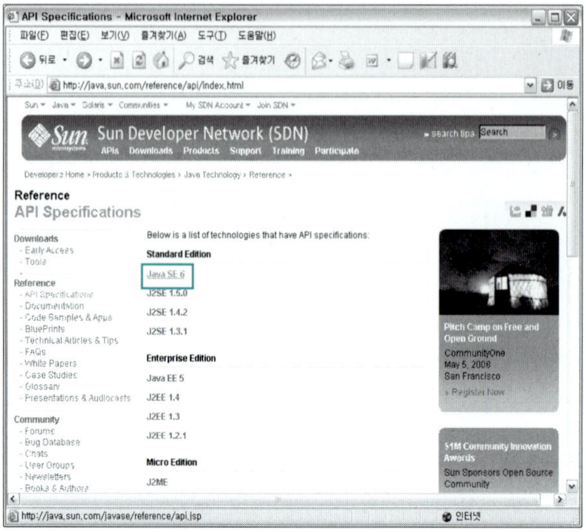

[그림 3-19] 자바 API 문서 보기_2

3 [Go to the API Specifications]를 누르면 자바 API 문서가 나타난다.

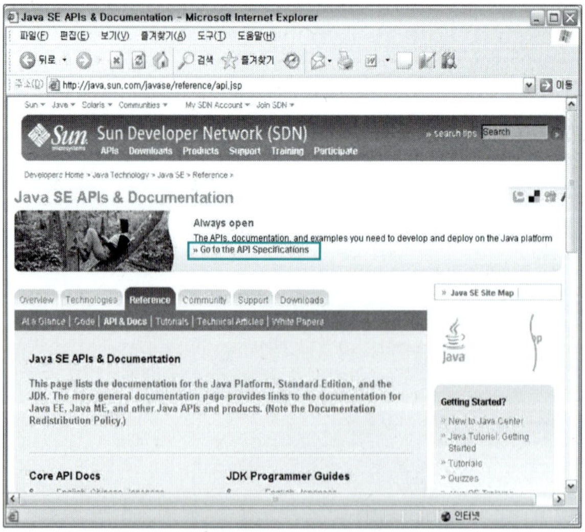

[그림 3-20] 자바 API 문서 보기_3

4 자바 API 문서는 다음과 같이 세 개의 영역으로 구성되어 있다.

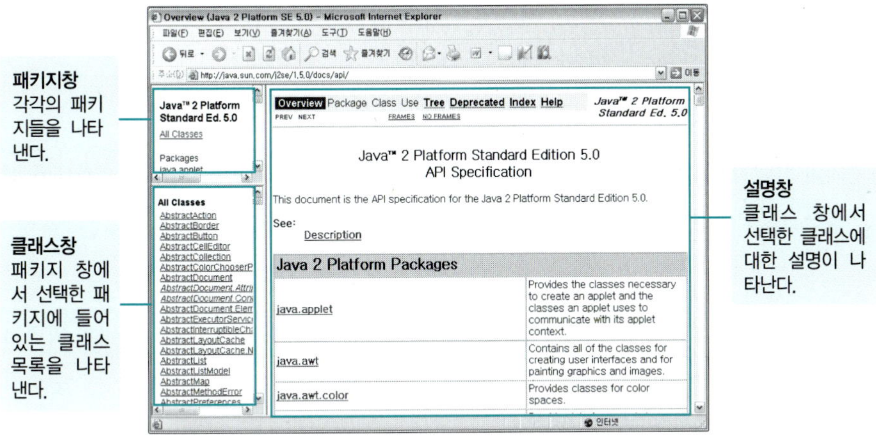

[그림 3-21] 자바 API 문서 보기_4

■ 자바 가상 머신

자바 가상 머신은 물리적인 실제의 기계 장치가 아니라 추상적인 장치이며, 클래스 파일을 실행할 수 있는 기계어 파일로 번역해준다.

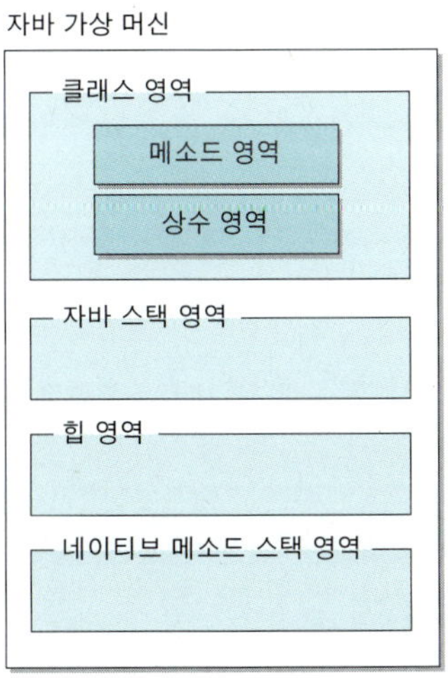

[그림 3-22] 자바 가상 머신의 구성

자바 가상 머신은 클래스 영역, 자바 스택 영역, 힙 영역, 네이티브 메소드 스택 영역으로 구성되어 있다.

① 클래스 영역

실행에 필요한 클래스들을 로드하여 저장하는 공간이다. 로드된 클래스의 멤버 메소드들은 메소드 영역에 저장되고, 상수들은 상수 영역에 저장된다. 또한 사용자가 작성한 클래스 코드를 저장하는 영역이다.

② 자바 스택 영역
자바 프로그램을 수행하면서 발생하는 메소드 호출과 복귀에 대한 정보를 생성하여 저장하고 관리하는 공간이다.

③ 힙 영역
객체를 생성할 때 동적으로 공간을 할당하여 객체를 저장하는 공간이다. 자바의 가비지 컬렉션(Garbage Collection, 쓰레기 수집) 기능으로 사용이 끝난 객체의 공간이 관리되는 공간이다.

④ 네이티브 메소드 스택 영역
자바에는 하드웨어를 직접 제어하는 기능이 없다. 그래서 하드웨어를 제어해야 할 경우에는 C 언어와 같은 다른 언어의 기능을 잠시 빌려서 사용하는데, 이때 사용하는 것이 JNI(Java Native Interface) 기술이다. 네이티브 메소드들이 바이트 코드로 변환되면서 사용되고 기록하는 영역이 네이티브 메소드 스택 영역이다.

3. 자바 프로그램 만들기

화면에 ‘Hello, Java’ 라고 출력하는 간단한 자바 프로그램을 만들어보자.

1 메모장에 다음과 같이 소스를 입력하고, ‘HelloJava.java’ 라고 저장한다. 폴더에 HelloJava.java 파일이 저장되어 있는지 확인한다.

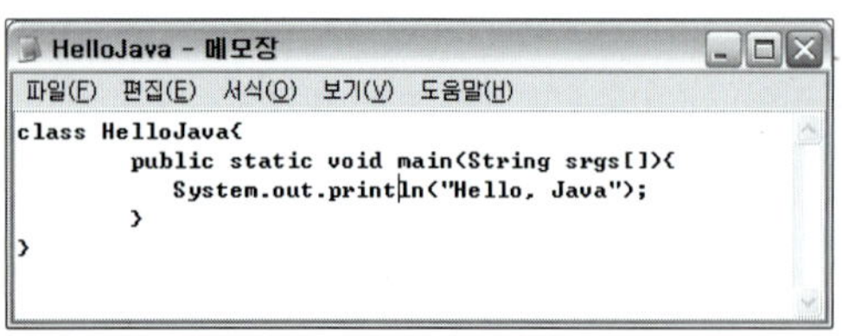

[그림 3-23] 자바 소스 프로그램 작성

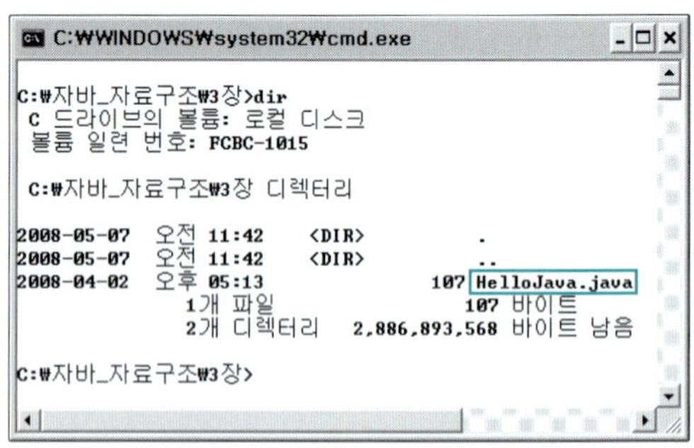

[그림 3-24] 자바 소스 프로그램 파일 확인하기

2 작성한 자바 소스 파일을 컴파일한다. 컴파일하는 방법은 명령 프롬프트 창을 실행한 후 다음과 같이 명령을 입력하면 된다.

```
javac  HelloJava.java
```

자바 컴파일러는 소스 파일(HelloJava.java)을 클래스 파일(HelloJava.class)로 번역한다.

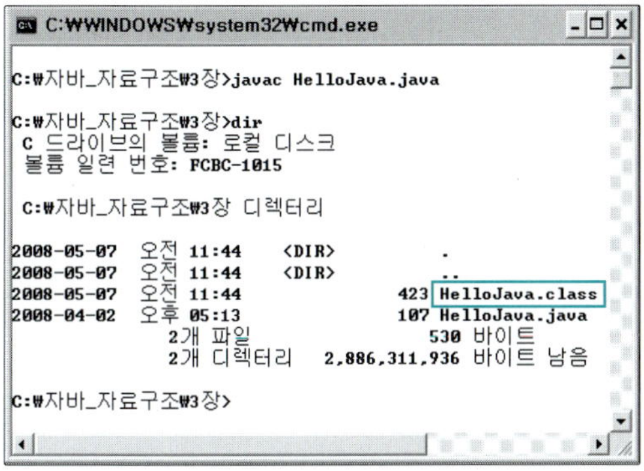

[그림 3-25] 자바 소스 프로그램 컴파일 화면

3 작성한 자바 프로그램을 실행한다. 앞서 컴파일한 클래스 파일을 자바 가상 머신이 기계어 코드로 번역하면, 번역된 기계어 코드가 실행된다. 자바 가상 머신을 동작시키는 명령어는 java.exe다. 작성한 자바 프로그램을 실행하기 위해 다음과 같이 자바 가상 머신 동작 명령어 java 뒤에 실행할 클래스 파일의 이름을 입력한다.

```
java  HelloJava
```

작성한 자바 프로그램이 실행되면 [그림 3-26]과 같이 "Hello, Java"라는 글자가 출력된다.

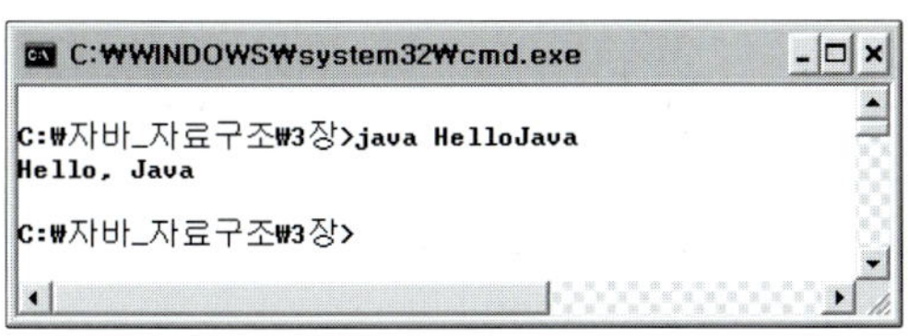

[그림 3-26] 자바 소스 프로그램 실행 화면

4. 자바 프로그램의 구조

이제 자바 소스 프로그램의 형태를 살펴보자. HelloJava.java 프로그램에서 컴퓨터가 수행할 명령문은 사실상 System.out.println("Hello, Java"); 하나뿐이다. 이 명령문은 모니터 화면에 "Hello, Java"라는 문자열을 출력하라는 의미다. 처리할 명령문이 몇 개든지 상관없이 항상 자바 프로그램의 구조에 맞추어 작성해야만 제대로 실행될 수 있다.

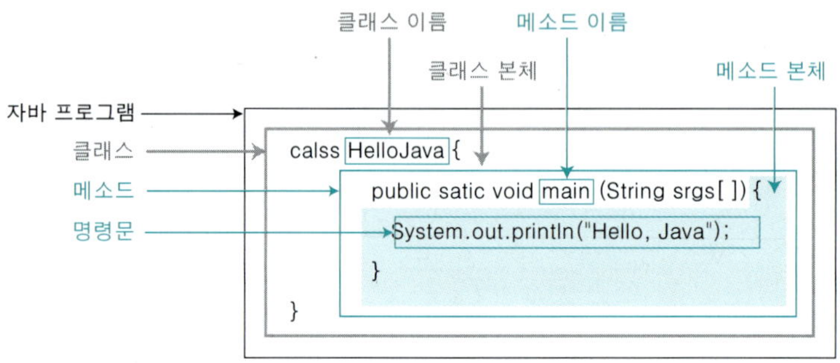

[그림 3-27] 자바 프로그램의 구조

클래스(class)는 자바 프로그램을 구성하는 단위다. 자바 프로그램은 내부적으로 한 개 이상의 클래스로 구성되어 있다. 클래스는 이름과 본체(body)로 구성되는데, 위의 클래스는 HelloJava가 클래스 이름이고, 그 다음에 있는 중괄호 { 부터 마지막 중괄호 } 까지가 클래스 본체가 된다.

클래스 본체는 한 개 이상의 메소드(method)를 가지고 있는데, 메소드는 수행할 명령문의 묶음이다. 메소드도 클래스와 마찬가지로 이름과 본체로 구성된다. HelloJava 클래스 본체 안에 있는 main이 메소드의 이름이고, 그 다음에 있는 중괄호 {부터 그와 짝이 되는 중괄호 }까지가 메소드 본체가 된다.

메소드 이름은 프로그래머가 마음대로 정할 수 있는데, main이라는 이름의 메소드가 반드시 한 개 있어야 한다. 자바 프로그램의 실행 시작 지점이 main 메소드로 지정되어 있기 때문에 main 메소드가 없거나 두 개 이상 있으면 실행되지 않는다.

5. 프로그램 실행 과정

우리가 작성한 프로그램(소스코드)은 이진수의 형태가 아니다. 컴퓨터는 오직 이진수만 처리하므로, 이 프로그램을 컴퓨터가 이해할 수 있는 이진수의 조합, 즉 기계어로 번역(컴파일)해야 한다. 이때 필요한 도구가 컴파일러(compiler)다. C 프로그램(*.c)은 C 컴파일러를 통하고, C++ 프로그램(*.cpp)은 C++ 컴파일러를 통해 기계어로 번역되어 실행 가능한 실행파일(*.exe)을 만든다.

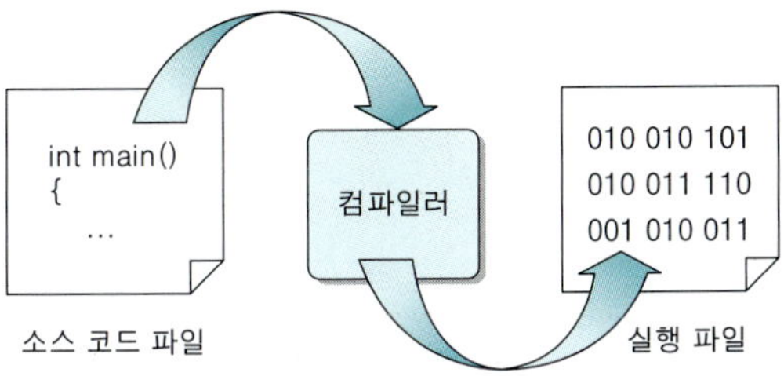

[그림 3-28] 컴파일러의 작업

이렇게 생성된 실행파일은 컴파일러가 동작하는 운영체제에서만 실행할 수 있다. 즉 윈도우즈 운영체제에서 컴파일되어 생성된 실행파일은 오직 윈도우즈 운영체제가 돌아가는 곳에서만 실행되고, 유닉스나 리눅스 등의 다른 운영체제 시스템에서는 실행되지 않는다. 작성한 프로그램을 다른 시스템에서 실행시키려면 다른 시스템의 운영체제에서 다시 컴파일하여 실행 파일을 생성해야 한다. 이런 방식은 한 가지 언어에 대해서만 번역이 가능한 1:1 언어 번역기에 비교할 수 있는데, 이는 상대 언어가 바뀔 때마다 다른 번역기를 사용해야 한다.

[그림 3-29] 1:1 언어 번역기

이번에는 [그림 3-30]과 같은 국제 공통어(에스페란토) 번역기를 생각해보자. 한 개의 번역기를 가지고 여러 나라에서 사용할 수 있는 국제 공통언어 번역기가 있다면 훨씬 편리할 것이다.

[그림 3-30] 1:다 언어 번역기

앞서 설명한 C나 C++가 1:1 언어 번역기라면 자바는 국제 공통 언어 번역기다. 자바로 구현한 프로그램은 어떤 운영체제에서든지 수정하지 않고 사용할 수 있다. 이것이 자바의 가장 큰 특징이자 장점이다.

"한번 작성하면 어느 곳에서든 사용한다(Write Once, Use Anywhere)"

자바가 운영체제에 상관없이 프로그램을 수정하지 않고 사용할 수 있는 것은 JDK에 포함되어 있는 자바 가상 머신(JVM, Java Virtual Machine) 때문이다. C나 C++ 컴파일러는 [그림 3-31]과 같이 사용할 하드웨어와 운영체제에 꼭 맞춘 기계어 코드 파일을 만들어내기 때문에 다른 운영체제에서는 사용할 수가 없다. 반면 자바 컴파일러는 [그림 3-32]와 같이 클래스 파일이라고 하는 가상 기계어로 된 코드 파일을 만들어내면, 자바 가상 머신이 가상 기계어 파일인 클래스 파일을 진짜 기계어로 번역하여 실행하게 한다.

자바 가상 머신은 운영체제 플랫폼마다 다르고, 자바에서 각각의 운영체제에 맞는 자바 가상 머신을 제공한다. 자바 가상 머신은 운영체제 플랫폼마다 다르지만, 모든 자바 가상 머신은 똑같은 가상 기계어, 즉 클래스 파일을 사용하기 때문에 클래스 파일을 다른 플랫폼으로 가져가서 수정 없이 그대로 실행할 수 있다. 이때 자바 가상 머신을 동작시키는 프로그램이 java.exe이다.

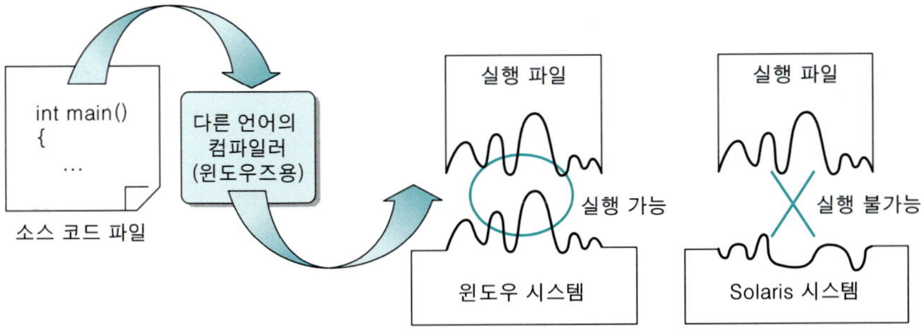

[그림 3-31] 다른 언어 소스 프로그램의 실행 방식

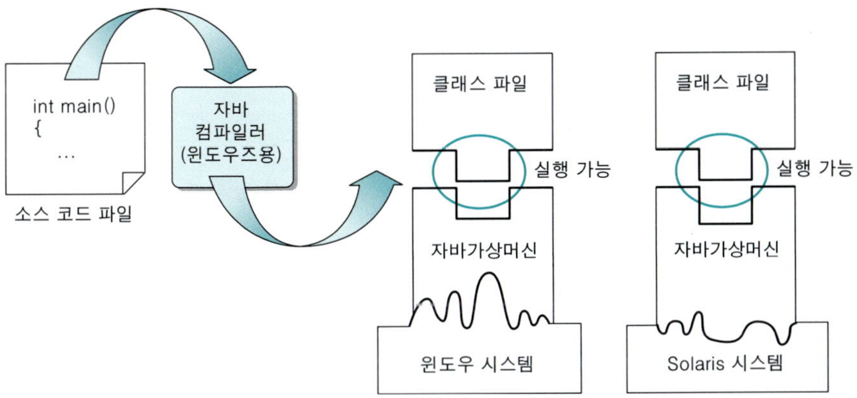

[그림 3-32] 자바 소스 프로그램의 실행 방식

Section

02 자바 식별자

자바 프로그램을 작성하고자 할 때 가장 먼저 접하는 식별자에 대해 간단히 살펴보자. 자바에서 사용하는 단어의 종류는 미리 정해둔 의미로만 사용하는 50개의 키워드(keyword), 상수를 표현하는 3개의 단어, 그리고 클래스, 메소드, 변수 등의 이름으로 사용하는 식별자(identifier)로 나뉜다. 키워드와 상수를 제외한 나머지는 모두 식별자가 된다.

[자바의 키워드]

abstract	continue	for	new	switch
assert	default	goto	package	synchronized
boolean	do	if	private	this
break	double	implements	protected	throw
byte	else	import	public	throws
case	enum	instanceof	return	transient
catch	extends	int	short	try
char	final	interface	static	void
class	finally	long	strictfp	volatile
const	float	native	super	while

[상수 값을 표현하는 단어]

true	false	null

식별자를 만들 때는 다음의 규칙을 반드시 지켜야 한다.

- 하나 이상의 문자로 이루어져야 한다.
- 첫 번째 문자는 영문자 또는 '$' 또는 '_' 여야 한다.
- '$' 와 '_' 이외의 특수 문자는 사용할 수 없다.
- 문자 길이의 제한이 없다.
- 키워드나 상수 값을 표현하는 단어는 식별자로 사용할 수 없다.

System.out.println 명령어에서 System은 클래스 이름이고, out은 System 클래스에 속하는 변수의 이름이다. 그리고 println은 out 변수에 속하는 메소드 이름이다. 이렇게 여러 개의 식별자를 사용할 경우에 식별자 사이를 점으로 연결한다.

Section

03 자바의 데이터 타입

어떤 값을 저장하는 공간을 변수(variable)라고 하는데, 변수를 선언할 때 변수에 저장할 수 있는 값의 타입, 즉 데이터 타입을 함께 선언해야 한다. 데이터 타입은 변수의 용도를 정의한다. 다음 명령문은 정수(integer)의 데이터 타입 int로 정의된 변수 sum을 선언하면서 1+2(=3)의 값을 대입하는 초기화 명령문이다. 데이터 타입 int는 키워드고, 변수 이름 sum은 식별자가 된다.

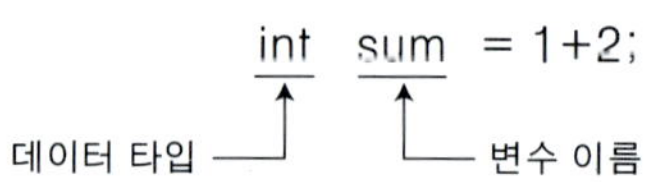

자바의 데이터 타입은 키워드로 정의되어 있는 기본 타입(Primitive Type)과 기본 타입을 기초로 만들어진 참조 타입(Reference Type)이 있다.

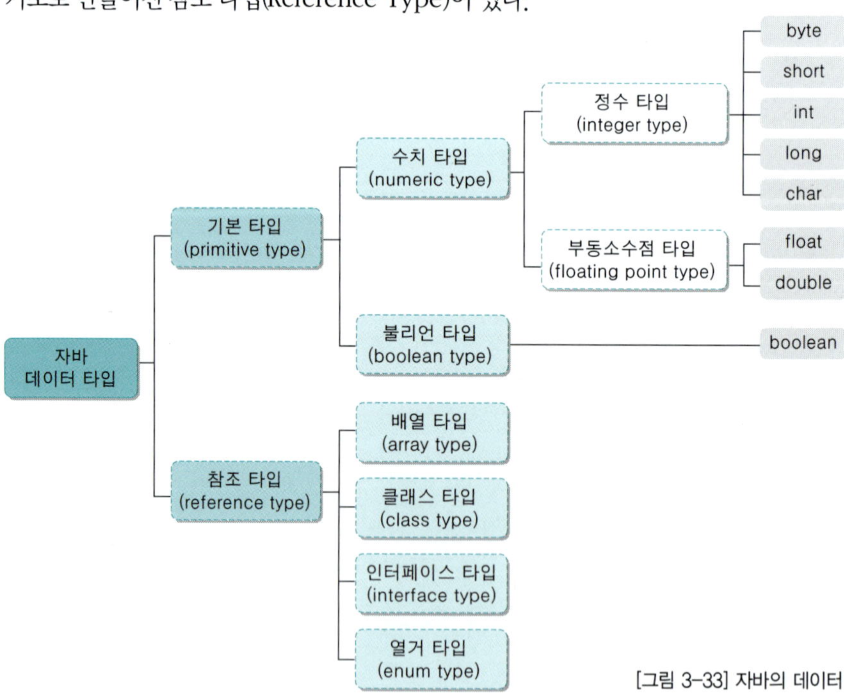

[그림 3-33] 자바의 데이터 타입

1. 기본 타입

자바의 기본 타입은 8개의 키워드로 정의된 byte, short, int, long, char, float, double, boolean으로 나뉘며, 기본 타입을 제외한 나머지 타입은 참조 타입이 된다. 기본 타입은 데이터의 값을 다루기 위한 타입으로, 기본 타입의 변수에는 데이터 값이 저장된다. 문자를 표현하는 char 타입도 정수 타입이다. 이는 문자 데이터가 프로그램 내부적으로는 글자 모양이 아니라 문자를 대표하는 정수의 코드 값으로 표현되기 때문이다. 문자에 대한 정수 코드를 나타내는 문자 코드표는 여러 가지가 있는데 자바에서 사용하는 문자 코드는 유니코드(Unicode)다.

데이터 타입을 사용하여 변수를 선언하면 해당 타입에 따라 정해진 메모리 크기가 할당되어 데이터값을 저장하고 사용할 수 있는 상태가 된다. 자바에서 제공하는 기본 타입별 메모리 할당 크기는 다음과 같다.

[표 3-1] 데이터 타입에 따른 메모리 할당 크기

구분	기본 타입	메모리 크기
정수 타입	byte	1바이트
	short	2바이트
	int	4바이트
	long	8바이트
	char	2바이트
부동 소수점 타입	float	4바이트
	double	8바이트
불리언 타입	boolean	정해져있지 않음

2. 참조 타입

참조 타입은 참조 값(Reference Value), 즉 메모리 주소를 계산할 수 있는 참조 값을 다루기 위한 타입으로, 배열, 클래스, 인터페이스, 열거 타입으로 나뉜다. 참조 타입의 변수에는 실제 데이터 값이 저장된 메모리 위치를 찾아갈 때 사용할 값(참조값)이 저장된다. 이렇게 저장된 참조 값을 이용해서 필요한 데이터가 있는 실제 메모리 주소를 계산하는 것은 자바 가상 머신에서 담당한다. 앞서 배운 기본 타입과 참조 타입의 차이를 다음과 같이 표현할 수 있다.

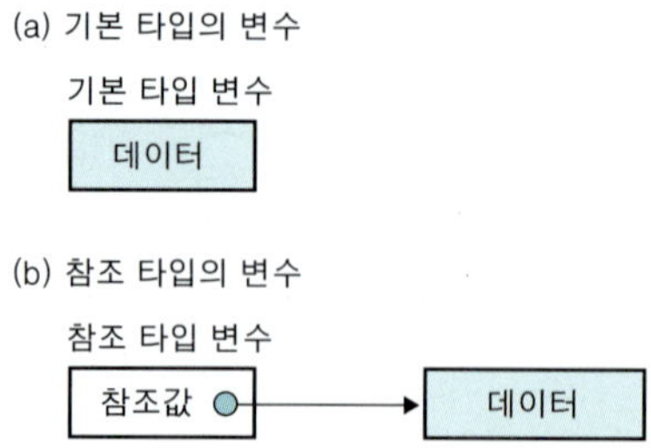

[그림 3-34] 기본 타입과 참조 타입의 내부적인 처리

배열 타입

연필을 한 두 개만 사용한다면 낱개로 구입해서 가지고 다녀도 상관없겠지만, 필요한 연필의 개수가 많을 때는 같은 연필끼리 묶어서 한 다스 또는 한 상자로 구입하고 사용하는 것이 더 편리할 것이다. 여기서 연필 한 자루를 '변수 하나' 라고 한다면, 같은 연필을 여러 개 묶어서 한 단위로 만든 연필 한 다스는 같은 데이터 타입의 변수를 여러 개 묶어서 하나의 타입으로 만든 '배열' 이 된다.

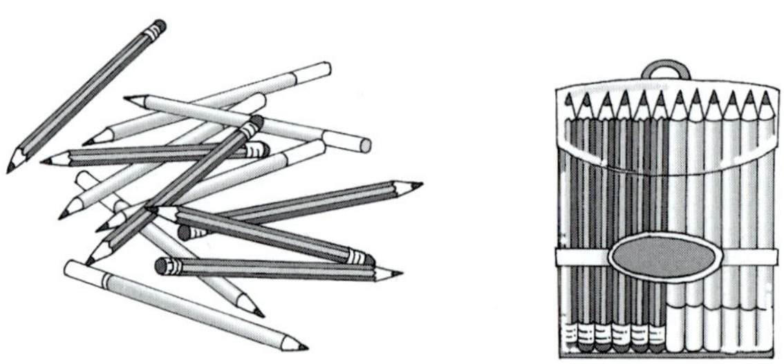

[그림 3-35] 변수와 배열 예

배열(array)은 같은 데이터 타입을 가진 데이터들을 메모리에 연속으로 저장하여 만든 데이터들의 그룹이다. 예를 들어 요일을 나타내는 월요일, 화요일, 수요일, 목요일, 금요일, 토요일, 일요일을 각각 변수로 선언하면 7개의 변수를 개별적으로 만들어 사용해야 한다. 하지만 변수들을 한데 묶어서 하나의 배열로 만들면 단 한 번만 배열을 선언하면 되고, 각 요일은 배열의 내부 요소가 되어 다루기가 편리해진다. 배열의 요소를 구별하기 위해 번호를 사용하는데, 이를 인덱스(index)라고 한다. 인덱스는 0부터 시작한다. 특정 배열 요소를 사용할 때에는 배열이름[인덱스] 형식으로 한 개의 변수처럼 사용할 수 있다. 모든 데이터 타입을 배열로 구성할 수 있으며, 구성 형태에 따라 1차원 배열, 2차원 배열, 3차원 배열도 가능하다.

■ 1차원 배열의 선언과 생성 및 사용

배열 변수도 일반 변수처럼 선언을 해야만 사용할 수 있다. 1차원 배열을 선언하는 방식은 다음과 같다. 배열 변수임을 나타내는 대괄호[ ]는 배열이름 뒤 또는 데이터 타입 뒤에 표시한다.

```
① 데이터 타입  배열이름  [ ];
      ❶          ❷     ❸

② 데이터 타입 [ ]  배열이름 ;
      ❶      ❸      ❷
```

❶ 데이터 타입 : 배열을 구성하는 각 요소에 대한 공통된 데이터 타입
❷ 배열 이름 : 배열 변수의 이름으로 사용자가 정한 식별자
❸ 대괄호 : 보통의 변수가 아니라 배열 변수임을 나타내는 기호

[표 3-2] 데이터 타입에 따른 배열 선언 예

배열 선언	char c[ ]; char[ ] c;	int i[ ]; int[ ] i;	long l[ ]; long[ ] l;
의미	char형 배열 요소들에 대한 배열 c 선언	int형 배열 요소들에 대한 배열 i 선언	long형 배열 요소들에 대한 배열 l 선언

선언한 배열을 생성할 때는 배열 생성 명령을 사용해야 한다. 배열에 대한 메모리를 생성하기 위해 new 연산자를 사용한다. new 연산자에 의해서 배열 변수에 할당되는 메모리 크기는 {데이터 타입에 지정된 메모리 크기 × 배열크기}가 된다.

```
new  데이터타입 [배열크기] ;
 ❶      ❷        ❸
```

❶ new : 메모리 생성(할당) 연산자
❷ 데이터 타입 : 생성할 배열의 데이터 타입
❸ 배열크기 : 생성할 배열의 내부 요소의 개수

기본 타입의 변수를 선언하는 경우는 데이터 타입에 맞는 크기의 메모리 공간이 자동으로 할당되면서 데이터를 저장할 변수가 생성된다. 그러나 배열과 같은 참조 타입의 변수를 선언하면 데이터를 저장할 수 있는 공간이 할당되는 것이 아니라, 메모리 공간에 대한 참조, 즉 메모리 주소 정보(참조 값)를 저장할 수 있는 공간만 확보된다. 그런 다음 실제 데이터를 저장할 메모리 공간을 생성하려면 new 연산자의 생성식을 사용한다. 이렇게 생성한 배열을 배열 변수에 대입한 후에야 배열을 사용할 수 있다.

[표 3-3] 데이터 타입에 따른 배열 생성 예

배열 생성	c = new char[10];	i = new int[10];	l = new long[10];
의미	char형 배열 요소 10개에 대한 메모리가 생성된 배열 c	int형 배열 요소 10개에 대한 메모리가 생성된 배열 i	long형 배열 요소 10개에 대한 메모리가 생성된 배열 l
배열 요소	[0]~c[9]	[0]~i[9]	[0]~l[9]
메모리 할당크기	2byte x 10	4byte x 10	8byte x 10

다음은 1차원 배열 변수를 선언하고, 배열을 생성하여 배열 요소를 사용하는 프로그램이다.

[예제 3-1] 1차원 배열의 선언과 생성 및 배열 요소 사용하기

```
class Ex3_1{
 public static void main(String args[]){
     int i_arr[];                         // ❶
     i_arr = new int[5];                  // ❷
     i_arr[0] = 10;                       // ❸-ⓐ
     i_arr[1] = 20;                       // ❸-ⓑ
     i_arr[2] = 30;                       // ❸-ⓒ
     i_arr[3] = i_arr[0];                 // ❸-ⓓ
     i_arr[4] = i_arr[1] + i_arr[2]; // ❸-ⓔ

     System.out.println("i_arr[0] = " + i_arr[0]);  ┐
     System.out.println("i_arr[1] = " + i_arr[1]);  │
     System.out.println("i_arr[2] = " + i_arr[2]);  │ // ❹
     System.out.println("i_arr[3] = " + i_arr[3]);  │
     System.out.println("i_arr[4] = " + i_arr[4]);  ┘
 }
}
```

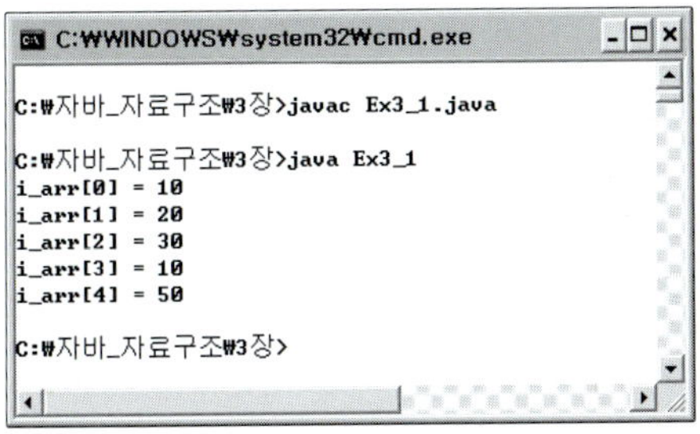

[그림 3-36] [예제 3-1]의 컴파일 및 실행 화면

❶ int i_arr[ ];

int형의 변수들을 내부 요소로 갖는 배열 i_arr을 선언한다.

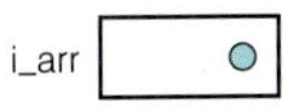

[그림 3-37] int i_arr[ ]; 실행 결과

❷ i_arr = new int[5];

int형 공간 5개를 메모리에 연속 생성하고, 그 시작 주소에 대한 참조 값(예 1234)을 배열변수 i_arr에 대입한다.

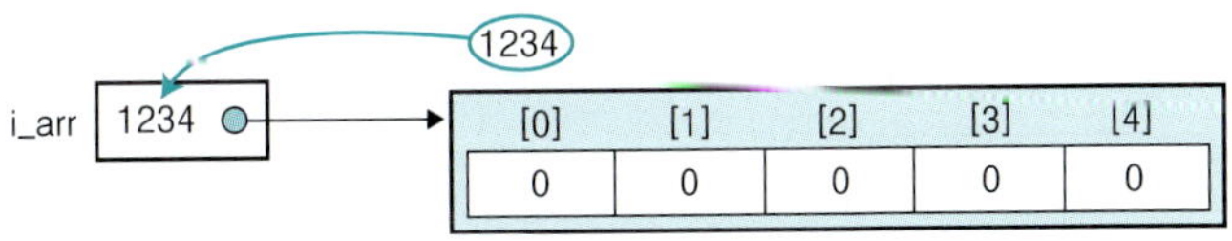

[그림 3-38] i_arr = new int[5]; 실행 결과

❶의 배열 선언과 ❷의 배열 생성 명령을 다음과 같은 하나의 명령문으로 표현할 수도 있다.

```
int i_arr[ ] = new int[5];
```

❸ 배열변수 i_arr의 인덱스 0~4를 사용하여 다섯 개의 배열 요소에 int 값을 각각 대입한다.

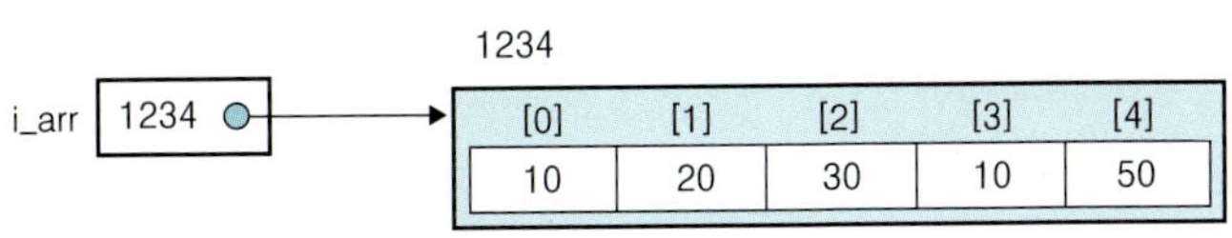

[그림 3-39] i_arr의 각 배열 요소에 값 대입

배열을 선언 및 생성하고 각 배열 요소에 초기값을 대입하는 ❶부터 ❸-ⓔ까지의 명령문들을 다음과 같이 하나의 명령문으로 표현할 수 있다.

```
i_arr[ ] = {10, 20, 30, 10, (20+30)};
```

이렇게 하면 new 연산자와 배열의 크기가 없어도 중괄호 안에 있는 초기값의 수를 배열의 크기로 하여 배열을 생성하고, 초기값을 순서대로 배열 요소에 대입한다.

❹ 각 배열 요소의 값을 인덱스 순서대로 화면에 출력하여 보여준다.

■ 다차원 배열의 선언과 생성 및 사용

배열은 배열 요소들을 2차원, 3차원으로 만들어서 2차원 배열, 3차원 배열을 나타낼 수 있다. 즉 2차원 배열은 1차원 배열 여러 개를 묶은 배열이고, 3차원 배열은 2차원 배열 여러 개를 다시 묶어서 구성한 배열이다. 2차원 이상의 배열을 다차원 배열이라 한다.

2차원 배열은 배열의 배열이므로 선언 형식과 생성 형식이 1차원 배열과 같은 형식이면서 늘어난 차수만큼 대괄호 [ ]를 표시한다. 2차원 배열이므로 ❸에서 대괄호의 개수가 2개가 된다.

① 데이터 타입 (❶) 배열이름 (❷) [ ][ ] (❸) ;
② 데이터 타입 (❶) [ ][ ] (❸) 배열이름 (❷) ;

new (❶) 데이터타입 (❷) [배열크기1] [배열크기2] (❸) ;

2차원 배열은 [그림 3-40]과 같이 행과 열의 구성으로 취급하므로 배열 생성 형식에 있는 '배열크기1'이 행의 개수가 되고, '배열크기2'는 열의 개수가 된다. 이때 배열 전체의 크기, 즉 배열 요소의 전체 개수는 (행의 개수 × 열의 개수) 이므로 (배열크기1 × 배열크기2)가 된다.

다음은 int 타입의 변수들에 대한 2차원 배열의 선언과 생성 명령문이다. 2차원 배열 변수의 이름은 i_arr2이고, 2개의 행과 3개의 열로 구성되어 있으며, 배열의 전체 크기는 2 × 3 = 6이 된다.

```
int i_arr2[ ][ ] = new int[2][3];  //2차원 배열의 선언과 생성
```

	열 번호 0	열 번호 1	열 번호 2
행 번호 0	i[0][0]	i[0][1]	i[0][2]
행 번호 1	i[1][0]	i[1][1]	i[1][2]

[그림 3-40] i_arr2[ ][ ]의 논리적 구조

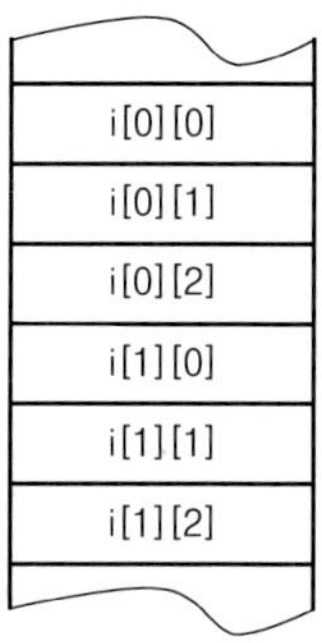

[그림 3-41] i_arr2[ ][ ]의 물리적 구조 - 메모리상의 구조

다음은 2차원 배열 변수를 선언하고, 배열을 생성하여 배열 요소를 사용하는 프로그램이다.

[예제 3-2] 2차원 배열의 선언과 생성 및 배열 요소 사용하기

```
class Ex3_2{
 public static void main(String args[]){
     int i_arr2[][] = new int[2][3];  // ❶

     i_arr2[0][0] = 0 ;  ─┐
     i_arr2[0][1] = 1 ;   │
     i_arr2[0][2] = 2 ;   │ // ❷
     i_arr2[1][0] = 10 ;  │
     i_arr2[1][1] = 11 ;  │
     i_arr2[1][2] = 12 ; ─┘

     System.out.println("i_arr2[0][0] = " + i_arr2[0][0]);
     // ❸
     System.out.println("i_arr2[0][1] = " + i_arr2[0][1]);
```

```
        System.out.println("i_arr2[0][2] = " + i_arr2[0][2]);
        System.out.println("i_arr2[1][0] = " + i_arr2[1][0]);
        System.out.println("i_arr2[1][1] = " + i_arr2[1][1]);
        System.out.println("i_arr2[1][2] = " + i_arr2[1][2]);
    }
}
```

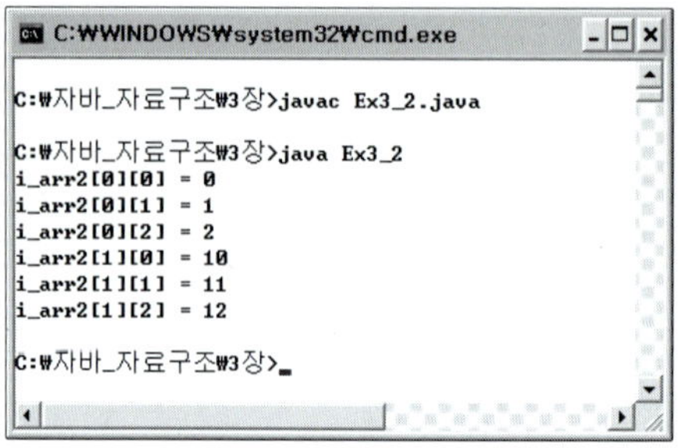

[그림 3-42] [예제 3-2]의 컴파일 및 실행 화면

❶ int i_arr2[ ][ ] = new int[2][3];

int 타입의 변수를 내부 요소로 갖는 2행 3열의 2차원 배열 i_arr2를 선언하고 생성한다.

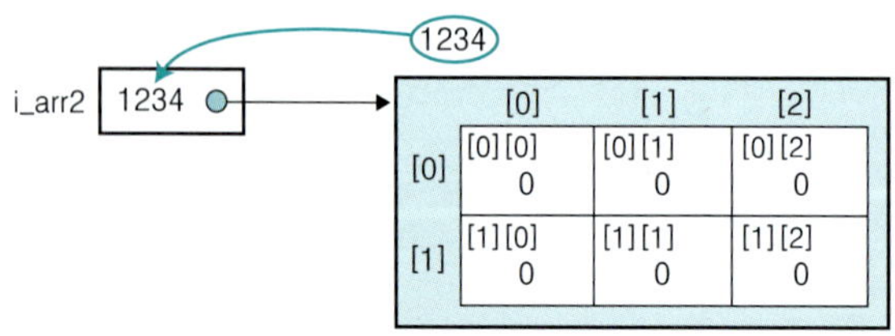

[그림 3-43] i_arr2[ ][ ] = new int[2][3]; 실행 결과

❷ 배열변수 i_arr2의 행 인덱스 0~1과 열 인덱스 0~2를 사용하여 여섯 개의 배열 요소에 int 값을 각각 대입한다.

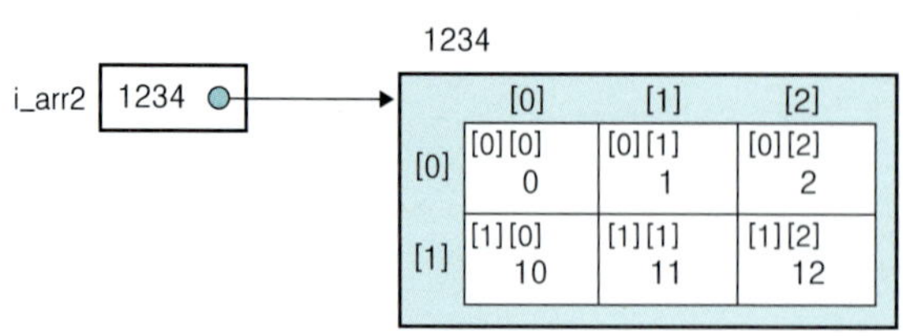

[그림 3-44] i_arr2의 각 배열 요소에 값 대입

❸ 각 배열 요소의 값을 인덱스 순서대로 화면에 출력하여 보여준다.

배열을 선언 및 생성하고 각 배열 요소에 초기값을 대입하는 ❶~❷까지의 명령문들을 다음과 같이 하나의 명령문으로 표현할 수도 있다.

```
int i_arr2[][] = {{ 0,  1,  2},
                  {10, 11, 12} };
```

이렇게 하면 중괄호 안에 있는 초기값의 수를 배열의 크기로 하여 배열을 생성하는데, 중괄호 안에 있는 첫 번째 중괄호가 첫 번째 행에 대한 초기값이 되고, 두 번째 중괄호는 두 번째 행에 대한 초기값이 되어 순서대로 배열 요소에 대입된다.

클래스 타입

같은 타입의 변수들을 그룹으로 묶은 것이 배열 타입이라면 클래스 타입은 여러 타입의 변수와 메소드를 그룹으로 묶어서 새롭게 정의한 사용자 정의 타입이다. 데이터 타입을 정의할 때는 그 데이터를 연산할 수 있는 메소드도 함께 정의해야 한다. 자바에서 제공하는 기본 타입은 그에 대한 메소드가 이미 정의되어 있으므로 메소드 정의없이 타입에 대한 변수만 선언하고 사용한다.

배열은 사용자가 새로 정의한 사용자 정의 타입이긴 하지만, 그 내부 요소는 이미 자바에 정의되어 있는 한 가지 기본 타입으로 구성되어 있으므로 그 기본 타입에 대해서 이미 정의되어 있는 메소드를 사용할 수가 있다. 그런데 클래스 타입에서는 기본 타입은 물론 배열 타입까지 여러가지 타입들을 묶어서 완전히 새로운 타입을 정의하기 때문에 자바에서 정의해 놓은 기본 메소드를 사용할 수가 없다. 그러므로 클래스로 정의한 데이터 타입을 연산할 수 있는 메소드까지 클래스 타입에 포함시켜서 사용자가 정의해줘야 한다.

■ 클래스 타입의 정의와 선언 및 생성

클래스 타입은 완전히 새로운 타입이므로 클래스 타입의 변수를 선언하기 전에 먼저 클래스 타입을 정의해야 한다. 클래스 타입을 정의할 때는 키워드 class 뒤에 클래스이름을 쓰고, 중괄호 사이에 변수 및 상수에 대한 데이터 멤버와 멤버 메소드를 정의한다.

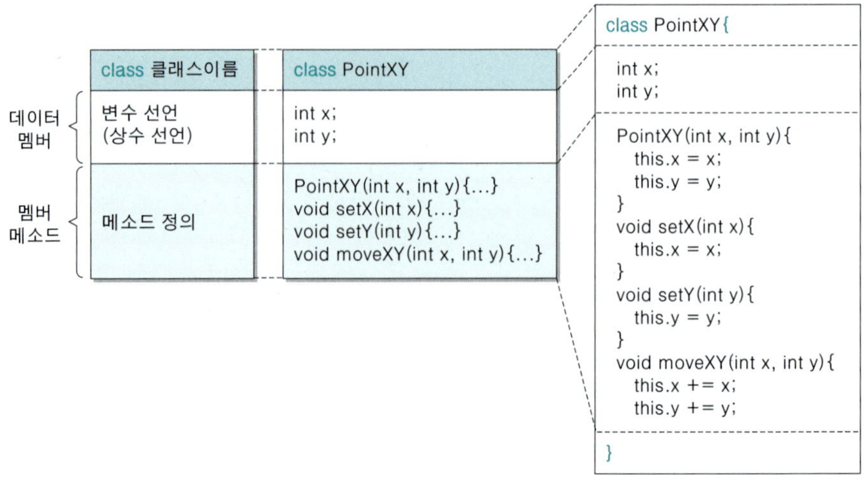

[그림 3-45] 클래스 타입 정의 방법

[예제 3-3] 클래스 타입 PointXY 정의

```
class  PointXY{
  int x, y;
  PointXY(int x, int y){    // 생성자 메소드
     this.x = x;
     this.y = y;
   }
   void setX(int x){
      this.x = x;
  }
  void setY(int y){
      this.y = y;
  }
  void moveXY(int x, int y){
     this.x += x;
     this.y += y;
  }
}
```

메소드 중에서도 클래스 이름과 같은 이름의 메소드를 생성자(Constructor) 메소드라고 하는데, 클래스 타입의 변수를 생성할 때마다 자동으로 실행되어 데이터 멤버들을 초기화한다. 이렇게 클래스 타입을 정의한 후에는 기본 타입을 사용하여 변수를 선언하는 방법과 동일하게 클래스 타입의 변수를 선언한다.

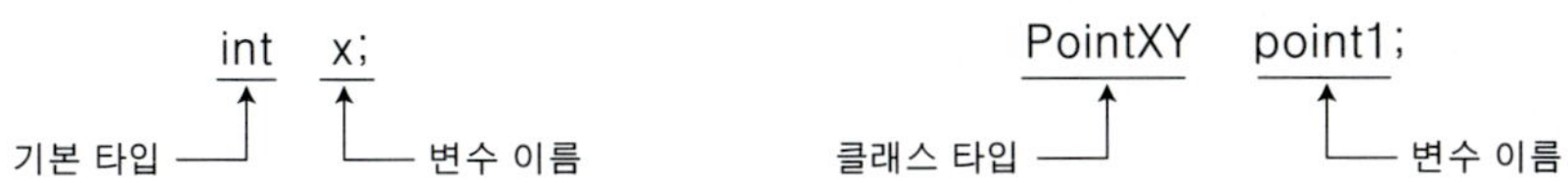

클래스 타입도 배열 타입과 마찬가지로 참조 타입이기 때문에 new 명령어를 사용하여 변수에 대한 메모리를 생성하고 그 참조값을 클래스 타입의 변수에 대입해야 한다.

```
PointXY  point1 = new  PointXY(10, 20);
```

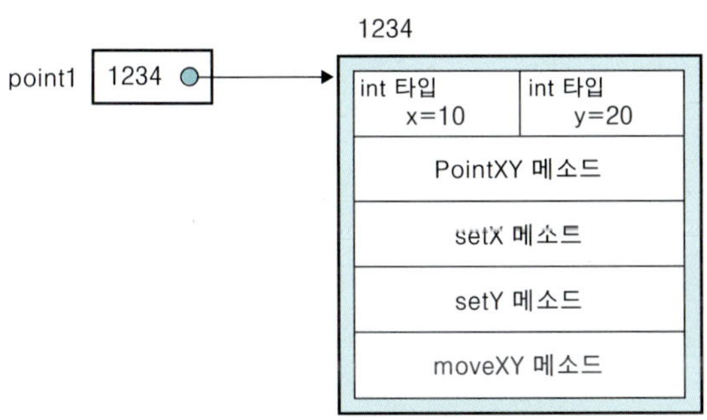

[그림 3-46] 클래스 타입 변수의 선언과 생성

클래스 타입을 정의한 파일을 컴파일하면 각 클래스마다 별도의 클래스 파일(*.class)이 생성된다. 그리고 자바 가상 머신이 프로그램을 실행할 때 필요한 클래스 파일들을 자동으로 읽어서 사용한다.

인터페이스 타입

인터페이스 타입은 여러 클래스 타입에서 공통으로 사용하는 상수와 메소드를 따로 분리하여 추상화시킨 타입이다. 클래스 타입과 유사하지만, 데이터 멤버에 상수만 사용할 수 있고 멤버 메소드를 내용 없이 선언만 한다는 점에서 차이가 있다.

■ 인터페이스 타입 정의

인터페이스 타입을 정의할 때는 키워드 interface 뒤에 인터페이스 이름을 쓰고, 중괄호 사이에 필요한 상수와 멤버 메소드들을 선언한다. 인터페이스 타입 정의에 있는 메소드는 이름만 있고 실제 내용은 정의되지 않은 추상 메소드(Abstract Method)다.

서로 다른 도형에 대한 클래스 타입들이 있을 때 도형의 형태에 따라서 넓이를 구하는 방법이 다르므로, [예제 3-4]에서와 같이 넓이를 구하는 메소드 getArea( )를 추상화하여 인터페이스 타입으로 따로 선언할 수 있다.

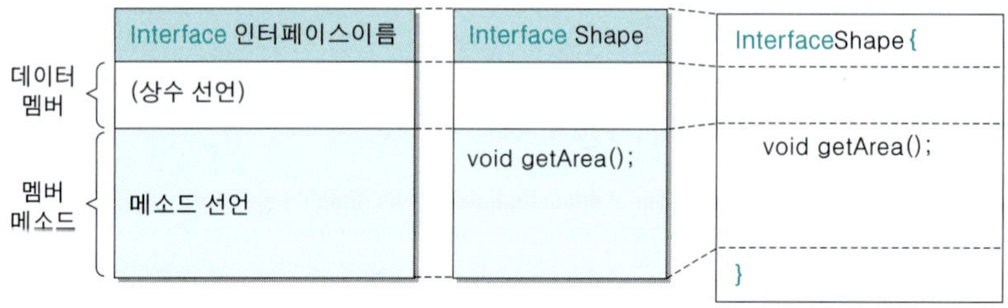

[그림 3-47] 인터페이스 타입 정의

[예제 3-4] 인터페이스 타입 Shape 정의

```
interface  Shape{
 void getArea();
}
```

[예제 3-4]를 Shape.java로 저장하고 컴파일하면 Shape.class라는 클래스 파일이 생성된다. 자바 컴파일러는 인터페이스 타입도 클래스 파일로 처리한다.

■ 인터페이스 타입에 대한 구현 클래스 정의

인터페이스 타입은 추상화된 타입이기 때문에 메소드에 대한 내용이 정의되어 있지 않다. 따라서 인터페이스 타입의 추상 메소드의 내용을 정의하여 구현(implement)하는 클래스 타입이 필요하다. 인터페이스 타입을 구현하는 클래스 타입을 정의할 때는 클래스 이름 뒤에 키워드 implements와 구현할 인터페이스 이름을 추가하고, 구현하는 멤버 메소드 앞에는 키워드 public을 붙인다.

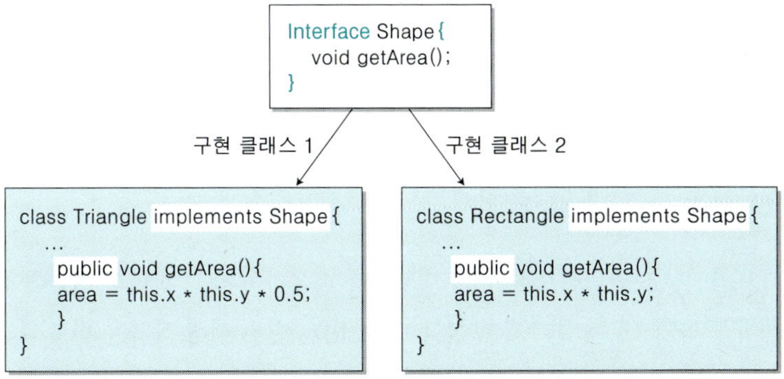

[그림 3-48] 인터페이스 타입 Shape와 구현 클래스

[예제 3-5] 인터페이스 타입 Shape에 대한 구현 클래스 정의

```
class  Triangle  implements Shape{
 int x, y;
 double area;
 Triangle(int x, int y){
    this.x = x;
    this.y = y;
  }
  public void getArea(){
    this.area = this.x * this.y * 0.5;
 }
}

class  Rectangle  implements Shape{
 int x, y;
 double area;
 Rectangle(int x, int y){
    this.x = x;
    this.y = y;
  }
  public void getArea(){
    this.area = this.x * this.y;
 }
}
```

■ 인터페이스 타입의 변수 선언과 생성

인터페이스 타입의 변수도 클래스 타입의 변수처럼 선언한다.

```
Shape    shape1;
```

인터페이스 타입 (Shape) / 변수 이름 (shape1)

인터페이스 타입도 참조 타입이므로 new 명령어를 사용하여 생성 작업을 해주어야 하는데, 인터페이스 타입으로는 변수를 생성할 수가 없다. 변수 생성 작업은 변수 타입에 필요한 메모리를 할당하는 작업이다. 인터페이스 타입에 있는 추상 메소드는 내용이 없기 때문에 필요한 메모리 크기를 알 수 없으므로 메모리를 할당할 수가 없다. 인터페이스 타입의 변수를 생성할 때는 인터페이스를 구현한 클래스 타입을 사용한다.

```
Shape  shape1 = new Triangle (10, 20);
Shape  shape2 = new Rectangle (10, 20);
```

인터페이스 이름 (Shape) / 구현 클래스 이름 (Triangle, Rectangle)

열거 타입

표현할 데이터가 정해진 수의 값만을 가지고 있는 경우가 있다. "요일"을 표현하는 값은 오직 '월, 화, 수, 목, 금, 토, 일' 7개뿐이다. 7개의 값을 7개의 상수로 선언할 수도 있지만, 7개의 상수만을 값으로 사용하는 하나의 타입으로 정의하여 사용할 수 있다. 이런 타입을 열거(enumerate) 타입이라 한다.

■ 열거 타입 정의

열거 타입을 정의할 때는 키워드 enum 뒤에 열거 타입의 이름을 쓰고, 중괄호 사이에 선언할 상수들을 콤마로 구분하여 나열한다.

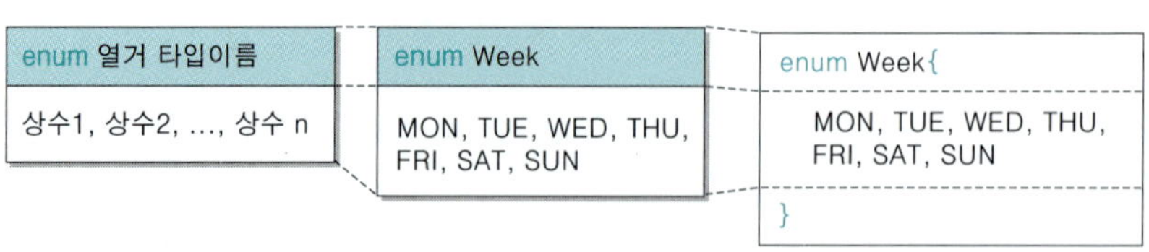

[그림 3-49] 열거 타입 정의

[예제 3-6] 열거 타입 Week 정의

```
enum  Week{
  MON, TUE, WED, THU, FRI, SAT, SUN
}
```

[예제 3-6]을 Week.java로 저장하고 컴파일하면 Week.class라는 클래스 파일이 생성된다. 자바 컴파일러는 열거 타입도 인터페이스 타입과 마찬가지로 클래스 파일로 처리한다.

■ 열거 타입 변수의 선언과 사용

열거 타입도 하나의 데이터 타입이므로 열거 타입의 이름 다음에 변수 이름을 사용하여 선언한다.

```
Week   myWeek;
```

열거 타입 → Week, 변수 이름 → myWeek

열거 타입의 변수는 그 타입에 속하는 상수 값만을 대입하여 사용할 수 있다. 열거 타입의 상수를 사용할 때는 열거 타입 이름 뒤에 점을 찍고, 사용할 상수 이름을 쓴다.

```
myWeek = Week.FRI;
```

[예제 3-7] 열거 타입 예

```
class  Ex3_7{
   public static void main(String args[]){
   Week myWeek = Week.FRI;
   Week yourWeek = Week.SAT;
   System.out.printf("My special day : (%s) %n", myWeek);
   System.out.printf("Your special day : (%s) %n", yourWeek);
   }
}
```

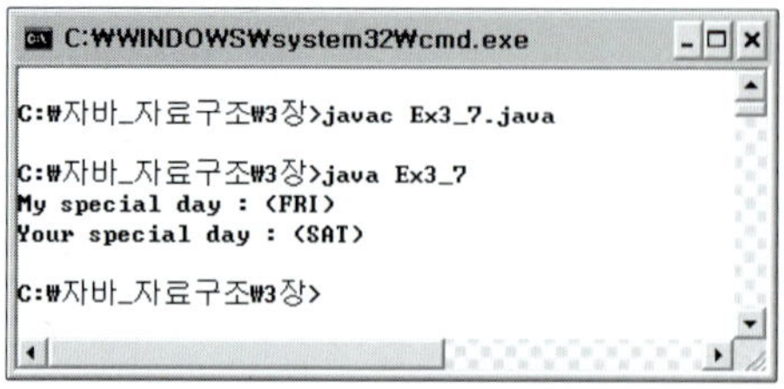

[그림 3-50] [예제 3-7]의 컴파일 및 실행 화면

❸ 기본 타입과 참조 타입의 비교

[예제 3-8]은 기본 타입과 참조 타입을 비교해보는 간단한 예제다. 다음의 소스 코드를 메모장에 입력하고 'Ex3_8.java' 로 저장한다.

[예제 3-8] 기본 타입과 참조 타입의 내부 동작을 확인하는 프로그램

```
class  Point{
    int x, y;
    Point(int x, int y){
       this.x = x;
       this.y = y;
    }
}

class Ex3_8{
    public static void main(String args[]){
        int i = 100; // ❶
        int j = i;   // ❷
        System.out.printf("i = (%d) %n", i);
        System.out.printf("j = (%d) %n", j);

        Point p1 = new  Point(10, 20);   // ❸
        Point p2 = p1;                   // ❹
        System.out.printf("p1 = (%d, %d) %n", p1.x, p1.y);
        System.out.printf("p2 = (%d, %d) %n", p2.x, p2.y);

```

```
        i = 300;        // ❺
        System.out.printf("i = (%d) %n", i);
        System.out.printf("j = (%d) %n", j);

        p1.x = 30;      // ❻
        System.out.printf("p1 = (%d, %d) %n", p1.x, p1.y);
        System.out.printf("p2 = (%d, %d) %n", p2.x, p2.y);
    }
}
```

❶ int i = 100;

int 타입의 변수 i를 메모리에 할당하고, 초기값으로 정수값 100을 대입한다.

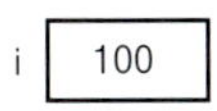

변수	저장된 값
i	100

[그림 3-51] int i = 100; 명령문의 실행

❷ int j = i;

int 타입의 변수 j를 메모리에 할당하고, 초기값으로 ❶에서 생성한 변수 i를 대입한다. i와 j는 기본 타입의 변수이므로 변수 i에 저장되어 있던 정수값 100이 복사되어 변수 j에 저장된다.

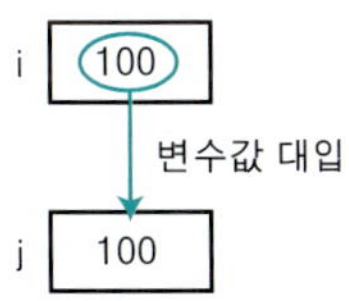

변수	저장된 값
i	100
j	100

[그림 3-52] int j = i; 명령문의 실행

❸ Point p1 = new Point(10, 20);

Point는 class로 새로 정의한 타입이므로 참조 타입이다. 따라서 Point 타입의 변수 p1은 참조 타입의 변수가 된다. 참조 타입의 변수를 생성하기 위해 new 연산자를 사용한다. class Point의 정의에 따라 int 타입의 멤버변수 x와 y로 구성한 참조 변수를 메모리에 할당하고 초기값으로 x에는 10을, y에는 20을 대입한다. 이렇게 생성한 참조 변수

의 메모리 참조 값을 p1에 저장한다. 즉 Point 타입의 변수 p1에는 실제 데이터가 저장되는 것이 아니라 Point 타입의 데이터가 저장되어 있는 위치 정보가 저장된다. [그림 3-53]에서 p1에 저장되는 메모리 참조 값을 편의상 1234로 가정하였다.

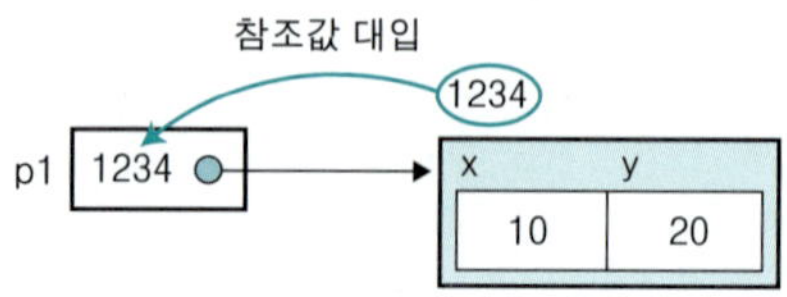

변수	저장된 값
p1	1234
p1.x	10
p1.y	20

[그림 3-53] Point p1 = new Point(10, 20); 명령문의 실행

❹ Point p2 = p1;

Point 타입의 변수 p2를 같은 Point 타입의 변수 p1을 사용하여 초기화한다. ❷에서는 같은 기본 타입의 변수를 대입했으므로 변수 i에 저장되어 있던 값 100이 변수 j에 대입되었다. 하지만 p1은 참조 변수이므로 실제 데이터 값이 아니라 메모리 참조 값 1234를 p2에 대입한다. 결국 p2와 p1은 같은 위치를 참조(reference)하고 있는 상태가 된다.

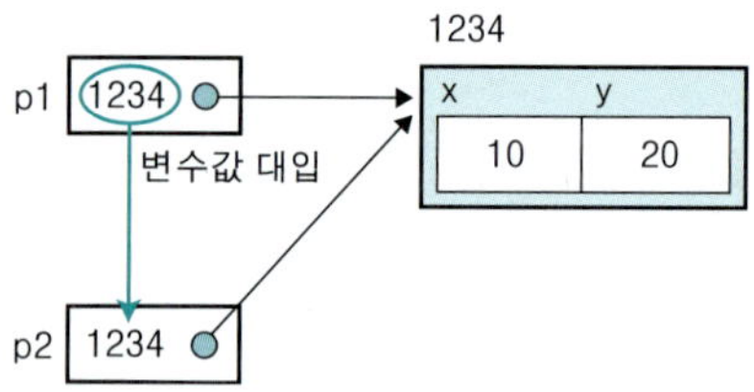

변수	저장된 값
p1	1234
p1.x	10
p1.y	20
p2	1234
p2.x	10
p2.y	20

[그림 3-54] Point p2 = p1; 명령문의 실행

❺ i = 300;

변수 i에 300을 대입하여 저장되어 있던 값 100을 300으로 변경하였다.

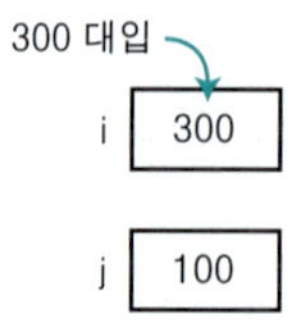

변수	저장된 값
i	300
j	100

[그림 3-55] i = 300; 명령문의 실행

❻ p1.x = 30;

p1은 참조 변수지만, p1.x는 p1이 가리키고 있는 위치의 멤버변수 x(기본 타입 int의 변수 x)를 의미한다. 따라서 p1에 저장되어 있는 메모리 참조 값 1234는 그대로지만, 1234번지 메모리에 실제로 저장되어 있는 변수 x의 값이 10에서 30으로 변경된다.

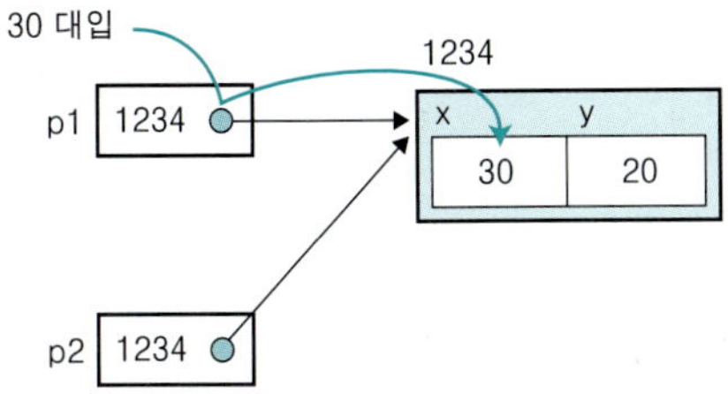

변수	저장된 값
p1	1234
p1.x	30
p1.y	20
p2	1234
p2.x	30
p2.y	20

[그림 3-56] p1.x = 30; 명령문의 실행

Ex3_8.java 파일을 컴파일하여 클래스 파일을 만들어보자. 자바 소스 파일은 하나지만 그 안에 들어있는 클래스가 두 개(Point, Ex3_8)이므로 컴파일 후에 생성된 클래스 파일도 두 개(Point.class, Ex3_8.class)가 된다.

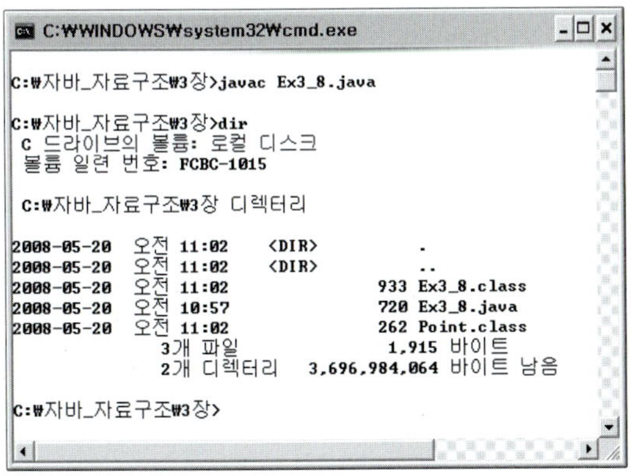

[그림 3-57] [예제 3-8]의 컴파일 화면

실행 결과는 다음과 같다.

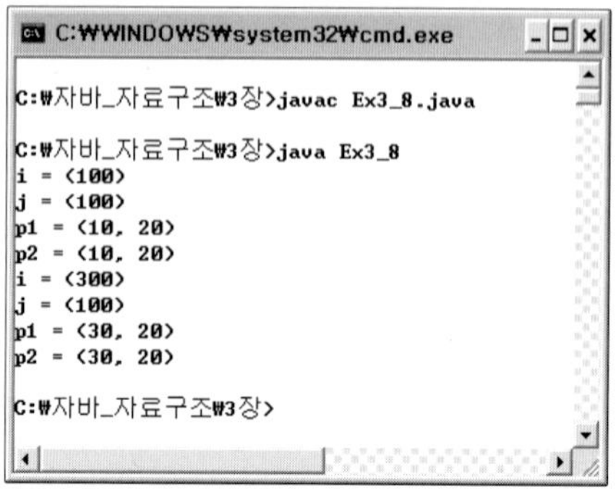

[그림 3-58] [예제 3-8]의 실행 화면

Section

04 제어문

프로그램은 보통 첫 번째 명령문에서부터 마지막 명령문으로 순차적으로 실행된다. 하지만 상황에 따라 명령문의 순서를 바꾸거나 여러 번 반복하여 수행할 수도 있어야 한다. 이처럼 상황에 맞게 실행 순서를 제어하기 위해 사용하는 명령문이 제어문이다. 제어문은 조건문과 반복문이 있다.

1. 조건문

조건문은 분기문이라고도 하는데, 주어진 조건의 검사 결과에 따라서 실행할 명령문을 구별하여 처리한다. 조건문에는 if 명령문과 switch 명령문이 있다.

if 명령문

키워드 if 다음에 나오는 조건식을 검사하여 그 결과 값이 참(true)이면, 그 다음에 나오는 명령문을 수행한다. 수행할 명령문이 2개 이상인 경우에는 중괄호로 묶어서 블록으로 구별해주어야 한다. 조건식의 결과 값이 거짓(false)이면 조건식 다음에 나오는 명령문 또는 블록을 수행하지 않고 건너뛴다.

```
if  (조건식) {
    명령문 1;
      ...
    명령문 n;
}
```

다음은 조건식이 참인 경우에 수행할 명령과 거짓일 때 수행할 명령을 구별하여 처리하는 방법이다. 조건식의 결과 값이 참(true)이면, 그 다음에 나오는 명령문을 수행하고, else 다음에 나오는 명령문은 수행하지 않고 건너뛴다. 반대로 조건식의 결과 값이 거짓(false)이면 조건식 뒤에 있는 명령문은 수행하지 않고 else 다음에 나오는 명령문만 수행한다.

```
if (조건식) {
    명령문 1;
      ...
    명령문 n;
}
else {
    명령문 1;
      ...
    명령문 n;
}
```

if~else 구조를 반복하여 다중 조건문을 만들면 다단계 조건 검사를 수행할 수 있다. 다음은 average 변수의 값을 검사하여 등급을 결정하는 프로그램이다. Ex3_9.java로 저장한 후 컴파일하여 실행해보자.

[예제 3-9] if 조건문을 이용한 등급 구하기

```
class Ex3_9{
    public static void main(String args[]){
        int average = 88;
        if (average >= 95)
          System.out.println("평균 : "+ average + "=> A+ 등급입니다.");

        else  if (average >= 90)
          System.out.println("평균 : "+ average + "=> A0 등급입니다.");

        else  if (average >= 85)
          System.out.println("평균 : "+ average + "=> B+ 등급입니다.");

        else  if (average >= 80)
          System.out.println("평균 : "+ average + "=> B0 등급입니다.");

        else  if (average >= 75)
          System.out.println("평균 : "+ average + "=> C+ 등급입니다.");
```

```java

        else  if (average >= 70)
          System.out.println("평균 : "+ average + "=> C0 등급입니다.");

        else  if (average >= 65)
          System.out.println("평균 : "+ average + "=> D+ 등급입니다.");

        else  if (average >= 60)
          System.out.println("평균 : "+ average + "=> D0 등급입니다.");

        else
          System.out.println("평균 : "+ average + "=> F 등급입니다.");
    }
}
```

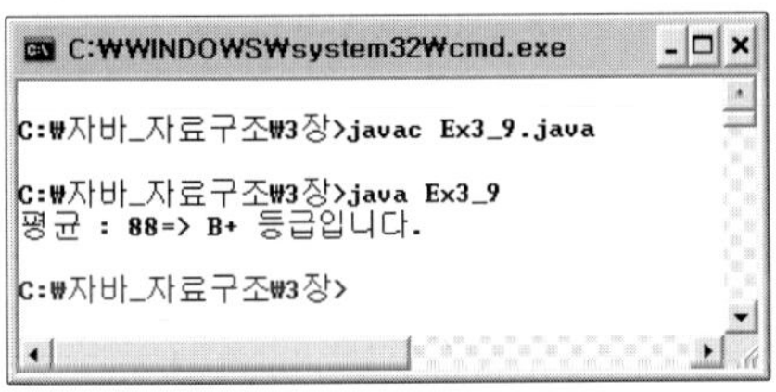

[그림 3-59] [예제 3-9]의 컴파일 및 실행 화면

switch 명령문

if~else 구조를 여러 번 반복하는 다중 조건문을 switch 조건문 형식으로 표현할 수 있다. switch 명령문의 형식은 다음과 같다.

```
switch  (식) {
  case 값1 :
          명령문 1;
          break;
  case 값2 :
          명령문 2;
          break;
   ...
  default :
```

```
        명령문 n;
}
```

키워드 switch 뒤에 있는 식을 계산하여 구한 값과 일치하는 case 문을 찾아서 해당 명령문을 수행하고 break 명령을 만나면 switch 명령문을 빠져나간다. 만약 일치하는 case 문이 없다면 default 문의 명령을 실행한다. case 뒤에 나오는 값은 정수 타입의 값이어야 하므로, switch 문 안의 식 역시 정수 값이 될 수 있는 정수 타입의 변수, 정수의 유니코드 값을 갖는 문자 또는 [예제 3-10]과 같은 열거 타입의 상수가 들어가야 한다.

다음은 switch 조건문을 사용하여 요일을 구하는 프로그램이다. 이 프로그램을 실행하려면 [예제 3-6]의 열거 타입 Week의 클래스 파일(Week.class)이 있어야 한다. Ex3_10.java로 저장하고 컴파일하여 실행해보자.

[예제 3-10] switch 조건문을 이용한 요일 구하기

```
class  Ex3_10{
  public static void main(String args[]){
    Week nowWeek = Week.FRI;
    switch (nowWeek){
      case MON:
         System.out.println("오늘은 월요일입니다.");
         break;
      case TUE:
         System.out.println("오늘은 화요일입니다.");
         break;
      case WED:
         System.out.println("오늘은 수요일입니다.");
         break;
      case THU:
         System.out.println("오늘은 목요일입니다.");
         break;
      case FRI:
         System.out.println("오늘은 금요일입니다.");
         break;
```

```
        case SAT:
            System.out.println("오늘은 토요일입니다.");
            break;
        default :
        System.out.println("오늘은 일요일입니다.");
      }
    }
}
```

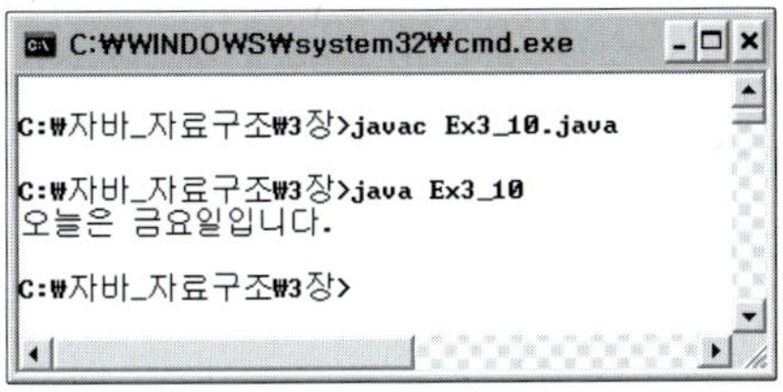

[그림 3-60] [예제 3-10]의 컴파일 및 실행 화면

2 반복문

같은 명령문을 여러 번 반복 수행하도록 하기 위해서 반복문을 사용한다. 자바에서 사용할 수 있는 반복문은 for 반복문과 while 반복문, 그리고 do while 반복문이 있다.

for 반복문

```
for (초기화식 ; 조건식 ; 증감식) {
    명령문 1;
      ...
    명령문 n;
}
```

초기화식에서 반복 횟수를 관리하는 변수를 선언하여 초기화하고, 조건식을 검사하여 참이면 명령문을 수행한다. 명령문을 수행한 후에는 증감식에 따라서 변수의 값을 일정하게 증가 또는 감소시키고, 다시 조건식을 검사하여 참이면 명령문 수행을 반복한다. 증감식 처리 후에 검사한 조건식이 거짓이면 for 반복문 수행을 중단하고 다음으로 넘어간다.

다음은 0~9까지의 숫자를 출력하기 위해서 for 문을 사용하는 프로그램이다.

[예제 3-11] for 반복문을 이용하여 숫자 출력하기

```
class Ex3_11{
   public static void main(String args[]){
      for(int i=0; i<10; i++)
      System.out.println(i);
    }
}
```

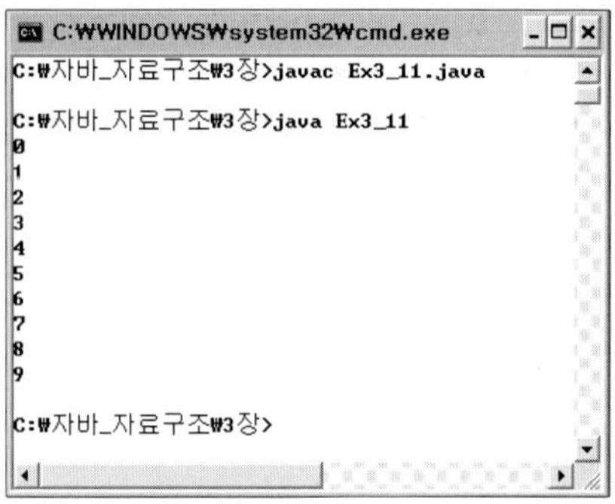

[그림 3-61] [예제 3-11]의 컴파일 및 실행 화면

인덱스 순서에 따라서 순차적으로 구성되어 있는 배열 요소를 반복하여 출력하는 경우에도 for 문을 사용한다.

[예제 3-12] for 문을 이용하여 배열 요소 출력하기 ❶

```
class Ex3_12{
   public static void main(String args[]){
      int arr[] = new int[5];
      for(int i=0; i<arr.length; i++)
         arr[i] = i*10;

      for(int i=0; i<arr.length; i++)
         System.out.println(arr[i]);
   }
}
```

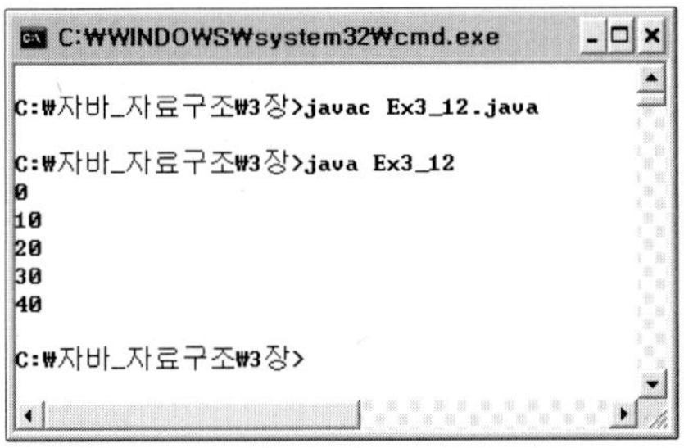

[그림 3-62] [예제 3-12]의 컴파일 및 실행 화면

int 타입의 크기가 5인 배열 arr을 생성하고, 5개의 배열 요소 값을 대입하기 위해서 for 반복문을 사용하였고, 배열 요소의 값을 인덱스 순서대로 출력하기 위해 두 번째 for 문을 사용하였다. 조건식에 사용된 arr.length 문은 배열 arr의 크기를 알려준다. 따라서 여기서의 조건식은 변수 i의 값이 배열 크기보다 작을 동안, 즉 마지막 인덱스(배열크기-1)까지 반복 수행하게 한다.

자바에서는 배열에 대해 사용할 수 있는 for 반복문의 형식을 추가로 제공한다.

```
for (데이터타입 변수이름 : 배열 이름) {
         ❶                ❷
    명령문 1;
      ...
    명령문 n;
}
```

❶에는 배열 요소 한 개의 값을 읽어서 저장할 변수의 타입을 선언한다. 따라서 이 변수는 배열의 타입과 같은 데이터 타입으로 선언해야 한다. ❷에는 사용할 배열의 이름을 지정한다. 위 형식의 for 문은 지정한 배열의 인덱스 0번의 배열 요소를 변수에 대입하여 명령문을 수행한 후에, 자동으로 그 다음 인덱스의 배열 요소에 대해 같은 작업을 수행한다.

이와 같은 for 문 형식은 배열 요소의 값을 사용할 때 편리하다. 하지만 배열 요소의 값을 사용만 할 수 있고, 변경할 수는 없다는 제약이 있다. 앞서 살펴본 [예제 3-12]를 이 형식으로 수정해보자.

[예제 3-13] for 반복문을 이용하여 배열 요소 출력하기 ❷

```
class Ex3_13{
    public static void main(String args[]){
        int arr[] = new int[5];
        for(int i=0; i<arr.length; i++)        // ❶
        arr[i] = i*10;

        for(int value : arr)                   // ❷
        System.out.println(value);
    }
}
```

❷의 for 문은 배열 요소의 값을 읽어올 수만 있고 대입할 수는 없다. 그러므로 배열 요소의 값을 읽어서 출력하는 반복 작업은 ❷와 같은 형식의 for 문을 사용하고, 배열 요소에 값을 대입하는 반복 작업은 ❶의 for 문을 사용한다. 실행 결과는 [예제 3-12]와 같다.

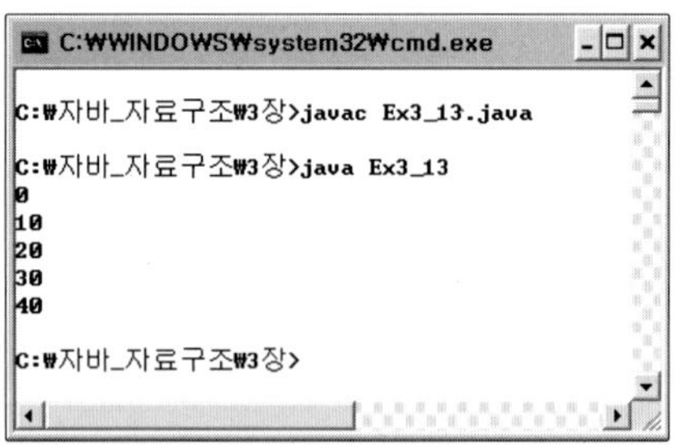

[그림 3-63] [예제 3-13]의 컴파일 및 실행 화면

while 문

while 문도 for 문과 마찬가지로 주어진 조건식이 참인 동안 해당 명령을 반복하여 수행하게 한다.

```
while (조건식) {
    명령문 1;
      …
    명령문 n;
}
```

while 문은 명령문을 실행하기 전에 조건식을 먼저 검사한다. 조건식의 결과가 참이면 명령문을 수행하고, 다시 조건식을 검사해서 참이면 명령문을 다시 수행한다.

다음은 [예제 3-11]의 for 반복문 대신 while 반복문을 사용하여 만든 프로그램이다.

[예제 3-14] while 반복문을 이용하여 숫자 출력하기

```
class Ex3_14{
    public static void main(String args[]){
        int i=0;
        while(i<10){
            System.out.println(i);
            i++;
        }
    }
}
```

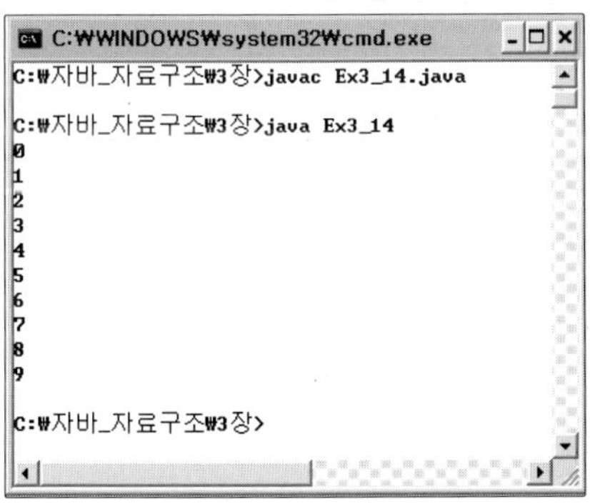

[그림 3-64] [예제 3-14]의 컴파일 및 실행 화면

do-while 문

do-while 문은 while 문과 거의 유사한데, 조건 검사를 수행하는 위치가 다르다. do while문은 명령문을 먼저 수행한 후에 조건식을 검사하고, 조건식이 참이면 명령문을 다시 반복 수행한다. 그러므로 do-while 반복문은 처음부터 조건식이 거짓이었어도 명령문이 무조건 한번은 수행된다.

[예제 3-14]를 do-while 반복문으로 수정해보자.

[예제 3-15] do-while 반복문을 이용하여 숫자 출력하기

```
class Ex3_15{
    public static void main(String args[]){
        int i=0;
        do{
            System.out.println(i);
            i++;
        }while(i<10);
    }
}
```

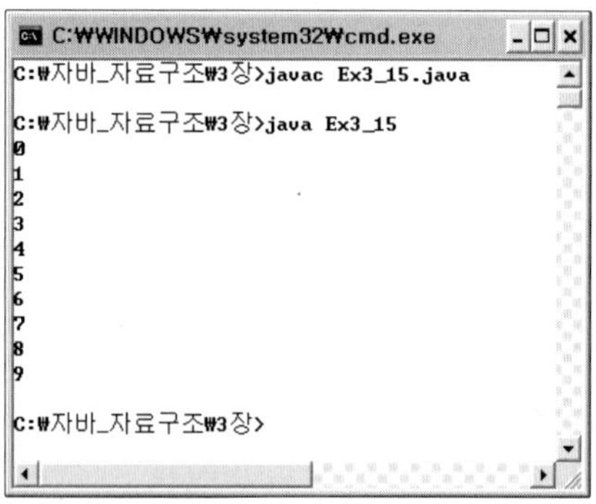

[그림 3-65] [예제 3-15]의 컴파일 및 실행 화면

Section

05 메소드 호출

자바 프로그램은 클래스들로 구성되어 있고, 클래스는 메소드들로 구성되어 있다. 그래서 프로그램을 실행하면 main 메소드가 자동으로 실행을 시작한다. 메소드는 주어진 특정 작업을 처리하는 작업 단위를 말한다. 처리할 작업이 10가지가 있을 때, 한사람이 혼자 모든 일을 하는 것보다는 각 작업에 대한 담당자 10명을 두고 서로 협력하면서 처리하는 것이 훨씬 효율적일 것이다. 프로그램에서의 작업 처리도 이와 마찬가지 방식을 사용한다. 처리할 작업마다 담당 메소드를 두고, 필요에 따라 메소드들 간에 서로 협력하면서 전체 작업을 수행한다. 다른 메소드가 담당한 작업이 필요한 경우에는 해당 메소드에게 작업 요청을 하게 되는데, 이를 메소드 호출이라 한다. [그림 3-66]에서 ①, ③, ⑦은 다른 담당자에게 작업을 요청하는 메시지이므로 메소드 호출이다. 호출된 메소드의 수행이 끝나면 메소드를 호출했던 위치로 되돌아가서 나머지 명령을 계속 수행한다.

[그림 3-66] 메소드들간의 연동 작업

1 메소드 호출문

메소드 호출문에 포함된 매개변수(parameter)의 데이터 타입과 개수가 정의된 메소드의 형식과 맞지 않으면 메소드가 호출되지 않는다.

메소드 호출문의 형식은 호출받은 메소드가 작업을 끝낸 후에 되돌려줄 리턴값이 있는지 없는지에 따라 달라진다.

리턴 값이 없는 경우의 메소드 호출문

void 타입으로 정의된 메소드는 리턴값이 없는 메소드이므로 아래 형식과 같이 매개변수만 지정하여 호출한다.

```
메소드이름(매개변수1, 매개변수2, ..., 매개변수n);
```

다음은 main 메소드에서 리턴 값이 없는 printCh( ) 메소드를 호출하는 예제다.

[예제 3-16] 리턴 값이 없는 메소드 호출하기

```
class Ex3_16{
    public static void main(String args[]){
        System.out.println("- main메소드 시작!");

        printCh('*', 10);

        System.out.println("- main메소드 끝!");
    }

    static void printCh(char ch, int num){
        System.out.println("- printCh메소드 시작!");
        for(int i=0; i<num; i++)
            System.out.print(ch);
        System.out.println();
        System.out.println("- printCh메소드 끝!");
    }
}
```

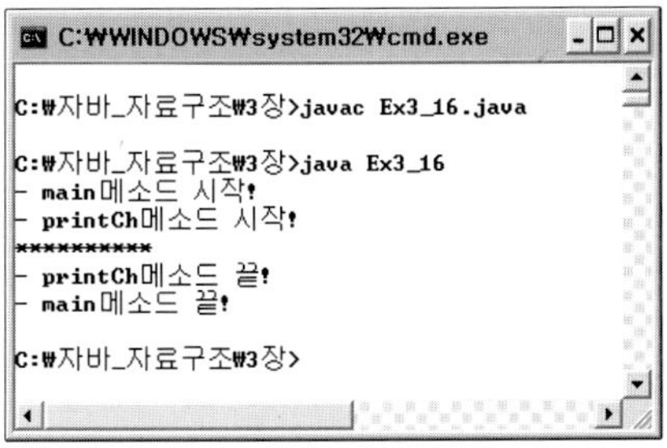

[그림 3-67] [예제 3-16]의 컴파일 및 실행 화면

리턴 값이 있는 경우의 메소드 호출문

호출된 메소드에 리턴 값이 있는 경우, 즉 void 이외의 리턴타입이 정의된 메소드를 호출하는 경우에는 리턴 값을 받아서 대입할 변수를 호출문 좌변에 지정해야 한다. 호출된 메소드는 return 명령문을 사용하여 호출한 곳으로 결과 값을 넘겨준다.

```
변수 = 메소드이름(매개변수1, 매개변수2, ..., 매개변수n);
```

다음 예제는 main 메소드에서 int 타입의 리턴값을 갖는 printCh() 메소드를 호출하여 수행하고, 그 리턴값을 int 타입의 변수 cnt에 대입하는 프로그램이다.

[예제 3-17] 리턴 값이 있는 메소드 호출하기

```java
class Ex3_17{
    public static void main(String args[]){
       System.out.println("- main메소드 시작!");
       int cnt;
       cnt = printCh('*', 10);
       System.out.println("문자 " + cnt + "개 출력완료.");
       System.out.println("- main메소드 끝!");
    }

    static int printCh(char ch, int num){
       System.out.println("- printCh메소드 시작!");
       int i;
       for(i=0; i<num; i++)
```

```
                System.out.print(ch);
            System.out.println();
            System.out.println("- printCh메소드 끝!");

            return i;
        }
}
```

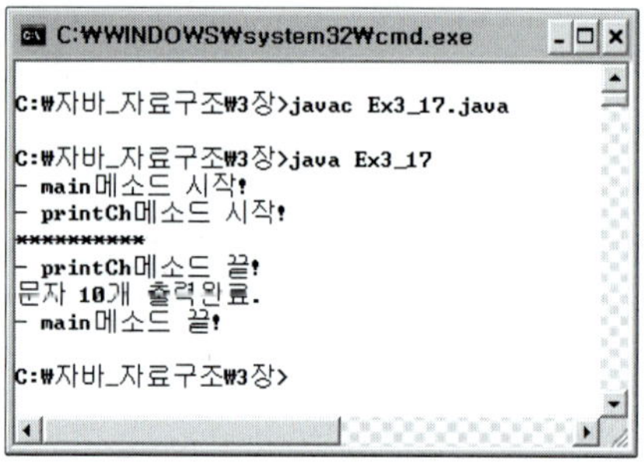

[그림 3-68] [예제 3-17]의 컴파일 및 실행 화면

2. main 메소드

메소드는 호출이 되어야만 실행하도록 되어있다. 그런데 main 메소드는 프로그램이 수행되면 자동으로 실행을 시작한다. main 메소드는 누가 호출하는 것일까? main 메소드는 자바 프로그램을 실행시키는 자바 가상 머신에서 자동으로 호출한다. 따라서 main 메소드의 매개변수 String args[ ]는 main 메소드를 호출하는 자바 가상 머신에서 실행 시작 명령과 함께 넘겨주는 값이 된다. main 메소드의 매개변수는 필요한 경우에 입력하여 사용한다.

[예제 3-18]은 매개변수를 넘겨주면서 main 메소드를 실행하는 예제 프로그램이다. [예제 3-18]을 컴파일한 후 실행할 때, 매개변수 값으로 "월", "화", "수", "목", "금", "토", "일"을 입력해보자.

[예제 3-18] main 메소드의 매개변수 처리 프로그램

```
class Ex3_18{
    public static void main(String args[]){
```

```
        for (String str : args)
            System.out.println(str);
        System.out.println("main 매개변수 개수 : " + args.length +"개");
    }
}
```

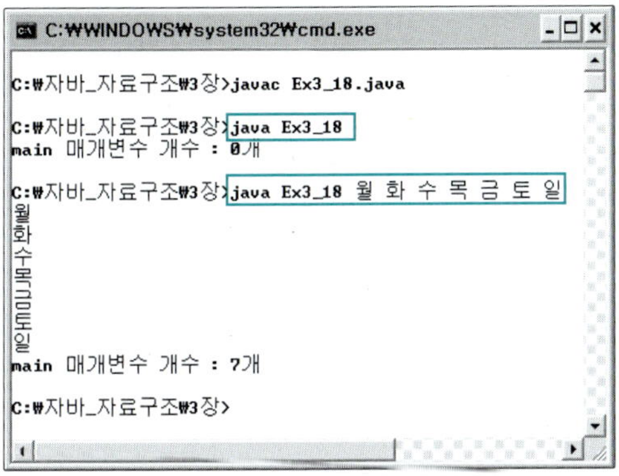

[그림 3-69] [예제 3-18]의 컴파일 및 실행 화면

실행결과를 보자. 첫 번째 실행에서는 매개변수 입력 없이 프로그램을 실행했으므로 main 메소드의 매개변수 args 배열의 크기가 0이다.

두 번째 실행에서는 "월", "화", "수", "목", "금", "토", "일"을 매개변수로 입력하였으므로 매개변수 args 배열의 상태가 [그림 3-70]과 같이 되어 args 배열의 크기가 7이 되었다.

java Ex3_18 월 화 수 목 금 토 일

[그림 3-70] main 메소드의 매개변수 args 배열

Section

06 try 문

프로그램 실행 중에 발생하는 에러를 예외(exception)라고 한다. [예제 3-19]에는 10을 0으로 나누라는 불가능한 연산 명령이 있다. 이런 경우 컴파일 과정에서는 에러가 발생하지 않지만 실행 과정에서 예외가 발생한다.

[예제 3-19] 예외가 발생하는 경우의 프로그램

```
class Ex3_19{
    public static void main(String args[]){
        int a=10, b=0, result;
        result = a/b;
        System.out.println(result);
    }
}
```

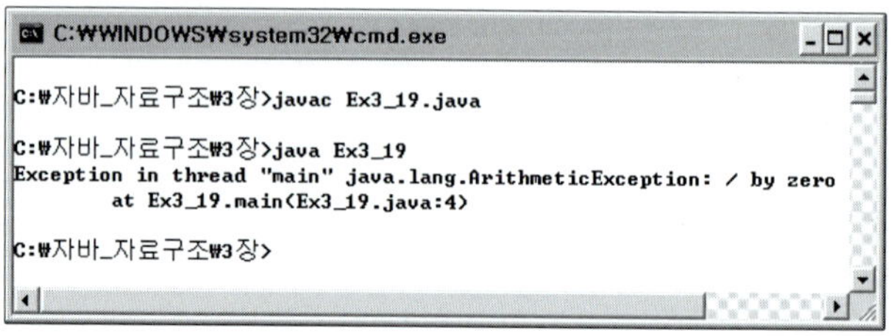

[그림 3-71] [예제 3-19]의 컴파일 및 실행 화면

이처럼 예외가 발생하는 경우에 대한 처리나 출력할 메시지를 사용자가 명시하기 위해 try 문을 사용한다.

```
try {
    명령문 블록 1
}
catch (예외타입  예외변수) {
```

```
        명령문 블록 2
    }
    finally {
        명령문 블록 3
    }
```

try의 명령문 블록1은 예외가 발생할 가능성이 있는 명령문들을 넣는다. 명령문 블록 1을 실행하다가 catch에서 지정한 예외타입의 예외가 발생하면 명령문 블록 2를 실행한다. finally로 정한 명령문 블록 3은 예외 발생 여부에 상관없이 마지막에 실행할 명령문을 지정한다. finally 블록은 생략할 수 있다.

[예제 3-19]를 try 문으로 수정해보자.

[예제 3-20] try 문을 사용한 예외처리 프로그램

```
class Ex3_20{
    public static void main(String args[]){
        int a=10, b=0, result;
        try {
         result = a/b;
         System.out.println(result);
        }
        catch (java.lang.ArithmeticException  exp) {
         System.out.println("잘못된 산술연산입니다!");
        }
        finally {
         System.out.println("실행 끝..");
        }
    }
}
```

```
C:\WINDOWS\system32\cmd.exe

C:\자바_자료구조\3장>javac Ex3_20.java

C:\자바_자료구조\3장>java Ex3_20
잘못된 산술연산입니다!
실행 끝..

C:\자바_자료구조\3장>
```

[그림 3-72] [예제 3-20]의 컴파일 및 실행 화면

요약

1 자바 플랫폼은 자바 프로그램을 실행할 수 있게 하는 '하드웨어적 프로그램'으로, 자바 API(Java Application Programming Interface)와 자바 가상 머신으로 구성되어 있다. 자바 API는 자바에서 제공하는 유용한 클래스와 메소드이며, 자바 가상 머신은 클래스 파일을 실행할 수 있는 기계어 파일로 번역한다.

2 자바 프로그램은 한 개 이상의 클래스로 구성되어 있고, 클래스는 한 개 이상의 메소드로 구성되어 있다. 클래스는 자바 프로그램을 구성하는 구성 단위고, 메소드는 수행할 명령문의 묶음이다.

3 자바 프로그램은 정해진 문법에 따라 단어를 사용하여 작성한다. 자바에서 사용하는 단어의 종류는 미리 정해둔 의미로만 사용하는 50개의 키워드(keyword), 상수를 표현하는 3개의 단어, 그리고 클래스, 메소드, 변수 등의 이름으로 사용하는 식별자(identifier)로 나뉜다. 키워드와 상수를 제외한 나머지는 모두 식별자가 된다.

4 자바의 데이터 타입은 기본 타입과 참조 타입으로 나뉜다. 기본 타입은 8개의 키워드로 정의된 byte, short, int, long, char, float, double, boolean이 있으며, 기본 타입을 제외한 나머지 타입은 참조 타입이 된다.

① 기본 타입

기본 타입은 데이터의 값을 다루기 위한 타입이다. 기본 타입의 변수에는 데이터 값이 저장된다.

② 참조 타입

참조 값(Reference Value), 즉 메모리 주소를 계산할 수 있는 참조 값을 다루기 위한 타입이다. 참조 타입에 배열, 클래스, 인터페이스, 열거 타입이 있다. 참조 타입의 변수에는 데이터 값이 저장되어 있는 메모리를 찾기 위한 메모리 참조 값이 저장된다.

5 배열(array)은 같은 데이터 타입을 가진 데이터들을 메모리에 연속으로 저장하여 만든 데이터들의 그룹이다. 인덱스 번호를 사용하여 배열의 내부 요소를 사용한다.

6 클래스 타입은 여러 타입의 변수와 메소드를 그룹으로 묶어서 새롭게 정의한 사용자 정의 타입이다. 클래스 타입을 정의할 때는 데이터 멤버를 연산할 수 있는 메소드도 함께 정의해야 한다.

7 인터페이스 타입은 여러 클래스 타입에서 공통으로 사용하는 상수와 메소드만을 따로 분리하여 추상화시킨 타입이다.

8 열거 타입은 상수들을 묶어서 하나의 타입으로 정의한 것이다.

9 상황에 맞게 실행 순서를 제어하기 위한 제어문으로 조건문과 반복문이 있다. 조건문에는 if 문과 switch 문이 있고, 반복문에는 for 문과 while 문, do-while 문이 있다.

10 메소드 호출문은 리턴(return) 값이 있는 경우의 호출문과 리턴 값이 없는 경우의 호출문이 있다.

① 리턴 값이 없는 경우

```
메소드이름(매개변수1, 매개변수2, ..., 매개변수n);
```

② 리턴 값이 있는 경우

```
변수 = 메소드이름(매개변수1, 매개변수2, ..., 매개변수n);
```

11 프로그램 실행 중에 발생하는 예외에 대한 처리나 출력할 메시지를 사용자가 지정하기 위해서 try 문을 사용한다.

연습문제

1 아래 표의 내용을 2차원 배열에 저장하고 출력하는 프로그램을 작성하여라.

1반	홍길동	김철수	한영희	최관우	이진주
2반	박정수	양준식	안선영	백정원	유승환

2 다음의 내용을 저장하고 출력하는 클래스를 작성하여라.

이름	홍길동	김철수	한영희	최관우	이진주
평균점수	96	80	81	77	93

3 for 반복문을 사용하여 아래와 같은 형태를 출력하는 프로그램을 작성하여라.

```
C:\WINDOWS\system32\cmd.exe

C:\자바_자료구조\3장>javac Exam3_3.java

C:\자바_자료구조\3장>java Exam3_3
    *
   ***
  *****
 *******
*********

C:\자바_자료구조\3장>
```

4 [예제 3-3]의 PointXY 클래스 타입의 변수를 사용하여 아래와 같이 실행하려고 한다. main 메소드가 있는 Exam3_4 클래스를 작성하시오.

실행1) x=100, y=100인 PointXY 클래스 타입의 변수를 선언하여 생성하시오.
실행2) setX 메소드를 사용하여 x의 값을 200으로 변경하시오.
실행3) setY 메소드를 사용하여 y의 값을 300으로 변경하시오.
실행4) moveXY 메소드를 사용하여 x와 y의 값을 50만큼 증가시키시오.

```
C:\WINDOWS\system32\cmd.exe

C:\자바_자료구조\3장>javac Exam3_4.java

C:\자바_자료구조\3장>java Exam3_4
x:100, y:100
x:200, y:100
x:200, y:300
x:250, y:350

C:\자바_자료구조\3장>
```

5 [예제 3-4]의 인터페이스 타입 Shape와 [예제 3-5]의 Rectangle 타입 변수와 Triangle 타입 변수를 사용하여 아래와 같이 실행하려고 한다. main 메소드가 있는 Exam3_5 클래스를 작성하여라.

실행1) x=30, y=15인 Triangle 클래스 타입의 변수 t1을 선언하여 생성하여라.
실행2) x=30, y=15인 Rectangle 클래스 타입의 변수 r1을 선언하여 생성하여라.
실행3) getArea 메소드를 사용하여 t1의 넓이를 구하여라.
실행4) getArea 메소드를 사용하여 r1의 넓이를 구하여라.

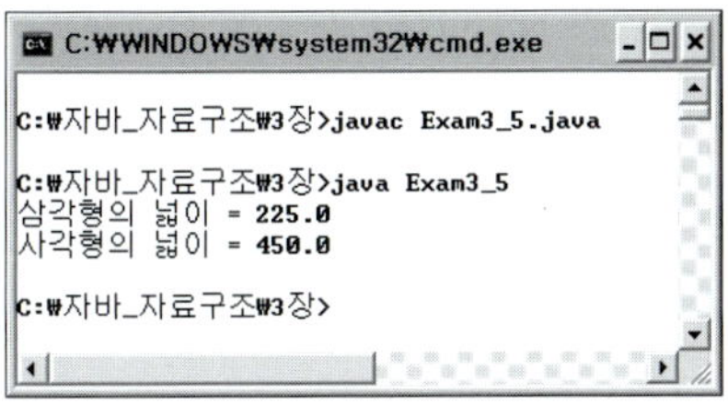

Chapter 04

객체지향 프로그래밍

***학습목표**

- 객체의 의미와 중요성을 알아본다.
- 객체지향 프로그래밍의 특징을 알아본다.
- 자바를 이용한 객체지향 프로그래밍 방법을 알아본다.

Section

01 객체 지향 프로그래밍의 이해

컴퓨터를 켜면 실행되는 각종 소프트웨어는 컴퓨터가 등장한 이후로 끊임없이 발전해왔다. 사용자들은 좀더 사용하기 편하고 속도가 빠른 소프트웨어를 지속적으로 요구했으며, 그에 따라 프로그램 역시 점점 대형화되고 복잡해지면서 개발과 수정, 유지 보수에 대한 기간과 비용이 급증하게 되었다. 또한 이종 환경의 하드웨어에 대해서도 호환성을 제공해야 한다는 문제는 결국 프로그램의 발전을 정체시키는 소프트웨이의 위기를 가져왔다. 이 위기를 벗어나기 위해서는 뭔가 새로운 프로그래밍 방식이 필요했는데, 이를 위해서 도입된 것이 객체 지향 프로그래밍 방식이다. 이는 개발과 수정 그리고 재사용이 쉬운 독립된 부품으로 프로그램을 작성함으로써 개발 및 유지보수 비용은 줄이고 생산성은 높일 수 있는 프로그래밍 방식이다.

1. 프로그래밍 기법의 발달

프로그래밍 기법의 발달 과정은 사업의 발달 과정과도 유사하다.

【A군의 사업 성공 스토리】
해물파전을 잘 만드는 A군이 있었다. 친구들에게 만들어준 해물파전의 인기가 좋은 것을 알고 A군은 장사를 시작했다. 조그마한 가게에서 혼자 장사를 시작했는데 점점 손님이 늘어나 가게도 확장하고 일할 사람도 몇 명 구했다. 장사가 계속 번창하여 가게를 더 늘리고 주방직원과 서빙직원을 더 늘렸다. 그러자 혼자 장사할 때는 생각지 못했던 문제들이 생겨났다. 주문이 많아지고 직원이 늘어나다 보니 무슨 일을 언제 어떻게 어디에서 해야 할지를 몰라 우왕좌왕하다가 오히려 일이 더 늦어지는 경우가 많아졌다. 예전처럼 주먹구구식으로는 일을 할 수가 없게 된 것이다.

좀더 체계적으로 가게를 운영해야겠다고 생각한 A군은 해야 할 작업을 정리해서 업무규정을 만들었다. 주방에서 수행할 조리에 대한 조리업무규정, 서빙에 대한 서비스업무규정, 재료구입 등의 지출과 수입 관리에 대한 경리업무규정을 만들어서 그대로 수행하도록 했다. 해야 할 작업과 순서를 명확하게 정하여 처리하게 되자 작업 효율이 높아져서 장사는 더욱 번창해갔다. 분점도 늘리고 직원도 더 늘려갔다.

[그림 4-1] A군의 사업 발전 1단계

한동안 문제가 없어보이던 가게 운영에 다시 문제가 발생했다. 가게와 직원이 많아지다 보니 직원 관리가 어려워졌다. 누가 제대로 일하고 있는지 아니면 놀고 있는지 알 수가 없고, 상황에 따라 직원들에게 업무를 배정하다보니 직원들의 전문성을 길러줄 수도 없었다.

인적자원의 중요성을 깨닫고 해결책을 모색하던 A군은 업무규정을 수행할 직원을 지정하여 팀을 만들기로 했다. 조리 업무를 담당할 조리팀, 서비스 업무를 담당할 서비스팀, 경리 업무를 담당할 경리팀을 만들었다. 팀 내부에서는 외부의 간섭 없이 신입사원 교육을 포함하여 정해진 팀 작업을 독립적이고 전문적으로 처리하였고, 필요한 경우에는 팀장을 통해서 다른 팀과 협력하도록 했다. 이렇게 전문 팀을 구성하고 나자 A군이 일일이 신경쓰지 않아도 전체적인 운영이 잘 되어 좋았고, 훈련된 팀을 늘려가면서 체계적으로 사업을 계속 확장할 수 있었다.

[그림 4-2] A군의 사업 발선 2단계

A군의 성공 스토리를 보면, 혼자 일할 때나 가게가 작을 때는 어떻게 운영하든지 문제가 없었다. 문제는 사업을 확장하여 일이 많아지고 직원이 많아지면서 발생한다. 프로그램도 마찬가지다. 집에서 혼자 사용할 프로그램이나 간단한 프로그램을 만들 때는 성능면에서 별다른 차이가 없기 때문에 데이터의 구조화나 구성에 신경을 쓰지 않는다. 하지만 기능이 많고 복잡한 대형 프로그램을 만들 때는 문제가 발생한다. 주먹구구식으로 가게 운영을 하다가 규모가 커지면서 업무 규정을 만들어 운영을 조직화한 것은 구조적 프로그래밍 방식에 해당한다. 그리고 필요한 업무를 정의한 업무규정이 구조적 프로그래밍의 함수가 된다.

처음 구조적 프로그래밍 방식이 도입되었을 때는 더 이상의 문제가 없을 것 같았지만, 계속해서 프로그램이 대형화되고 복잡화되면서 다시 생산성과 효율성의 문제가 발생했다. A군의 가게도 번창하여 대형화되면서 단순히 업무 규정만 따르는 차원의 조직을 전문적인 팀 단위의 조직으로 업그레이드했다. 객체 지향 프로그래밍 방식의 도입은 프로그래밍 방식에 있어서의 업그레이드라고 할 수 있다.

객체 지향 프로그래밍이란 수행할 작업과 필요한 데이터들을 묶어서 독립적인 객체를 만들고, 이런 객체들을 인터페이스로 연결하여 전체 프로그램을 구성하는 방식이다. A군 회사의 조리팀, 서비스팀, 경리팀에 해당하는 것이 객체 지향 프로그래밍에서의 객체들이고, 팀 간의 업무협조를 위한 공문 절차는 객체들을 연결시키는 인터페이스에 해당한다.

사업을 할 때, 구성과 운영이 효율적이고 비용은 낮으면서 생산성이 높은 방향으로 계속 발전하듯이 프로그래밍 방식도 마찬가지로 진화하고 있다.

2 객체란 무엇인가

객체(Object)는 객체 지향 프로그래밍을 구성하는 단위다. 프로그램을 구성하는 객체는 하드웨어를 구성하는 회로기판, 드라이브, IC 칩 등의 하드웨어 부품에 해당한다. 컴퓨터 본체를 열어보면 메인보드(main board 또는 마더보드 mother board)에 여러 가지 부품들이 슬롯, 포트, 소켓, 커넥터 등의 연결부(인터페이스)에 끼워진 형태로 구성되어 있다. 한 덩어리로 만들지 않고 부품들을 연결부에 끼우는 구조로 되어있어 확장이 가능하기 때문에 다른 부품을 추가하거나 교체하여 내가 원하는 성능의 컴퓨터를 내 마음대로 조립할 수 있다.

예를 들어, 메인보드에 있는 메모리 소켓에 256M 메모리 모듈을 연결하면 256M 메모리의 컴퓨터가 되는 것이고, 512M 메모리 모듈을 연결하면 512M 메모리의 컴퓨터가 된다. 그리고 이 메모리 모듈은 소켓 모양만 같으면 어느 메인보드에서든지 사용할 수 있다.

[그림 4-3] 메인보드와 메모리 모듈

확장과 재사용이 편리한 하드웨어 구성 방식과 같은 프로그램 구성 방식이 객체 지향 방식이다. 갈아 끼울 수 있는 하드웨어 부품에 해당하는 프로그램 부품이 바로 객체다. 객체는 작업할 메소드(method)와 데이터를 가지고 있는 독립적인 부품이며, 정해진 인터페이스를 통해서만 외부와 연결된다.

3. 객체의 특징

앞서, 프로그램이 대형화되면서 발생하는 비용 증가와 생산성 저하의 문제를 해결하기 위한 방법이 객체 지향 프로그래밍이라 설명했다. 따라서 객체 지향 프로그램을 구성하는 객체는 이러한 문제들을 해결할 수 있는 특징들을 갖추고 있어야 한다. 객체의 중요한 특징인 캡슐화와 코드 재사용성 그리고 다형성에 대해 살펴보자.

캡슐화

객체의 첫 번째 특징은 캡슐화(encapsulation)다. 캡슐화는 객체 내부의 메소드와 데이터를 외부에서 사용할 수 없도록 감싸서 객체를 독립적인 프로그램 부품으로 만드는 것이다. 캡슐화된 객체는 지정한 인터페이스를 통해서만 외부와 연결되어 밖에서 안의 내용을 볼 수 없기 때문에 독립성을 갖게 된다. 이를 데이터 은닉(Data Hiding)이라 한다.

[그림 4-4] 정보 공개의 예

[그림 4-5] 정보 은닉(캡슐화)의 예

객체의 캡슐화는 하드웨어 부품인 IC 칩(Integrated Circuit Chip)의 패키징(packaging)과 같은 역할을 한다. 내부를 볼 수 없도록 케이스로 감싸고, 외부와의 인터페이스를 위해 핀을 연결하여 칩을 포장하는 것이 패키징이다. 다음의 IC 칩을 보면, 패키징되어 있기 때문에 내부를 알 수 없고 알 필요도 없다. 다만 이 칩을 사용하기 위해서는 14개의 외부 핀의 용도만 알면 된다. 즉, 전원 핀이 어느 것인지, 데이터 입력과 출력에 대한 핀이 어느 것인지만 알면 어느 보드에나 연결하여 사용할 수가 있다.

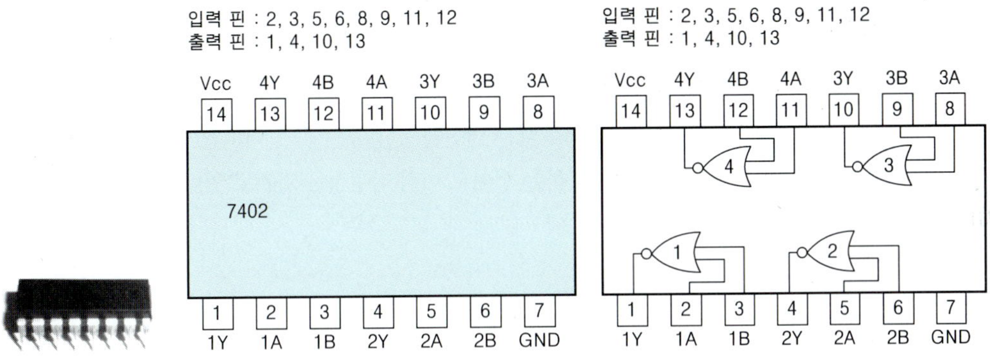

(a) 7402칩 (b) 7402칩의 핀 배치도 (c) 7402칩의 내부 회로도

[그림 4-6] 7402칩의 외부와 내부

객체도 패키징과 같은 원리로 캡슐화되어 있기 때문에 외부에서 객체 내부의 내용을 알 수 없고 알 필요도 없다. 외부와 연결되는 인터페이스만 알면 된다. 캡슐화된 객체는 외부로부터 은닉되어 있으므로 외부와 상관없이 독립적으로 작성할 수 있으며, 수정이나 테스트가 쉽다. 그리고 외부 인터페이스만 알고 있으면 어느 프로그램에서나 이 객체를 연결하여 사용할 수 있다. 캡슐화된 객체의 내부는 모르는 게 약이고, 인터페이스는 아는 게 힘이다.

코드의 재사용 : 상속

코드의 재사용성은 이미 작성한 프로그램 코드를 다른 프로그램에서 사용할 수 있도록 하는 객체의 중요한 특징으로 프로그램의 개발비용을 줄이고 신뢰성과 생산성을 높인다. 캡슐화되어 있는 객체는 인터페이스만 맞춰주면 다른 프로그램에서도 사용할 수 있는데, 이렇게 객체를 재사용함으로써 코드의 재사용을 실현한다.

또 다른 객체의 코드 재사용 방법으로 상속(inheritance)이 있다. 내가 살 집을 마련한다고 할 때 아무것도 없는 곳에 땅을 파고 기초 공사부터 시작하여 집을 지을 수도 있지만, 부모

님 집을 상속받아서 리모델링하여 사용한다면 공사기간과 비용을 줄일 수 있는 방법이 될 것이다. 즉 새로 작성할 객체가 이미 작성해 놓은 객체와 유사한 특성을 갖고 있다면 그 객체의 코드를 그대로 물려받고 추가되는 부분의 코드만 작성하여 새로운 객체를 만들 수 있다. 이때 상속해주는 기존의 객체를 부모객체(Parent Object) 또는 상위객체(Super Object)라고 하고, 상속을 받는 새로운 객체를 자식객체(Child Object) 또는 하위객체(Sub Object)라고 한다.

다형성

다형성(polymorphism)은 하나가 여러 형태를 가지고 있다는 의미다. 객체의 다형성이란 같은 이름의 메소드가 상황에 따라 다른 연산을 수행하는 것을 의미한다. 다형성이란 용어가 생소한 것 같지만 우리가 사용하는 언어도 이미 다형성을 가지고 있다. "배" 라는 단어를 생각해보자.

(1) 배가 아프다.
(2) 가을에는 배가 맛있다.
(3) 배를 타고 제주도에 갔다.

세 개의 문장에서 같은 단어 "배"를 사용하고 있다. 하지만 각각의 의미는 모두 다른데, 이는 문맥을 통해서 파악할 수 있다. 이런 것이 다형성이다. 여러 메소드를 같은 이름으로 정의하면 같은 이름으로 호출되어도 호출된 상황에 따라 메소드가 구분되어 수행된다. 세 개의 메소드 이름을 같게 만들어 다형성을 갖게 되면 메소드의 이름이 세 개에서 한 개로 줄어들게 되므로 메소드 사용이 그만큼 간단해진다.

다형성의 장점이 잘 이해되지 않는다면 영어 단어를 생각해보자. 영어 단어도 하나의 단어가 여러 개의 뜻을 동시에 가지고 있으므로 다형성을 가지고 있다. 만약 영어 단어에 다형성이 없다면 어떻게 될까? 영어 단어 한 개당 세 개의 의미를 가지는 다형성이 있고, 암기해야 하는 기본 단어가 22,000개라고 가정해보자. 만약 다형성이 없는 경우라면, 우리가 암기해야하는 단어는 66,000개로 늘어날 것이다.

다형성은 메소드 사용을 간단하게 해주는 객체의 중요한 특징이다.

Section

02 객체 지향 언어 : 자바

객체 지향의 개념을 프로그램으로 실현하기 위해 여러 가지의 프로그래밍 언어가 만들어졌는데, 그 중 많이 사용되는 언어로 C++와 자바가 있다. C++는 많은 개발자들이 사용하는 언어인 C에 객체 지향 개념을 추가하여 확장한 언어고, 자바는 객체 지향 프로그래밍을 고려하여 개발된 언어다.

1 자바의 캡슐화 구현

자바 프로그램은 캡슐화된 클래스들을 조합하여 구성한다. 각각의 클래스는 class 키워드를 사용하여 만드는데, 클래스는 객체를 생성하기 위한 기본 틀이다. 청동칼을 만드는 경우를 생각해보자. 무작정 청동 덩어리를 깎고 다듬어서 칼을 만들면 될까? 물론 칼을 하나만 만든다면 그 방법도 나쁘지 않겠지만, 수시로 여러 개의 칼을 만들고자 할 때는 비효율적이다. 그래서 우리 선조들은 거푸집을 사용했다. 먼저 만들고자 하는 칼의 모양대로 거푸집을 만들고, 그 거푸집에 청동액을 부어서 칼을 만들어내는 것이다.

[그림 4-7] 청동칼을 만드는 거푸집

이때 만들고자 하는 칼을 객체라고 한다면, 칼을 만드는 도구인 거푸집은 객체를 만들기 위한 클래스가 된다. 다시 말해서 객체를 찍어내는 틀이 클래스다. 자바의 클래스는 그 자체가 독립성을 가지기 때문에 정해진 인터페이스를 사용하지 않으면 외부에서는 클래스의 내용을 보거나 수정할 수 없다. 자바는 독립적인 클래스 작성을 통하여 객체 지향의 캡슐화 기능을 실현한다.

자바 클래스 내부의 멤버들을 캡슐화하기 위해서 접근 제어자를 사용한다. 클래스의 각 멤버에 대한 외부의 접근 권한을 지정하는 접근 제어자로는 public, private 등이 있다. public으로 지정한 멤버는 외부에서도 접근이 가능하기 때문에 클래스에 대한 외부 인터페이스 역할을 한다. 반면 private로 지정한 멤버는 같은 클래스의 멤버 메소드만이 접근할 수 있기 때문에 그 클래스 안에서만 사용할 수 있다. private 접근 제어자는 데이터 은닉을 제공한다.

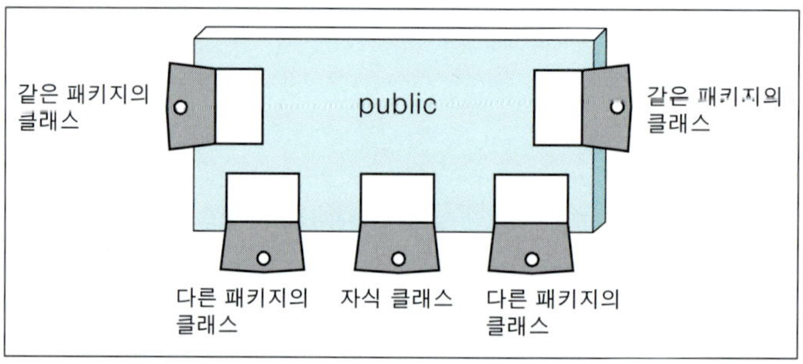

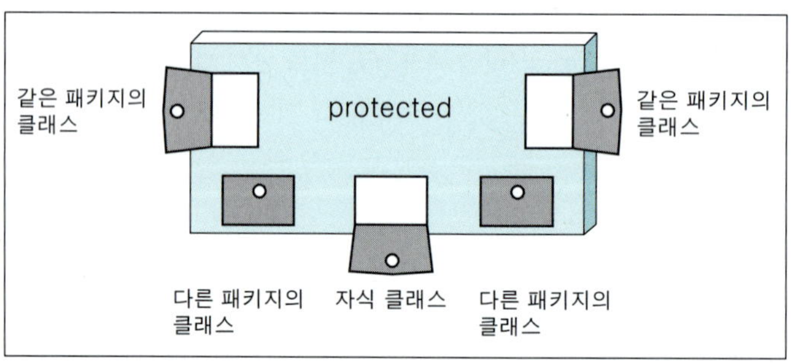

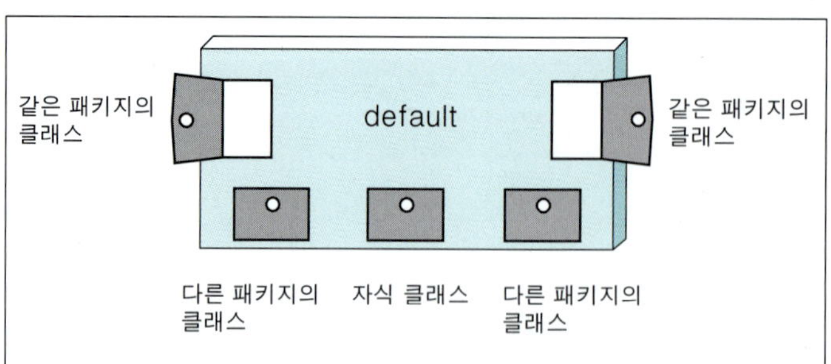

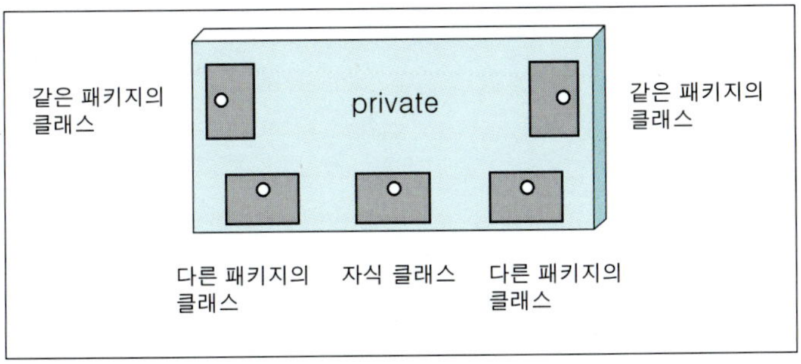

[그림 4-8] 접근 제어자에 따른 접근 허용 범위

자바로 만든 클래스를 통해 접근 제어자의 역할을 확인해보자.

[예제 4-1] 접근 제어자를 사용하지 않는 클래스

```
class AccessControl_1{
    int num1, num2, sum;
    double ave;
    AccessControl_1(int a, int b){
        this.num1 = a;
        this.num2 = b;
    }
    int getSum(){
        sum = num1 + num2;
        return sum;
    }
    double getAve(){
        ave = sum/2.0;
        return ave;
    }
}

class Ex_AccessControl_1{
    public static void main(String args[]){
        AccessControl_1  test1 = new AccessControl_1(10, 20);
        System.out.println("sum = " + test1.getSum());
```

```
        System.out.println("average = " + test1.getAve());
    }
}
```

다음 그림은 AccessControl_1 클래스의 멤버에 대한 데이터 은닉을 나타낸 것이다. AccessControl_1 클래스에는 private 접근 제어자가 없으므로 은닉된 멤버가 없다.

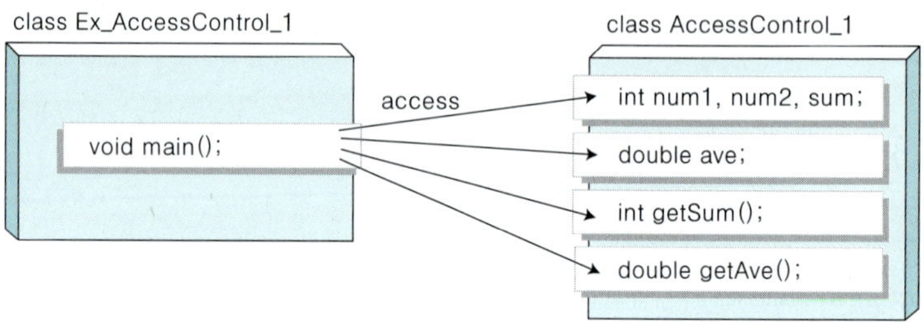

[그림 4-9] 접근 권한 예 ①

Ex_AccessControl_1 클래스의 main() 메소드가 AccessControl_1 클래스의 모든 멤버들을 접근하여 사용할 수 있으므로 정상적으로 실행된다. 하지만 AccessControl_1 클래스는 캡슐화되어 있지 않으므로 좋은 클래스는 될 수 없다.

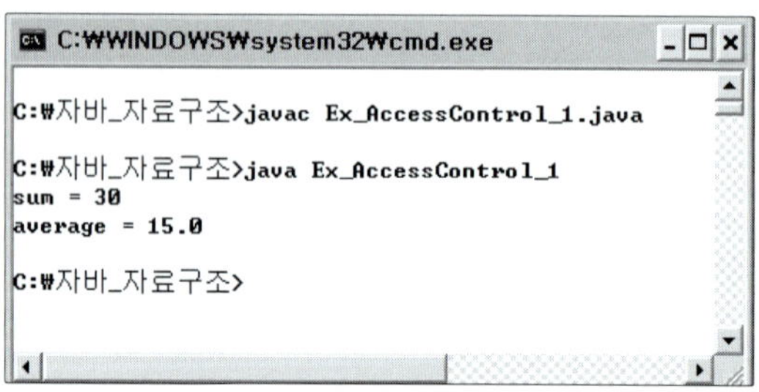

[그림 4-10] [예제 4-1]의 컴파일 및 실행 화면

[예제 4-2] private과 public 접근 제어자를 사용하여 캡슐화한 클래스

```
class AccessControl_2{
    private int num1, num2, sum;
    private double ave;
    AccessControl_2(int a, int b){
        this.num1 = a;
```

```
        this.num2 = b;
    }
    public int getSum(){
        sum = num1 + num2;
        return sum;
    }
    public double getAve(){
        ave = sum/2.0;
        return ave;
    }
}

class Ex_AccessControl_2{
    public static void main(String args[]){
        AccessControl_2  test2 = new AccessControl_2(10, 20);
        System.out.println("sum = " + test2.getSum());
        System.out.println("average = " + test2.getAve());
    }
}
```

AccessControl_2 클래스의 num1, num2, sum, ave 멤버는 private 접근 제어자를 사용하여 외부에서 사용할 수 없도록 은닉하였다. 그리고 getSum( ) 메소드와 getAve( ) 메소드는 public 접근 제어자를 사용하여 은닉되어 있는 데이터를 사용할 수 있는 인터페이스로 만들어 주었다.

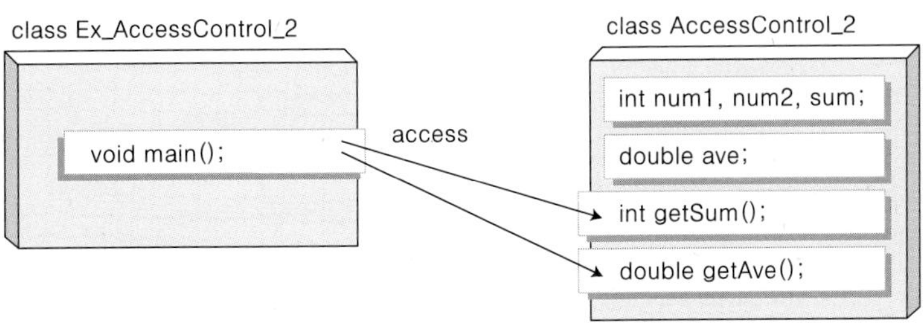

[그림 4-11] 접근 권한 예 ②

Ex_AccessControl_2 클래스의 main( ) 메소드가 AccessControl_2 클래스의 num1, num2, sum, ave 멤버에 직접 접근할 수는 없지만, 인터페이스로 열어놓은 getSum( ) 메소드와 getAve( ) 메소드를 통하여 접근할 수 있으므로 정상적으로 실행된다.

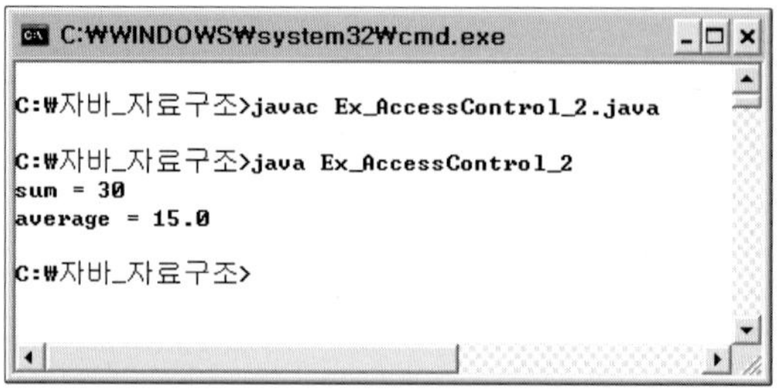

[그림 4-12] [예제 4-2]의 컴파일 및 실행 화면

[예제 4-3] private 접근 제어자를 사용하여 캡슐화한 클래스

```
class AccessControl_3{
    private int num1, num2, sum;
    private double ave;
    AccessControl_3(int a, int b){
        this.num1 = a;
        this.num2 = b;
    }
    private int getSum(){
        sum = num1 + num2;
        return sum;
    }
    private double getAve(){
        ave = sum/2;
        return ave;
    }
}

class Ex_AccessControl_3{
    public static void main(String args[]){
        AccessControl_3  test3 = new AccessControl_3(10, 20);
        System.out.println("sum = " + test3.getSum());
```

```
            System.out.println("average = " + test3.getAve());
        }
    }
```

AccessControl_3 클래스의 모든 멤버들에 private 접근 제어자를 사용하였으므로 은닉되어있다. 외부 인터페이스도 없이 모두 은닉되어 있으므로 결국 사용할 수 없는 클래스가 된다.

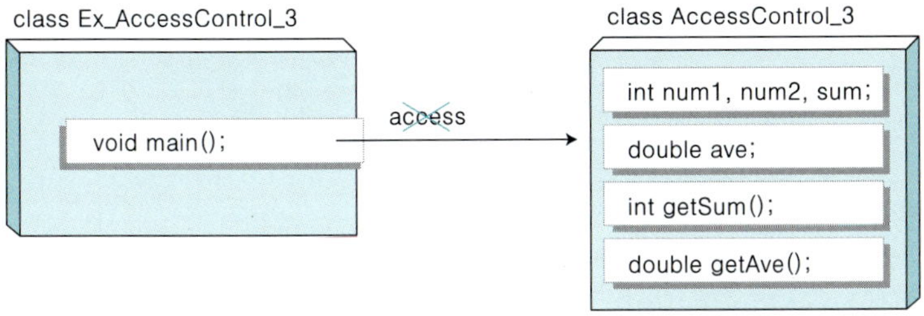

[그림 4-13] 접근 권한 예 ③

Ex_AccessControl_3 클래스의 main() 메소드가 AccessControl_3 클래스에 전혀 접근할 수 없기 때문에 AccessControl_3 클래스의 getSum() 메소드와 getAve() 메소드를 사용하려고 하면 접근 권한 에러가 발생하며 실행되지 않는다.

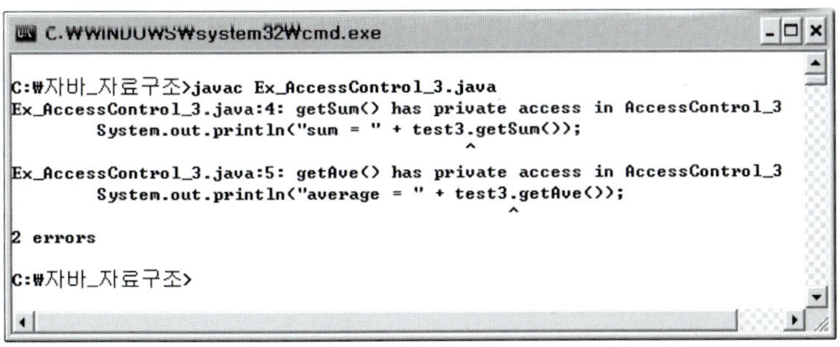

[그림 4-14] [예제 4-3]의 컴파일 화면

2 자바의 상속 구현

학생에 대한 기본 정보를 관리하는 클래스와 학생의 성적을 관리하는 클래스를 작성하려고 한다.

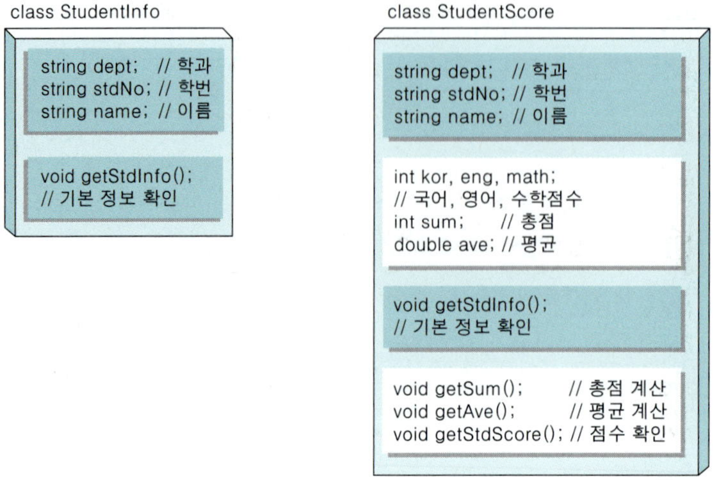

[그림 4-15] 중복된 멤버를 가지고 있는 두 클래스

StudentScore 클래스에는 StudentInfo 클래스의 멤버들이 중복되어 있다. 이런 경우에는 코드를 중복하면서 StudentScore 클래스를 새로 작성하는 대신 StudentScore 클래스를 상속받도록 하여 코드를 재사용한다.

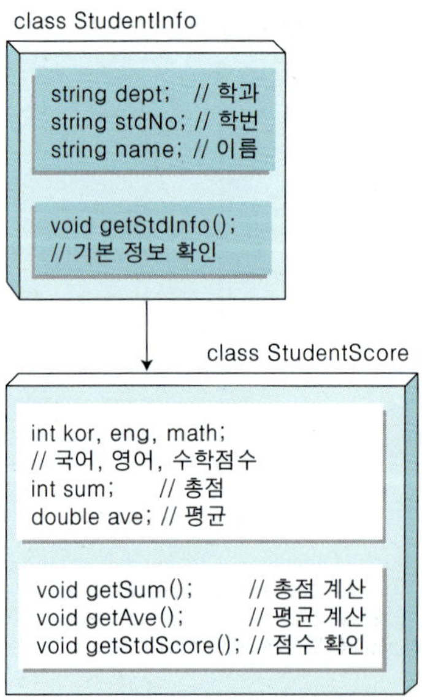

[그림 4-16] 상속관계로 재구성한 클래스

[예제 4-4] StudentInfo 클래스 : 부모 클래스

```
class  StudentInfo{
    protected  String dept, stdNo, name;  // ❶
    StudentInfo(String dept, String stdNo, String name){
         this.dept = dept;
         this.stdNo = stdNo;
         this.name = name;
    }
    public void getStdInfo(){
         System.out.println("** 학생 정보 출력 **");
         System.out.println("학과 : " + dept);
         System.out.println("학번 : " + stdNo);
         System.out.println("이름 : " + name);
    }
}
```

❶ protected String dept, stdNo, name;

protected는 접근 제어자로서, private 접근 제어자처럼 외부에서 접근할 수 없도록 하면서 이 멤버를 상속받는 자식 클래스에서는 사용할 수 있도록 접근 권한을 제어해준다. 따라서 dept, stdNo, name은 외부에서는 사용할 수 없지만, 자식 클래스에서는 사용할 수 있는 데이터 멤버가 된다.

다음은 StudentInfo 클래스를 상속받는 자식 클래스인 StudentScore 클래스다.

[예제 4-5] StudentScore 클래스 : 자식 클래스

```
class StudentScore  extends StudentInfo{  // ❶
     private int kor, eng, math, sum;
     private double ave;
     StudentScore(String dept, String stdNo, String name,
                    int kor, int eng, int math){
         super(dept, stdNo, name);  // ❷
         this.kor = kor;
         this.eng = eng;
```

```
        this.math = math;
        this.sum = 0;
        this.ave = 0.0;
    }
    public int getSum(){
        sum = kor + eng + math;
        return sum;
    }
    public double getAve(){
        ave = sum/3.0;
        return ave;
    }
    public void getStdInfo(){
        super.getStdInfo();   // ❸
    }
    public void getStdScore(){
        System.out.println("** 학생 점수 출력 **");
        System.out.println("국어 : " + kor);
        System.out.println("영어 : " + eng);
        System.out.println("수학 : " + math);
        System.out.println("총점 : " + getSum());
        System.out.println("평균 : " + getAve());
    }
}
```

❶ class StudentScore extends StudentInfo{

StudentInfo 클래스를 부모 클래스로 하는 자식 클래스 StudentScore에 대한 선언이다. 상속을 받는 자식 클래스는 부모 클래스가 누구인지를 클래스 이름 다음에 명시해주어야 하는데, 아래와 같이 extends 키워드를 사용한다.

class *자식클래스이름* **extends** *부모클래스이름*

❷ super(dept, stdNo, name);

클래스의 생성자는 데이터 멤버를 초기화하는 역할을 한다. 자식 클래스는 부모의 데이터 멤버를 상속받으므로 자식 클래스의 생성자는 새로 추가한 데이터 멤버뿐만 아니라 상속받은 부모 클래스의 데이터 멤버까지 모두 초기화해야 한다.

```
StudentScore(String dept, String stdNo, String name,
             int kor, int eng, int math){
    this.dept = dept;     // 부모클래스의 데이터 멤버에 대한 초기화
    this.stdNo = stdNo;   // 부모클래스의 데이터 멤버에 대한 초기화
    this.name = name;     // 부모클래스의 데이터 멤버에 대한 초기화
    this.kor = kor;
    this.eng = eng;
    this.math = math;
    this.sum = 0;
    this.ave = 0.0;
 }
```

부모 클래스의 데이터 멤버를 초기화하는 작업을 간단히 하기 위해서 부모 클래스의 생성자를 호출할 수도 있다. 부모 클래스의 생성자를 호출하는 방법은 ❷에서와 같이 자식 클래스의 생성자 함수의 첫 번째 명령문으로 super(초기화 멤버 리스트);를 사용한다. super는 부모 클래스를 의미하는 키워드다.

```
StudentScore (String dept, String stdNo, String name,
              int kor, int eng, int math){
    super(dept, stdNo, name); // 부모클래스의 데이터 멤버에 대한 초기화
    this.kor = kor;
    this.eng = eng;
    this.math = math;
    this.sum = 0;
    this.ave = 0.0;
}
```

❸ super.getStdInfo();
부모 클래스에서 상속받은 학생 정보 데이터를 출력하기 위해서 부모 클래스의 getStdInfo() 메소드를 호출한다. 이 메소드가 부모 클래스의 메소드임을 나타내기 위해서 super 키워드를 사용한다.

이제 위에서 작성한 두 개의 클래스를 사용하는 main() 메소드가 있는 클래스를 작성해 보자.

[예제 4-6] StudentInfo 클래스와 StudentScore 클래스를 호출하는 클래스

```
class Ex_Student{
  public static void main(String args[]){
    StudentInfo s_i = new StudentInfo("컴퓨터과학과","20072135",
                                       "홍길동");
    StudentScore s_s = new StudentScore("컴퓨터과학과",
                           "20072140","홍길순", 91, 80, 95);


    s_i.getStdInfo();     System.out.println();
    s_s.getStdInfo();
    s_s.getStdScore();
  }
}
```

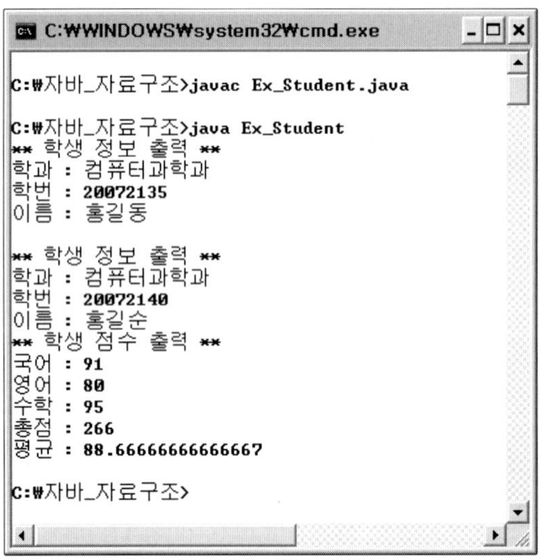

[그림 4-17] [예제 4-4], [예제 4-5], [예제 4-6]의 컴파일 및 실행 화면

요약

1 객체 지향 프로그래밍이란 개발과 수정 그리고 재사용이 쉬운 독립된 부품으로 프로그램을 작성함으로써 비용은 줄이고 생산성은 높일 수 있는 프로그래밍 방식이다.

2 객체는 객체 지향 프로그래밍을 구성하는 구성단위다. 객체는 메소드(method)와 데이터를 가지고 있는 독립적인 프로그램 부품이며, 정해진 인터페이스를 통해서만 외부와 연결된다.

3 객체는 캡슐화와 코드의 재사용성 그리고 다형성의 특징을 갖는다.

4 캡슐화는 객체 내부의 메소드와 데이터를 외부에서 사용할 수 없도록 감싸서 객체를 독립적인 프로그램 부품으로 만드는 것이다. 캡슐화된 객체는 지정한 인터페이스를 통해서만 외부와 연결되어 밖에서 안의 내용을 볼 수 없기 때문에 독립성을 갖는다. 이를 데이터 은닉(Data Hiding)이라 한다.

5 캡슐화되어 있는 객체는 인터페이스만 맞춰주면 다른 프로그램에서도 연결하여 사용할 수 있다. 즉 재사용이 가능하다.

6 상속은 새로 작성할 객체가 이미 작성해 놓은 객체와 유사한 특성을 갖고 있을 때 그 객체의 코드를 그대로 물려받아 재사용하면서 추가되는 부분의 코드만 작성하여 새로운 객체를 만드는 방법이다. 이때 상속해주는 객체를 부모 객체라고 하고, 상속을 받는 객체를 자식 객체라고 한다.

7 객체의 다형성이란 같은 메소드가 상황에 따라 다른 연산을 수행하는 것이다. 다형성을 갖는 객체의 메소드는 같은 이름으로 호출되어도 호출된 상황에 따라 구분되어 수행된다.

8 자바는 객체의 모든 특징을 구현할 수 있는 객체 지향 프로그래밍 언어다.

9 자바 프로그램을 구성하는 클래스들은 캡슐화되어 있으며, 클래스의 멤버에 대하여 외부의 접근 권한을 지정하기 위해서 public, private, protected, default와 같은 접근 제어자를 사용한다.

연습문제

1 객체지향 프로그래밍의 의미와 특징을 설명하시오.

2 자바 프로그램에서의 캡슐화 방법을 설명하시오.

3 [예제 4-5]의 StudentScore 클래스를 자식 클래스가 아닌 일반 클래스로 다시 작성하시오.

4 상속 관계의 클래스를 예를 들어 작성하고, 코드 재사용의 의미를 설명하시오.

5 소프트웨어의 위기 현상과 거리가 먼 것은? (2007년 기출문제)

가. 유지보수의 어려움
나. 성능 및 신뢰성의 부족
다. 개발 인력의 급증
라. 개발기간의 지연 및 개발 비용의 증가

Part

02

자료구조의 기본 표현 방식

Chapter 05

순차 자료구조 방식

*학습목표

- 순차 자료구조 방식의 의미와 특징을 알아본다.
- 선형 리스트의 구조와 연산을 알아본다.
- 선형 리스트의 자바 프로그램 구현을 알아본다.
- 선형 리스트의 응용 방법을 알아본다.

Section

01 선형 리스트

문제해결을 위해 추상적으로 정의한 데이터와 연산자를 구체적으로 구현하여 실행해야 하는데, 연산자의 구현은 처리할 데이터를 표현하는 방법에 의해 결정된다. 따라서 처리할 문제에 대한 데이터를 가장 효율적인 방법으로 표현하는 것이 중요하다. 자료구조에서 데이터를 구조화시키는 기본 표현 방식으로 순차 자료구조 방식과 연결 자료구조 방식이 있다.

데이터를 구조화시키는 가장 기본적인 방법은 나열하는 것이다. 예를 들어, 동창들의 이름을 나열하거나, 좋아하는 음식을 나열하는 것, 오늘의 할일을 나열하는 것 등이 있다. 이렇게 나열한 목록을 리스트(List)라고 한다.

[표 5-1] 리스트의 예

동창 리스트	좋아하는 음식 리스트	오늘의 할일 리스트
김좌진	김치찌개	운동
신채호	닭볶음탕	자료구조 수업
안중근	된장찌개	동아리 공연 연습
이봉창	잡채	과제 제출
한용운	북어국	방청소

리스트에서 나열한 원소들 간에 순서를 가지고 있는 리스트를 선형 리스트(Linear List) 또는 순서 리스트(Ordered List)라 한다.

[표 5-2] 선형 리스트의 예

동창 선형 리스트		좋아하는 음식 선형 리스트		오늘의 할일 선형 리스트	
1	김좌진	1	김치찌개	1	운동
2	신채호	2	닭볶음탕	2	자료구조 수업
3	안중근	3	된장찌개	3	동아리 공연 연습

4	이봉창	4	잡채	4	과제 제출
5	한용운	5	북어국	5	방청소

리스트를 표현하는 일반적인 방법은 다음과 같다.

리스트이름 = (원소 1, 원소 2, …, 원소 n)
❶ (리스트이름) ❷ ((원소 1, 원소 2, …, 원소 n))

❷에 나열한 원소들을 하나의 리스트로 그룹화하여 ❶의 리스트 이름으로 정의한다. 원소들간에 순서를 가진 선형 리스트의 경우에는 나열한 순서가 원소들의 순서가 된다. [표 5-2]의 동창 선형 리스트를 리스트의 표현 방법으로 나타내면 다음과 같다.

동창 = (김좌진, 신채호, 안중근, 이봉창, 한용운)

원소가 하나도 없는 리스트는 공백 리스트(empty list)라고 하고, ❷를 빈괄호로 표현한다.

공백 리스트 이름 = ( )

선형 리스트는 원소들 간의 논리적인 순서와 메모리에 저장하는 물리적인 순서가 같은 구조로 되어있는데, 이러한 구조를 순차 자료구조라 한다. 따라서 순차 자료구조에서는 원소의 논리적인 순서대로 데이터가 메모리에 연속 저장된다. [표 5-2]에 있는 동창 선형 리스트가 메모리에 실제 저장되는 물리 순서는 [그림 5-1]에서와 같이 논리 순서와 일치한다.

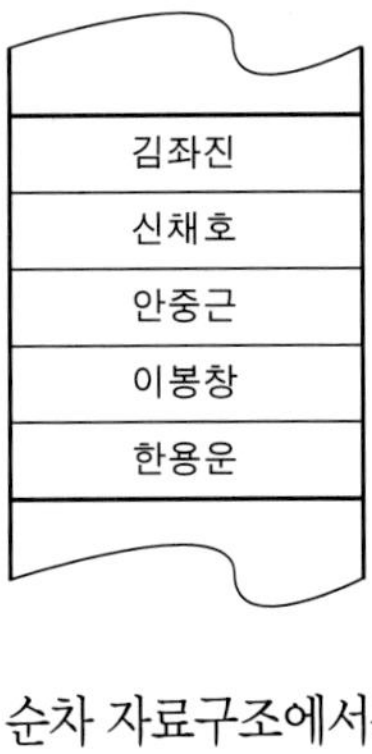

[그림 5-1] 동창 선형 리스트의 메모리 저장 순서

순차 자료구조에서는 원소들이 순서대로 연속하여 저장되기 때문에 시작 위치와 원소의 길이를 알면 특정 원소의 위치를 알 수 있다. 시작위치가 α이고, 원소의 길이가 ℓ 인 리스트에서 두 번째 원소의 위치는 $\alpha+\ell$ 이고, 세 번째 원소의 위치는 $\alpha+2\ell$ 이다. 따라서 i번째 원소의 위치는 $\alpha+(i-1)\times\ell$ 이 된다.

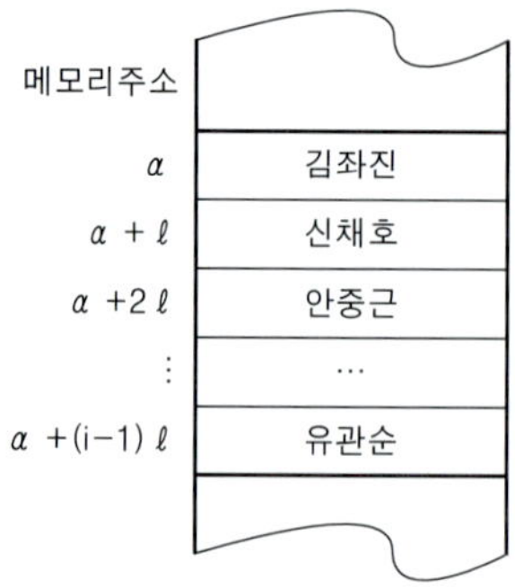

[그림 5-2] 순차 자료구조에서 원소의 순서와 위치

1 선형 리스트에서의 원소 삽입

놀이공원에서 롤러코스터를 타기 위한 줄이 있다고 하자. 그런데 누군가 중간에 새치기를 하면 새치기한 자리 뒤에 있는 사람들은 모두 순서가 하나씩 밀리게 될 것이다.

(a) 새치기 전 (b) 새치기 후

[그림 5-3] 새치기 전과 후의 위치와 순서 변화

순서대로 연속하여 메모리에 저장되어 있는 선형 리스트에 새로운 원소를 삽입하려면 먼저 삽입할 자리를 만든 후에 그 자리에 원소를 삽입해야 한다. 원소를 삽입할 자리를 만들려면 삽입할 위치 이후에 있는 원소들을 모두 한자리씩 뒤로 밀어야 한다.

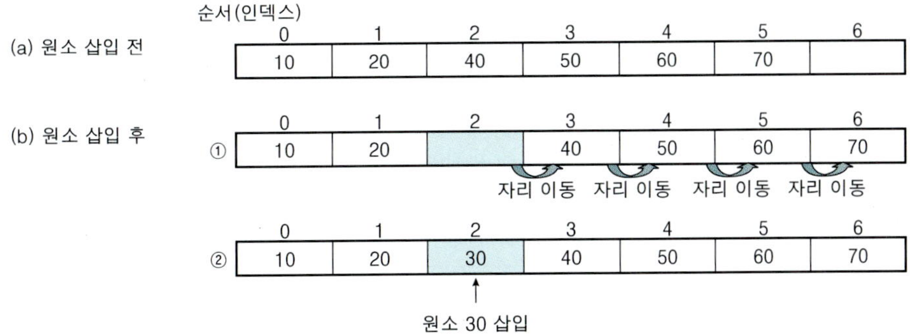

[그림 5-4] 선형 리스트에서의 원소 삽입

[그림 5-4]와 같이 인덱스 2번 자리에 원소 30을 삽입하려면, 먼저 2번 자리를 비워야 한다. 이를 위해서 2번 자리부터 그 이후에 있는 원소 40, 50, 60, 70을 한자리씩 뒤로 이동시킨다. (n+1)개의 원소로 이루어진 선형 리스트에서 k번 자리에 원소를 삽입하려면 빈 자리를 만들기 위해 k번 원소부터 마지막 원소인 n번 원소까지 (n-k+1)개의 원소를 모두 한 자리씩 뒤로 이동해야 한다. 따라서 빈 자리를 만들기 위한 이동 횟수는 (n-k+1), 즉 (마지막 원소의 인덱스-삽입할 자리의 인덱스+1)이 된다. [그림 5-4]에서 2번 자리에 빈 자리를 만들기 위한 이동 횟수는 5-2+1=4이므로 4회가 된다.

2 선형 리스트에서의 원소 삭제

다시 놀이공원에서 롤러코스터를 타기 위한 줄이 있다고 하자. 그런데 운 좋게도 중간에 있던 누군가가 줄에서 빠져나가면 그 자리 뒤에 있던 사람들은 모두 순서가 하나씩 앞으로 당겨지게 될 것이다.

(a) 나가기 전 (b) 나간 후

[그림 5-5] 줄에서 사람이 나간 후의 위치와 순서 변화

선형 리스트에서 원소를 삭제하면 원소가 있던 자리는 빈자리가 되는데, 선형 리스트는 논리 순서와 같은 순서대로 원소들이 메모리에 연속하여 저장되어야 하는 순차 자료구조기 때문에 중간에 빈자리가 있어서는 안 된다. 따라서 원소를 삭제한 위치 이후에 있는 원소들을 모두 한자리씩 앞으로 옮겨서 빈자리를 채워야 한다.

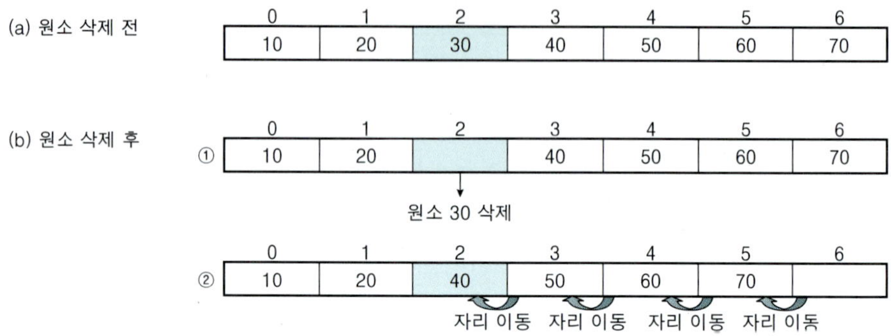

[그림 5-6] 선형 리스트에서의 원소 삭제

[그림 5-6]과 같이 인덱스 2번 자리의 원소 30을 삭제하면 빈자리가 생긴다. 이 빈자리, 즉 인덱스 2번 자리를 채우기 위해서는 2번 이후에 있는 원소 40, 50, 60, 70을 한자리씩 앞으로 이동시켜야 한다. (n+1)개의 원소로 이루어진 선형 리스트에서 k번 자리의 원소를 삭제했을 경우에는 (k+1)번 원소부터 마지막 n번 원소까지 (n-(k+1)+1)개의 원소를 한자리씩 앞으로 이동시켜야 한다. 따라서 필요한 이동 횟수는 (n-(k+1)+1)이 되어 (n-k), 즉 (마지막 원소의 인덱스-삭제한 원소의 인덱스)가 된다. [그림 5-6]에서 2번 원소를 삭제한 후에 자리를 이동하는 횟수는 6-2=4가 되므로 삭제 연산에 필요한 이동 횟수는 4회가 된다.

Section

02 선형 리스트의 구현

선형 리스트를 순차 구조로 구현하기 위해 배열을 사용한다. 배열은 〈인덱스, 원소〉의 쌍으로 구성되어 메모리에 연속적으로 할당되는데, 이때 인덱스는 배열 원소의 순서를 나타낸다. 배열은 순서를 가진 배열 원소들을 메모리에 연속하여 순차 구성하므로 프로그래밍 언어에서 제공하는 배열을 그대로 사용하여 선형 리스트를 구현할 수 있다.

1. 1차원 배열의 순차 표현

1차원 배열은 인덱스를 하나만 사용하는 배열이다. 원소의 순서를 하나의 값으로 구별할 수 있는 간단한 선형 리스트는 1차원 배열을 사용하여 표현할 수 있다.

2008년 분기별 노트북 판매량에 대한 리스트를 생각해보자.

[표 5-3] 분기별 판매량 리스트

분기	1/4분기	2/4분기	3/4분기	4/4분기
판매량	157	209	251	312

[표 5-3]을 1차원 배열을 사용하여 선형 리스트로 표현하면 다음과 같다.

```
int sale[] = new int[] {157, 209, 251, 312};
```

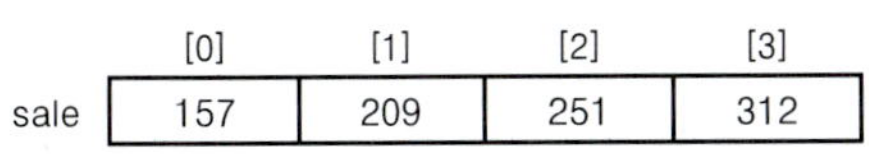

[그림 5-7] 분기별 판매량 선형 리스트의 논리 구조

1차원 배열 sale은 int 데이터 타입으로 선언되었으므로 각 원소의 길이는 4바이트가 된다. 자바 프로그래밍에서 배열의 인덱스는 0부터 시작하므로 배열 sale의 각 원소의 위치는 시작주소가 α일 때 α+(인덱스×4바이트)가 된다.

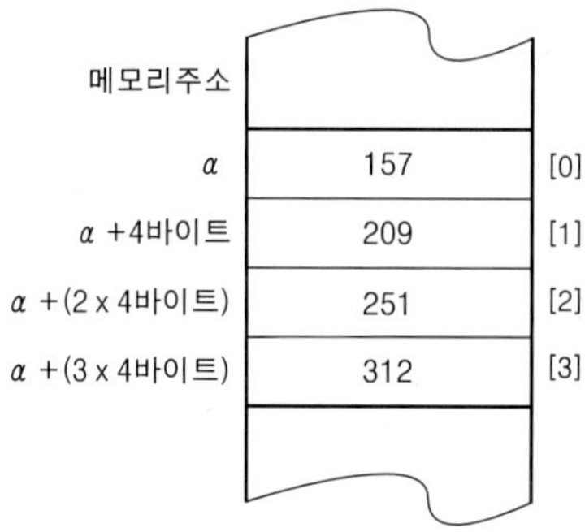

[그림 5-8] 분기별 판매량 선형 리스트의 물리 구조

다음은 분기별 판매량 선형 리스트를 1차원 배열로 구현한 프로그램이다.

[예제 5-1] 분기별 판매량 리스트 프로그램

```
class  Ex5_1{
     public  static void main(String srgs[]){
        int sale[] = new int[]{157, 209, 251, 312};

        for(int i=0; i<4; i++)
           System.out.printf("%d/4분기 : sale[%d]= %d %n",
           i+1, i, sale[i]);
     }
}
```

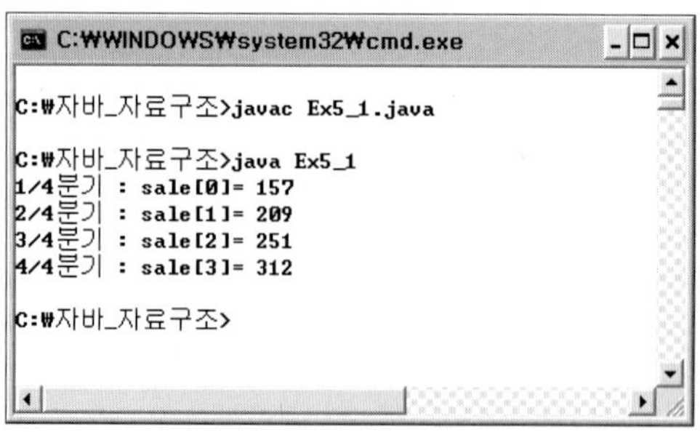

2. 2차원 배열의 순차 표현

다음의 2007년~2008년 분기별 노트북 판매량에 대한 리스트를 생각해보자.

[표 5-4] 2007~2008년 분기별 판매량 리스트

년 \ 분기	1/4분기	2/4분기	3/4분기	4/4분기
2007년	63	84	140	130
2008년	157	209	251	312

[표 5-4]의 리스트는 분기 순서와 년 순서를 표현하기 위해 순서를 나타내는 인덱스가 두개 필요하다. 이런 경우에는 2차원 배열을 사용한다.

```
int sale[][] = new int[][]{{63, 84, 140, 130},
                           {157, 209, 251, 312}};
```

	[0]	[1]	[2]	[3]
sale [0]	63	84	140	130
[1]	157	209	251	312

[그림 5-9] 2007~2008년 분기별 판매량 선형 리스트의 논리 구조

2차원 배열의 구조를 논리적으로 표현할 때는 [그림 5-9]와 같이 행과 열의 구조로 나타내지만, 실제로 메모리에 저장될 때에는 1차원의 순서로 저장된다. 2차원의 논리적 순서가 1차원의 물리적 순서로 변환되는 방법은 첫 번째 인덱스를 기준으로 하는 행 우선 순서(Row Major Order) 방법과 마지막 인덱스를 기준으로 하는 열 우선 순서(Column Major Order) 방법이 있다.

행 우선 순서 방법은 행을 기준으로 하여 같은 행 안에 있는 열을 먼저 저장하는 방법이다. [그림 5-9]의 2차원 배열을 행 우선 순서 방법으로 메모리에 저장하면 [그림 5-10-(a)]와 같이 sale[**0**][0]=63, sale[**0**][1]=84, sale[**0**][2]=140, sale[**0**][3]=130, sale[**1**][0]=157, sale[**1**][1]=209, sale[**1**][2]=251, sale[**1**][3]=312의 순서가 된다.

열 우선 순서 방법은 열을 기준으로 하여 같은 열 안에 있는 행을 먼저 저장하는 방법이다. [그림 5-9]의 2차원 배열을 열 우선 순서 방법으로 메모리에 저장하면 [그림 5-10-(b)]와 같이 sale[0][**0**]=63, sale[1][**0**]=157, sale[0][**1**]=84, sale[1][**1**]=209, sale[0][**2**]=140, sale[1][**2**]=251, sale[0][**3**]=130, sale[1][**3**]=312의 순서가 된다.

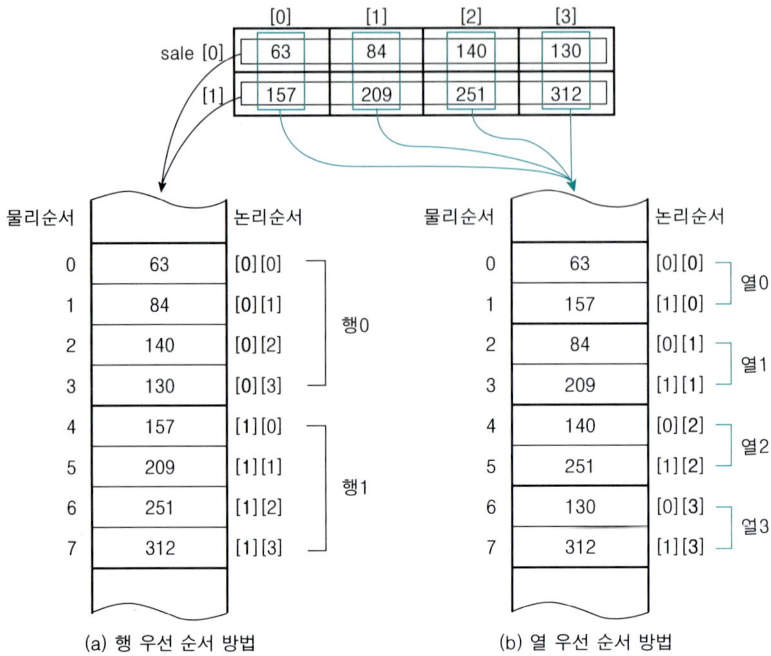

[그림 5-10] 2차원 논리 순서에 대한 1차원 물리 순서 변환 방법

행 우선 순서 방법과 열 우선 순서 방법에 따라 물리적 저장 순서가 다르기 때문에 배열의 원소 위치를 계산하는 방법도 달라져야 한다. 행의 개수가 n_i이고 열의 개수가 n_j인 2차원 배열 $A[n_i][n_j]$의 시작주소가 α이고 원소의 길이가 ℓ 일 때, i행 j열 원소, 즉 $A[i][j]$의 위치는 행 우선 순서 구조에서는 $\alpha+(i\times n_j+j)\times\ell$ 이 되고, 열 우선 순서 구조에서는 $\alpha+(j\times n_i+i)\times\ell$ 이 된다.

논리 순서를 물리 순서로 변환하는 방법은 프로그래밍 언어의 컴파일러에 의해서 결정된다.

다음은 2007년과 2008년 분기별 선형 리스트를 2차원 배열로 구현한 프로그램이다.

[예제 5-2] 2007년, 2008년 분기별 판매량 선형 리스트 프로그램

```
class  Ex5_2{
    public  static void main(String srgs[]){
        int sale[][] = new int[][]{{63, 84, 140, 130},
                                   {157, 209, 251, 312}};

```

```
        for(int i=0; i<2; i++){
            for(int j=0; j<4; j++)
                System.out.printf("%d/4분기 : sale[%d][%d]= %d
                                    %n", j+1, i, j, sale[i][j]);
        System.out.println();
        }
    }
}
```

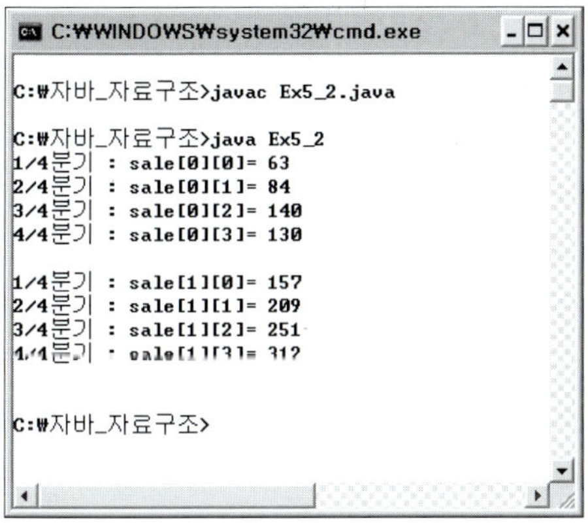

3 3차원 배열의 순차 표현

1팀과 2팀에 대한 2007년~2008년 분기별 노트북 판매량에 대한 리스트가 있다.

[표 5-5] 1팀과 2팀의 2007~2008년 분기별 판매량 리스트

1팀				
년 \ 분기	1/4분기	2/4분기	3/4분기	4/4분기
2007년	63	84	140	130
2008년	157	209	251	312

2팀				
년 \ 분기	1/4분기	2/4분기	3/4분기	4/4분기
2007년	59	80	130	135
2008년	149	187	239	310

[표 5-5]의 리스트는 분기, 년도, 팀에 대한 순서를 나타내야 하기 때문에 세 개의 인덱스가 필요하다. 이런 경우에 3차원 배열을 사용한다.

```
int sale[][][] = new int [][][]{{{63, 84, 140, 130},
                                 {157, 209, 251, 312}},
                                {{59, 80, 130, 135},
                                 {149, 187, 239, 310}}
                                };
```

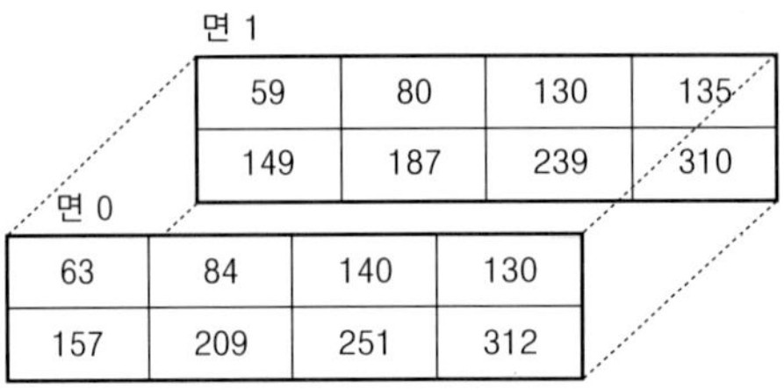

[그림 5-11] 1팀과 2팀의 2007~2008년 분기별 판매량 선형 리스트의 논리 구조

3차원 배열의 구조는 논리적인 구조일 뿐이고, 메모리에 저장되는 물리 구조는 2차원 배열에서와 마찬가지로 1차원의 선형 구조가 된다. 3차원의 논리 구조를 1차원의 물리 구조로 변환하는 방법 역시 첫 번째 인덱스인 면을 기준으로 하는 면 우선 순서 방법과 마지막 인덱스인 열을 기준으로 하는 열 우선 순서 방법이 있다.

3차원 논리 구조에 대한 면 우선 순서 방법은 면을 1차 기준으로 하여 같은 면 안에 있는 행을 저장하는데, 이때 다시 행을 2차 기준으로 하여 같은 행 안에 있는 열을 저장한다. [그림 5-11]의 3차원 배열 sale을 면 우선 순서로 저장하면 먼저 0번 면을 저장해야 하므로 sale[***0***][**0**][0]=63, sale[***0***][**0**][1]=84, sale[***0***][**0**][2]=140, sale[***0***][**0**][3]=130, sale[***0***][**1**][0]=157, sale[***0***][**1**][1]=209, sale[***0***][**1**][2]=251, sale[***0***][**1**][3]=312의 순서가 된다. 그 다음에 1번 면을 저장하므로 그다음 순서는 sale[***1***][**0**][0]=59, sale[***1***][**0**][1]=80, sale[***1***][**0**][2]=130, sale[***1***][**0**][3]=135, sale[***1***][**1**][0]=149, sale[***1***][**1**][1]=187, sale[***1***][**1**][2]=239, sale[***1***][**1**][3]=310이 된다([그림 5-12-(a)).

열 우선 순서 방법은 열을 1차 기준으로 하여 같은 열 안에 있는 행을 저장하는데, 이때 다시 행을 2차 기준으로 하여 같은 행에 대한 면을 저장한다. 3차원 배열 sale을 열 우선 순서 방법으로 저장하면 sale[0][**0**][***0***]=63, sale[1][**0**][***0***]=59, sale[0][**1**][***0***]=157, sale[1][**1**][***0***]=149, sale[0][**0**][***1***]=84, sale[1][**0**][***1***]=80, sale[0][**1**][***1***]=209, sale[1][**1**][***1***]=187, sale[0][**0**][***2***]=140, sale[1][**0**][***2***]=130, sale[0][**1**][***2***]=251, sale[1][**1**][***2***]=239, sale[0][**0**][***3***]=130, sale[1][**0**][***3***]=135, sale[0][**1**][***3***]=312, sale[1][**1**][***3***]=310의 순서가 된다([그림 5-12-(b)]).

(a) 면 우선 순서 방법

물리 순서	값	논리 순서	
0	63	[0][0][0]	면0
1	84	[0][0][1]	면0
2	140	[0][0][2]	면0
3	130	[0][0][3]	면0
4	157	[0][1][0]	면0
5	209	[0][1][1]	면0
6	251	[0][1][2]	면0
7	312	[0][1][3]	면0
8	59	[1][0][0]	면1
9	80	[1][0][1]	면1
10	130	[1][0][2]	면1
11	135	[1][0][3]	면1
12	149	[1][1][0]	면1
13	187	[1][1][1]	면1
14	239	[1][1][2]	면1
15	310	[1][1][3]	면1

(b) 열 우선 순서 방법

물리 순서	값	논리 순서	
0	63	[0][0][0]	열0
1	59	[1][0][0]	열0
2	157	[0][1][0]	열0
3	149	[1][1][0]	열0
4	84	[0][0][1]	열1
5	80	[1][0][1]	열1
6	209	[0][1][1]	열1
7	187	[1][1][1]	열1
8	140	[0][0][2]	열2
9	130	[1][0][2]	열2
10	251	[0][1][2]	열2
11	239	[1][1][2]	열2
12	130	[0][0][3]	열3
13	135	[1][0][3]	열3
14	312	[0][1][3]	열3
15	310	[1][1][3]	열3

[그림 5-12] 3차원 논리 순서에 대한 1차원 물리 순서

면의 개수가 n_i이고 행의 개수가 n_j, 열의 개수가 n_k인 3차원 배열 $A[n_i][n_j][n_k]$의 시작 주소가 α고 원소의 길이가 ℓ 일 때, i면 j행 k열 원소, 즉 $A[i][j][k]$의 위치는 면 우선 순서 구조에서 $\alpha+\{(i\times n_j\times n_k)+(j\times n_k)+k\}\times\ell$ 이 되고, 열 우선 순서 구조에서는 $\alpha+\{(k\times n_i\times n_j)+(j\times n_i)+i\}\times\ell$ 이 된다.

다음은 1팀과 2팀의 2007년, 2008년 분기별 판매량 선형 리스트를 3차원 배열로 구현한 프로그램이다.

[예제 5-3] 1팀과 2팀의 2007년, 2008년 분기별 판매량 선형 리스트 프로그램

```
class  Ex5_3{
  public  static void main(String srgs[]){
    int sale[][][] = new int [][][]{{{63, 84, 140, 130},
```

```
                                              {157, 209, 251, 312}},
                                              {{59, 80, 130, 135},
                                              {149, 187, 239, 310}}
                                      };

    for(int i=0; i<2; i++){
        System.out.printf("<< %d 팀 >> %n", i+1);
        for(int j=0; j<2; j++){
            for(int k=0; k<4; k++)
                System.out.printf("%d/4분기 : sale[%d][%d][%d]
                            = %d %n", k+1, i, j, k, sale[i][j][k]);
            System.out.println("-------------------------");
        }
        System.out.println();
    }
  }
}
```

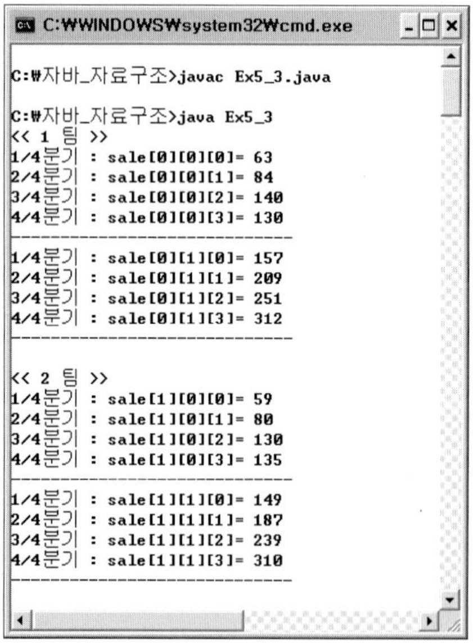

```
C:\WINDOWS\system32\cmd.exe

C:\자바_자료구조>javac Ex5_3.java

C:\자바_자료구조>java Ex5_3
<< 1 팀 >>
1/4분기 : sale[0][0][0]= 63
2/4분기 : sale[0][0][1]= 84
3/4분기 : sale[0][0][2]= 140
4/4분기 : sale[0][0][3]= 130
----------------------------
1/4분기 : sale[0][1][0]= 157
2/4분기 : sale[0][1][1]= 209
3/4분기 : sale[0][1][2]= 251
4/4분기 : sale[0][1][3]= 312
----------------------------

<< 2 팀 >>
1/4분기 : sale[1][0][0]= 59
2/4분기 : sale[1][0][1]= 80
3/4분기 : sale[1][0][2]= 130
4/4분기 : sale[1][0][3]= 135
----------------------------
1/4분기 : sale[1][1][0]= 149
2/4분기 : sale[1][1][1]= 187
3/4분기 : sale[1][1][2]= 239
4/4분기 : sale[1][1][3]= 310
----------------------------
```

순차 자료구조는 원소들의 순서를 따로 표시할 필요없이 간단히 구성할 수 있고, 인덱스를 사용하여 특정 원소를 쉽게 액세스할 수 있다. 그러나 원소를 삽입하거나 삭제할 경우에 물리적으로 원소들을 뒤로 밀어내거나 앞으로 당겨서 순서를 유지해야 하기 때문에 추가적인 오버헤드가 발생하게 된다. 따라서 삽입, 삭제 연산이 많이 필요한 문제에서 순차 자료구조를 사용하는 것은 비효율적이다.

Section

03 다항식의 순차 자료구조 표현

순차 자료구조를 사용하여 다항식을 표현하고 연산을 수행할 수 있다. 다항식이란 ax^e형식의 항(term)들의 합으로 구성된 식이다. 각 항에는 계수와 변수, 지수가 있는데, ax^e에서 a는 계수(coefficient), x는 변수(variable), e는 지수(exponent)를 의미한다. 다항식은 지수가 높은 항부터 낮은 항의 순서로 항을 나열하며, 가장 큰 지수가 그 다항식의 차수가 된다. 즉 다항식 $A(x)=2x^3+3x^2+4x+5$는 4개의 항으로 구성된 다항식이며, 차수는 3이 된다.

다항식 연산에 필요한 연산을 추상 자료형(ADT, Abstract Data Type)으로 정의해보자.

[ADT 5-1] 다항식의 추상 자료형

```
ADT Polynomial
데이터 : 지수(ei)-계수(ai)의 순서쌍 <ei, ai>의 집합으로 표현된
    다항식 p(x) = a0x^e0 + a1x^e1 + … + aix^ei + … + anx^en (ei는 음이 아닌 정수)

연산 : p,p1,p2 ∈ Polynomial; a ∈ Coefficient; e ∈ Exponent;
    // p,p1,p2는 다항식이고, a는 계수, e는 지수를 나타낸다.
    zeroP() ::= return polynomial p(x)=0;
    // 공백 다항식(p(x) = 0)을 만드는 연산
    isZeroP(p) ::= if (p) then false
                   else return true;
    // 다항식 p가 0(공백 다항식)인지 아닌지 검사하여 0이면 true를 반환하는 연산
    coef(p,e) ::= if (<e,a> ∈ p) then return a
                  else return 0;
    // 다항식 p에서 지수가 e인 항의 계수 a를 구하는 연산. 지수가 e인 항이 없으면 0을 반환
    maxExp(p) ::= return max(p.Exponent);
    // 다항식 p에서 최대 지수를 구하는 연산
    addTerm(p,a,e) ::= if (e ∈ p.Exponent) then return error
                       else return p after inserting the term <e,a>;
```

```
    // 다항식 p에 지수가 e인 항이 없는 경우에 새로운 항 〈e,a〉를 추가하는 연산
    delTerm(p,e)  ::= if (e ∈ p.Exponent) then return p after
                      removing the term <e,a>
                      else return error;
    // 다항식 p에서 지수가 e인 항 <e,a>를 삭제하는 연산
    multTerm(p,a,e)  ::= return (p * ax^e);
    // 다항식 p의 모든 항에 ax^e항을 곱하는 연산
    addPoly(p1,p2)  ::= return (p1 + p2);
    // 두 다항식 p1과 p2의 합을 구하는 연산
    multPoly(p1,p2)  ::= return (p1 * p2);
    // 두 다항식 p1과 p2의 곱을 구하는 연산
End Polynomial
```

위의 추상 자료형의 정의에 따라서 $A(x)=4x^3+3x^2+2$는 p1=((3,4), (2,3), (0,2))와 같이 각 항을 지수와 계수의 쌍으로 하는 3개의 항을 선형 리스트 p1의 원소로 정의할 수 있다. 다항식에서는 첫 번째 항이 최고차항이므로, 첫 번째 항의 지수를 알면 다항식에서 가능한 최다 항의 개수를 알 수 있다. 예를 들어, 첫 번째 항의 지수가 3이라면 그 다항식은 3차 다항식이 되고, 다항식에 포함될 수 있는 항은 x^3, x^2, x^1, x^0(상수항)이므로 가능한 최다 항의 개수는 4개가 된다. n차 다항식 P(x)는 다음과 같이 표현할 수 있는데, 이때 a_n은 지수가 n인 항의 계수를 나타낸다.

$$P(x)=a_nx^n+a_{n-1}x^{n-1}+\cdots+a_1x^1+a_0x^0$$

차수가 n인 다항식은 (n+1)개의 원소를 가지는 배열을 사용하여 [그림 5-13]과 같이 순차 자료구조로 표현할 수 있다. 이때 배열의 인덱스 i는 지수 (n-i)에 대한 항을 의미하고, 그 항의 계수를 인덱스 i에 대한 배열 요소에 저장한다.

인덱스	[0]	[1]	…	[n-1]	[n]
P	a_n	a_{n-1}	…	a_1	a_0

[그림 5-13] n차 다항식 P(x)의 순차 자료구조 표현

배열 P에서 인덱스 i는 지수가 (n-i)인 항에 대응되는 배열요소를 의미하고, P[i]의 값은 지수가 (n-i)인 항의 계수가 된다. 다항식 $A(x)=4x^3+3x^2+2$를 1차원 배열에 저장하면 다음과 같다. 다항식 $A(x)$에서 x^1항이 없다는 것은 x^1항의 계수가 0이라는 것이므로 A[2]의 값

은 0이 된다.

	[0]	[1]	[2]	[3]
A	4	3	0	2

[그림 5-14] A(x)의 순차 자료구조 표현

다항식의 각 항의 계수를 정해진 인덱스의 배열요소에 저장하여 사용하는 방법은 지수를 따로 저장하지 않기 때문에 표현하기가 쉽고 간단하다. 그러나 차수와 항의 개수 차이가 심한 희소 다항식의 경우에는 메모리의 낭비 문제가 발생한다. 다항식 B(x)=$3x^{1000}+x+4$의 경우 차수는 1000이지만 항의 개수는 3개뿐인 희소 다항식이다. 다항식 B(x)를 [그림 5-13]의 방법으로 저장하려면 다음과 같이 배열 크기가 1001인 배열을 사용해야 한다.

	[0]	[1]	[2]	[3]	…	[997]	[998]	[999]	[1000]
B	3	0	0	0		0	0	1	4

[그림 5-15] B(x)의 순차 자료구조 표현

[그림 5-15]의 배열에서 1001개의 배열 요소 중에서 실제로 사용하는 것은 3개뿐이고, 나머지 998개의 배열 요소 공간은 낭비된다. 이러한 희소 다항식의 경우에는 차수에 따라 배열을 생성하기보다 항의 개수에 따라 배열 크기를 결정하는 것이 메모리 사용면에서 효율적이다. 이 경우에는 인덱스를 사용하여 지수를 표현할 수 없기 때문에 [그림 5-16]에서와 같이 〈지수,계수〉 쌍을 2차원 배열에 저장한다.

	[0]	[1]	
[0]	1000	3	☞ $3x^{1000}$
[1]	1	1	☞ $1x^1$
[2]	0	4	☞ $4x^0$

[그림 5-16] 희소 다항식 B(x)의 순차 자료구조 표현

2차원 배열에서 행의 개수는 희소 다항식의 항의 개수가 된다. 각 행의 0번 열은 각 항의 지수를 저장하고, 1번 열은 계수를 저장한다.

[ADT 5-1]에 정의된 다항식의 연산 중에서 덧셈 연산을 살펴보자. $A(x)+B(x)=C(x)$의 다항식 덧셈은 $A(x)$와 $B(x)$의 각 항을 비교하여 지수가 같은 항이 있으면 계수를 더하여 만든 항을 다항식 $C(x)$의 항으로 추가하고, 지수가 같은 항이 없으면 그대로 $C(x)$의 항으로 추가한다.

$$
\begin{aligned}
A(x) &= \quad\quad\;\; 4x^3 + 3x^2 + 5x \\
B(x) &= 3x^4 + x^3 + \quad\quad\;\; 2x + 1 \\
C(x) &= 3x^4 + (4+1)x^3 + 3x^2 + (5+2)x + 1 \\
&= 3x^4 + 5x^3 + 3x^2 + 7x + 1
\end{aligned}
$$

두 다항식의 덧셈 연산 addPoly에 대한 알고리즘을 다음과 같이 정의할 수 있다.

[알고리즘 5-1] 다항식의 덧셈 addPoly( )

```
addPoly(A, B)
// 주어진 두 다항식 A와 B를 더하여 결과 다항식 C를 반환하는 알고리즘
  C ← zeroP();
  while (not isZeroP(A) and not isZeroP(B)) do {
    case {
        maxExp(A) < maxExp(B)  :
                C ← addTerm(C, coef(B, maxExp(B)), maxExp(B));
                B ← delTerm(B, maxExp(B));
        maxExp(A) = maxExp(B)  :
                sum ← coef(A, maxExp(A)) + coef(B, maxExp(B));
                if (sum≠0) then C ← addTerm(C, sum, maxExp(A));
                A ← delTerm(A, maxExp(A));
                B ← delTerm(B, maxExp(B));
        maxExp(A) > maxExp(B)  :
                C ← addTerm(C, coef(A, maxExp(A)), maxExp(A));
                A ← delTerm(A, maxExp(A));
      }
  }
  if (not isZeroP(A)) then A의 나머지 항들을 C에 복사
  else if (not isZeroP(B)) then B의 나머지 항들을 C에 복사
  return C;
End addPoly()
```

위의 알고리즘은 두 다항식 A, B의 항을 하나씩 검사하여, 두 항의 지수가 같으면 계수를 더해서 만든 항을 다항식 C에 추가(addTerm( ))하고, 두 항의 지수가 서로 다른 경우에는 둘 중에서 지수가 큰 항을 다항식 C에 추가(addTerm( ))하는 과정을 마지막 항까지 반복하면서 결과 다항식 C를 완성한다.

[예제 5-4]는 위의 알고리즘을 구체화하여 구현한 자바 프로그램이다.

[예제 5-4] 다항식의 덧셈 프로그램

```
public class Ex5_4{
    public static void main(String args[]){
        float a[]= new float[] {4,3,5,0};
        float b[]= new float[] {3,1,0,2,1};
        Polynomial A = new Polynomial(3, a);
        Polynomial B = new Polynomial(4, b);
        OperatePoly optPoly = new OperatePoly();
        Polynomial C = optPoly.addPoly(A,B);
        System.out.printf("A(x)="); A.printPoly();
        System.out.printf("B(x)="); B.printPoly();
        System.out.printf("C(x)="); C.printPoly();
    }
}

class OperatePoly{
    private int degree_A=0, degree_B=0, degree_C=0, index_A=0,
    index_B=0, index_C=0;
    private int expo_A, expo_B;
    private float coef_A, coef_B, coef_C;

    public Polynomial addPoly(Polynomial A, Polynomial B){
        degree_A = A.getDegree();
        degree_B = B.getDegree();
        expo_A = degree_A;
        expo_B = degree_B;
        if(degree_A >= degree_B) degree_C=degree_A;
        else degree_C=degree_B;
        Polynomial C = new Polynomial(degree_C);
        while(index_A <= degree_A && index_B <= degree_B){
            if(expo_A > expo_B){
                C.setCoef(index_C++, A.getCoef(index_A++));
                expo_A--;
```

```
                }
                else if(expo_A == expo_B){
            C.setCoef(index_C++, A.getCoef(index_A++)+B.getCoef
            (index_B++));
                    expo_A--; expo_B--;
                }
                else {
                    C.setCoef(index_C++, B.getCoef(index_B++));
                    expo_B--;
                }
            }
        return C;
    }
}

class Polynomial{
    private int degree;
    private float coef[]=new float[20];

    Polynomial (int degree, float coef[]){
        this.degree = degree;
        this.coef = coef;
    }
    Polynomial (int degree){
        this.degree = degree;
        for(int i=0; i<=degree; i++)
            this.coef[i] = 0;
    }
    public int getDegree(){
        return this.degree;
    }
    public float getCoef(int i){
        return this.coef[i];
    }
    public float setCoef(int i, float coef){
```

```
            return this.coef[i]=coef;
        }
        public void printPoly(){
            int temp= this.degree;
             for(int i=0; i<=this.degree; i++){
                 System.out.printf("%3.0fx^%d", this.coef[i], temp--);
             }

             System.out.println();
        }
    }
```

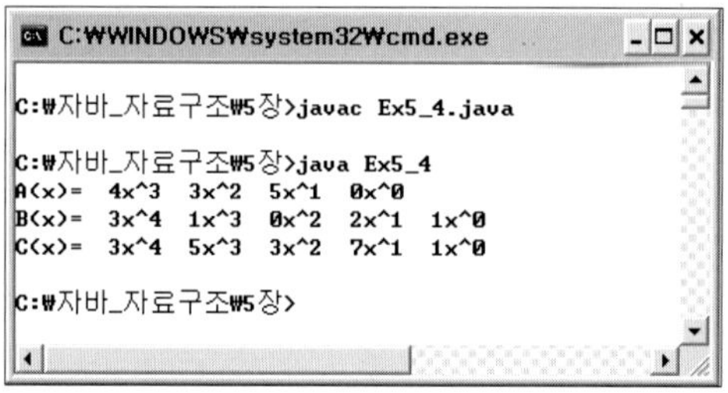

Section

04 행렬의 순차 자료구조 표현

여러 문제에 많이 이용되는 행렬(matrix)은 행과 열로 구성된 자료구조다. 행의 개수가 m개, 열의 개수가 n개인 행렬을 m× n 행렬이라 하고, 행렬을 구성하는 원소의 수는 (m× n)개가 된다. m과 n이 같은 행렬을 정방행렬(Square Matrix)이라 한다. m× n 행렬 A를 다음과 같이 표현할 수 있다.

$$A = \begin{vmatrix} a_{11} & a_{12} & \cdots & a_{1n} \\ a_{21} & a_{22} & \cdots & a_{2n} \\ : & : & : & : \\ a_{m1} & a_{m2} & \cdots & a_{mn} \end{vmatrix}$$

행렬의 행과 열을 서로 교환하여 구성한 행렬을 전치행렬이라 한다. 즉 행렬 A의 모든 원소의 위치(i, j)를 (j, i)로 교환하여 m× n 행렬을 n× m 행렬로 변환한 행렬이 전치행렬이다. 위의 m× n 행렬 A에 대한 전치행렬 A'는 다음과 같다.

$$A' = \begin{vmatrix} a_{11} & a_{21} & \cdots & a_{m1} \\ a_{12} & a_{22} & \cdots & a_{m2} \\ : & : & : & : \\ a_{1n} & a_{2n} & \cdots & a_{mn} \end{vmatrix}$$

예를 들어, 3× 4 행렬 A의 전치행렬은 다음과 같이 4× 3 행렬 A'가 된다.

$$A = \begin{vmatrix} 1 & 2 & 3 & 4 \\ 5 & 6 & 7 & 8 \\ 9 & 10 & 11 & 12 \end{vmatrix} \quad \text{전치행렬 변환} \longrightarrow \quad A' = \begin{vmatrix} 1 & 5 & 9 \\ 2 & 6 & 10 \\ 3 & 7 & 11 \\ 4 & 8 & 12 \end{vmatrix}$$

행렬의 각 원소는 행과 열로 표현할 수 있으므로 m× n 행렬 A를 2차원 배열 A[m][n]으로 표현할 수 있다.

$$A = \begin{vmatrix} 1 & 2 & 3 & 4 \\ 5 & 6 & 7 & 8 \\ 9 & 10 & 11 & 12 \end{vmatrix}$$

A[3][4]

	[0]	[1]	[2]	[3]
[0]	1	2	3	4
[1]	5	6	7	8
[2]	9	10	11	12

(a)3×4 행렬 A와 배열 A[3][4]

$$B = \begin{vmatrix} 0 & 0 & 2 & 0 & 0 & 0 & 12 \\ 0 & 0 & 0 & 0 & 7 & 0 & 0 \\ 23 & 0 & 0 & 0 & 0 & 0 & 0 \\ 0 & 0 & 0 & 31 & 0 & 0 & 0 \\ 0 & 14 & 0 & 0 & 0 & 25 & 0 \\ 0 & 0 & 0 & 0 & 0 & 0 & 6 \\ 52 & 0 & 0 & 0 & 0 & 0 & 0 \\ 0 & 0 & 0 & 0 & 11 & 0 & 0 \end{vmatrix}$$

B[8][7]

	[0]	[1]	[2]	[3]	[4]	[5]	[6]
[0]	0	0	2	0	0	0	12
[1]	0	0	0	0	7	0	0
[2]	23	0	0	0	0	0	0
[3]	0	0	0	31	0	0	0
[4]	0	14	0	0	0	25	0
[5]	0	0	0	0	0	0	6
[6]	52	0	0	0	0	0	0
[7]	0	0	0	0	11	0	0

(b)8×7 행렬 B와 배열 B[8][7]

[그림 5-17] 행렬에 대한 2차원 배열 표현

m× n 행렬을 그대로 2차원 배열 [m][n]으로 표현하는 방법이 구현하기는 쉽지만, [그림 5-17]의 (b) 행렬과 같이 원소의 대부분이 0인 행렬의 경우에는 실제 사용하는 공간보다 사용하지 않는 공간이 많아 공간복잡도가 커지므로 기억공간에 대한 사용 효율성이 떨어진다. B와 같은 이런 행렬을 희소행렬(Sparse Matrix)이라 한다. 희소행렬에 대해서는 m행 n열의 배열로 구성하기 보다는 기억 공간의 효율적인 사용을 위해서 0이 아닌 값이 있는 원소만 따로 추출하여 배열로 구성하는 방법을 사용한다.

희소행렬 B를 배열로 구성하기 위해서 0이 아닌 원소들에 대한 〈행번호, 열번호, 값〉의 쌍을 추출한다.

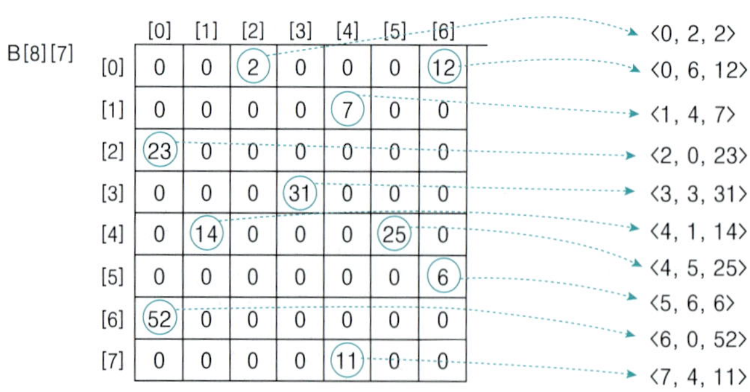

[그림 5-18] 희소행렬에서 〈행번호, 열번호, 값〉의 쌍 구하기

[그림 5-18]에서 구한 〈행번호, 열번호, 값〉의 쌍을 2차원 배열에 저장한다. 이때 원래의 희소행렬에 대한 정보를 저장하기 위해서 〈전체 행의 개수, 전체 열의 개수, 0이 아닌 원소의 개수〉의 쌍, 즉 〈8, 7, 10〉을 첫 번째 행으로 저장한다.

		[0]	[1]	[2]
	[0]	8	7	10
〈0, 2, 2〉	[1]	0	2	2
〈0, 6, 12〉	[2]	0	6	12
〈1, 4, 7〉	[3]	1	4	7
〈2, 0, 23〉	[4]	2	0	23
〈3, 3, 31〉 ➡	[5]	3	3	31
〈4, 1, 14〉	[6]	4	1	14
〈4, 5, 25〉	[7]	4	5	25
〈5, 6, 6〉	[8]	5	6	6
〈6, 0, 52〉	[9]	6	0	52
〈7, 4, 11〉	[10]	7	4	11

[그림 5-19] 희소행렬에 대한 2차원 배열

[그림 5-18]의 2차원 배열에서는 행렬을 저장하기 위해 8 × 7 = 56개의 배열 원소에 대한 공간이 필요하지만, [그림 5-19]에 있는 희소행렬에 대한 2차원 배열에서는 11 × 3 = 33개의 배열 원소에 대한 공간만을 사용하여 행렬을 표현하였음을 알 수 있다.

희소행렬의 2차원 배열에 대해서 사용할 수 있는 데이터와 연산을 다음과 같이 추상 자료형으로 정의할 수 있다.

[ADT 5-2] 희소행렬의 추상 자료형

```
ADT SparseMatrix
데이터 : 3원소쌍 <행 인덱스, 열 인덱스, 원소 값>의 집합

연산 : a,b∈SparseMatrix; c∈Matrix; u,v∈value; i∈Row; j∈Column;
    // a와 b는 희소행렬, c는 행렬, u와 v는 행렬의 원소값을 나타내며,
       i와 j는 행 인덱스와 열 인덱스를 나타낸다.
    createSM(m,n) ::= return an empty sparse matrix with m×n;
    // m×n의 공백 희소행렬을 만드는 연산
    transposeSM(a) ::= return c where c[j,i]=v when a[i,j]=v;
    // a[i,j]=v를 c[j,i]=v로 전치시킨, 전치행렬 c를 구하는 연산
    addSM(a,b) ::= if (a.dimension = b.dimension)
                      then return c where c[i,j]=v+u where a[i,j]=v
                      and b[i,j]=u
```

```
                else return error;
    // 차수가 같은 희소행렬 a와 b를 합한 행렬 c를 구하는 연산
    multiSM(a,b) ::= if (a.n = b.m) then return c where
                        c[i,j]=a[i,k]× b[k,j];
                     else return error;
    // 희소행렬 a의 열의 개수(n)와 희소행렬 b의 행의 개수(m)가 같은 경우에
       두 행렬의 곱을 구하는 연산
End SparseMatrix
```

위의 추상 자료형에서 전치 연산 transposeSM(a)에 대한 알고리즘을 구해보면 다음과 같다.

[알고리즘 5-2] 희소행렬의 전치 연산 transposeSM( )

```
transposeSM(a[])
  m ← a[0,0];    // 희소행렬 a의 행 수
  n ← a[0,1];    // 희소행렬 a의 열 수
  v ← a[0,2];    // 희소행렬 a에서 0이 아닌 원소 수
  b[0,0] ← n;    // 전치행렬 b의 행 수 지정
  b[0,1] ← m;    // 전치행렬 b의 열 수 지정
  b[0,2] ← v;    // 전치행렬 b의 0이 아닌 원소 수 지정
  if (v > 0) then {    // 0이 아닌 원소가 있는 경우에만 전치 연산 수행
    p ← 1;
    for (i←0; i < n; i←i+1) do { // 희소행렬 a의 열별로 전치 반복 수행
      for (j←1; j <= v; j←j+1) do {// 0이 아닌 원소 수에 대해서만 반복 수행
        if (a[j,1]=i) then  {  // 현재의 열에 속하는 원소가 있으면 b[]
                                  에 삽입
          b[p,0] ← a[j,1];
          b[p,1] ← a[j,0];
          b[p,2] ← a[j,2];
          p ← p+1;
        }
      }
    }
  }
  return b[];
End transposeSM()
```

요약

1 리스트에서 나열한 원소들 간에 순서를 가지고 있는 리스트를 선형 리스트(Linear List) 또는 순서 리스트(Ordered List)라 한다. 선형 리스트는 원소들 간의 논리적인 순서와 메모리에 저장하는 물리적인 순서가 같은 순차 자료구조 방식이다.

2 순차 자료구조 방식에서는 원소들이 순서대로 연속하여 저장된다. 시작위치가 α고, 원소의 길이가 ℓ 인 리스트에서 i번째 원소의 위치는 $\alpha+(i-1)\times\ell$ 이 된다.

3 선형 리스트에서 삽입이나 삭제가 발생하여 원소들의 논리적 순서가 변경되면 그에 따라 물리적인 순서도 변경되어야 하기 때문에 원소들의 위치를 물리적으로 이동시키는 작업이 필요하다.

- 삽입 연산에 따른 원소의 이동 횟수 = 마지막 원소의 인덱스–삽입할 자리의 인덱스+1
- 삭제 연산에 따른 원소의 이동 횟수 = 마지막 원소의 인덱스–삭제한 자리의 인덱스

4 배열은 〈인덱스, 원소〉의 쌍으로 구성되어 메모리에 연속적으로 할당된다. 인덱스는 배열 원소의 순서를 나타낸다. 배열은 순서를 가진 원소들을 메모리에 연속하여 순차 저장하므로 배열을 사용하여 선형 리스트를 구현한다.

5 다항식의 표현과 연산을 처리하기 위한 자료구조로서 선형 리스트를 사용할 수 있다. n차 다항식 $P(x)=a_nx^n+a_{n-1}x^{n-1}+\cdots+a_1x^1+a_0x^0$을 (n+1)개의 원소를 가지는 배열을 사용하여 표현할 수 있다. 이때 배열의 인덱스 i는 지수 (n–i)에 대한 항을 의미하고, 그 항의 계수를 인덱스 i에 대한 배열요소에 저장한다.

인덱스	[0]	[1]	…	[n−1]	[n]
P	a_n	a_{n-1}	…	a_1	a_0

6 희소 다항식의 경우에는 메모리 사용의 효율성을 위해서 차수에 따라 배열을 생성하는 방법 대신에 항의 개수에 따라 배열 크기를 결정하는 방법을 사용하여 〈지수, 계수〉 쌍을 2차원 배열에 저장한다. 2차원 배열에서 행의 개수는 희소 다항식의 항의 개수가 된다.

7 선형 리스트를 사용하여 행렬과 희소행렬을 표현한다.

연습문제

1 8개의 원소가 있는 선형 리스트에서 3번 자리에 새로운 원소를 삽입하려면 몇 개의 원소를 이동해야 하는가?

2 선형 리스트 A를 2차원 배열 A[5][3]으로 표현했을 때, A[3][1] 원소는 몇 번째 원소인가? 행 우선 순서 방법과 열 우선 순서 방법에 따라 각각 구하시오.

3 시작위치가 100번지이고 원소의 길이가 5바이트인 선형 리스트가 행 우선 순서 방법으로 저장되어 있을 때, 9번째 원소의 주소는 얼마인가?

4 다음 행렬에 대한 전치행렬을 구하시오.

$$A = \begin{vmatrix} 1 & 3 & 5 & 7 \\ 5 & 7 & 9 & 4 \\ 4 & 9 & 5 & 9 \end{vmatrix}$$

5 다음의 희소행렬을 2차원 배열의 논리적 구조로 표현하시오.

$$A = \begin{vmatrix} 0 & 0 & 0 & 9 \\ 0 & 1 & 0 & 0 \\ 0 & 0 & 0 & 0 \\ 0 & 0 & 7 & 0 \\ 0 & 0 & 0 & 0 \\ 3 & 0 & 0 & 0 \\ 0 & 0 & 0 & 0 \end{vmatrix}$$

6 [알고리즘 5-2]의 희소행렬의 전치 연산을 수행하는 자바 프로그램을 작성하시오.

7 희소행렬에 저장된 원소 중 0이 아닌 원소들을 각각 〈행, 열, 값〉 3원소 쌍으로 구성하여 이들을 요소로 하는 1차원 배열로 저장한 경우와 비교하여 가장 큰 장점은?

가. 규모가 큰 희소행렬에서 기억공간을 절약할 수 있다.
나. 행렬의 덧셈 및 곱셈을 구하는 알고리즘의 작성이 쉽다.
다. 행렬의 전치행렬을 구하는 알고리즘의 작성이 쉽다.
라. 행렬의 역행렬을 구하는 알고리즘의 작성이 쉽다.
마. 희소행렬의 임의 원소를 검색하기가 용이하다.

Chapter 06

연결 자료구조 표현 방식

***학습목표**

- 연결 리스트의 자료구조를 이해한다.
- 순차 자료구조와 연결 자료구조의 차이와 장단점을 알아본다.
- 연결 리스트의 종류와 특징을 알아본다.
- 연결 자료구조를 이용한 다항식의 덧셈연산 방법을 알아본다.

Section

01 연결 자료구조 방식

순차 선형 리스트는 논리적인 순서와 물리적인 순서가 같기 때문에 원소의 위치를 찾아 액세스하기 쉽다는 장점이 있지만, 삽입 연산이나 삭제 연산 후에 연속적인 물리 주소를 유지하기 위해서 원소들을 이동시키는 추가적인 작업과 시간이 필요하다. 원소의 개수가 많고, 삽입 · 삭제 연산이 많이 발생하는 경우에는 원소들의 이동 작업으로 인한 오버헤드가 증가하여 성능상의 문제를 일으킬 수 있다. 또한 순차 자료구조 방식은 배열을 이용하여 구현하기 때문에 배열이 갖고 있는 메모리 사용의 비효율성 문제를 그대로 갖는다.

순차 자료구조 방식에서의 연산 시간에 대한 문제와 저장 공간에 대한 문제를 개선한 자료 표현 방식으로 연결 자료구조(Linked Data Structure) 방식 또는 비순차 자료구조(Nonsequential Data structure) 방식이 있다. 연결 자료구조 방식에서는 순차 자료구조 방식에서처럼 원소의 논리적인 순서와 물리적인 순서가 일치할 필요가 없다. 연속한 메모리 물리주소에 의해 원소의 순서를 표현하는 것이 아니라, 각 원소에 저장되어 있는 다음 원소의 주소에 대한 참조에 의해서 연결되는 방식이기 때문에 물리적인 순서를 맞추기 위한 오버헤드가 발생하지 않는다. 하나의 순차 자료구조를 위해서는 하나의 고정크기 메모리 공간을 사용하지만, 연결 자료구조에서는 여러 개의 작은 공간을 연결하여 전체를 표현하므로 크기 변경이 유연하고 좀더 효율적으로 메모리를 사용할 수 있다.

(a) 이불과 퀼트이불 (b) 소시지와 줄줄이 소시지

[그림 6-1] 순차 자료구조 방식과 연결 자료구조 방식

연결 리스트는 리스트를 연결 자료구조 방식으로 표현한 구조로서, 연결하는 방식에 따라 단순 연결 리스트와 원형 연결 리스트, 이중 연결 리스트, 이중 원형 연결 리스트로 나눌 수 있다.

1. 노드

연결 자료구조 방식에서 원소는 연결될 다음 원소에 대한 주소를 저장해야 하기 때문에 〈원소, 주소〉의 단위로 저장해야 한다. 이러한 단위구조를 노드(node)라고 한다. 노드는 [그림 6-2]에서와 같이 원소의 값을 저장하는 데이터 필드(Data Field)와 다음 노드의 주소를 저장하는 링크 필드(Link Field)로 구성된다. 데이터 필드는 저장할 원소의 형태에 따라서 하나 이상의 필드로 구성하기도 한다. 링크 필드는 메모리 참조 변수를 사용하여 주소에 대한 참조값을 저장하며, 링크 또는 참조(reference)라고 한다.

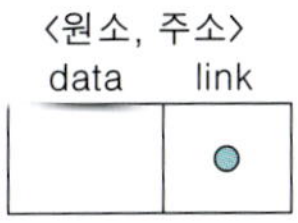

[그림 6-2] 노드에 대한 논리적 구조

아이들이 기차놀이를 좀더 재미있게 하기 위해서 몇 가지 규칙을 정했다고 생각해보자. 각자의 이름을 쓴 이름표를 만들고, 한 명씩 이름표를 뽑아 그 이름표에 적힌 사람과 연결하여 인간기차를 만든다. 인간기차는 이름표를 들고 있는 방향으로 움직이기로 한다. 그리고 X 이름표를 뽑은 사람은 마지막 기차칸이 되기로 한다. 희진이와 삼식이와 삼순이가 각각 이름표를 뽑았다.

[그림 6-3] 기차놀이-이름표 뽑기

이제 각자 뽑은 이름표대로 다음 사람을 찾아 연결하여 기차를 만든다.

[그림 6-4] 기차놀이–뽑은 이름표대로 기차 연결하기

희진이는 '삼식' 이름표를 뽑았으니 삼식이와 연결하고, 삼식이는 '삼순' 이름표를 뽑았으므로 삼순이와 연결하고, 삼순이는 'X' 이름표를 뽑았으니 마지막 기차칸이 되었다. 여기에서 기차놀이하는 아이들을 연결 리스트의 노드라고 생각해보면, 희진이와 삼식이와 삼순이는 3개 노드의 데이터 필드가 되고, 아이들이 가지고 있는 이름표는 링크 필드가 된다.

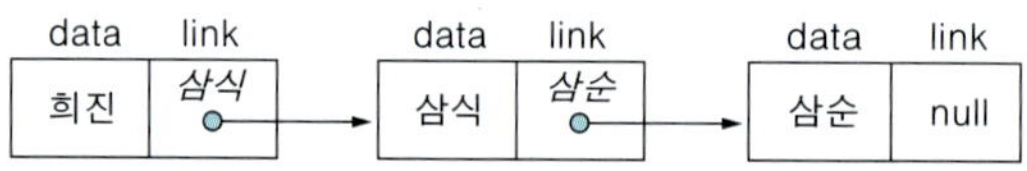

[그림 6-5] 기차놀이에 대한 노드 표현

리스트 week=(월, 화, 수, 목, 금, 토, 일)을 순차 선형 리스트로 표현한 경우와 노드를 이용하여 연결 리스트로 표현한 경우를 비교해보자.

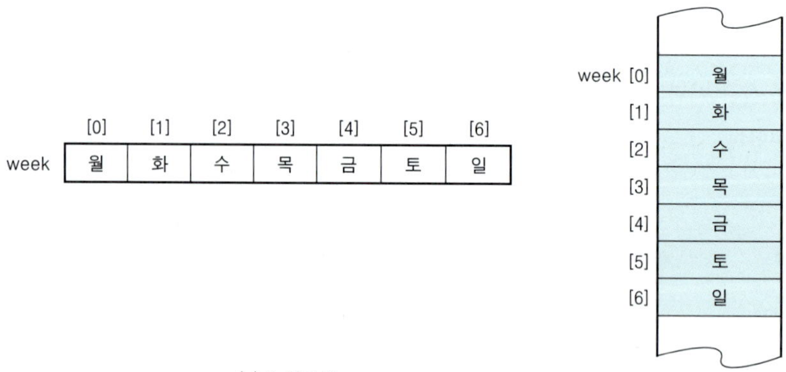

(a) 논리구조

(b) 물리구조

[그림 6-6] 리스트 week의 순차 선형 리스트 표현

[그림 6-6]은 7개의 배열 원소를 사용하여 연속적인 메모리에 순차 구조로 표현하였고, [그림 6-7]은 7개의 노드와 메모리 참조 변수 week를 사용하여 메모리에서 비연속적인 연결 구조를 표현하였다. 연결 구조는 링크 필드에 대한 저장 공간이 추가로 필요하지만, 순차

구조에서 물리적 순서를 맞추기 위해 필요한 오버헤드가 없기 때문에 연결 구조를 더 많이 사용한다.

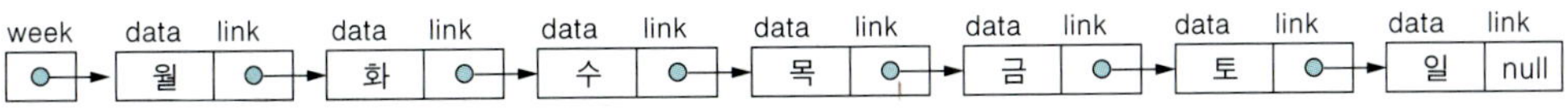

(a) 논리구조

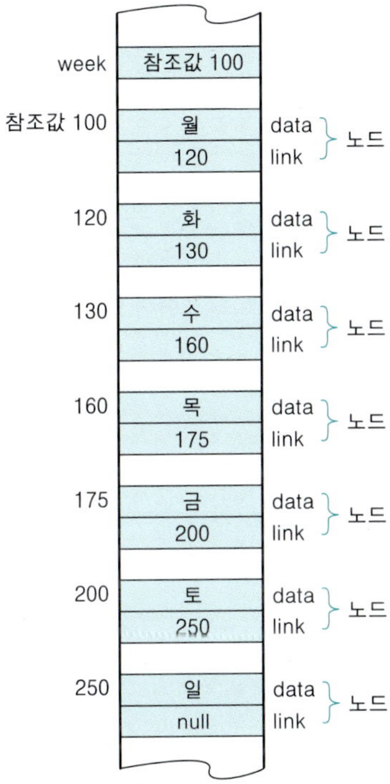

(b) 물리구조

[그림 6-7] 리스트 week의 연결 리스트 표현

[그림 6-7]의 (a)에서 리스트 이름 week는 연결 리스트의 시작 위치를 가리키는 메모리 참조 변수다. 참조 변수 week는 연결 리스트의 첫 번째 노드에 대한 참조를 나타내지만, 첫 번째 노드에 연결된 리스트 전체를 의미하기도 한다. 연결 리스트의 마지막 노드는 다음에 연결할 노드가 없으므로 링크 필드에 저장할 참조값이 없다. 이런 경우에는 노드의 끝을 표시하기 위해서 마지막 노드의 링크 필드에 null(널)을 저장한다. 노드가 하나도 없는 공백 연결 리스트는 참조 변수 week에 null을 저장한다.

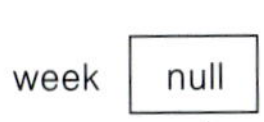

[그림 6-8] 공백 연결 리스트

각 노드의 필드에 저장한 값은 참조 변수의 점 연산자를 사용하여 액세스한다. [그림 6-7]의 연결 리스트 week에서 week.data는 참조 변수 week가 가리키는 노드의 데이터 필드값, 즉 "월"이 되고, week.link는 참조 변수 week가 가리키는 노드의 링크 필드에 저장된 메모리 참조값이므로 "120"이 된다. week.link.data는 참조 변수 week가 가리키는 노드의 링크 필드로 연결된 노드의 데이터 필드값이 되므로 "화"가 된다. 리스트 week의 노드의 데이터 구조를 다음과 같이 Node 클래스의 데이터 멤버로 정의할 수 있다.

```
public class Node{
     String data;
     Node link;
};
```

다음 대화에서 진호와 철수의 관계를 연결 리스트의 논리적 노드구조로 표현하고, 점 연산자를 사용하여 액세스하는 방법을 살펴보자.

① 연결 리스트 표현

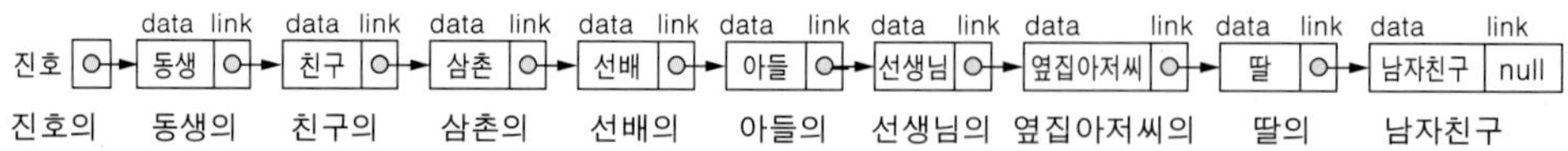

② 점 연산자를 사용한 표현

진호.link.link.link.link.link.link.link.link.data

Section

02 단순 연결 리스트

단순 연결 리스트(Singly Linked List)는 노드가 하나의 링크 필드에 의해서 다음 노드와 연결되는 구조를 가진 연결 리스트다. 단순 연결 리스트를 연결 리스트, 선형 연결 리스트(Linear Linked List), 단순 연결 선형 리스트(Singly Linked Linear List)라고도 한다. [그림 6-4]처럼 이름표 하나를 가지고서 한쪽으로만 연결된 기차도 단순 연결 리스트다.

1. 단순 연결 리스트에서의 노드 삽입 연산

[그림 6-4]의 기차놀이에 헨리를 끼워주기로 하자. 그러려면 먼저 헨리를 데려와야 한다.

[그림 6-9] 기차놀이에 사람 추가하기–헨리 불러오기

헨리를 희진이와 삼식이 사이에 끼워주기로 하자. 헨리의 앞사람이 될 희진이가 가지고 있는 이름표를 헨리가 받아온다.

[그림 6-10] 기차놀이에 사람 추가하기_앞사람에게서 이름표 받아오기

그 대신 희진에게는 헨리 이름이 적힌 이름표를 준다.

[그림 6-11] 기차놀이에 사람 추가하기_앞사람에게 자기 이름표 주기

이제 이름표대로 연결하여 기차를 완성하면 [희진-헨리-삼식-삼순]의 기차가 된다.

[그림 6-12] 기차놀이에 사람 추가하기_완성

단순 연결 리스트에 노드를 삽입하는 방법도 이와 마찬가지다. [그림 6-13]과 같은 단순 연결 리스트 week2=(월,금,일)에서 원소 "월"과 "금" 사이에 새 원소 "수"를 삽입한다면 다음의 단계를 수행해야 한다.

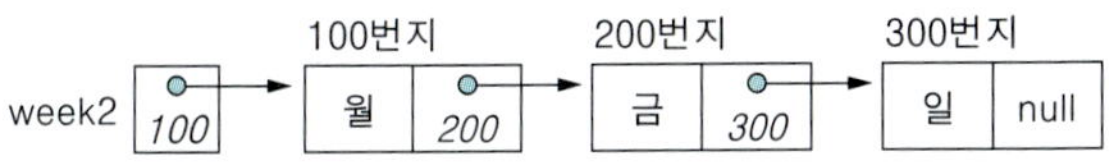

[그림 6-13] 단순 연결 리스트 week2

① 삽입할 새 노드를 만들기 위해 공백 노드를 메모리에서 가져와서 참조 변수 new가 가리키게 한다.

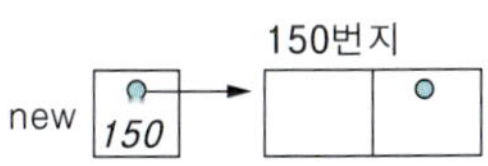

[그림 6-14] week2에 노드 삽입하기_공백 노드 준비

② new의 데이터 필드에 "수"를 저장한다.

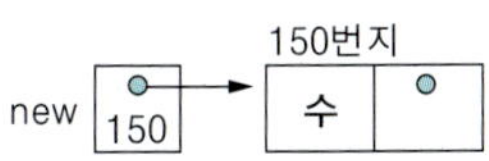

[그림 6-15] week2에 노드 삽입하기_새 노드의 데이터 필드값 저장

③ 새 노드가 삽입될 자리의 앞 노드, 즉 "월" 노드의 링크 필드값을 new의 링크 필드에 저장한다.

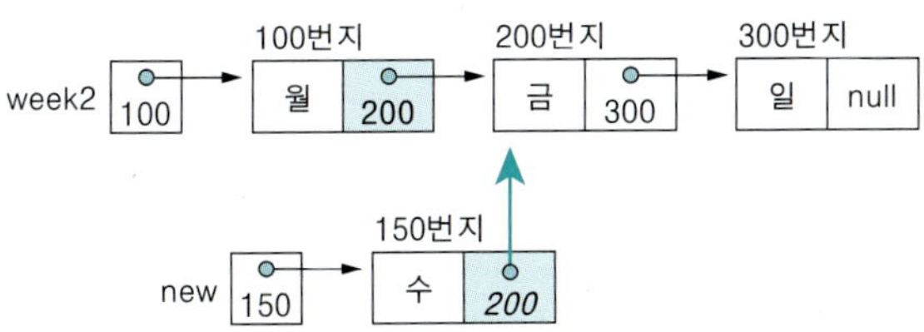

[그림 6-16] week2에 노드 삽입하기_새 노드와 다음 노드 연결

④ "월" 노드의 링크 필드에 new의 값(new가 가리키고 있는 새 노드에 대한 참조값)을 저장한다.

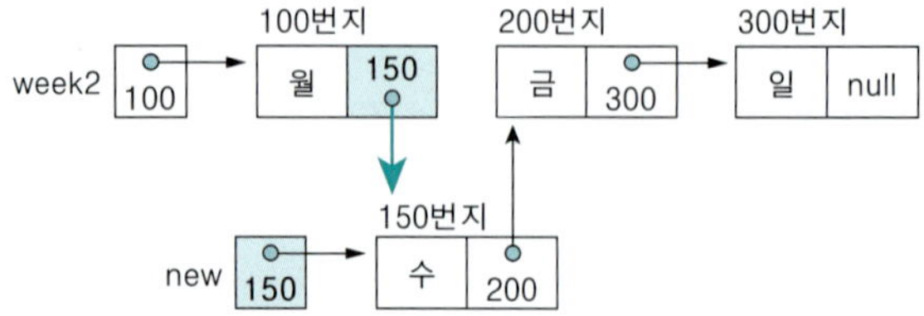

[그림 6-17] week2에 노드 삽입하기_앞 노드와 새 노드 연결

순차 선형 리스트와 달리 단순 연결 리스트의 삽입 연산에서는 물리적 순서를 유지하기 위해서 원소들을 이동시키지 않는다. 링크 필드의 참조값에 대한 연산만으로 쉽게 삽입 연산을 수행할 수 있다는 것이 연결 자료구조의 장점이다.

2 단순 연결 리스트에서의 노드 삭제 연산

기차놀이를 하던 헨리가 그만 놀고 집에 가겠다고 한다. 그리고 다른 아이들은 계속 기차놀이를 하려고 한다면, 기차연결이 끊어지지 않도록 헨리가 가지고 있는 이름표의 인수인계를 잘 해주어야 한다. 헨리는 자기 이름표를 가지고 있는 사람, 즉 헨리의 앞사람인 희진에게 자기가 가지고 있던 이름표를 넘겨준다.

[그림 6-18] 기차놀이에서 빠지기_앞사람에게 이름표 넘겨주기

헨리의 앞사람인 희진이가 '삼식' 이름표를 넘겨받았으므로 이제는 희진이가 삼식이와 연결되어 기차놀이를 하게 된다.

[그림 6-19] 기차놀이에서 빠지기_나머지 사람들끼리 기차놀이 계속하기

마찬가지로 단순 연결 리스트 week2=(월,수,금,일)에서 원소 "수"를 삭제할 경우에 다음의 단계를 수행한다.

① 삭제할 원소의 앞 노드(선행자)를 찾는다.

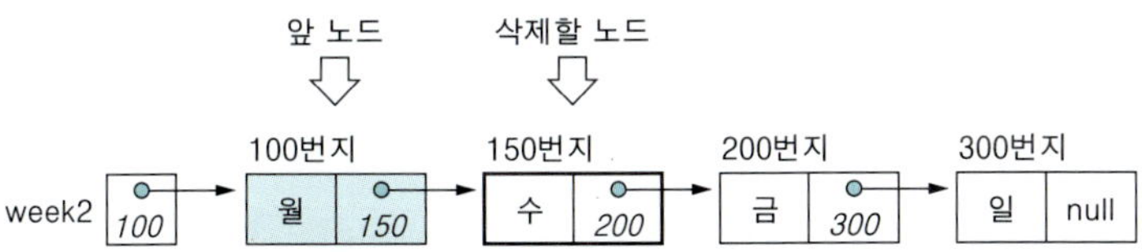

[그림 6-20] 리스트 week2에서 노드 삭제하기_앞 노드 찾기

② 앞 노드의 링크 필드에 삭제할 노드의 링크 필드값을 저장한다.

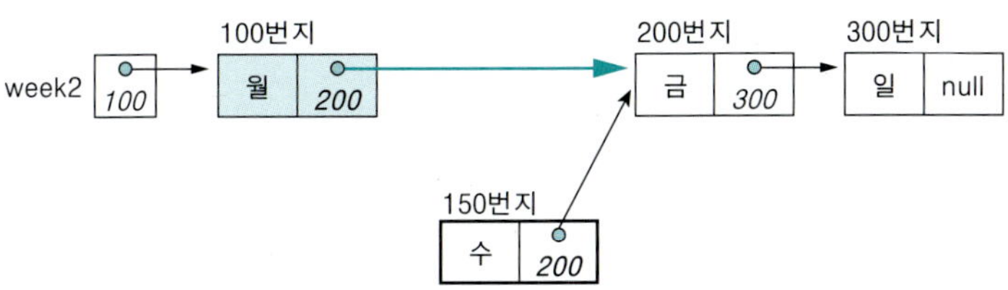

[그림 6-21] 리스트 week2에서 노드 삭제하기_앞 노드에 링크 필드값 저장

[그림 6-21]에서 삭제된 "수" 노드의 링크 필드값은 아직 그대로 "금" 노드를 가리키고 있지만, "수" 노드로 연결되는 앞 노드가 없기 때문에 의미적으로 "수" 노드는 리스트 week2에서 제외된 노드가 된다. 따라서 굳이 "수" 노드의 링크 필드에 null을 넣지 않아도 링크 필드의 값은 리스트에서 이미 의미 없는 값이 되었다.

단순 연결 리스트의 삭제 연산에서도 원소들이 이동하지 않고 링크 필드의 참조값에 대한 연산으로 삭제 연산을 수행한다.

3. 자유 공간 리스트

연결 리스트에서 삽입 연산을 하려면 먼저 메모리에서 공백 노드를 가져와야 한다. 그리고 삭제 연산에서는 삭제되어 사용하지 않는 노드에 대한 메모리 공간을 처리해야 한다. 이것은 삽입 연산을 할 때마다 필요한 노드의 크기와 구조에 맞추어 메모리 공간을 할당해주는 작업과 삭제 연산을 할 때마다 삭제되어 사용하지 않는 노드에 대한 메모리 공간을 해제해주는 작업이 필요하다는 뜻이다.

이러한 작업을 일일이 처리하는 대신에 사용하지 않는 메모리 공간이 미리 노드의 구조로 나뉘어져 연결 리스트로 만들어져 있다면, 그래서 새 노드가 필요할 때 할당받아 사용하고 사용하지 않는 노드는 다시 리스트로 반환할 수 있다면 연산과정과 메모리 관리가 효율적으로 이루어질 수 있을 것이다. 이렇게 메모리를 사용하기 전에 미리 노드로 나누어서 연결해 놓은 리스트를 자유 공간 리스트(Free Space List)라고 한다.

기차놀이를 하려고 하는데 같이 할 친구가 어디 있는지 모르면 이리저리 찾아다녀야 할 것이다. 하지만 놀 때는 놀이터에 있고 놀지 않을 때는 항상 집에 있기로 약속해두면 찾아다닐 필요 없이 집에 가서 친구를 불러오면 된다. 마찬가지로 기차놀이에서 빠진 친구도 어디에 있을까 고민할 것 없이 그냥 집으로 가면 된다. 집에 있는 친구들은 놀자고 부르면 언제든지 놀이터로 나올 수 있고 놀이가 끝나면 다시 집으로 들어간다. 이렇게 놀지 않는 친구들이 모여 있는 집이 자유 공간 리스트다.

[그림 6-22] 자유 공간 리스트

메모리를 효율적으로 관리하기 위해서 자유 공간 리스트 Free가 있다고 가정한다.

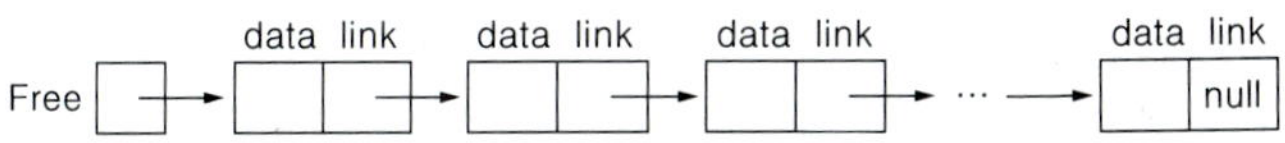

[그림 6-23] 자유 공간 리스트 Free의 논리적 노드 구조

자유 공간 리스트를 사용하기 위해서는 자유 공간 리스트로부터 새로운 공백 노드를 할당받아 그 메모리 주소에 대한 참조값을 반환하는 getNode() 함수가 필요하다. getNode() 함수의 알고리즘을 살펴보자.

[알고리즘 6-1] 자유 공간 리스트에서의 노드 할당 알고리즘

```
getNode()
        if (Free = null) then
                underflow();                    // 언더플로우 처리 루틴
        new ← Free;                             // ❶
        Free ← Free.link;                       // ❷
        return  new;
end getNode()
```

자유 공간 리스트의 시작을 가리키는 참조 변수 Free가 공백(널, null)인 경우는 자유 공간 리스트에 사용할 수 있는 자유 노드가 없는 경우이므로 더 이상 노드 할당 연산을 수행할 수 없는 언더플로우(underflow) 상태가 된다.

자유 공간 리스트 Free가 공백 리스트가 아닌 경우, 즉 [그림 6-24]와 같이 노드가 하나 이상 있는 경우의 getNode( ) 함수의 수행 과정을 살펴보자.

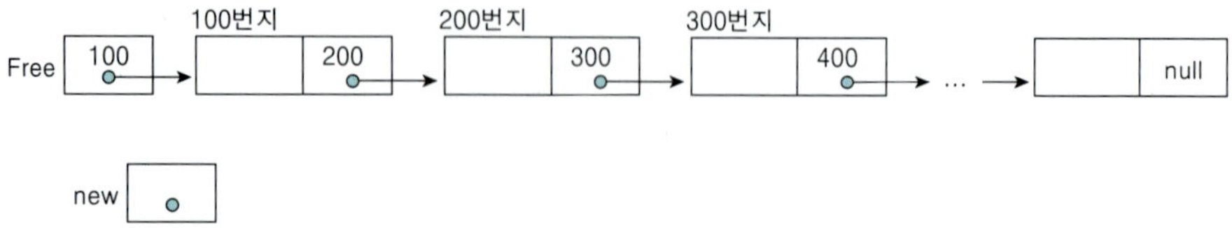

[그림 6-24] getNode( ) 함수의 수행 과정_초기 상태

자유 공간 리스트 Free에서 노드를 할당할 때는 항상 첫 번째 노드를 할당하기로 한다.

❶ new ← Free;

리스트 Free의 첫 번째 노드에 대한 참조값(100)을 참조변수 new에 저장하여 new가 할당할 노드(Free 리스트의 첫 번째 노드)를 가리키게 한다.

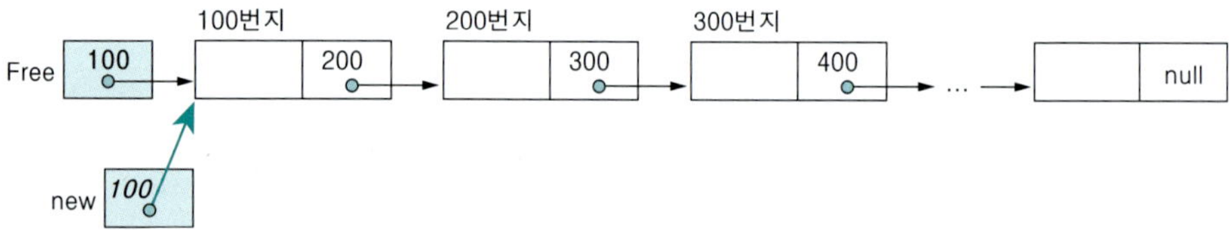

[그림 6-25] getNode( ) 함수의 수행 과정_알고리즘 ❶

❷ Free ← Free.link;

리스트 Free의 두 번째 노드에 대한 참조값(Free.link, 200)을 Free에 저장한다.

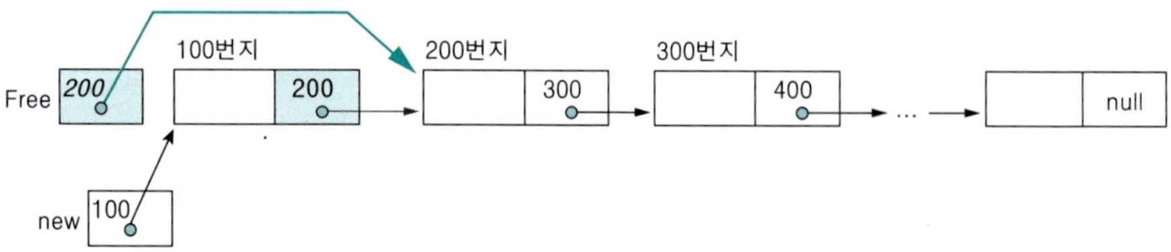

[그림 6-26] getNode( ) 함수의 수행 과정_알고리즘 ❷

이제 자유 공간 리스트 Free의 첫 번째 노드는 리스트에서 의미적으로 분리된 상태므로 new를 반환(return new;)해줌으로써 새 노드를 할당해주게 된다.

returnNode(old) 함수는 사용이 끝난 노드를 참조변수 old를 사용하여 자유 공간 리스트에 반환하는 함수다.

[알고리즘 6-2] 자유 공간 리스트로의 노드 반환 알고리즘

```
returnNode(old)
        old.link ← Free;    // ❶
        Free ← old;         // ❷
end returnNode()
```

참조변수 old는 사용이 끝나서 자유 공간 리스트에 반환할 노드를 가리킨다. 반환되는 노드는 자유 공간 리스트 Free의 첫 번째 노드로 다시 삽입하기로 한다.

returnNode( ) 알고리즘을 수행하기 전의 초기 상태가 [그림 6-27]이라고 하자.

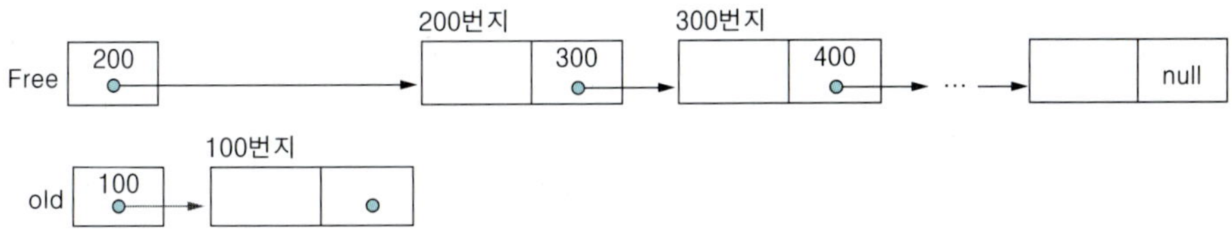

[그림 6-27] returnNode( ) 함수의 수행 과정_초기 상태

❶ old.link ← Free;

자유 공간 리스트 Free의 첫 번째 노드에 대한 참조값(200)을 참조변수 old가 가리키는 노드의 링크 필드(old.link)에 저장한다. 그러면 old가 가리키는 노드가 리스트 Free의 첫 번째 노드와 연결된다.

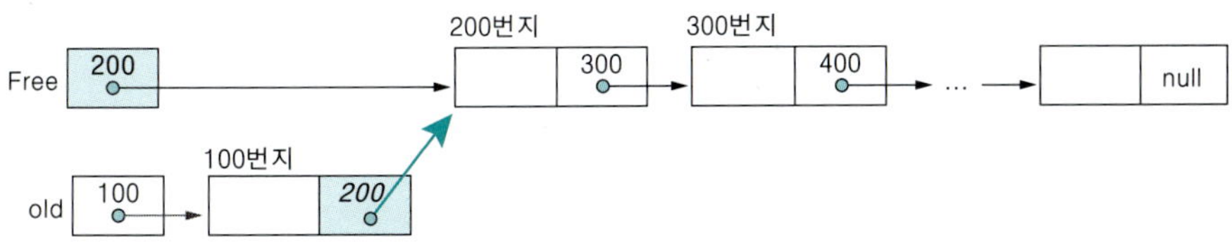

[그림 6-28] return( ) 함수의 수행 과정_알고리즘 ❶

❷ Free ← old;

참조변수 old의 값, 즉 반환할 노드의 참조값(100)을 참조변수 Free에 저장하여 리스트 Free의 첫 번째 노드로 지정한다.

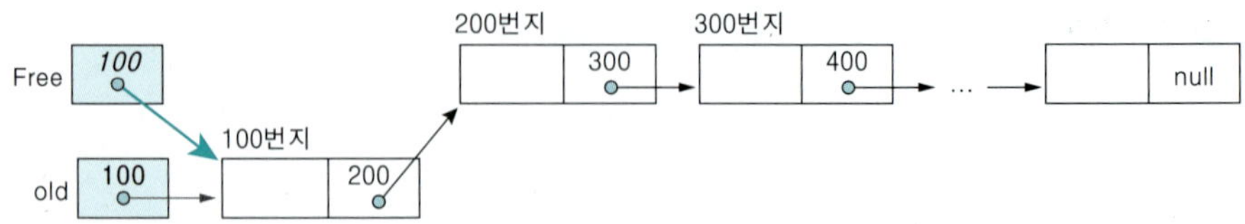

[그림 6-29] return( ) 함수의 수행 과정_알고리즘 ❷

4. 단순 연결 리스트의 알고리즘

단순 연결 리스트에서 노드를 삽입할 때와 삭제할 때 그리고 탐색할 때 사용하는 알고리즘에 대해 살펴보자.

삽입 알고리즘

연결 리스트에서 노드를 삽입하는 경우는 리스트의 첫 번째 노드로 삽입하는 경우와 중간 노드로 삽입하는 경우, 그리고 마지막 노드로 삽입하는 경우가 있다.

■ 첫 번째 노드로 삽입하기

리스트 L의 첫 번째 노드로 데이터 필드값이 x인 노드를 삽입하는 연산에 대한 알고리즘 insertFirstNode()를 다음과 같이 정의할 수 있다.

[알고리즘 6-3] 리스트의 첫 번째 노드 삽입 알고리즘

```
insertFirstNode(L, x)
        new ← getNode();              // ❶
        new.data ← x;                 // ❷
        new.link ← L;                 // ❸
        L ← new;                      // ❹
end insertFirstNode()
```

❶ new ← getNode();

삽입할 노드를 자유 공간 리스트에서 할당받는다.

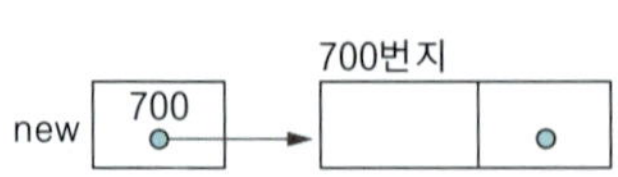

[그림 6-30] insertFirstNode( ) 함수의 수행 과정_알고리즘 ❶

❷ new.data ← x;

새 노드의 데이터 필드에 x를 저장한다.

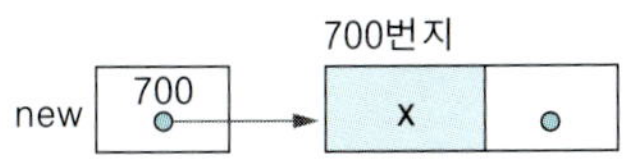

[그림 6-31] insertFirstNode( ) 함수의 수행 과정_알고리즘 ❷

❸ new.link ← L;

리스트 L의 첫 번째 노드에 대한 참조값을 삽입할 새 노드 new의 링크 필드에 저장함으로써 새 노드 new를 리스트 L의 첫 번째 노드와 연결한다.

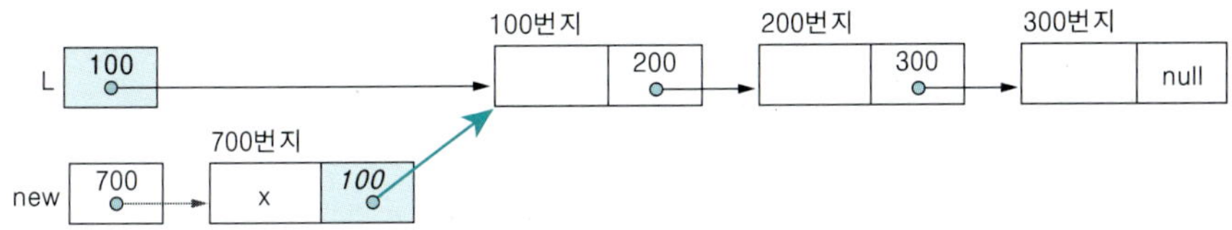

[그림 6-32] insertFirstNode( ) 함수의 수행 과정_알고리즘 ❸

❹ L ← new;

참조변수 L에 새 노드에 대한 참조값(700)을 저장하여 L이 새 노드 new를 첫 번째 노드로 가리키도록 지정한다.

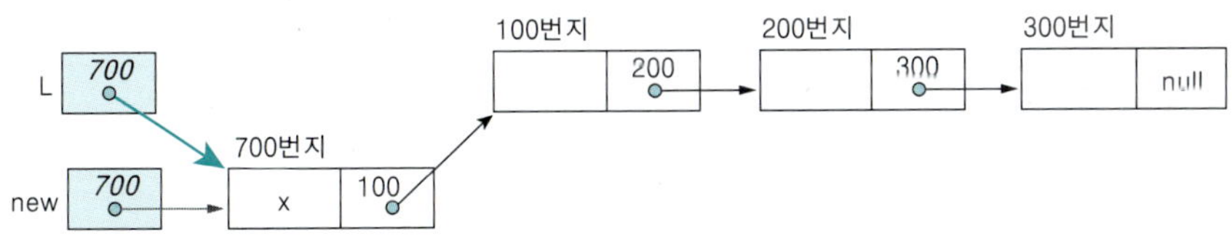

[그림 6-33] insertFirstNode( ) 함수의 수행 과정_알고리즘 ❹

■ 중간 노드로 삽입하기

리스트 L의 중간에 노드를 삽입하기 위해서는 삽입할 위치의 앞에 있는 선행자 노드를 알려주는 참조변수 pre가 필요하다. 다음의 알고리즘은 리스트 L에서 참조변수 pre가 가리키고 있는 노드의 뒤에 데이터 필드값이 x인 새 노드를 삽입하는 알고리즘이다.

[알고리즘 6-4] 리스트의 중간 노드 삽입 알고리즘

```
insertMiddleNode(L, pre, x)
      new ← getNode();
      new.data ← x;
      if (L=null) then {                  // ❶
```

```
            L ← new;                    // ❶-ⓐ
            new.link ← null;            // ❶-ⓑ
            }
        else {                          // ❷
            new.link ← pre.link;        // ❷-ⓐ
            pre.link ← new;             // ❷-ⓑ
        }
end insertMiddleNode()
```

[알고리즘 6-3]에서와 마찬가지로 삽입할 노드가 먼저 있어야 하므로 getNode() 함수를 사용하여 자유 공간 리스트에서 새 노드를 할당받아 데이터 필드에 x를 저장한다.

❶ if (L=null)

[그림 6-34]에서와 같이 리스트 L이 공백 리스트인 경우에 수행할 연산이다.

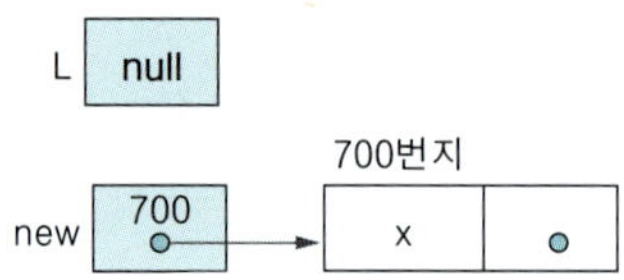

[그림 6-34] insertMiddleNode( ) 함수의 수행 과정_알고리즘 ❶

ⓐ L ← new;

참조변수 L에 새 노드에 대한 참조값(700)을 저장하여 새 노드 new가 리스트 L의 첫 번째 노드가 되도록 한다.

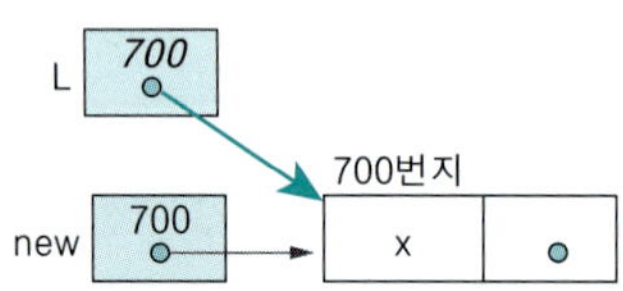

[그림 6-35] insertMiddleNode( ) 함수의 수행 과정_알고리즘 ❶-ⓐ

ⓑ new.link ← null;

공백 리스트 L에 새 노드를 삽입하였으므로 새 노드 new는 리스트 L의 마지막 노드가 된다. 따라서 새 노드 new의 링크 필드(new.link)에 null을 저장하여 마지막 노드임을 표시한다.

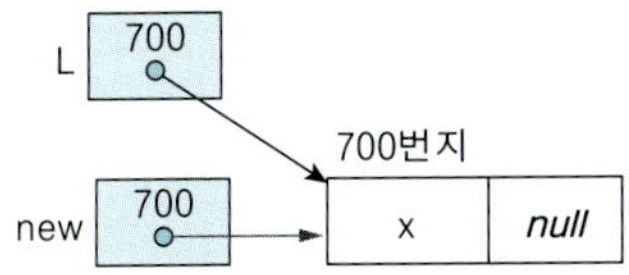

[그림 6-36] insertMiddleNode( ) 함수의 수행 과정_알고리즘 ❶-ⓑ

❷ else

[그림 6-37]과 같이 리스트 L이 공백 리스트가 아닌 경우에는 일반적인 노드 삽입 연산을 수행한다.

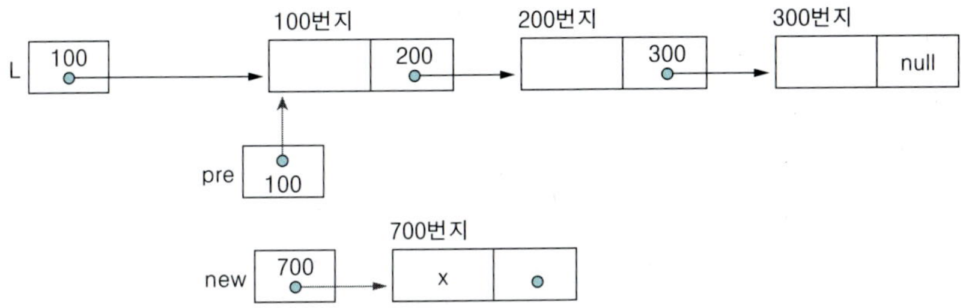

[그림 6-37] insertMiddleNode( ) 함수의 수행 과정_알고리즘 ❷

ⓐ new.link ← pre.link;

참조변수 pre는 삽입할 위치의 앞 노드를 가리킨다. 따라서 pre가 가리키는 노드의 다음 노드로 새 노드 new를 연결해야 하므로 노드 pre의 링크 필드값(pre.link, 200)을 노드 new의 링크 필드(new.link)에 저장하여, 새 노드 new가 노드 pre의 다음 노드를 가리키게 한다.

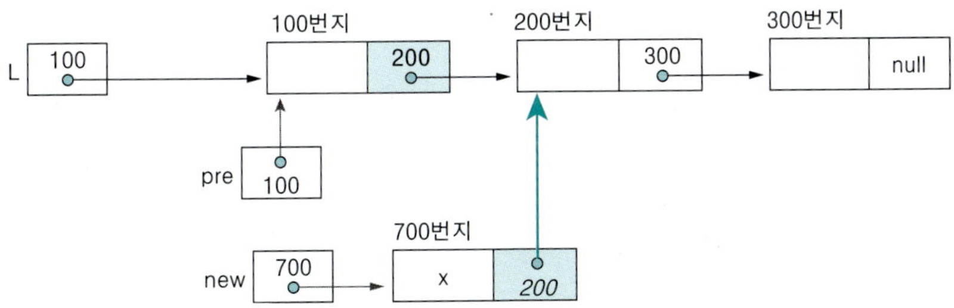

[그림 6-38] insertMiddleNode( ) 함수의 수행 과정_알고리즘 ❷-ⓐ

ⓑ pre.link ← new;

new의 값(700)을 노드 pre의 링크 필드(pre.link)에 저장하여 pre가 가리키는 노드의 다음 노드로서 새 노드 new를 연결한다.

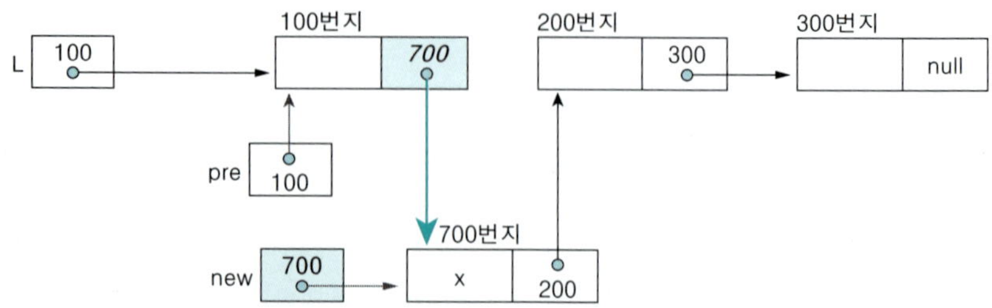

[그림 6-39] insertMiddleNode( ) 함수의 수행 과정_알고리즘 ❷-ⓑ

■ 마지막 노드로 삽입하기

새 노드 new를 마지막 노드로 삽입하기 위해서는 먼저 리스트의 마지막 노드를 찾아야 하는데, 마지막 노드는 링크 필드가 null이다. 마지막 노드를 찾기 위해 링크 필드를 따라서 리스트의 노드들을 순회하는 임시 참조변수 temp를 사용한다. 다음은 새 노드 new를 마지막 노드로 삽입하는 알고리즘이다.

[알고리즘 6-5] 리스트의 마지막 노드 삽입 알고리즘

```
insertLastNode(L, x)
       new ← getNode();
       new.data ← x;
       new.link ← null;
       if (L = null) then {                  // ❶-ⓐ
             L ← new;                        // ❶-ⓑ
             return;
       }
       temp ← L;                             // ❷-ⓐ
       while (temp.link ≠ null) do           // ❷-ⓑ
             temp ← temp.link;
       temp.link ← new;                      // ❷-ⓒ
end insertLastNode()
```

❶ if (L = null)

리스트 L이 공백 리스트인 경우에 마지막 노드의 삽입 연산은 [알고리즘 6-4]에서 본 것처럼 공백 리스트에 노드를 삽입하는 연산과 같다. 삽입하는 새 노드 new는 리스트 L의 첫 번째 노드이자 마지막 노드가 된다.

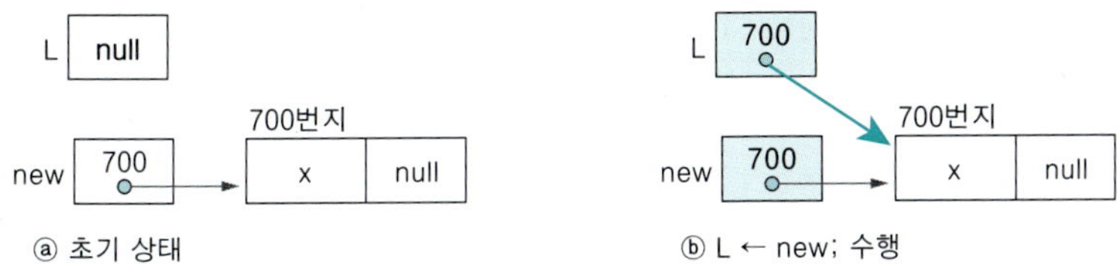

[그림 6-40] insertLastNode( ) 함수의 수행 과정_알고리즘 ❶

❷ 리스트 L이 공백이 아닌 경우에는 마지막 노드 삽입 연산 과정이 수행된다.

ⓐ temp ← L;

마지막 노드로 삽입하기 위해서는 리스트 L의 현재 마지막 노드를 먼저 찾아야 한다. 노드의 링크 필드를 따라서 노드들을 순회할 임시 참조변수 temp에 리스트의 첫 번째 노드 주소(L, 100)를 지정한다.

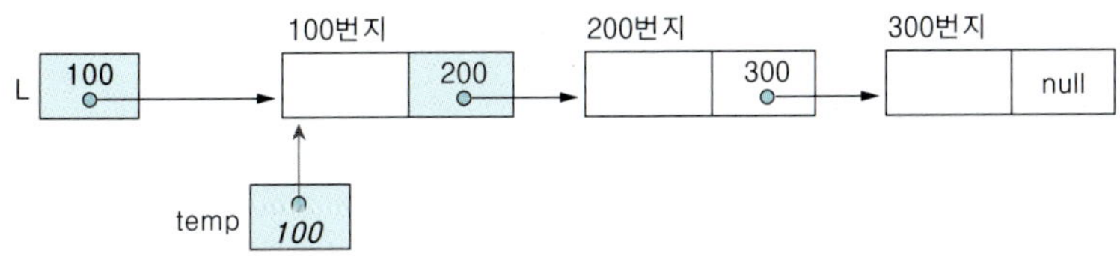

[그림 6-41] insertLastNode( ) 함수의 수행 과정_알고리즘 ❷-ⓐ

ⓑ while (temp.link ≠ null) do

temp ← temp.link;

while 반복문을 수행하는 동안 temp가 노드의 링크 필드를 따라 이동하면서 링크 필드가 null인 마지막 노드를 찾도록 한다.

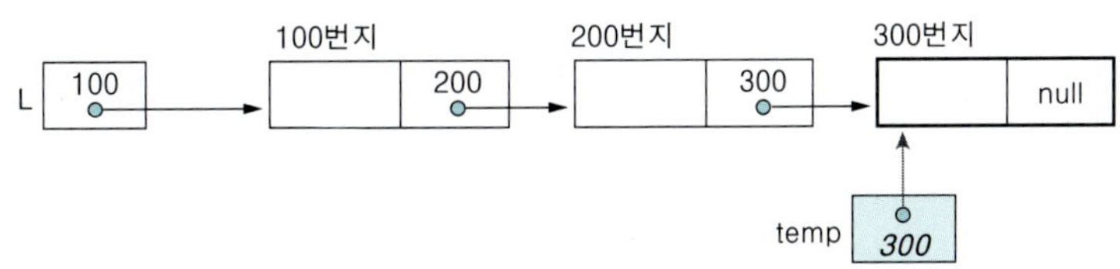

[그림 6-42] insertLastNode( ) 함수의 수행 과정_알고리즘 ❷-ⓑ

ⓒ temp.link ← new;

temp가 가리키는 노드, 즉 리스트 L의 마지막 노드의 링크 필드(temp.link)에 삽입할 새 노드 new의 참조값(700)을 저장하여 리스트 L의 마지막 노드 뒤에 새 노드 new를 연결하게 한다. 이제 new 노드가 리스트의 마지막 노드가 된다.

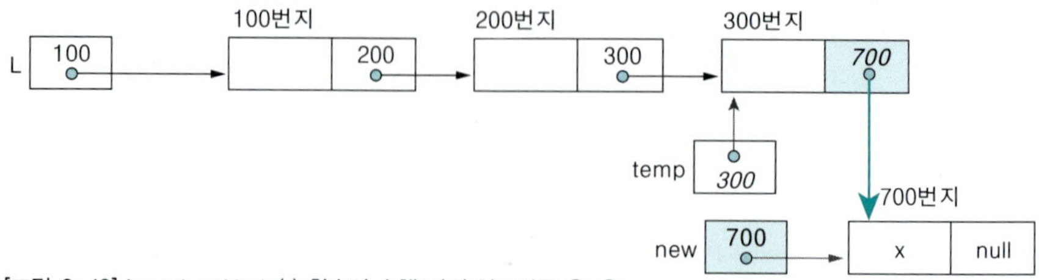

[그림 6-43] insertLastNode( ) 함수의 수행 과정_알고리즘 ❷-ⓒ

삭제 알고리즘

리스트 L에서 pre가 가리키는 노드의 다음 노드를 삭제하는 알고리즘은 다음과 같다. old는 삭제할 노드를 알려주기 위해 사용한다.

[알고리즘 6-6] 리스트의 노드 삭제 알고리즘

```
deleteNode(L, pre)
        if (L = null) then error;                          // ❶
        else {                                             // ❷
                old ← pre.link;                            // ❷-ⓐ
                if (old = null) then return;               // ❸
                pre.link ← old.link;                       // ❷-ⓑ
        }
        returnNode(old);                                   // ❷-ⓒ
end deleteNode()
```

❶ if (L = null) then error;

삭제 연산을 수행하려면 리스트에 노드가 하나 이상 있어야 한다. 따라서 삭제 연산을 수행하기 전에 먼저 리스트 L이 공백 리스트인지 아닌지를 검사하여 공백 리스트인 경우에는 에러 처리하고, 삭제 연산 수행을 중단한다.

❷ else

리스트 L이 공백 리스트가 아닌 경우, 즉 삭제 연산을 수행할 수 있는 노드가 하나 이상 있는 경우에 노드 삭제 연산을 수행한다.

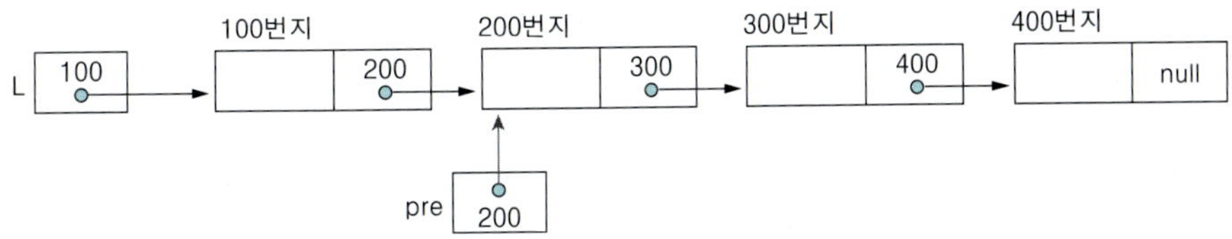

[그림 6-44] deleteNode( ) 함수의 수행 과정 – 초기 상태

ⓐ old ← pre.link;

old는 삭제할 노드를 지시해야 하므로 노드 pre의 링크 필드값(pre.link), 즉 노드 pre의 다음 노드에 대한 참조값(300)을 old에 저장하여 삭제할 노드를 가리키게 한다.

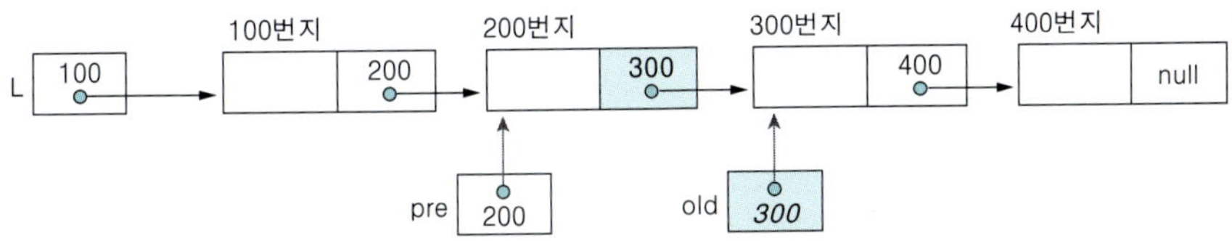

[그림 6-45] deleteNode( ) 함수의 수행 과정_알고리즘 ❷-ⓐ

ⓑ pre.link ← old.link;

삭제할 노드 old의 다음 노드(old.link, 400)를 노드 pre의 다음 노드(pre.link)로 연결한다.

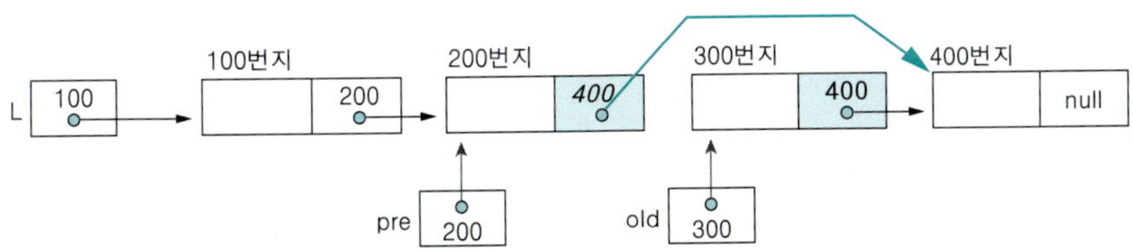

[그림 6-46] deleteNode( ) 함수의 수행 과정_알고리즘 ❷-ⓑ

ⓒ returnNode(old);

삭제한 노드 old를 자유 공간 리스트에 반환한다.

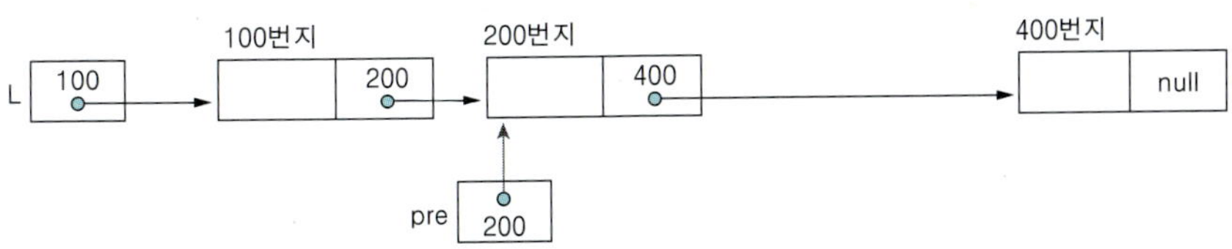

[그림 6-47] deleteNode( ) 함수의 수행 과정_알고리즘 ❷-ⓒ

❸ if (old = null) then return;

만약 노드 pre가 리스트의 마지막 노드였다면 pre.link 값은 null이므로 ❷-ⓐ를 수행한 후의 old 값은 null이 된다. old 값이 null이라는 것은 노드 pre 뒤에 삭제할 노드가 없다는 의미이므로 삭제 연산을 더 이상 수행하지 못한다.

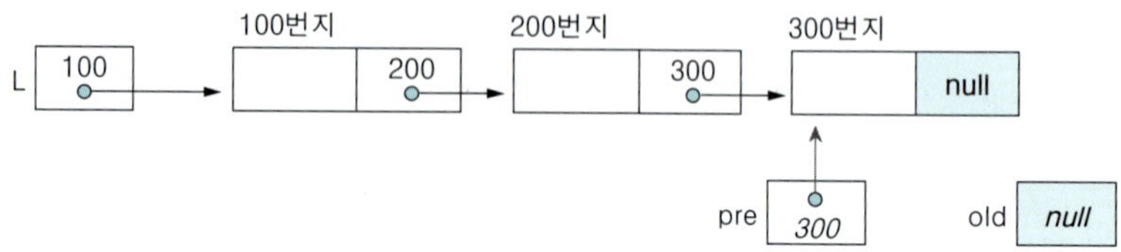

[그림 6-48] deleteNode( ) 함수의 수행 과정_알고리즘 ❸

[그림 6-46]과 같이 old의 값이 null이 아니고 삭제할 노드가 있는 경우에 삭제 연산을 수행하고 노드 old를 자유 공간 리스트에 반환한다.

노드 탐색 알고리즘

연결 리스트에서 원소 값이 x인 노드를 탐색하려면 리스트의 노드를 처음부터 하나씩 순회하면서 노드의 데이터 필드값과 x를 비교하여 일치하는 노드를 찾아야 한다. 탐색 연산에 대한 알고리즘은 다음과 같다.

[알고리즘 6-7] 리스트 L에서 x 노드 탐색 알고리즘

```
searchNode(L, x)
        temp ← L;                                          // ❶
        while (temp ≠ null) do {
            if (temp.data = x ) then  return temp;
            temp ← temp.link;                              // ❷
        }
        return temp;                                       // ❸
end searchNode()
```

리스트의 노드를 순회하기 위해서 temp를 사용한다.

❶ temp ←L;

리스트 L의 시작 노드에 대한 참조값을 노드 탐색을 위해 사용할 순회 참조변수 temp에 저장하여 temp의 시작 위치를 지정한다.

❷ while (temp ≠ null) do {
    if (temp.data = x) then   return temp;
    temp ← temp.link;
  }

temp가 null이 아닌 동안, 즉 temp가 가리키는 노드가 마지막 노드가 될 때까지 노드 temp의 데이터 필드값이 x인지 아닌지를 검사한다. 데이터 필드값이 x면 그 노드에 대한 참조값을 가진 temp를 반환하고, x가 아니면 링크 필드를 따라 다음 노드로 temp를 이동시킨다.

❸ return temp;

while 반복문에서 x 노드를 찾지 못하고 결국 리스트의 마지막 노드에서 while 문 수행이 끝난 상태므로 temp의 값은 null이 되어있다. 리스트 L에서 x 노드를 찾지 못한 경우에는 null 값을 가진 temp를 반환한다.

5. 단순 연결 리스트 프로그램

다음은 위에서 설명한 단순 연결 리스트의 연산 알고리즘들을 자바 프로그램으로 구현한 것이다. 알고리즘에 있는 참조변수는 자바의 레퍼런스 타입 변수를 사용하여 구현한다.

[예제 6-1] 단순 연결 리스트 자바 프로그램

```
public class Ex6_1{
    public static void main(String args[]){
        LinkedList L = new LinkedList();
        System.out.println("(1) 공백 리스트에 노드 3개 삽입하기");
        L.insertLastNode("월");
        L.insertLastNode("수");
        L.insertLastNode("일");
        L.printList();

        System.out.println("(2) 수 노드 뒤에 금 노드 삽입하기");
        ListNode pre = L.searchNode("수");
```

```
        if(pre == null)
            System.out.println("검색실패>> 찾는 데이터가 없습니다.");
        else{
            L.insertMiddleNode(pre, "금");
            L.printList();
        }

        System.out.println("(3) 리스트의 노드를 역순으로 바꾸기");
        L.reverseList();
        L.printList();

        System.out.println("(4) 리스트의 마지막 노드 삭제하기");
        L.deleteLastNode();
        L.printList();
    }
}

class LinkedList{
    private ListNode head;
    public LinkedList(){
        head = null;
    }
    public void insertMiddleNode(ListNode pre, String data){
        ListNode newNode = new ListNode(data);
        newNode.link = pre.link;
        pre.link = newNode;
    }
    public void insertLastNode(String data){
        ListNode newNode = new ListNode(data);
        if(head == null){
            this.head = newNode;
        }
        else{
            ListNode temp = head;
```

```
                while(temp.link != null) temp = temp.link;
                temp.link = newNode;
            }
        }
        public void deleteLastNode(){
            ListNode pre, temp;
            if(head == null)  return;
            if(head.link == null){
                head = null;
            }
            else{
                pre = head;
                temp = head.link;
                while(temp.link != null){
                    pre = temp;
                    temp = temp.link;
                }
                pre.link = null;
            }
        }
        public ListNode searchNode(String data){
            ListNode temp = this.head;
            while(temp != null){
                if(data == temp.getData())
                    return temp;
                else temp = temp.link;
            }
            return  temp;
        }
        public void reverseList(){
            ListNode next = head;
            ListNode current = null;
            ListNode pre = null;
            while(next != null){
                pre = current;
```

```
                current = next;
                next = next.link;
                current.link = pre;
            }
            head = current;
        }
        public void printList(){
            ListNode temp = this.head;
            System.out.printf("L = (");
            while(temp != null){
                System.out.printf(temp.getData());
                temp = temp.link;
                if(temp != null){
                    System.out.printf(", ");
                }
            }
            System.out.println(")");
        }
}

class ListNode{
        private String data;
        public ListNode link;
        public ListNode(){
            this.data = null;
            this.link = null;
        }
        public ListNode(String data){
            this.data = data;
            this.link = null;
        }
        public ListNode(String data, ListNode link){
            this.data = data;
            this.link = link;
        }
```

```
    public String getData(){
        return  this.data;
    }
}
```

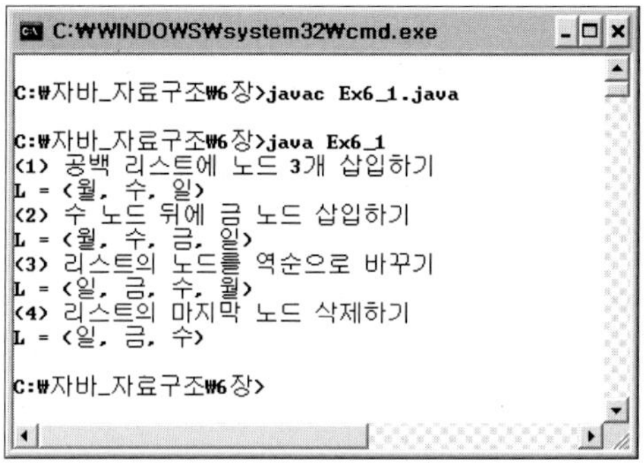

[그림 6-49] [예제 6-1]의 컴파일 및 실행 화면

Section

03 원형 연결 리스트

단순 연결 리스트에서 마지막 노드가 리스트의 첫 번째 노드를 가리키게 하여 리스트의 구조를 원형으로 만든 연결 리스트를 원형 연결 리스트(Circular Linked List)라 한다. 원형 연결 리스트는 [그림 6-49]에서와 같이 단순 연결 리스트의 마지막 노드의 링크 필드에 첫 번째 노드에 대한 참조값(100)을 저장하여 구성한다.

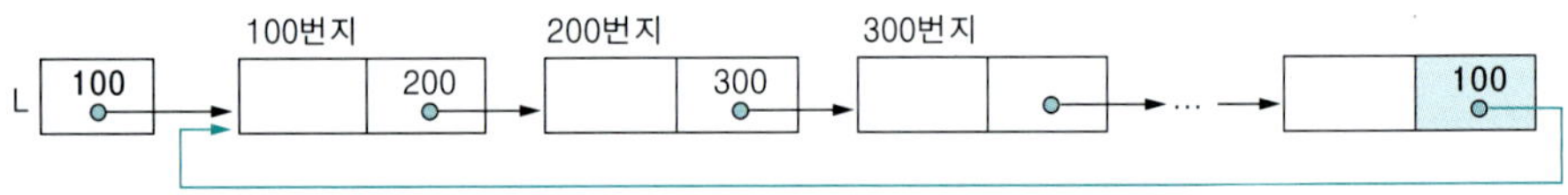

[그림 6-49] 원형 연결 리스트

[그림 6-4]의 기차놀이에서 X 이름표를 첫 번째 사람 이름으로 바꾸면 [그림 6-50]과 같은 원형 기차가 된다.

[그림 6-50] 원형 기차놀이

단순 연결 리스트는 시작 노드에서 링크를 따라 이동하여 마지막 노드까지 순회할 수 있는데, 현재 노드에서 이전 노드를 접근(액세스)하려면 현재 위치에 상관없이 항상 리스트의 첫 번째 노드부터 다시 시작해야 한다. 그러나 마지막 노드와 첫 번째 노드가 연결된 원형 연결 리스트에서는 링크를 따라 계속 순회하면 이전 노드에 접근할 수 있다.

1 원형 연결 리스트의 삽입 연산

원형 연결 리스트에서의 삽입연산은 마지막 노드의 링크를 첫 번째 노드로 연결하는 부분만 제외하고는 단순 연결 리스트에서의 연산과 같다. 원형 연결 리스트에서는 리스트의 마지막에 노드를 삽입하는 것이 곧 리스트의 첫 번째에 노드를 삽입하는 것과 같은 의미다. 따라서 원형 연결 리스트에서 노드를 삽입하는 경우는 노드의 첫 번째 노드로 삽입하는 경우와 중간 노드로 삽입하는 경우로 나눌 수 있다.

첫 번째 노드로 삽입하기

원형 연결 리스트 CL에 x 값을 갖는 노드 new를 삽입하는 알고리즘은 다음과 같다.

[알고리즘 6-8] 원형 연결 리스트의 첫 번째 노드 삽입 알고리즘

```
insertFirstNode(CL, x)
    new ← getNode();
    new.data ← x;
    if (CL = null) then {                    // ❶
        CL ← new;                            // ❶-ⓐ
        new.link ← new;                      // ❶-ⓑ
    }
    else{                                    // ❷
        temp ← CL;                           // ❷-ⓐ
        while (temp.link ≠ CL) do            // ❷-ⓑ
              temp ← temp.link;
        new.link ← temp.link;                // ❷-ⓒ
        temp.link ← new;                     // ❷-ⓓ
        CL ← new;                            // ❷-ⓔ
    }
end insertFirstNode()
```

원형 연결 리스트에서 첫 번째 노드 삽입 알고리즘은 단순 연결 리스트에서의 첫 번째 노드 삽입 알고리즘과 마지막 노드 삽입 알고리즘을 혼합한 형태가 된다.

❶ if (CL = null)

공백 리스트인 경우에는 삽입하는 노드 new가 리스트의 첫 번째 노드이자 마지막 노드다.

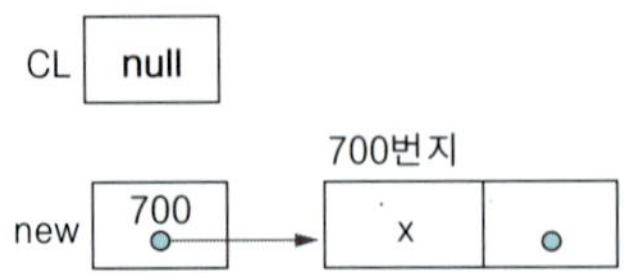

[그림 6-51] insertFirstNode( ) 함수의 수행 과정_알고리즘 ❶

ⓐ CL ← new;

원형 연결 리스트의 시작 노드에 대한 참조값을 저장하는 참조변수 CL에 삽입할 새 노드에 대한 참조값(700)을 저장하여 CL이 노드 new를 첫 번째 노드로 가리키게 한다.

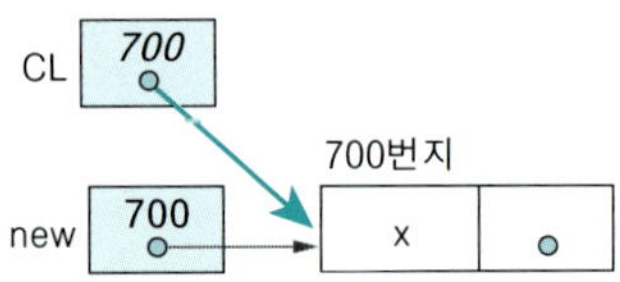

[그림 6-52] insertFirstNode( ) 함수의 수행 과정_알고리즘 ❶-ⓐ

ⓑ new.link ← new;

참조변수 new의 값(700)을 new가 가리키는 새 노드의 링크 필드(new.link)에 저장하여 노드 new가 자기 자신을 가리키게 함으로써 노드 new를 원형 연결 리스트 CL의 첫 번째 노드이자 마지막 노드가 되도록 지정한다.

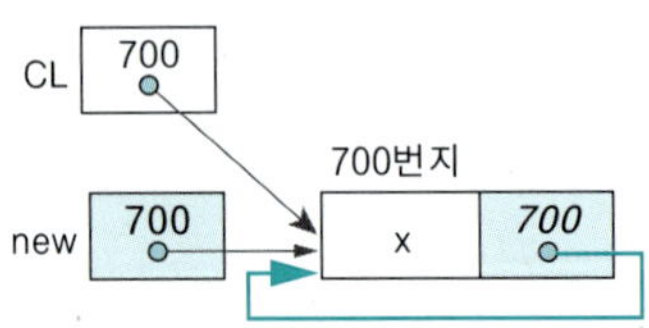

[그림 6-53] insertFirstNode( ) 함수의 수행 과정_알고리즘 ❶-ⓑ

❷ else

리스트 CL이 공백 리스트가 아닌 경우에는 단순 연결 리스트에서의 마지막 노드 삽입 연산 과정이 수행된다.

ⓐ temp ← CL;

CL의 값(100), 즉 리스트 CL의 첫 번째 노드에 대한 참조값(100)을 임시 순회 참조변수 temp에 저장하여 노드 순회의 시작 위치를 지정한다.

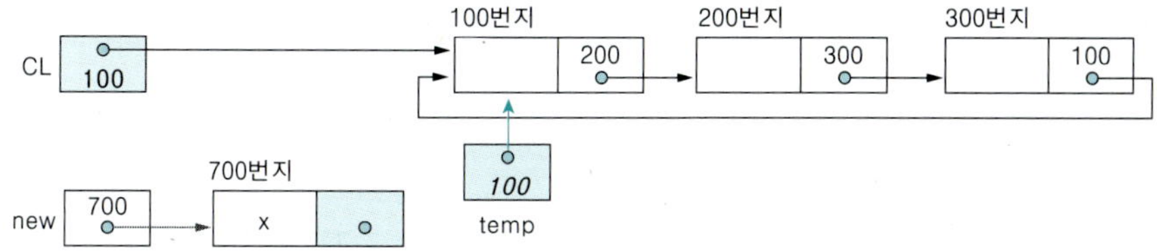

[그림 6-54] insertFirstNode( ) 함수의 수행 과정_알고리즘 ❷-ⓐ

ⓑ while (temp.link ≠ CL) do

temp ← temp.link;

while 문을 수행하여 temp를 링크를 따라 마지막 노드까지 이동시킨다.

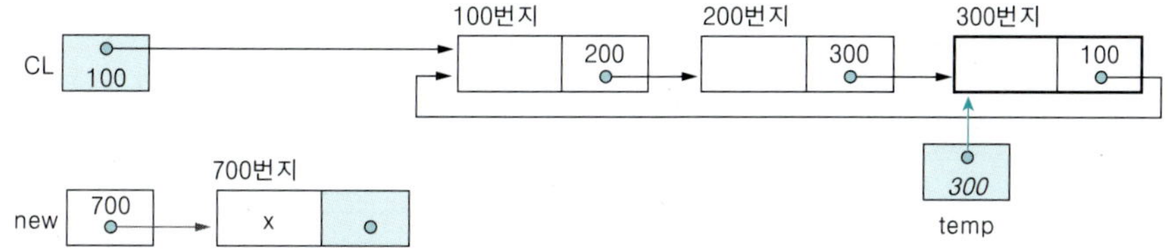

[그림 6-55] insertFirstNode( ) 함수의 수행 과정_알고리즘 ❷ ⓑ

ⓒ new.link ← temp.link;

temp가 가리키는 노드, 즉 리스트의 마지막 노드의 링크 값(temp.link, 100)을 노드 new의 링크(new.link)에 저장하여 노드 new가 노드 temp의 다음 노드를 가리키게 한다. 리스트 CL은 원형 연결 리스트이므로 마지막 노드의 다음 노드는 리스트의 첫 번째 노드가 된다. 따라서 [그림 6-56]과 같이 노드 new가 리스트 CL의 첫 번째 노드를 가리키게 된다.

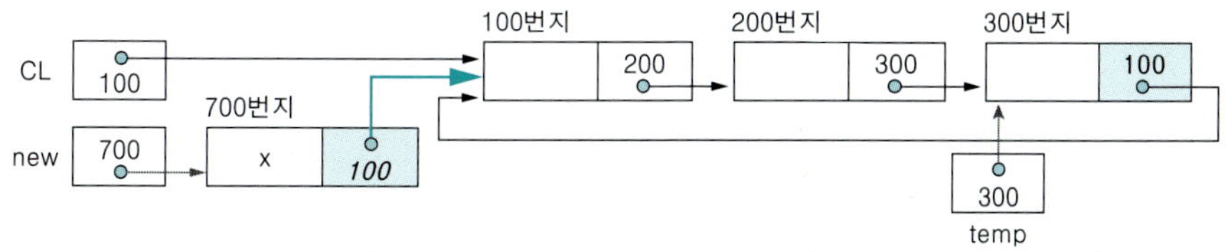

[그림 6-56] insertFirstNode( ) 함수의 수행 과정_알고리즘 ❷-ⓒ

ⓓ temp.link ← new;

new의 값(700)을 temp가 가리키고 있는 마지막 노드의 링크(temp.link)에 저장하여 리스트의 마지막 노드가 노드 new를 가리키게 한다.

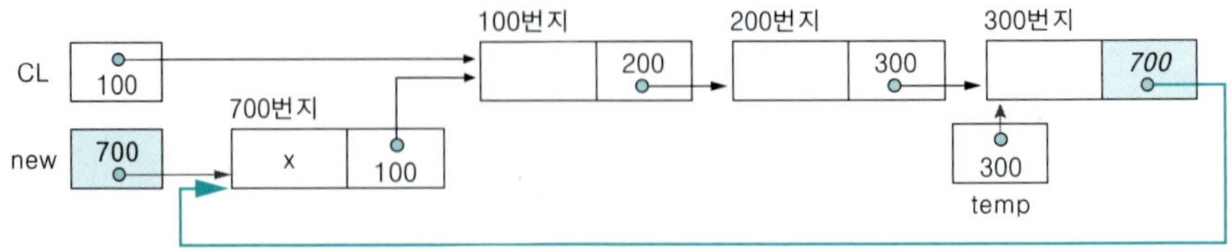

[그림 6-57] insertFirstNode( ) 함수의 수행 과정_알고리즘 ❷-ⓓ

ⓔ CL ← new;

new의 값(700), 즉 새 노드에 대한 참조값을 CL에 저장하여 노드 new가 리스트의 첫 번째 노드가 되도록 지정한다.

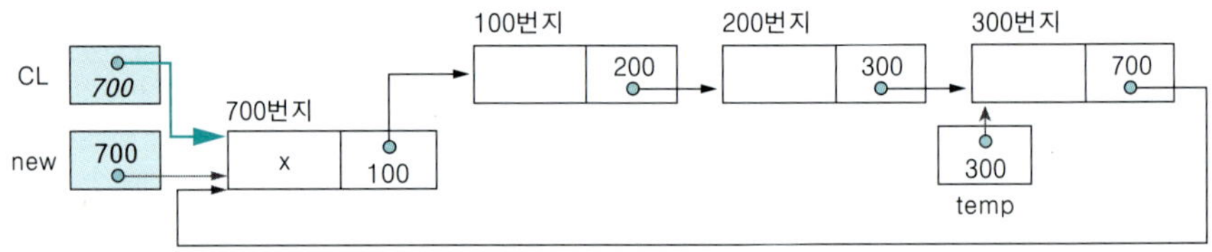

[그림 6-58] insertFirstNode( ) 함수의 수행 과정_알고리즘 ❷-ⓔ

알고리즘 수행 결과, 삽입한 노드 new는 CL과 리스트의 첫 번째 노드 사이에 삽입되면서 리스트의 새로운 첫 번째 노드가 되었고, 리스트의 마지막 노드와 연결하여 원형 연결 리스트 상태를 유지하도록 하였다.

[그림 6-59] insertFirstNode( ) 함수의 수행 과정_완성

중간 노드로 삽입하기

다음은 원형 연결 리스트 CL에 x 값을 갖는 노드 new를 pre가 가리키는 노드의 다음 노드로 삽입하는 알고리즘이다.

[알고리즘 6-9] 원형 연결 리스트의 중간 노드 삽입 알고리즘

```
insertMiddleNode(CL, pre, x)
        new ← getNode();
```

```
        new.data ← x;
        if (CL=null) then {                   // ❶
              CL ← new;
              new.link ← new;
        }
        else {                                // ❷
              new.link ← pre.link;            // ❷-ⓐ
              pre.link ← new;                 // ❷-ⓑ
        }
end insertMiddleNode()
```

❶ if (CL=null)

노드 new를 삽입할 원형 연결 리스트 CL이 공백 리스트인 경우에 중간 노드로 삽입하는 방법은 [알고리즘 6-8]에서 공백 리스트인 경우에 첫 번째 노드로 삽입하는 방법과 같다.

❷ else

리스트가 공백 리스트가 아닌 경우에는 pre가 가리키는 노드 뒤에 노드 new를 삽입한다.

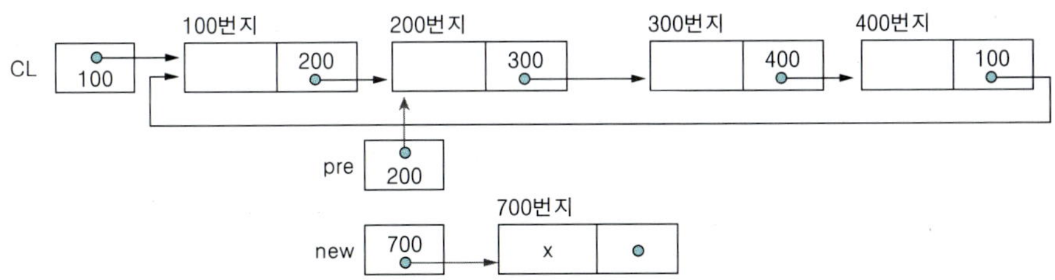

[그림 6-60] insertMiddleNode( ) 함수의 수행 과정_초기 상태

ⓐ new.link ← pre.link;

노드 pre의 다음 노드로 노드 new를 삽입하기 위해 먼저 노드 pre의 다음 노드(pre.link, 300)를 new의 다음 노드(new.link)로 연결한다.

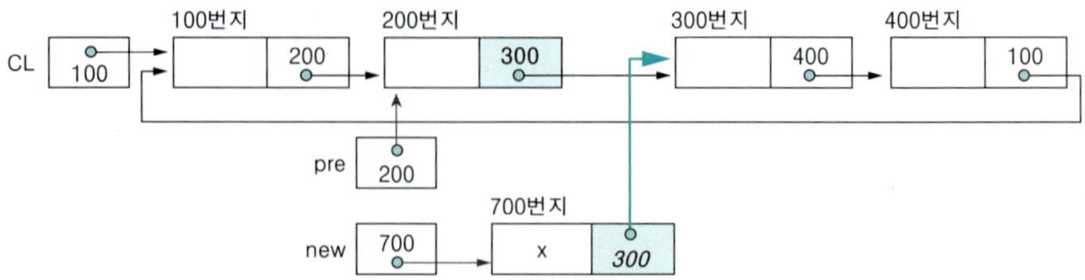

[그림 6-61] insertMiddleNode( ) 함수의 수행 과정_알고리즘 ❷-ⓐ

ⓑ pre.link ← new;

new의 값(700)을 노드 pre의 링크(pre.link)에 저장하여, 노드 new를 노드 pre의 다음 노드로 연결한다.

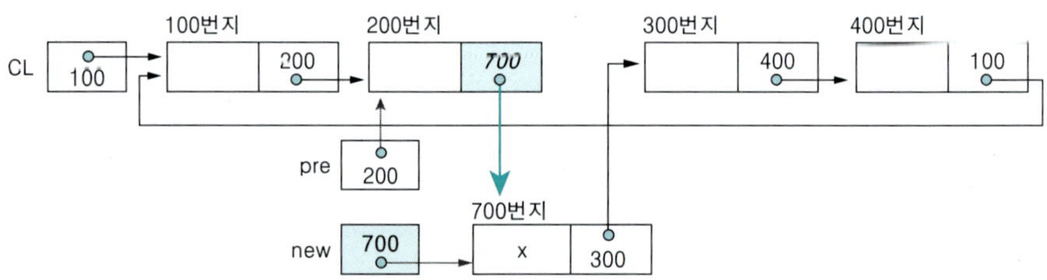

[그림 6-62] insertMiddleNode( ) 함수의 수행 과정_알고리즘 ❷-ⓑ

❷ 원형 연결 리스트의 원소 삭제

원형 연결 리스트에서 노드를 삭제하는 알고리즘이 다음과 같다. 원형 연결 리스트 CL에서 pre가 가리키는 노드의 다음 노드를 삭제하고, 삭제한 노드는 자유 공간 리스트에 반환한다. old는 삭제할 노드를 지정한다.

[알고리즘 6-10] 원형 연결 리스트의 노드 삭제 알고리즘

```
deleteNode(CL, pre)
    if (CL = null) then error;
    else {
            old ← pre.link;                // ❶
            pre.link ← old.link;           // ❷
            if (old = CL) then             // ❸
```

```
            CL ← old.link;              // ❸-ⓐ
        returnNode(old);                // ❹
    }
end deleteNode()
```

❶ old ← pre.link;

노드 pre의 다음 노드(pre.link, 300)를 삭제할 노드 old로 지정한다.

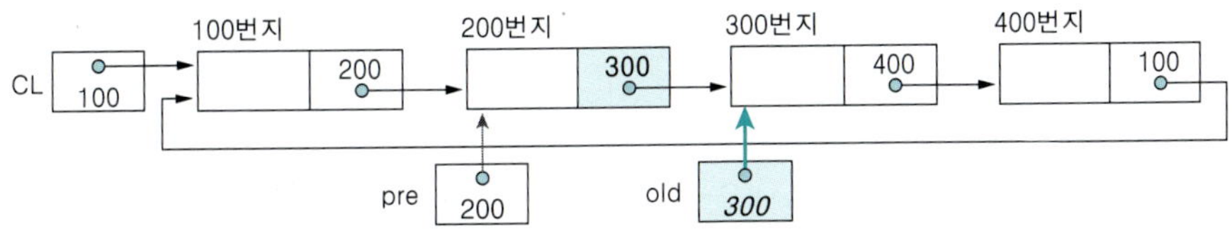

[그림 6-63] deleteNode( ) 함수의 수행 과정_알고리즘 ❶

❷ pre.link ← old.link;

삭제할 노드 old의 다음 노드(old.link, 400)를 노드 pre의 다음 노드(pre.link)로 지정한다.

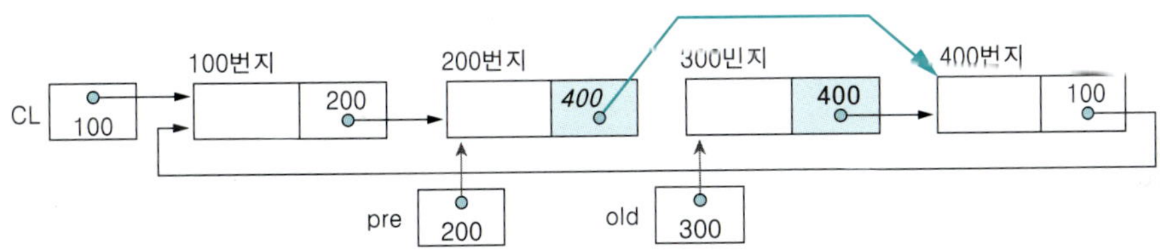

[그림 6-64] deleteNode( ) 함수의 수행 과정_알고리즘 ❷

❸ if (old = CL)

삭제할 노드 old가 CL이라면 삭제할 노드 old는 리스트 CL의 첫 번째 노드가 된다. [그림 6-65]는 노드 old가 첫 번째 노드일 경우에 ❶과 ❷를 수행한 다음의 상태다.

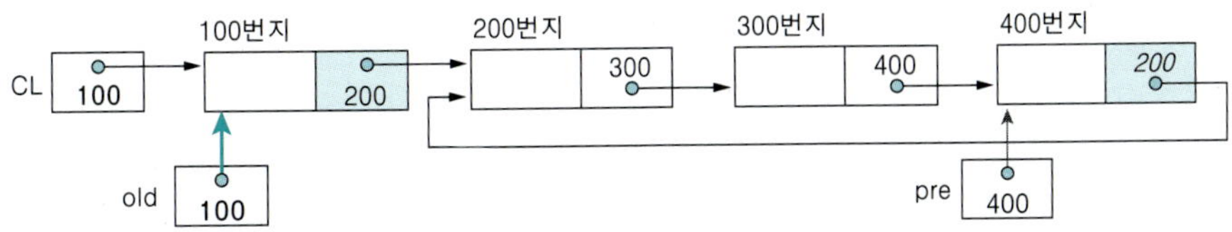

[그림 6-65] deleteNode( ) 함수의 수행 과정_알고리즘 ❸

ⓐ CL ← old.link;

첫 번째 노드를 삭제하는 경우에는 원형 연결 리스트의 연결이 끊어지지 않도록 하기 위해서 CL에 대한 연결 처리가 추가로 필요하다. 노드 old의 링크값(old.link, 200)을 리스트 참조변수 CL에 저장하여 두 번째 노드가 리스트의 첫 번째 노드가 되도록 조정한다.

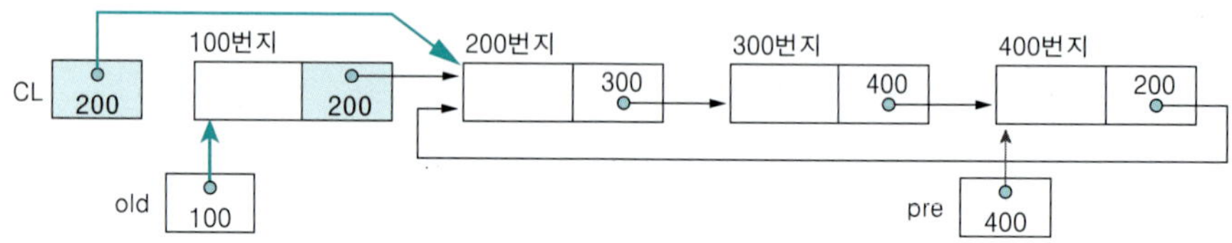

[그림 6-66] deleteNode( ) 함수의 수행 과정_알고리즘 ❸-ⓐ

❹ returnNode(old);

리스트 CL에 대한 노드 삭제 연산이 완성되었으므로 삭제한 노드 old를 자유 공간 리스트에 반환한다([알고리즘 6-2]).

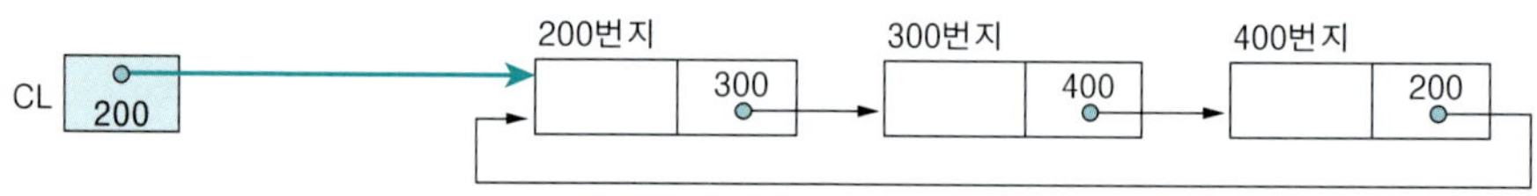

[그림 6-67] deleteNode( ) 함수의 수행 과정 – 알고리즘 ❹

Section

04 이중 연결 리스트

단순 연결 리스트에서 선행 노드에 접근하기가 어렵다는 점을 개선하여 원형 연결 리스트를 구성했지만, 원형 연결 리스트에서도 현재 노드의 바로 이전 노드에 접근하려면 전체 리스트를 한바퀴 순회해야 하는 문제가 있다. 이러한 문제는 리스트의 링크가 한 방향으로만 되어있어서 반대 방향으로는 순회할 수 없기 때문에 발생한다. 이런 문제를 개선하여 양쪽 방향으로 순회할 수 있도록 연결한 리스트를 이중 연결 리스트(Doubly Linked List)라고 한다. 이중 연결 리스트의 노드 구조는 [그림 6-68]과 같이 두 개의 링크 필드와 한 개의 데이터 필드로 구성한다.

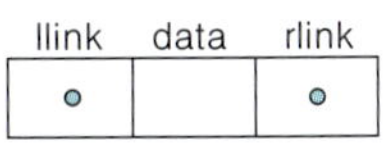

[그림 6-68] 이중 연결 리스트의 노드 구조

llink(left link) 필드는 왼쪽 노드와 연결하는 링크 필드고, rlink(Right Link) 필드는 오른쪽 노드와 연결하는 링크 필드다. 이중 연결 리스트 노드의 데이터 구조를 다음과 같이 DblNode 클래스의 데이터 멤버로 정의할 수 있다.

```
public class DblNode{
 DblNode llink;
 String data;
 DblNode rlink;
};
```

[그림 6-69-①]의 기차놀이의 규칙을 좀 바꿔보자. [그림 6-69-①]은 각자 이름표를 하나씩 뽑아서 오른손에 넣고 연결한 기차다. 여기에 자기의 왼쪽 사람의 이름을 이름표로 만들어서 이번에는 왼손에 넣는다. 왼쪽 끝에 있는 사람은 자기의 왼쪽 사람이 없으므로 X 이름표를 왼손에 넣는다([그림 6-69-②]). 이렇게 양손에 이름표를 가지고 있으면 기차는 이름표를 가지고 있는 방향으로 움직일 수 있으므로 양방향으로 움직이는 기차가 된다.

주의
왼쪽과 오른쪽은 보는 사람 입장에서의 방향이다.

[그림 6-69-①] 단방향 기차놀이

[그림 6-69-②] 양방향 기차놀이

[그림 6-69-②]의 양방향 기차를 이중 연결 리스트라고 생각하면 아이들은 노드가 되고 왼손에 가지고 있는 이름표는 llink, 오른손에 가지고 있는 이름표는 rlink가 된다.

리스트 week=(월, 수, 금)을 이중 연결 리스트로 구성하면 [그림 6-70]과 같다.

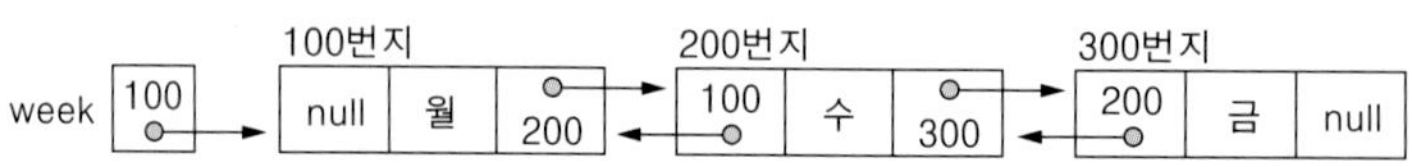

[그림 6-70] 리스트 week의 이중 연결 리스트

이중 연결 리스트에서 첫 번째와 마지막 노드가 아닌 임의의 노드 p에 대해서 다음과 같은 관계가 성립한다.

```
p = p.llink.rlink = p.rlink.llink
```

[그림 6-70]의 리스트 week에서 참조변수 p가 "수" 노드를 가리키고 있을 때 p.llink는 "수" 노드의 왼쪽 노드이므로 "월" 노드가 된다. 그리고 p.llink.rlink는 "수" 노드의 왼쪽 노드의 오른쪽 노드이므로 "월" 노드의 오른쪽 노드가 되어 다시 "수" 노드가 된다.

p.rlink는 "수" 노드의 오른쪽 노드이므로 "금" 노드가 된다. p.rlink.llink는 "수" 노드의 오른쪽 노드의 왼쪽 노드이므로 "금" 노드의 왼쪽 노드가 되어 다시 "수" 노드가 된다. 현재 위치에서 오른쪽으로 한발 움직였다가 다시 왼쪽으로 한발 움직이면 처음 자리로 돌아오는 것과 같다.

이중 연결 리스트를 원형으로 구성하면 [그림 6-71]과 같은 원형 이중 연결 리스트가 된다.

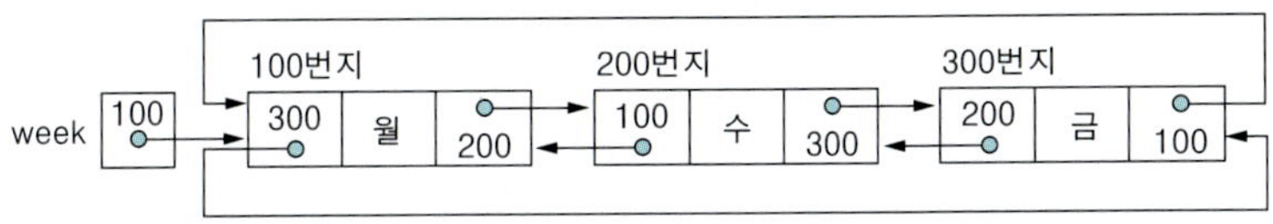

[그림 6-71] 리스트 week의 이중 원형 연결 리스트

1. 이중 연결 리스트에서의 삽입 연산

양방향 기차놀이에 친구를 끼워주려면 어떻게 해야 할까? 집에 있는 헨리를 불러와서 희진과 삼식이 사이에 끼워주려고 한다([그림 6-72]). 먼저 헨리의 왼쪽 사람이 될 희진의 오른손 이름표를 헨리의 오른손에 넘겨주고([그림 6-73]), 대신 '헨리' 이름표를 희진에게 준다([그림 6-74]).

[그림 6-72] 양방향 기차놀이에 사람 추가하기_초기 상태

[그림 6-73] 양방향 기차놀이에 사람 추가하기_왼쪽 사람의 오른손 이름표 받기

[그림 6-74] 양방향 기차놀이에 사람 추가하기_왼쪽 사람에게 자기이름 주기

이번엔 헨리의 오른쪽 사람이 될 삼식의 왼손 이름표를 헨리의 왼손에 주고([그림 6-75]), 대신 '헨리' 이름표를 삼식에게 준다([그림 6-76]).

[그림 6-75] 양방향 기차놀이에 사람 추가하기_오른쪽 사람의 왼손 이름표 받기

[그림 6-76] 양방향 기차놀이에 사람 추가하기_오른쪽 사람에게 자기이름 주기

이제 이름표대로 연결하면 다음과 같은 양방향 기차가 완성된다.

[그림 6-77] 양방향 기차놀이에 사람 추가하기_완성

이중 연결 리스트에서의 원소 삽입 방법을 정리해 보면 다음과 같다.

(1) 삽입할 노드를 가져온다.
(2) 새 노드의 데이터 필드에 값을 저장한다.
(3) 새 노드의 왼쪽 노드의 오른쪽 링크(rlink)를 새 노드의 오른쪽 링크(rlink)에 저장한다.
(4) 그리고 왼쪽 노드의 오른쪽 링크(rlink)에 새 노드의 주소를 저장한다.
(5) 새 노드의 오른쪽 노드의 왼쪽 링크(llink)를 새 노드의 왼쪽 링크(llink)에 저장한다.
(6) 그리고 오른쪽 노드의 왼쪽 링크(llink)에 새 노드의 주소를 저장한다.

위의 이중 연결 리스트 원소 삽입 방법을 다음과 같이 알고리즘으로 정의할 수 있다.

[알고리즘 6-11] 이중 연결 리스트의 원소 삽입 알고리즘

```
insertNode(DL, pre, x)
        new ← getNode();
        new.data ← x;
        new.rlink ← pre.rlink ;   // ❶
        pre.rlink ← new;          // ❷
        new.llink ← pre;          // ❸
        new.rlink.llink ← new;    // ❹
end insertNode()
```

[그림 6-78]의 이중 연결 리스트 DL에서 참조변수 pre가 가리키는 노드의 다음 노드로 새로운 노드 new를 삽입하려고 한다.

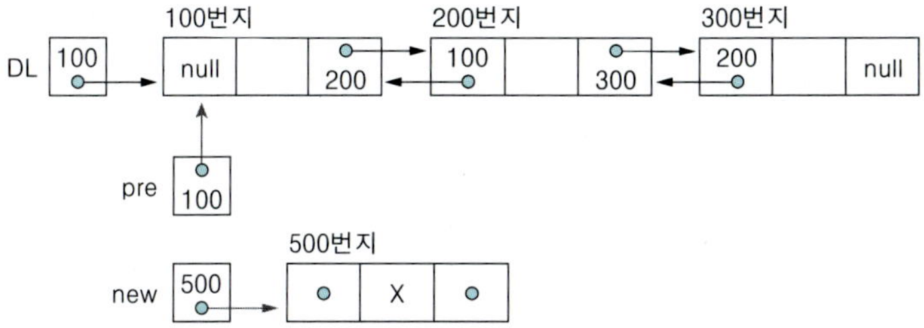

[그림 6-78] insertNode( ) 함수 수행 과정_초기 상태

❶ new.rlink ← pre.rlink ;

노드 pre의 rlink 값(200)을 노드 new의 rlink에 저장하여 노드 pre의 오른쪽 노드를 삽입할 노드 new의 오른쪽 노드로 연결한다.

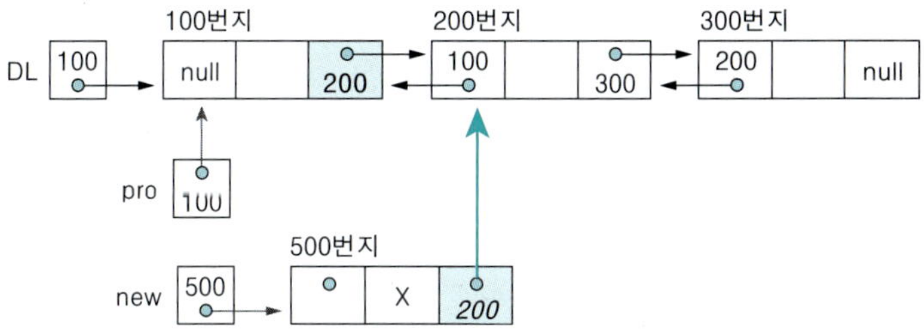

[그림 6-79] insertNode( ) 함수 수행 과정_알고리즘 ❶

❷ pre.rlink ← new;

새 노드 new의 참조값(500)을 노드 pre의 rlink에 저장하여 노드 new를 노드 pre의 오른쪽 노드로 연결한다.

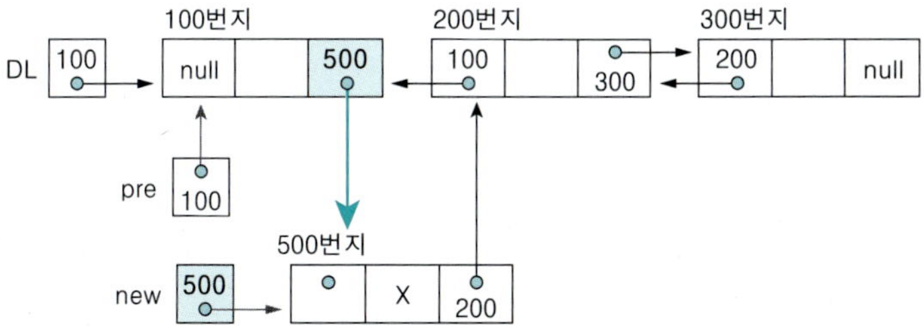

[그림 6-80] insertNode( ) 함수 수행 과정_알고리즘 ❷

❸ new.llink ← pre;

참조변수 pre의 값(100)을 삽입할 노드 new의 llink에 저장하여 노드 pre를 노드 new의 왼쪽 노드로 연결한다.

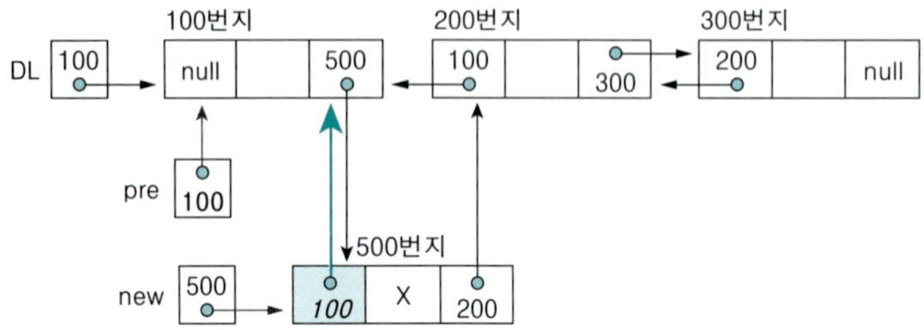

[그림 6-81] insertNode( ) 함수 수행 과정_알고리즘 ❸

❹ new.rlink.llink ← new;

new의 값(500)을 노드 new의 오른쪽 노드(new.rlink)의 llink에 저장하여 노드 new의 오른쪽 노드의 왼쪽 노드(new.rlink.llink)로 노드 new를 연결한다.

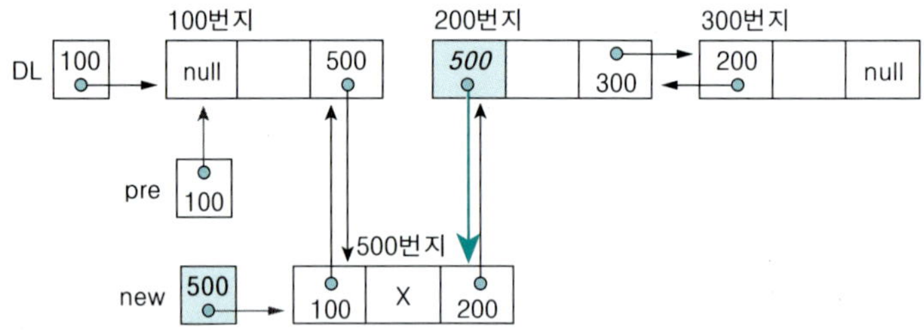

[그림 6-82] insertNode( ) 함수 수행 과정_알고리즘 ❹

❷ 이중 연결 리스트에서의 삭제 연산

양방향 기차놀이를 하던 헨리가 집에 가려고 한다. 헨리는 나머지 사람들이 양방향 기차놀이를 하는 데 문제가 없도록 이름표를 잘 넘겨주고 가야 한다. 먼저 헨리의 오른손에 있는 이름표를 헨리의 왼쪽에 있는 희진의 오른손에 준다.

[그림 6-83] 양방향 기차놀이에서 사람 나가기_오른손 이름표 넘겨주기

그리고 헨리의 왼손에 있는 이름표를 헨리의 오른쪽에 있는 삼식의 왼손에 준다.

[그림 6-84] 양방향 기차놀이에서 사람 나가기_왼손 이름표 넘겨주기

이제 다시 이름표대로 연결하면 헨리가 나가고 없는 양방향 기차가 된다.

[그림 6-85] 양방향 기차놀이에서 사람 나가기_완성

이중 연결 리스트에서의 원소 삭제 방법을 정리해 보면 다음과 같다.

> (1) 삭제할 노드의 오른쪽 노드의 주소(old.rlink)를 삭제할 노드의 왼쪽 노드(old.llink)의 오른쪽 링크(rlink)에 저장한다.
> (2) 삭제할 노드의 왼쪽 노드의 주소(old.llink)를 삭제할 노드의 오른쪽 노드(old.rlink)의 왼쪽 링크(llink)에 저장한다.
> (3) 삭제한 노드를 자유 공간 리스트에 반환한다.

위의 이중 연결 리스트 원소 삭제 방법을 다음과 같이 알고리즘으로 정의할 수 있다.

[알고리즘 6-12] 이중 연결 리스트의 원소 삭제 알고리즘

```
deleteNode(DL, old)
     old.llink.rlink ← old.rlink;              // ❶
     old.rlink.llink ← old.llink;              // ❷
     returnNode(old);                          // ❸
end deleteNode()
```

[그림 6-86]의 이중 연결 리스트 DL에서 참조변수 old가 가리키는 노드를 삭제하려고 한다.

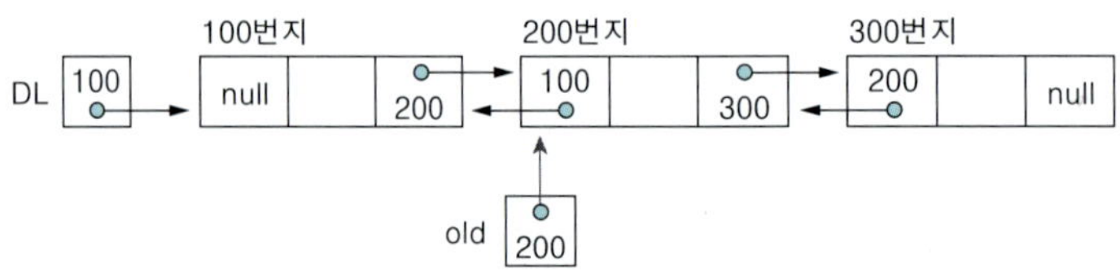

[그림 6-86] deleteNode( ) 함수 수행 과정_초기 상태

❶ old.llink.rlink ← old.rlink;

삭제할 노드 old의 오른쪽 노드의 참조값(old.rlink, 300)을 노드 old의 왼쪽 노드의 rlink(old.llink.rlink)에 저장하여 노드 old의 오른쪽 노드를 노드 old의 왼쪽 노드의 오른쪽에 연결한다.

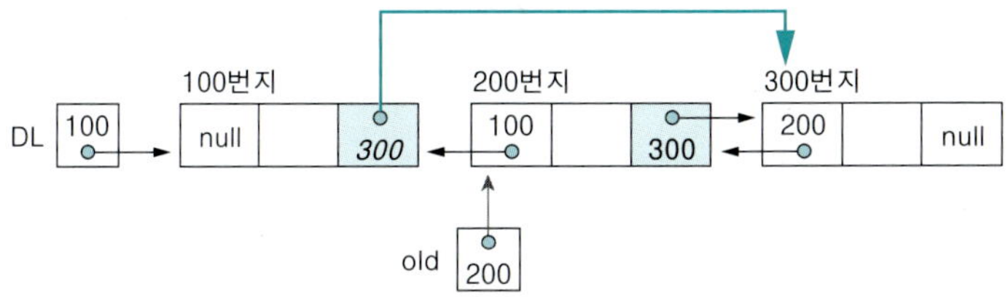

[그림 6-87] deleteNode( ) 함수 수행 과정_알고리즘 ❶

❷ old.rlink.llink ← old.llink;

삭제할 노드 old의 왼쪽 노드의 참조값(old.llink, 100)을 노드 old의 오른쪽 노드의 llink(old.rlink.llink)에 저장하여 노드 old의 왼쪽 노드를 노드 old의 오른쪽 노드와 연결한다.

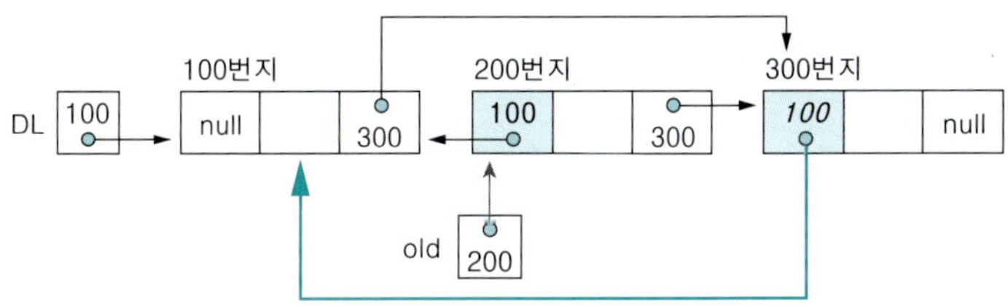

[그림 6-88] deleteNode( ) 함수 수행 과정_알고리즘 ❷

❸ returnNode(old);

삭제된 노드 old는 자유 공간 리스트에 반환한다.

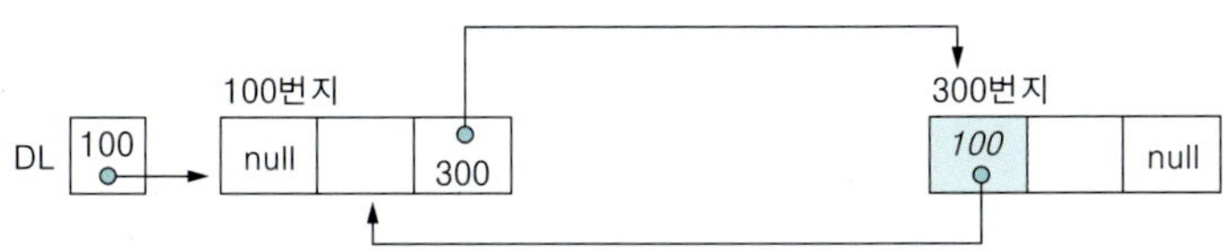

[그림 6-89] deleteNode( ) 함수 수행 과정_알고리즘 ❸

Section

05 다항식의 연결 자료구조 표현

단순 연결 리스트를 이용하여 다항식을 표현하는 방법을 알아보자. 다항식에 있는 하나의 항을 하나의 노드로 표현한다. 각 항에 대해서 계수와 지수를 저장해야 하므로 노드의 데이터 필드는 다음과 같이 계수를 저장하는 coef와 지수를 저장하는 expo의 두 개의 필드로 구성하고, 링크 필드는 다음 항을 연결하는 참조변수로 구성한다.

[그림 6-90] 다항식 노드

[그림 6-90]의 다항식 노드를 다음과 같은 클래스로 선언할 수 있다.

```
public class Node{
 float coef;
 int expo;
 Node link;
};
```

다항식 $A(x)=4x^3+3x^2+5x$와 $B(x)=3x^4+x^3+2x+1$을 다항식 노드를 사용하여 다음과 같이 표현할 수 있다.

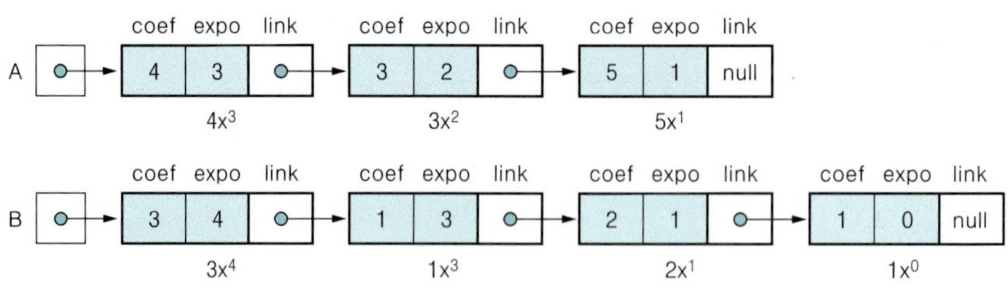

[그림 6-91] 다항식 A(x)와 B(x)의 단순 연결 리스트 표현

1 연결 자료구조 다항식에서의 항 삽입 연산

다항식에 항을 추가하기 위해서 연결 리스트의 마지막 노드 다음에 새로운 노드를 추가하는 알고리즘을 다음과 같이 정의할 수 있다.

[알고리즘 6-13] 다항식에 항을 추가하는 알고리즘

```
appendTerm(PL, coef, expo, last)
    new ← getNode();
    new.expo ← expo;
    new.coef ← coef;
    new.link ← null;
    if (PL = null) then {               // ❶
          PL ← new;                     // ❶-ⓐ
          last ← new;                   // ❶-ⓑ
    }
    else {                              // ❷
          last.link ← new;              // ❷-ⓐ
          last ← new;                   // ❷-ⓑ
    }
end appendTerm()
```

다항식 리스트 PL에 새로운 항에 대한 노드를 추가하려면 노드의 coef 필드값과 expo 필드값과 노드를 추가할 위치, 즉 리스트의 마지막 노드의 위치를 알아야 한다. 따라서 appendTerm( ) 함수는 다항식 리스트에 대한 참조변수 PL과 coef 필드값을 저장한 변수 coef, expo 필드값을 저장한 변수 expo 그리고 리스트 PL의 마지막 노드의 위치를 지시하는 참조변수 last를 매개변수로 사용한다.

❶ if (PL = null)

다항식 PL이 공백 리스트인 경우에는 항이 하나도 없는 다항식의 경우를 나타낸다.

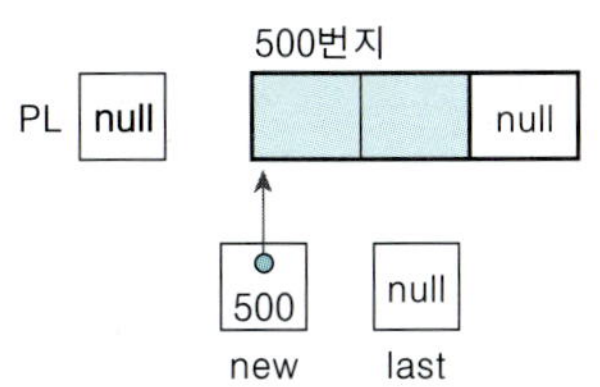

[그림 6-92] appendTerm( ) 함수 수행 과정_알고리즘 ❶

ⓐ PL ← new;

new의 값(500)을 리스트 참조변수 PL에 저장하여 노드 new가 리스트 PL의 첫 번째 노드가 되도록 연결한다.

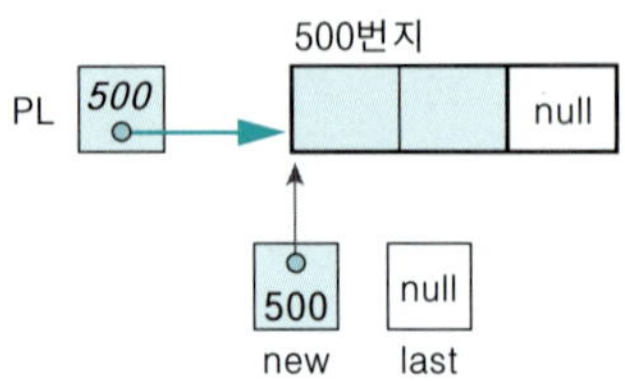

[그림 6-93] appendTerm( ) 함수 수행 과정_알고리즘 ❶-ⓐ

ⓑ last ← new;

new의 값(500)을 참조변수 last에 저장하여 last가 리스트 PL의 마지막 노드인 노드 new를 가리키도록 지정한다.

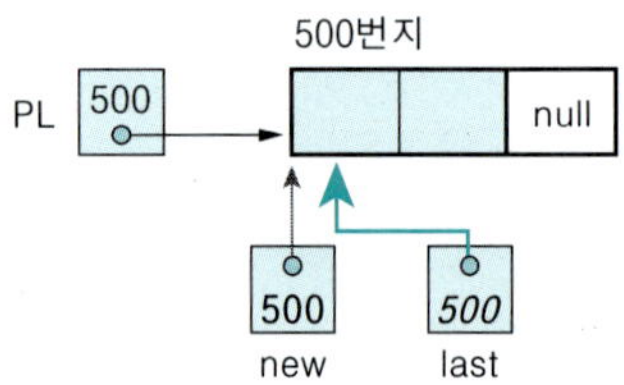

[그림 6-94] appendTerm( ) 함수 수행 과정_알고리즘 ❶-ⓑ

❷ else

[그림 6-95]에서처럼 다항식 리스트 PL이 공백 리스트가 아닌 경우에는 새 노드 new를 리스트 PL의 마지막 노드로 삽입한다.

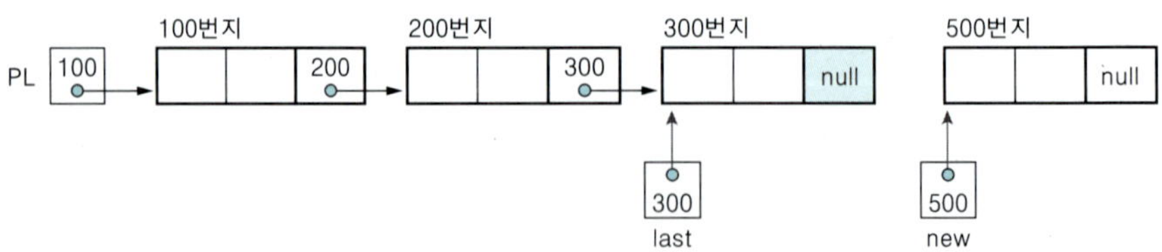

[그림 6-95] appendTerm( ) 함수 수행 과정_알고리즘 ❷

ⓐ last.link ← new;

new의 값(500)을 노드 last의 링크(last.link)에 저장하여 노드 new를 last가 참조하는 노드의 다음 노드로 연결한다.

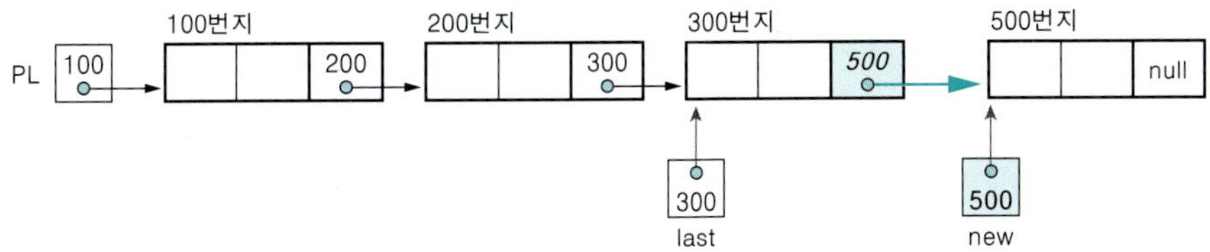

[그림 6-96] appendTerm( ) 함수 수행 과정_알고리즘 ❷-ⓐ

ⓑ last ← new;

new의 값(500)을 참조변수 last에 저장하여 노드 new를 리스트 PL의 마지막 노드로 지정한다.

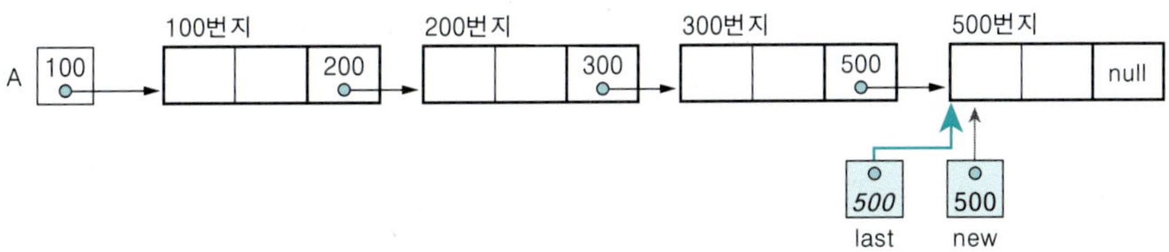

[그림 6-97] appendTerm( ) 함수 수행 과정_알고리즘 ❷-ⓑ

[그림 6-91]의 다항식 리스트 A에 appendTerm( ) 알고리즘을 사용하여 $2x^0$항(상수항 2)을 추가하면 [그림 6-98]과 같다.

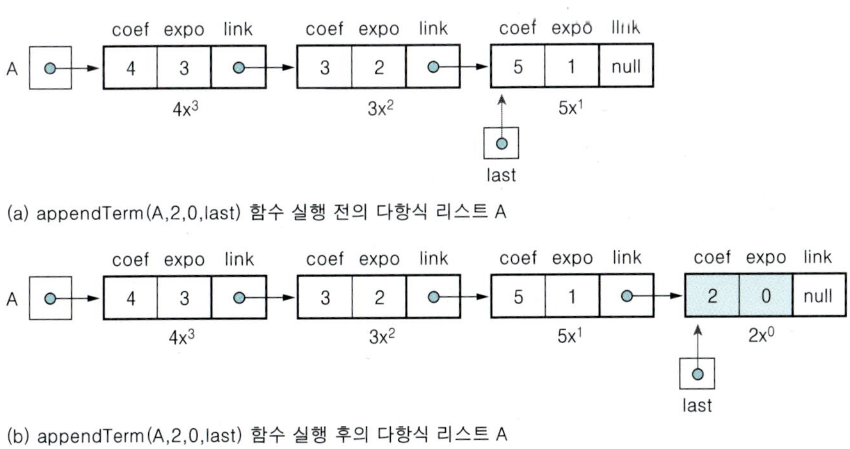

[그림 6-98] appendTerm( ) 함수를 사용하여 항 추가하기

2 다항식끼리의 덧셈 연산

두 다항식의 덧셈 A(x)+B(x)=C(x)를 단순 연결 리스트 자료구조를 사용하여 해결하는 방법을 생각해보자. 단순 연결 리스트를 이용한 다항식에서는 각 항을 이동하면서 지수를 비교하기 위해서 참조변수와 노드의 링크 필드를 이용한다. 다항식 A(x), B(x) 그리고 C(x)의 항을 지시하기 위해서 세 개의 참조변수를 사용한다. 참조변수 p는 다항식 A(x)에서 비교할 항을 가리키고, 참조변수 q는 다항식 B(x)에서 비교할 항을 가리킨다. 그리고 덧셈 연산 결과 만들어지는 다항식 C(x)의 항을 지시하기 위해서 참조변수 r을 사용한다. 다항식 A(x)의 항의 지수(p.expo)와 다항식 B(x)의 항의 지수(q.expo)를 비교하여 다음의 세 가지 경우를 구분하여 처리한다.

① p.expo 〈 q.expo : 다항식 B(x) 항의 지수가 큰 경우

두 다항식의 지수가 서로 다른 경우에는 계수의 덧셈을 할 수 없고, 지수가 높은 항부터 나열하는 다항식의 표현 규칙에 따라서 참조변수 q가 가리키는 다항식 B(x)의 항을 C(x)의 항으로 복사한다.

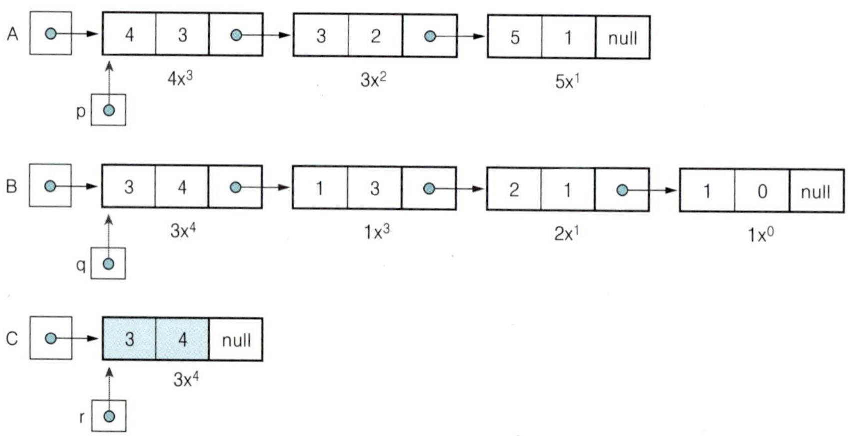

[그림 6-99] q의 지수가 더 큰 경우의 연산

그리고 q가 가리키는 항에 대한 처리가 끝났으므로 q는 다음 노드로 이동시킨다.

② p.expo = q.expo : 두 항의 지수가 같은 경우

지수가 같은 항은 계수를 더하여 C(x)의 항을 만들어야 하므로 p.coef와 q.coef를 더하여

C(x)의 항, 즉 r.coef에 저장하고 지수가 같아야 하므로 p.expo(또는 q.expo)를 r.expo에 저장한다.

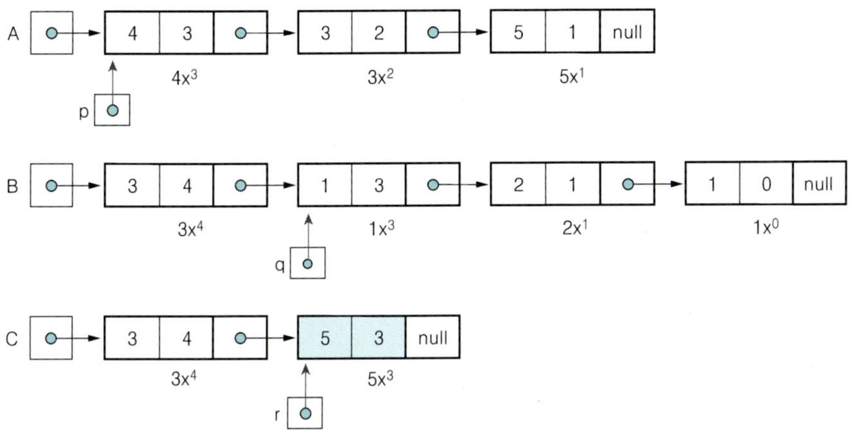

[그림 6-100] 지수가 같은 경우의 연산

그리고 다음 항을 비교하기 위해 p와 q를 각각 다음 노드로 이동시킨다.

③ p.expo 〉 q.expo : 다항식 A(x) 항의 지수가 큰 경우

p가 가리키는 다항식 A(x)의 항의 지수가 더 큰 경우에는 p가 가리키는 항을 C(x)의 항으로 복사한다.

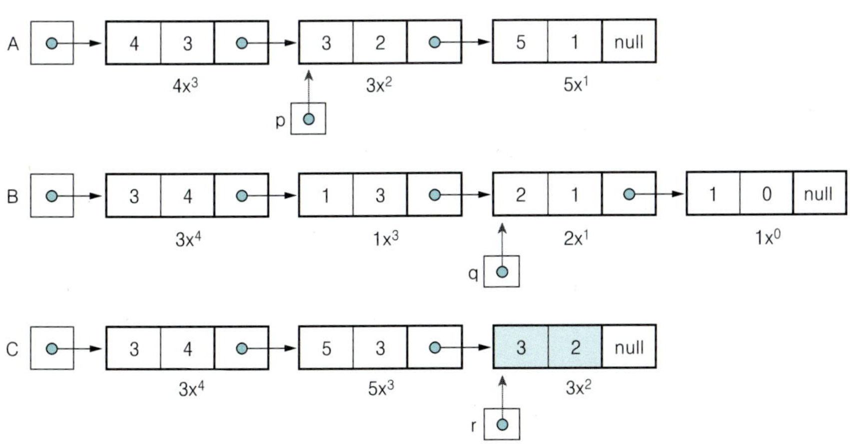

[그림 6-101] p의 지수가 더 큰 경우의 연산

두 다항식의 모든 항에 대해서 이와 같은 지수 비교 연산을 반복하여 처리한다. 다항식의 모든 항에 대한 처리가 끝나면, 참조변수 p와 q가 모두 null이 되고 덧셈연산은 종료된다.

다음은 두 다항식의 덧셈 연산에 대한 알고리즘이다.

[알고리즘 6-14] 단순 연결 리스트를 이용한 다항식의 덧셈 알고리즘

```
addPoly(A, B)
        // 단순 연결 리스트로 표현된 다항식 A와 B를 더하여
        // 새로운 다항식 C를 반환
    p ← A;
    q ← B;
    C ← null;        // 결과 다항식
    r ← null;        // 결과 다항식의 마지막 노드를 지시
    while (p ≠ null and q ≠ null) do {      // p, q는 순회용 참조변수
        case {
            p.expo = q.expo :
                    sum ← p.coef + q.coef
                    if (sum ≠ 0) then appendTerm(C, sum, p.expo, r);
                    p ← p.link;
                    q ← q.link;
            p.expo < q.expo :
                    appendTerm(C, q.coef, q.expo, r);
                    q ← q.link;
            else :      // p.expo > q.expo인 경우
                    appendTerm(C, p.coef, p.expo, r);
                    p ← p.link;
        } // end case
    } // end while

    while (p ≠ null) do {       // A의 나머지 항들을 C에 복사
        appendTerm(C, p.coef, p.expo, r);
        p ← p.link;
    }
    while (q ≠ null) do {       // B의 나머지 항들을 C에 복사
        appendTerm(C, q.coef, q.expo, r);
```

```
        q ← q.link;
    }
    return C;
end addPoly()
```

위의 알고리즘에 따라 다항식 $A(x)=4x^3+3x^2+5x$와 $B(x)=3x^4+x^3+2x+1$의 덧셈 연산을 단계별로 구해보면 다음과 같다.

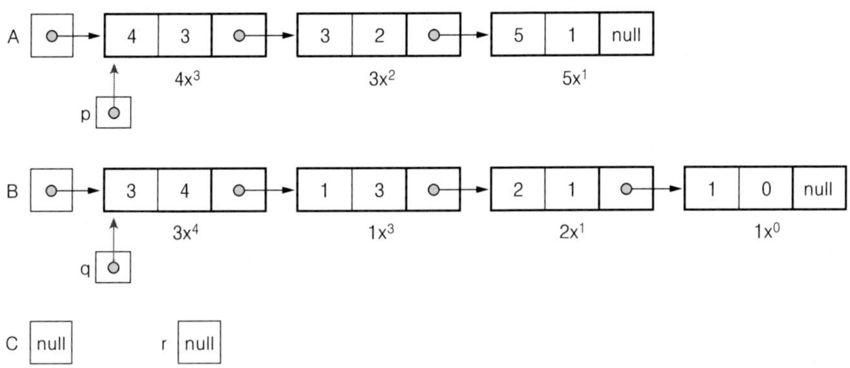

[그림 6-102] A(x)+B(x)=C(x)_초기 상태

① 참조변수 p가 가리키는 $4x^3$항과 참조변수 q가 가리키는 $3x^4$항의 지수를 비교한다([그림 6-102]). p.expo < q.expo이므로 지수가 큰 q 노드를 리스트 C에 복사하고, q는 링크를 따라서 다음 노드로 이동하여 [그림 6-103]의 상태가 된다.

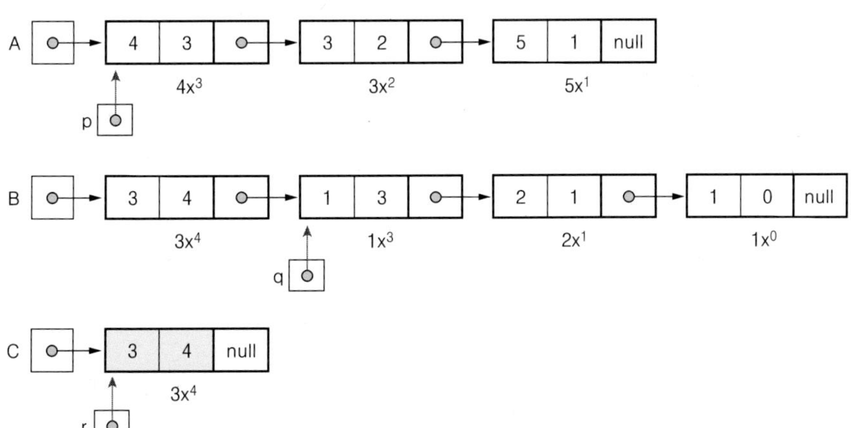

[그림 6-103] A(x)+B(x)=C(x)_$4x^3$항과 $3x^4$항에 대한 처리 후

② p가 가리키는 $4x^3$항과 참조변수 q가 가리키는 $1x^3$항의 지수를 비교한다([그림 6-103]). p.expo = q.expo이므로 두 노드의 coef 필드값을 더하고, expo 필드값을 저장한 노드를 만들어서 리스트 C에 추가하고, p와 q는 다음 노드로 이동하여 [그림 6-104]의 상태가 된다.

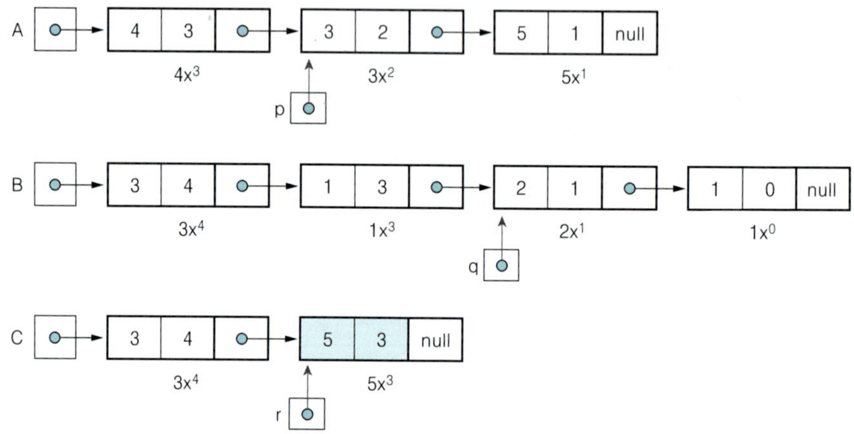

[그림 6-104] A(x)+B(x)=C(x)_$4x^3$항과 $1x^3$항에 대한 처리 후

③ p가 가리키는 $3x^2$항과 q가 가리키는 $2x^1$항의 지수를 비교한다([그림 6-104]). p.expo >q.expo이므로 지수가 큰 p 노드를 리스트 C에 복사하고, p는 다음 노드로 이동하여 [그림 6-105]의 상태가 된다.

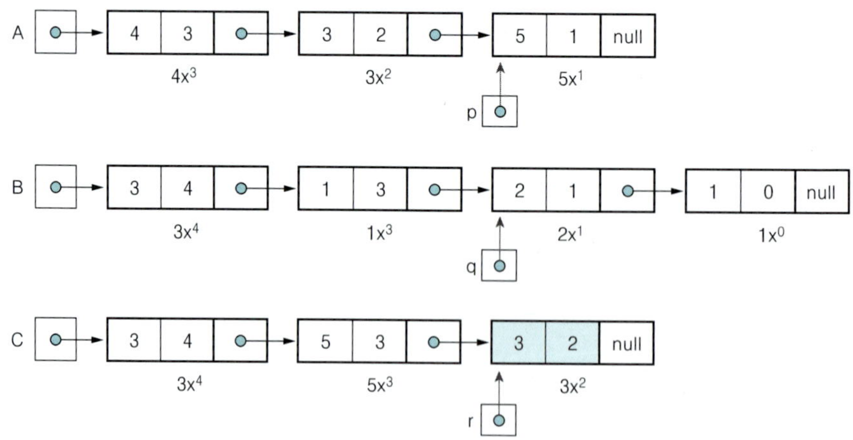

[그림 6-105] A(x)+B(x)=C(x)_$3x^2$항과 $2x^1$항에 대한 처리 후

④ p가 가리키는 $5x^1$항과 q가 가리키는 $2x^1$항의 지수를 비교한다([그림 6-105]). p.expo = q.expo이므로 두 노드의 coef 필드의 값을 더하고, expo 필드의 값을 저장하여 만든 노드를 리스트 C에 추가하고, p와 q는 다음 노드로 이동하여 [그림 6-106]의 상태가 된다.

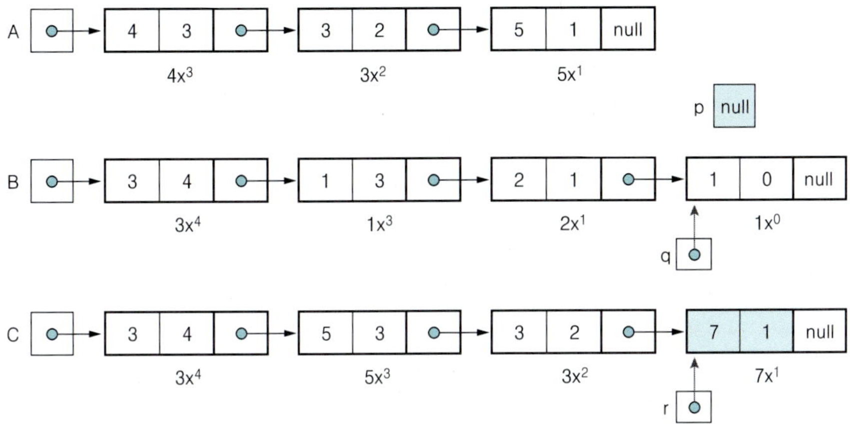

[그림 6-106] A(x)+B(x)=C(x)_$5x^1$항과 $2x^1$항에 대한 처리 후

⑤ 참조변수 p가 null이 되었으므로 다항식 A(x)의 항에 대한 처리가 모두 끝났다. 처리할 항이 남아있는 다항식 B(x)의 참조변수 q가 null이 될 때까지 다항식 B(x)의 남은 모든 노드를 복사하여 리스트 C에 추가한다.

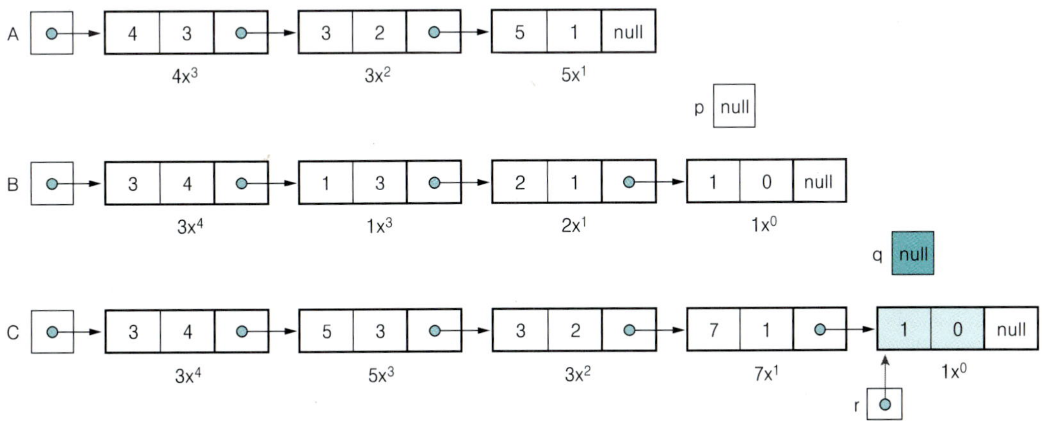

[그림 6-107] A(x)+B(x)=C(x)_B(x)의 남은 항에 대한 처리 후

참조변수 p와 q가 모두 null이 되었으므로 두 다항식에 대한 연산이 완료되고, 결과 다항식은 $C(x)=3x^4+5x^3+3x^2+7x+1$이 된다.

요약

1 순차 자료구조 방식에서의 자리 이동 연산 시간에 대한 문제와 저장 공간에 대한 문제를 개선한 연결 자료구조(Linked Data Structure) 방식 또는 비순차 자료구조(Nonsequential Data structure) 방식은 다음 원소의 주소에 의해 순서가 연결되는 방식이기 때문에 순차 자료구조 방식과 달리 메모리에 저장되는 물리적인 순서를 맞추기 위한 오버헤드가 발생하지 않는다.

2 연결 자료구조 방식에서 원소는 연결될 다음 원소에 대한 메모리 참조값을 저장해야 하기 때문에 〈원소, 주소 참조값〉을 기본 단위로 하여 저장하는데, 이러한 단위 구조를 노드(node)라고 한다. 노드는 원소의 값을 저장하는 데이터 필드(Data Field)와 다음 노드의 주소를 저장하는 링크 필드(Link Field)로 구성된다.

3 연결 리스트는 리스트를 연결 자료구조 방식으로 표현한 리스트로서 연결하는 방식에 따라 단순 연결 리스트와 원형 연결 리스트, 이중 연결 리스트, 이중 원형 연결 리스트가 있다.

4 단순 연결 리스트를 이용하여 다항식을 표현할 수 있다. 다항식에 있는 하나의 항은 하나의 노드로 표현하는데, 노드는 각 항에 대해서 계수와 지수를 저장하기 위해 데이터 필드 두 개와 다음 항에 대한 노드를 연결하는 링크 필드로 구성한다.

연습문제

1 순차 자료구조 방식과 연결 자료구조 방식을 비교 설명하시오.

2 단순 연결 리스트와 원형 연결 리스트, 이중 연결 리스트의 특징을 설명하시오.

3 다음 참조 변수에 대한 연산의 의미를 설명하시오.

① p = p.link;

② p = q;

③ p.link = q

④ p.link = q.link;

4 주소록 프로그램을 단순 연결 리스트를 이용하여 작성하여라.

작성 조건1)

- 주소록은 이름, 전화번호, 메일주소를 저장할 수 있도록 노드를 구성하여라.

작성 조건2)

- 새로운 사람에 대한 주소록 삽입 연산을 작성하여라.
- 새로운 노드는 항상 주소록의 마지막에 삽입되도록 하여라.

작성 조건3)

- 지정한 이름에 대한 노드를 주소록에서 검색하여 삭제하는 연산을 작성하여라.

5 다음 자료 중 성격이 다른 하나는? (2006년 기출문제)

가. Stack　　나. Queue

다. Linked List　　라. Circular Queue

6 연결 리스트에 대한 설명으로 거리가 먼 것은? (2007년 기출문제)

가. 노드의 삽입이나 삭제가 쉽다.

나. 연결을 해주는 링크를 위한 추가 공간이 필요하다.

다. 노드들이 링크로 연결되어 검색이 빠르다.

라. 연결 리스트 중에서 중간노드 연결이 끊어지면 그 다음 노드를 찾기 힘들다.

연습문제

7 연결 리스트에 대한 설명으로 옳지 않은 것은?

가. 단순 연결 리스트에서는 한쪽 방향으로만 이동이 가능하다.
나. 연결 리스트는 원형이 아닐 수도 있다.
다. 일반적으로 이중 연결 리스트의 노드는 적어도 3개의 필드를 가진다.
라. 이중 연결 리스트는 단순 연결 리스트보다 모든 면에서 우수하다.
마. 연결 리스트는 헤드 노드를 갖도록 구성할 수 있다.

8 단순 연결 원형 리스트에 대한 설명으로 가장 적절하지 않은 것은?

가. 단순 연결 리스트의 단점을 보완한 것이다.
나. 링크 연결 방향의 반대 방향으로 직접 이동할 수 없다.
다. 삭제하고자 하는 노드에 대한 링크만으로 그 노드를 삭제할 수 없다.
라. 단점을 보완하기 위해 이중 연결 원형 리스트를 사용할 수 있다.
마. 마지막 노드의 링크 필드 값은 널(null)이다.

9 이중 연결 리스트에 대한 설명으로 옳지 않은 것은?

가. 단순 연결 리스트의 노드에 비하여 링크 필드가 더 필요하다.
나. 특정 노드의 왼쪽과 오른쪽에 새로운 노드의 삽입과 삭제가 쉽다.
다. 원형으로 만들 경우, 어떤 노드의 포인터 필드값 1개를 잃어버려도 복구할 수 있다.
라. 같은 리스트를 단순 연결 리스트에 저장했을 때보다 시작 노드부터 n번째 노드를 찾는 시간이 더 빠르다.
마. 임의의 노드에 대한 링크 값이 그 노드의 왼쪽 노드와 오른쪽 노드에 저장된다.

Part

03

응용 자료구조

Chapter 07

스택

학습목표

- 자료구조 스택에 대해서 이해한다.
- 스택의 특징과 연산 방법을 알아본다.
- 순차 자료구조 방식으로 스택을 구현한다.
- 연결 자료구조 방식으로 스택을 구현해본다.
- 스택의 응용 방법을 알아본다.

Section

01 스택

자료를 구조화하는 가장 기본적인 방법은 자료를 순서대로 나열하여 리스트를 구성하는 것이다(5장, 6장). 자료를 나열하는 방법을 제한하는 몇 가지 규칙을 추가하여 리스트를 응용한 자료구조를 만들 수가 있다.

스택(stack)이란 쌓아 올린다는 의미다. 따라서 스택 자료구조라는 것은 접시를 쌓듯이 자료를 차곡차곡 쌓아 올린 형태의 구조를 말한다. 스택의 형태는 뷔페식당의 쌓인 접시, 책상 위에 쌓아 둔 책, 안하고 밀려서 쌓인 레포트 등 주변에서 흔히 볼 수 있다.

[그림 7-1] 스택의 예

이같이 일상에서 사용하는 스택의 개념을 추상화하여 자료구조로 만든 것이 스택 자료구조다. 스택은 같은 구조와 크기의 자료를 top이라고 정한 한 곳으로만 쌓을 수 있고, top으로만 접근하도록 제한하여 만든 자료구조다.

스택에서는 top을 통해서 들어온 자료가 일정한 방향으로 차곡차곡 쌓인다. 삽입되는 새 자료는 top이 가리키고 있는 자료의 위에 쌓인다. 이때 새로 삽입된 자료는 스택의 마지막 자료가 되고, top이 이 자료를 가리키게 된다. 스택에서 자료를 삭제할 때도 top을 통해서만 가능하기 때문에 top이 가리키고 있는 스택의 마지막 자료만 삭제할 수 있다.

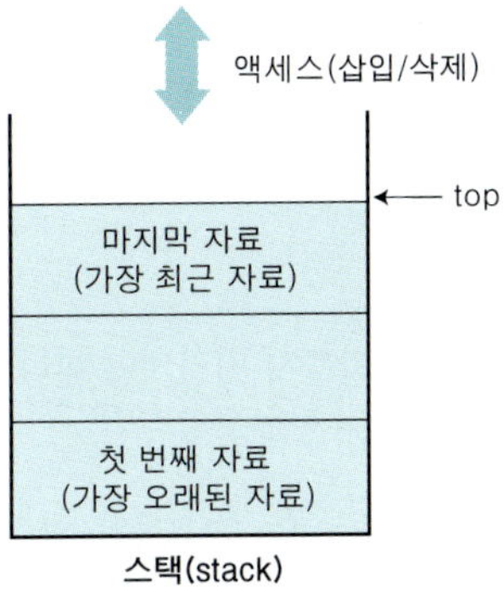

[그림 7-2] 스택의 구조

따라서 스택은 시간순서에 따라 자료가 쌓이고, 삭제할 때는 가장 마지막에 삽입된 자료가 가장 먼저 삭제되는 후입선출(LIFO, Last-In-First-Out)의 구조를 갖는다.

연탄불구이 삼겹살집을 생각해보자. 삼겹살을 시키면 연탄을 먼저 넣어주는데, 연탄을 넣을 수 있는 입구는 하나뿐이다. 그러니 연난을 하니씩 순서대로 넣어야 한다. [그림 7-3]에서처럼 먼저 1번 연탄을 넣고, 2번, 3번 연탄을 순서대로 넣는다. 그리고 다 쓴 연탄을 꺼낼 때는 연탄을 넣었던 구멍에서 하나씩 꺼내야 한다. 그러면 제일 나중에 넣어서 가장 위에 있었던 3번 연탄을 제일 먼저 꺼내고, 그다음 2번, 1번 연탄을 순서대로 꺼내게 된다. 가장 늦게 넣은(Last-In) 연탄을 가장 먼저 꺼냈으니(First-Out) 연탄아궁이는 스택의 LIFO 구조라 할 수 있다.

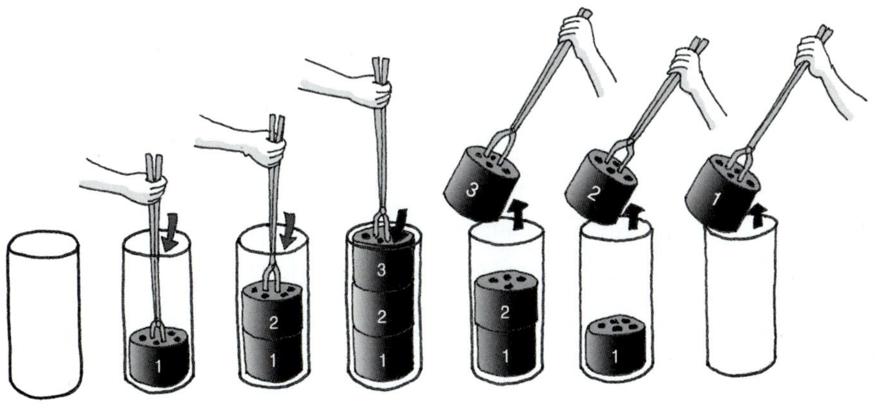

[그림 7-3] 스택 자료구조의 예_연탄아궁이

슈퍼맨이 옷을 갈아입는 구조도 스택의 LIFO 구조가 된다. 슈퍼맨이 옷을 벗을 때는 ① 장화 → ② 망토 → ③ 빨간팬츠 → ④ 파란옷의 순서일 것이다. 그리고 다시 옷을 입을 때는 벗을 때와는 반대 순서로 ④ 파란옷 → ③ 빨간팬츠 → ② 망토 → ① 장화의 순서가 될 것이다. 마지막에 벗은 파란옷을 가장 먼저 입었으니 LIFO 구조가 된다.

스택에서 자료가 삽입되고 삭제되는 순서를 결정하는 LIFO 구조는 반드시 지켜져야 한다. 슈퍼맨이 빨간팬츠 → 파란옷 순서로 벗었다가 빨간팬츠 → 파란옷의 순서로 입고 출동한다면, 그래서 수퍼맨의 트레이드마크인 파란 바지위의 빨간팬츠가 없다면 누가 그를 슈퍼맨이라고 부르겠는가?

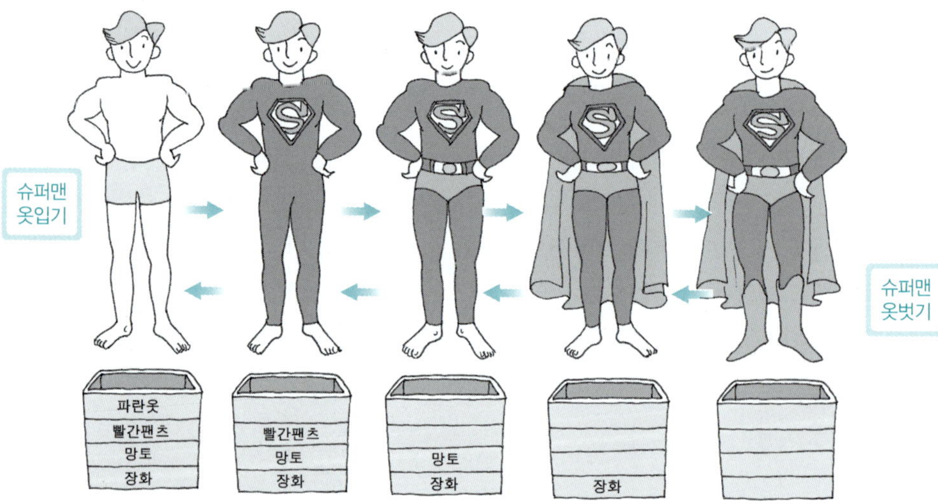

[그림 7-4] 스택 자료구조의 예_슈퍼맨 옷 입기

스택에서 top을 통한 삽입 연산을 push, top을 통한 삭제 연산을 pop이라고 한다. 출근 시간의 만원 전철을 경험해봤다면 push, pop을 쉽게 이해할 수 있을 것이다. 사람이 가득 타고 있는 전철에는 이전 정거장에서 가장 마지막에 탄 사람이 문 앞에 있게 되는데, 다른 정거장에서 문이 열리면 내리려는 사람들의 압력으로 출입문 근처에 있던 사람은 밖으로 튕겨(pop)나가게 된다. 그리고 만원 전철에 타려면 출입문에 있는 사람들을 밀고(push) 들어가야 한다.

[그림 7-5] 만원 전철에서의 pop과 push

공백 스택에 자료 A, B, C를 순서대로 삽입하고, 다시 자료 하나를 삭제하는 동안의 스택을 살펴보면 [그림 7-6]과 같다.

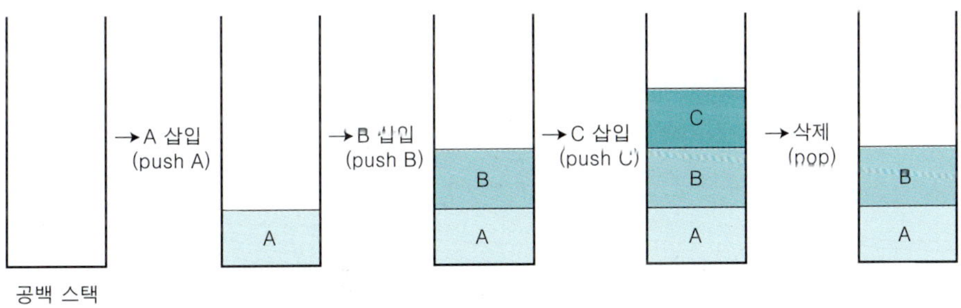

[그림 7-6] 스택에서의 자료의 삽입 · 삭제 과정

Section

02 스택의 추상 자료형

스택에서 가능한 자료형과 연산작업을 추상화하여 나열해보자.

[ADT 7-1] 스택에 대한 추상 자료형

```
ADT  Stack
     데이터 :  0개 이상의 원소를 가진 유한 순서 리스트
     연산 :
          S ∈ Stack; item ∈ Element;
          createStack() ::= create an empty Stack;
               // 공백 스택을 생성하는 연산
          isEmpty(S) ::= if (S is empty) then  return  true
                         else  return  false;
               // 스택 S가 공백인지 아닌지를 확인하는 연산
          push(S, item) ::=insert item onto the top of S;
               // 스택 S의 top에 item(원소)을 삽입하는 연산
          pop(S) ::= if (isEmpty(S)) then return error
                     else { delete and return the top item of S };
               // 스택 S의 top에 있는 item(원소)을 스택에서 삭제하고 반환하는 연산
          delete(S) ::= if (isEmpty(S)) then return error
                        else delete the top item;
               // 스택 S의 top에 있는 item(원소)을 삭제하는 연산
          peek(S) ::= if (isEmpty(S)) then return error
                      else return (the top item of the S);
               // 스택 S의 top에 있는 item(원소)을 반환하는 연산
End  Stack
```

스택 S에 자료 x를 삽입하는 push() 알고리즘을 정의하면 다음과 같다.

[알고리즘 7-1] 스택의 push 알고리즘

```
push(S, x)
    top ← top+1;                              // ❶
    if (top > stack_SIZE) then overflow;
    else
        S(top) ← x;                           // ❷
end push()
```

❶ top ← top+1;

스택 S에서 top이 마지막 자료를 가리키고 있으므로 그 위에 자료를 삽입하려면 먼저 top의 위치를 하나 증가시킨다. 이때 top의 위치가 스택의 크기(stack_SIZE)보다 크다면 오버플로우(overflow) 상태가 되므로 삽입 연산을 수행하지 못하고 연산이 종료된다.

❷ S(top) ← x; : 오버플로우 상태가 아니라면 스택의 top이 가리키는 위치에 x를 삽입한다.

다음은 스택 S에서 자료를 삭제하는 pop( ) 알고리즘이다.

[알고리즘 7-2] 스택의 pop 알고리즘

```
pop(S)
    if (top = 0) then error;
    else {
        return S(top);              // ❶
        top ← top-1;                // ❷
    }
end pop()
```

스택에서의 삭제 연산은 스택의 마지막 자료 즉, top이 가리키고 있는 자료를 스택에서 삭제하고 삭제한 자료를 반환하는 것이다. 그런데 만약 top의 값이 0인 공백 스택이라면 삭제할 자료가 없으므로 삭제 연산을 수행하지 못한다.

❶ return S(top); : 스택이 공백 스택이 아니라면 top이 가리키는 원소를 먼저 반환한다.

❷ top ← top-1;

스택의 마지막 자료가 삭제되면 top의 위치는 그 아래의 자료가 되므로 top의 위치를 하나 감소시킨다.

Section

03 스택의 구현

스택을 구현하는 방법은 5장에서 설명한 순차 자료구조 방식을 이용하는 방법과 6장에서 설명한 연결 자료구조 방식을 이용하는 방법이 있다.

1. 순차 자료구조방식을 이용한 스택의 구현

순차 자료구조인 1차원 배열을 이용하여 스택을 구현할 수 있다. 1차원 배열 stack[n]을 사용할 때 n은 배열 크기로서 배열원소의 개수를 나타내는데, 이것이 스택의 크기가 된다. 스택에 원소가 쌓이는 순서는 배열의 인덱스(index)로 표현한다. 따라서 스택의 첫 번째 원소는 stack[0]에 저장하고, 스택의 두 번째 원소는 stack[1]에 저장하고, 스택의 i번째 원소는 stack[i-1]에 저장한다.

[그림 7-7] 스택에 대한 1차원 배열 표현

스택의 top을 표현하기 위해서 배열 stack의 마지막 원소의 인덱스를 변수 top에 저장한다. 변수 top은 0부터 n-1까지의 인덱스를 저장하므로, 스택이 초기상태(공백스택)일 때 top에는 -1을 저장한다.

크기가 5인 스택을 생성하여 원소 A, B, C를 순서대로 삽입한 후에 원소 하나를 삭제하는 과정을 살펴보자.

① 공백 스택 생성 : create(stack, 5);

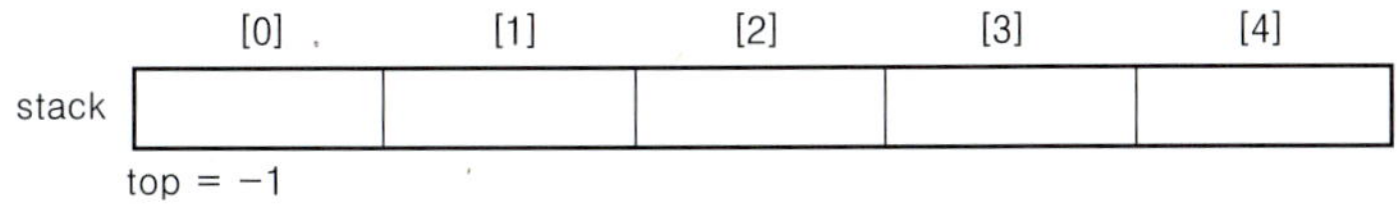

② 원소 A 삽입 : push(stack, A);

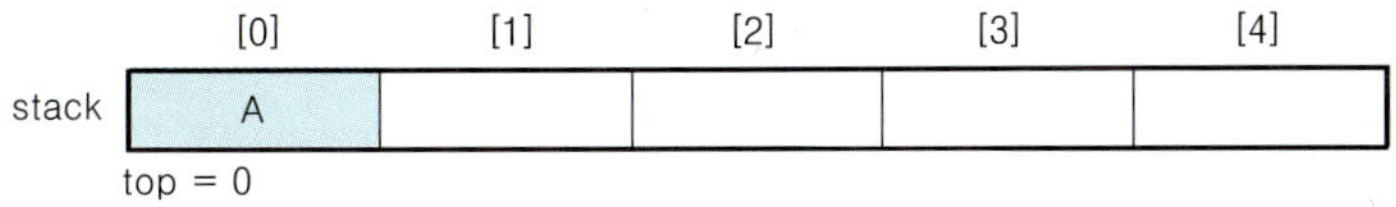

③ 원소 B 삽입 : push(stack, B);

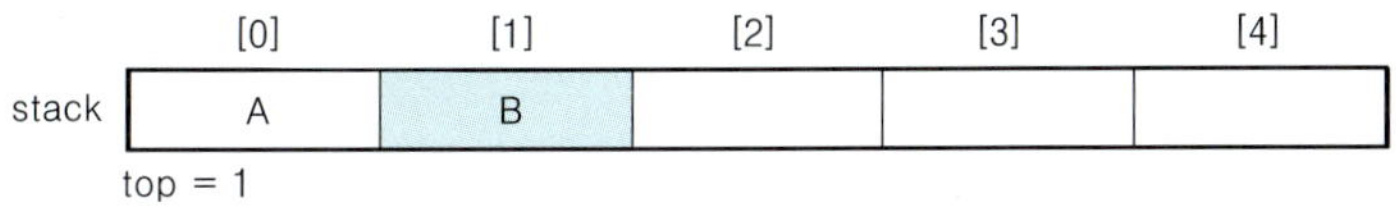

④ 원소 C 삽입 : push(stack, C);

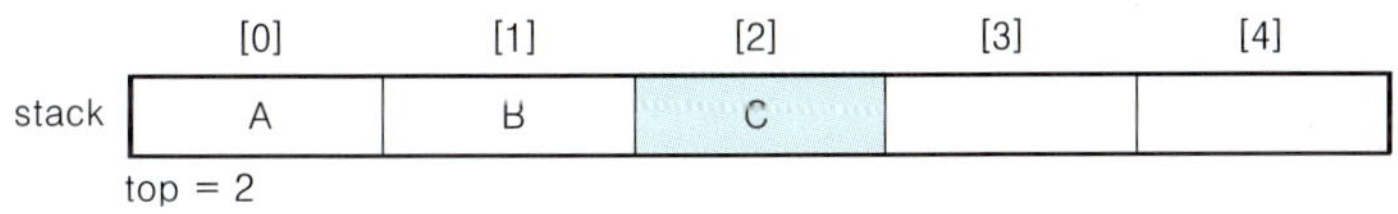

⑤ 원소 삭제 : pop(stack);

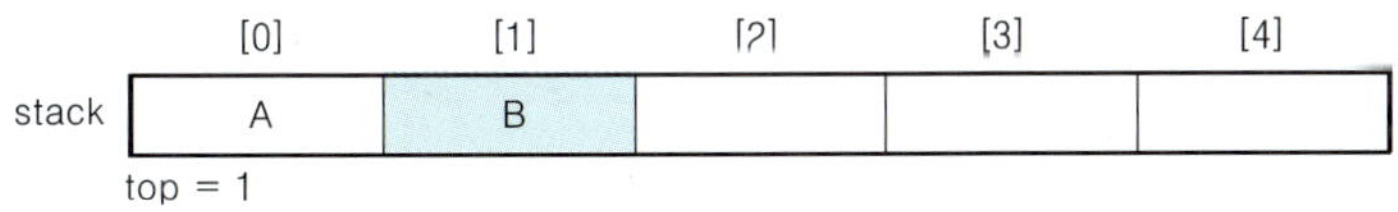

[그림 7-8] 순차 자료구조 방식을 이용한 스택에서의 연산 과정

다음은 순차 자료구조 방식을 이용하여 스택의 추상 자료형과 알고리즘을 구현한 자바 프로그램이다.

[예제 7-1] 순차 자료구조 방식을 이용하여 구현한 스택 프로그램

```
interface Stack{
    boolean isEmpty();
    void push(char item);
    char pop();
    void delete();
    char peek();
}
```

```

class ArrayStack implements Stack{
    private int top;
    private int stackSize;
    private char itemArray[];

    public ArrayStack(int stackSize){
        top = -1;
        this.stackSize = stackSize;
        itemArray = new char[this.stackSize];
    }

    public boolean isEmpty(){
        return (top == -1);
    }

    public boolean isFull(){
        return (top == this.stackSize-1);
    }

    public void push(char item){
        if(isFull()){
            System.out.println("Inserting fail! Array Stack
            is full!!");
        }
        else{
            itemArray[++top] = item;
            System.out.println("Inserted Item : " + item);
        }
    }

    public char pop(){
        if(isEmpty()) {
            System.out.println("Deleting fail! Array Stack
            is empty!!");
```

```
                return 0;
            }
            else{
                return itemArray[top--];
            }
        }

        public void delete(){
            if(isEmpty()){
                System.out.println("Deleting fail! Array Stack is empty!!");
            }
            else {
                top--;
            }
        }

        public char peek(){
            if(isEmpty()){
                System.out.println("Peeking fail! Array Stack is empty!!");
                return 0;
            }
            else
                return itemArray[top];
        }

        public void printStack(){
            if(isEmpty())
                System.out.printf("Array Stack is empty!! %n %n");
            else{
                System.out.printf("Array Stack>> ");
                for(int i=0; i<=top; i++)
                    System.out.printf("%c ", itemArray[i]);
                System.out.println();     System.out.println();
```

```
        }
    }
}

class Ex7_1{
    public static void main(String args[]){
        int stackSize = 5;
        char deletedItem;
        ArrayStack S = new ArrayStack(stackSize);

        S.push('A');
        S.printStack();

        S.push('B');
        S.printStack();

        S.push('C');
        S.printStack();

        deletedItem = S.pop();
        if(deletedItem != 0)
            System.out.println("deleted Item : " + deletedItem);
        S.printStack();
    }
}
```

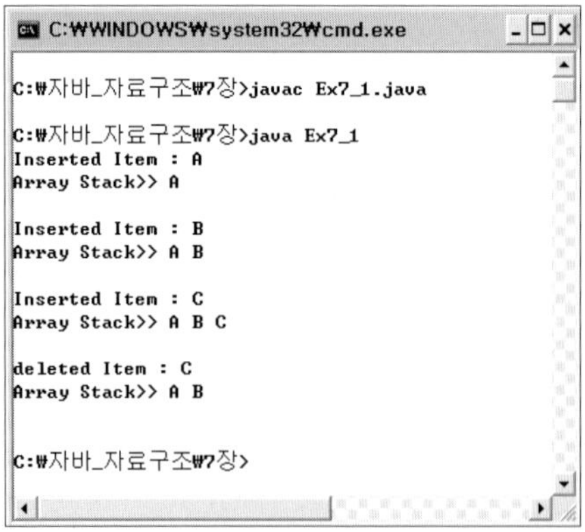

2. 연결 자료구조 방식을 이용한 스택의 구현

순차 자료구조를 이용한 스택은 배열을 사용하여 구현하기는 쉽지만, 물리적으로 크기가 고정된 배열을 사용하기 때문에 스택의 크기를 변경하기가 어렵고, 메모리의 낭비가 생길 수 있다는 문제가 있다. 이러한 순차 자료구조 방식의 문제는 연결 자료구조 방식을 이용함으로써 해결할 수 있다.

연결 자료구조 방식의 단순 연결 리스트를 이용하여 스택을 구현하면 스택의 원소는 연결 리스트의 노드가 된다. 스택에 원소를 삽입할 때마다 연결 리스트에 노드를 하나씩 연결한다. 그리고 스택 원소들 간의 순서는 연결 리스트 노드의 링크를 사용하여 표현한다. 스택의 top을 표현하기 위해서 참조 변수 top을 사용한다.

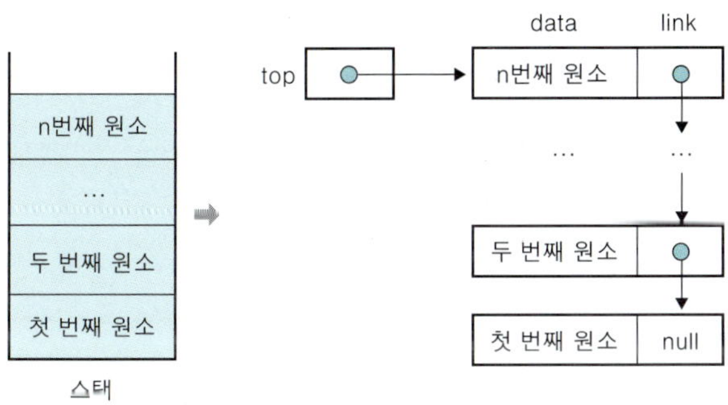

[그림 7-9] 스택에 대한 단순 연결 리스트 표현

스택의 초기 상태(공백 스택)는 참조변수 top을 null로 설정하여 표현한다.

공백 스택을 생성하고, 원소 A, B, C를 순서대로 삽입한 후에 원소 하나를 삭제하는 과정을 살펴보자.

① 공백 스택 생성 : create(stack);

② 원소 A 삽입 : push(stack, A);

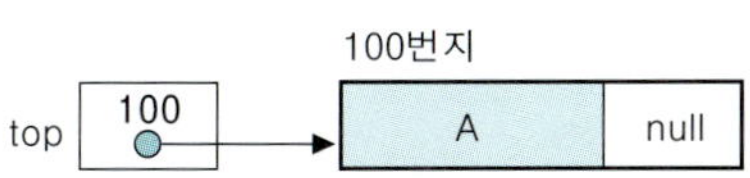

③ 원소 B 삽입 : push(stack, B);

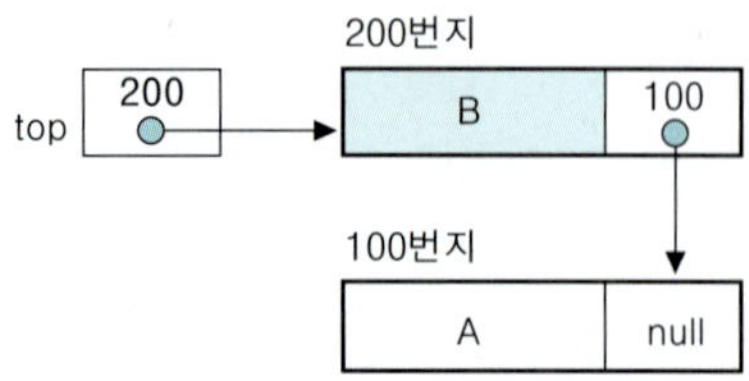

④ 원소 C 삽입 : push(stack, C);

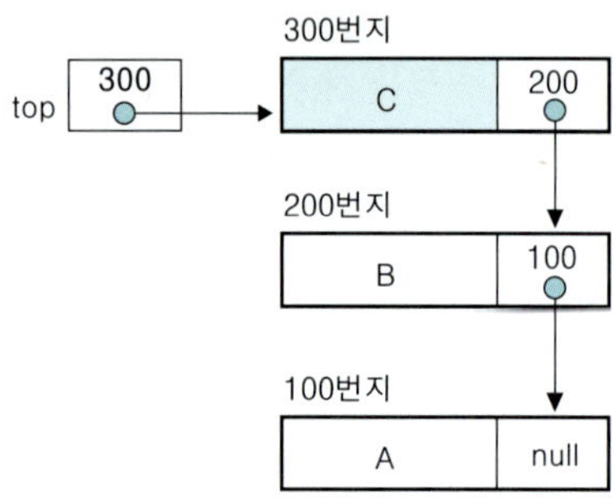

⑤ 원소 삭제 : pop(stack);

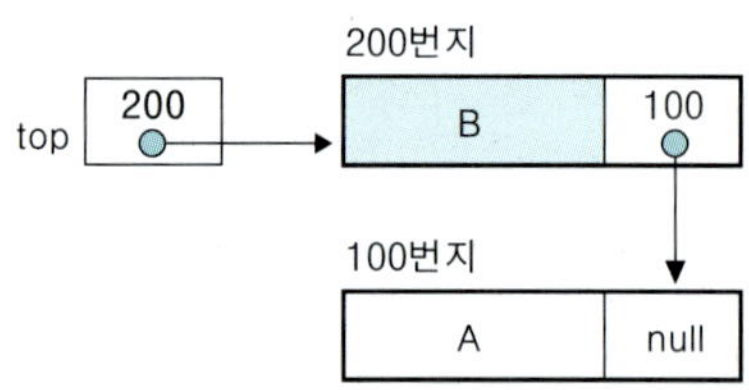

[그림 7-10] 연결 자료구조를 사용한 스택에서의 연산 과정

다음은 스택의 추상 자료형과 알고리즘을 연결 자료구조를 이용하여 구현한 자바 프로그램이다.

[예제 7-2] 연결 자료구조 방식을 이용하여 구현한 스택 프로그램

```
interface Stack{
    boolean isEmpty();
    void push(char item);
    char pop();
    void delete();
    char peek();
```

```
}

class StackNode{
    char data;
    StackNode link;
}

class LinkedStack implements Stack{
    private StackNode top;

    public boolean isEmpty(){
        return (top == null);
    }

    public void push(char item){
        StackNode newNode = new StackNode();
        newNode.data = item;
        newNode.link = top;
        top = newNode;
        System.out.println("Inserted Item : " + item);
    }

    public char pop(){
        if(isEmpty()) {
            System.out.println("Deleting fail! Linked Stack
            is empty!!");
            return 0;
        }
        else{
            char item = top.data;
            top = top.link;
            return item;
        }
    }

```

```
    public void delete(){
        if(isEmpty()){
            System.out.println("Deleting fail! Linked Stack is empty!!");

        }
        else {
            top = top.link;
        }
    }

    public char peek(){
        if(isEmpty()){
            System.out.println("Peeking fail! Linked Stack is empty!!");
            return 0;
        }
        else
            return top.data;
    }

    public void printStack(){
        if(isEmpty())
            System.out.printf("Linked Stack is empty!! %n %n");
        else{
            StackNode temp = top;
            System.out.println("Linked Stack>> ");
            whiIe(temp != null){
                System.out.printf("\t %c \n", temp.data);
                temp = temp.link;
            }
            System.out.println();
        }
    }
}
```

```
class Ex7_2{
    public static void main(String args[]){
        char deletedItem;
        LinkedStack LS = new LinkedStack();

        LS.push('A');
        LS.printStack();

        LS.push('B');
        LS.printStack();

        LS.push('C');
        LS.printStack();

        deletedItem = LS.pop();
        if(deletedItem != 0)
            System.out.println("deleted Item : " + deletedItem);
        LS.printStack();
    }
}
```

```
C:\WINDOWS\system32\cmd.exe

C:\자바_자료구조\7장>javac Ex7_2.java

C:\자바_자료구조\7장>java Ex7_2
Inserted Item : A
Linked Stack>>
         A

Inserted Item : B
Linked Stack>>
         B
         A

Inserted Item : C
Linked Stack>>
         C
         B
         A

deleted Item : C
Linked Stack>>
         B
         A


C:\자바_자료구조\7장>
```

Section

04 스택의 응용

1 역순 문자열 만들기

스택의 LIFO 성질을 이용하여 문자열에 대한 역순 문자열을 간단히 만들 수 있다. 문자열을 처음부터 순서대로 스택에 삽입(push)한다.

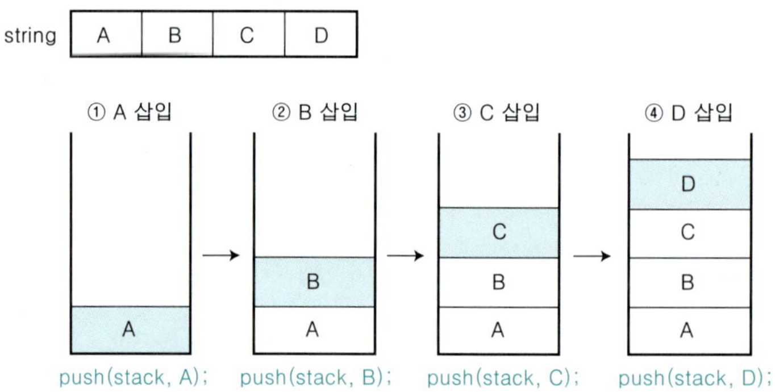

[그림 7-11] 역순 문자열 만들기_① 순서대로 스택에 삽입하기

이제 스택에 있는 원소들을 공백 스택이 될 때까지 삭제하면서 반환된 문자를 나열하면 원래 문자열의 역순 문자열이 된다.

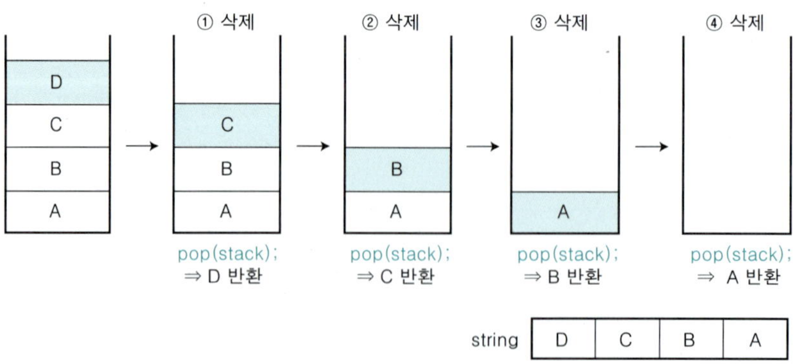

[그림 7-12] 역순 문자열 만들기_② 스택에서 삭제하여 문자열 만들기

❷ 시스템 스택

프로그램 간의 호출과 복귀에 따른 수행 순서를 보면, 호출한 순서와 복귀하는 순서는 반대가 되어 가장 나중(Last)에 호출된 함수가 가장 먼저(First) 실행을 완료하고 복귀한다. 따라서 함수의 호출과 복귀 순서는 스택의 LIFO 구조를 응용하여 관리하는데, 이때 사용하는 스택을 시스템 스택(System Stack)이라 한다.

함수나 서브프로그램이 호출되면 호출한 함수 수행에 필요한 지역변수, 매개변수 및 수행 후 복귀할 주소 등의 정보를 스택 프레임(stack frame)에 저장하여 시스템 스택에 삽입(push)한다. 시스템 스택의 top은 항상 현재 실행 중인 함수에 대한 스택 프레임이 된다. 함수의 실행이 끝나면 시스템 스택의 top 원소(스택 프레임)를 삭제(pop)하면서 프레임에 저장되어 있던 복귀 주소를 확인하고 복귀한다. 함수 호출과 복귀에 따라 이 과정을 반복하여 전체 프로그램의 수행이 종료되면 시스템 스택은 공백 스택이 된다.

[그림 7-13]과 같은 프로그램 수행에 따른 시스템 스택의 사용에 대해서 알아보자. [그림 7-13]은 주 프로그램(main( ) 함수)과 두 개의 함수(F_1( ), F_2( ))로 구성되어 있고, 전체 프로그램의 수행 순서는 다음과 같다.

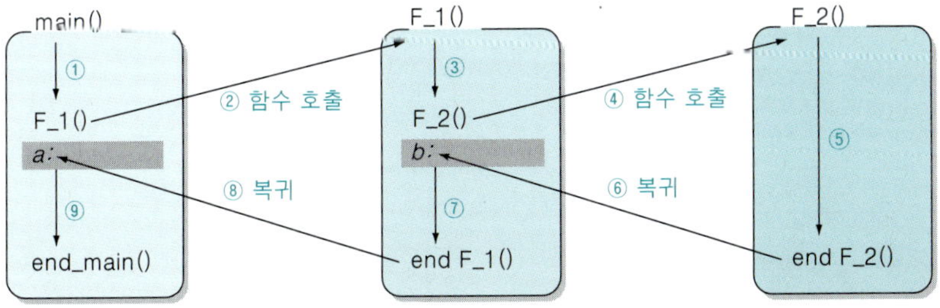

[그림 7-13] 함수 호출과 복귀에 따른 전체 프로그램 수행 순서

① 주 프로그램인 main( ) 함수 실행 시작
② F_1( ) 함수 호출
③ F_1( ) 함수를 실행 중에
④ F_2( ) 함수 호출
⑤ F_2( ) 함수를 실행
⑥ F_2( ) 함수 실행을 마치고 호출 위치로 복귀
⑦ F_1( ) 함수로 복귀(복귀주소:b)하여 나머지 부분 실행

⑧ F_1( ) 함수 실행을 마치고 호출 위치로 복귀

⑨ main( ) 함수로 복귀(복귀주소: a)하여 나머지 부분을 실행하고 종료

위의 프로그램 수행에 따른 시스템 스택의 변화를 살펴보자.

① 프로그램이 실행을 시작하여 main( ) 함수가 실행되면서 main( ) 함수와 관련된 정보를 스택 프레임에 담아 시스템 스택에 삽입한다.

```
push(System_stack, stack_Frame(main));
```

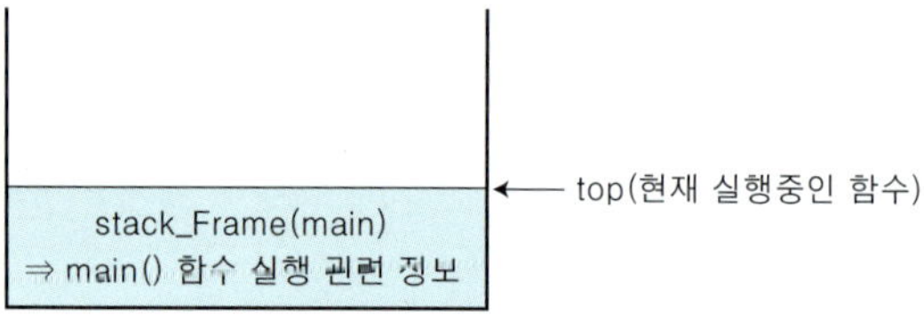

[그림 7-14] main( ) 함수 실행 시작

② main( ) 함수 실행 중에 F_1( ) 함수 호출을 만나면 함수 호출과 복귀에 필요한 정보를 스택 프레임에 담아 시스템 스택에 삽입한다. 이때 스택 프레임에는 호출된 함수(F_1( ))의 수행이 끝나고 main( ) 함수로 복귀할 때 필요한 주소 a가 저장된다.

```
push(System_stack, stack_Frame(F_1));
```

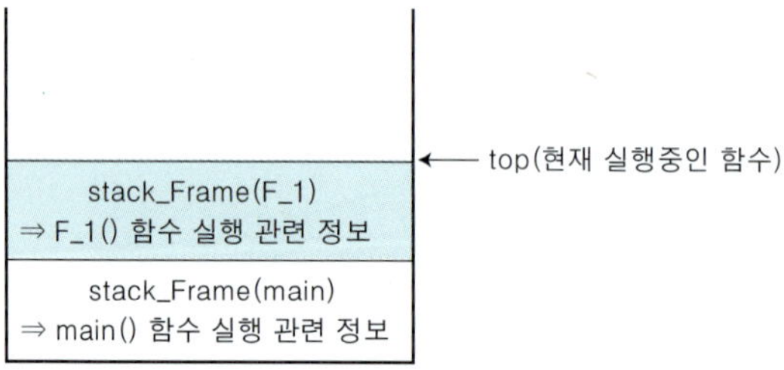

[그림 7-15] F_1( ) 함수 호출

③ 호출된 함수인 F_1( ) 함수를 실행한다.

④ F_1( ) 함수 실행 중에 F_2( ) 함수 호출을 만나면 다시 함수 호출과 복귀에 필요한 정보를 스택 프레임에 담아 시스템 스택에 삽입한다. 이때 스택 프레임에는 F_1( ) 함수로 복귀할 때 필요한 주소 b가 저장된다.

```
push(System_stack, stack_Frame(F_2));
```

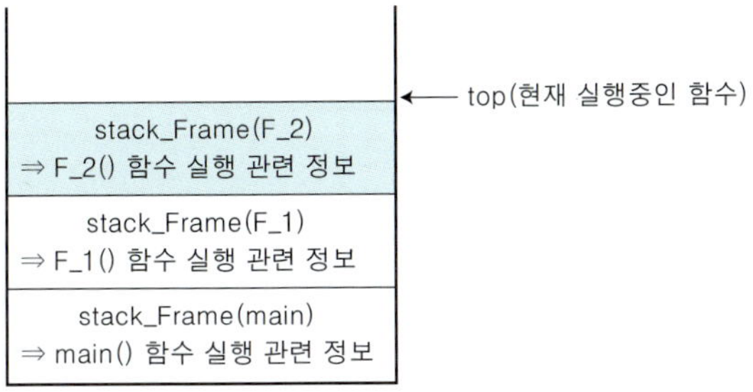

[그림 7-16] F_2( ) 함수 호출

⑤ 호출된 함수인 F_2()함수를 실행한다.

⑥ F_2() 함수 실행이 끝나면 F_2() 함수를 호출했던 예전 위치로 복귀하여 함수(F_1())의 실행을 계속해야 한다. 그러려면 복귀할 주소 정보가 필요한데, 이런 정보들은 시스템 스택에 있으므로 시스템 스택의 top에 있는 스택 프레임을 pop하여 정보를 확인하고 복귀를 실행한다.

```
pop(System_stack);
```

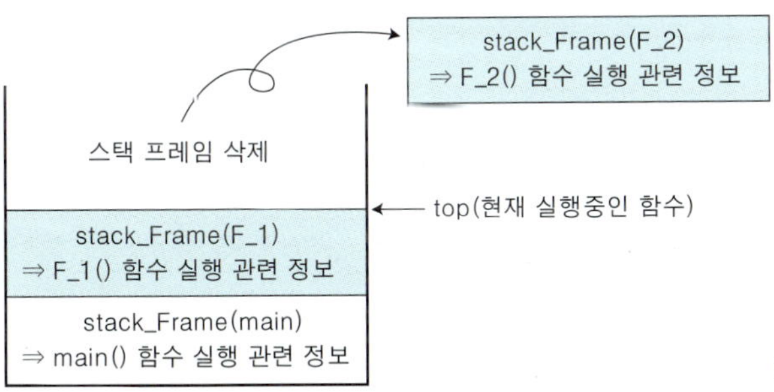

[그림 7-17] F_1( ) 함수로 복귀

⑦ F_1() 함수로 복귀하여 F_1() 함수의 나머지 부분을 실행한다.

⑧ F_1() 함수의 실행이 끝나면 이제 F_1() 함수를 호출했던 main() 함수의 예전 위치로 복귀하여 다시 실행을 계속해야 한다. 그러려면 역시 복귀할 주소 등의 정보가 필요한데, 이런 정보들을 얻기 위해서 시스템 스택의 top에 있는 스택 프레임을 pop하고 복귀를 실행한다.

```
pop(System_stack);
```

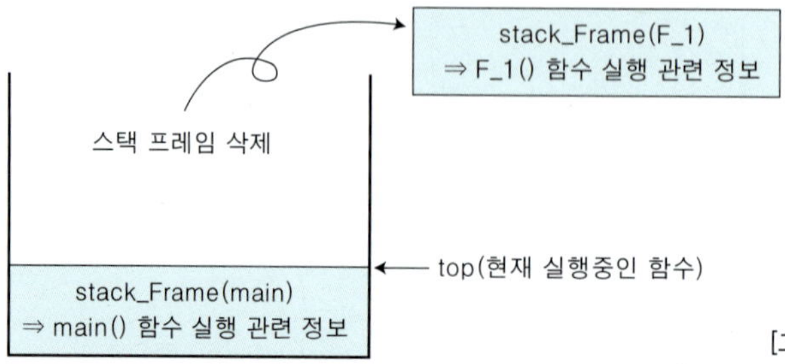

[그림 7-18] main( ) 함수로 복귀

⑨ main( ) 함수로 복귀하여 나머지 부분을 실행한다. 실행이 끝나면 다시 시스템 스택의 top에 있는 스택 프레임을 pop하고 복귀를 실행하는데, 주 프로그램인 main( ) 함수는 복귀할 주소를 가지고 있지 않으므로 전체 프로그램의 수행이 안료된다. 정상적인 함수 호출과 복귀가 모두 완료되었으므로 시스템 스택은 공백 스택이 된다.

```
pop(System_stack);
```

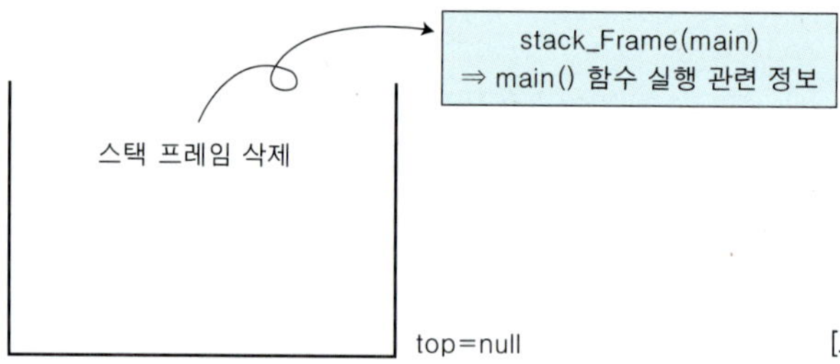

[그림 7-19] main( ) 함수 실행 종료

3. 수식의 괄호 검사

수식은 일반적으로 연산자(operator)와 피연산자(operand)로 구성되어 있으며, 왼쪽에서 오른쪽 순서로 처리한다. 수식에 사용한 연산자의 우선순위가 다를 경우에는 우선순위가 높은 연산자를 먼저 처리하는데, 괄호를 사용하여 우선순위를 표현하기도 한다. 이때 괄호는 일반괄호((,))와 중괄호({,}) 또는 대괄호([,])를 사용한다. 괄호는 왼쪽 괄호와 오른쪽 괄호가 반드시 쌍을 이루어야 하며, 여러 개의 괄호가 중첩된 경우에는 가장 안쪽의 괄호를 먼저 처리한다.

괄호가 포함된 수식에서 괄호의 쌍이 제대로 사용되었는지를 검사하기 위해서 스택을 사용할 수 있다. 수식을 읽으면서 왼쪽 괄호를 만나면 스택에 push하고, 오른쪽 괄호를 만나면 스택을 pop한다. 현재 검사 중인 오른쪽 괄호와 pop하여 구한 왼쪽 괄호가 같은 종류의 괄호면 괄호의 쌍이 맞는 것이고, 수식의 처리가 모두 끝났을 때 스택이 공백 스택이 되면 왼쪽 괄호와 오른쪽 괄호의 개수가 맞는 것이다.

[알고리즘 7-3] 괄호의 쌍 검사 알고리즘

```
testPair()
    exp ← Expression;
    Stack ← null;
    while (true) do {
    symbol ← getSymbol(exp);
        case {
              symbol = "(" or "[" or "{" :
                    push(Stack, symbol);
              symbol = ")" :
                    open_pair ← pop(Stack);
                    if (open_pair ≠ "(") then return false;
              symbol - "]" :
                    open_pair ← pop(Stack);
                    if (open_pair ≠ "[") then return false;
              symbol = "}" :
                    open_pair ← pop(Stack);
                    if (open_pair ≠ "{") then return false;
              symbol = null :
                    if (isEmpty(Stack)) then return true;
                    else return false;
              else :
        }
    }
end testPair()
```

다음과 같은 수식이 있을 때 스택을 사용하여 괄호를 검사해보자.

{(A+B)−3}*5+[{cos(x+y)+7}−1]*4

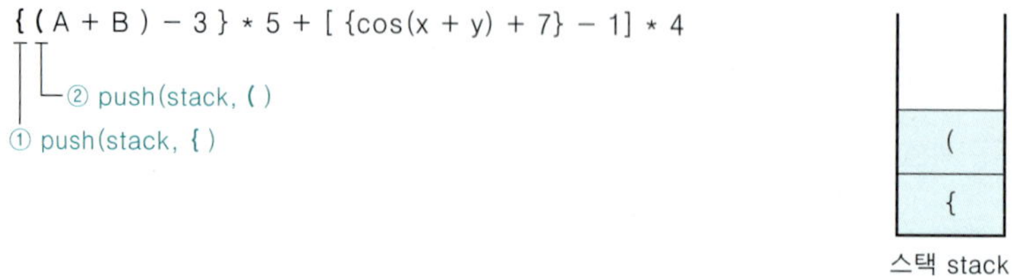

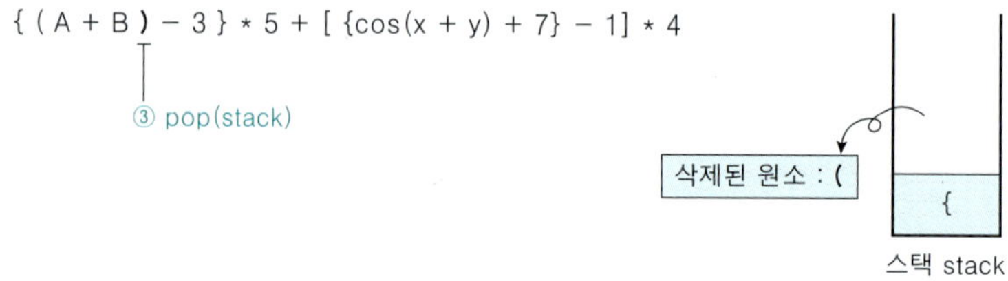

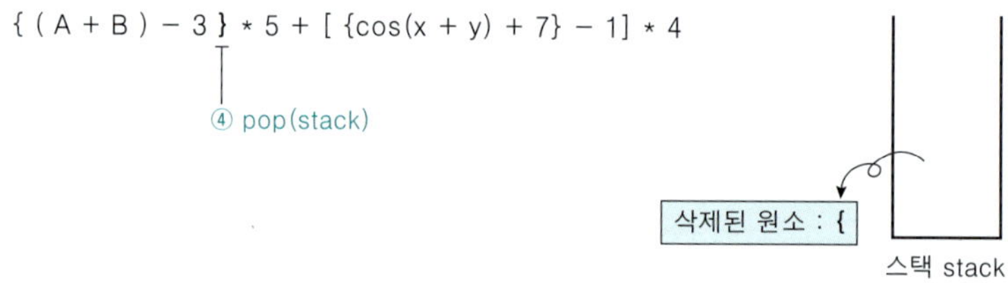

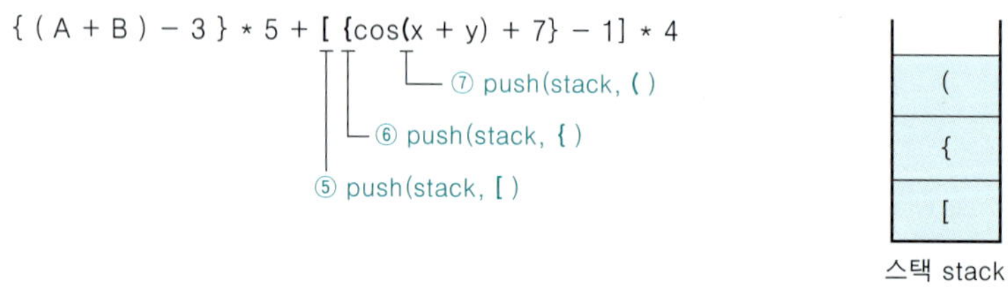

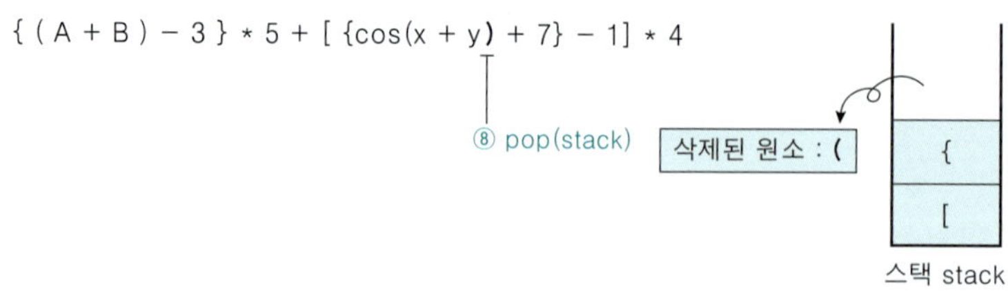

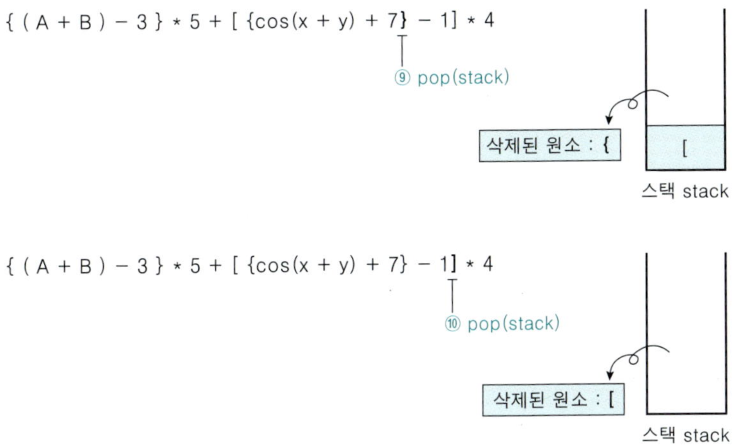

[그림 7-20] 수식 처리에 따른 스택 사용 과정

각 과정에서 처리할 오른쪽 괄호와 스택에서 pop한 원소가 같은 종류의 괄호이고, 수식 처리가 끝났을 때 스택이 공백 스택이 되었으므로 위의 수식은 괄호가 올바르게 사용된 수식임을 확인할 수 있다.

[예제 7-3]은 [예제 7-2]에서 작성한 스택을 이용하여 수식의 괄호를 검사하고, 중위 표기 수식을 후위 표기 수식으로 변환하는 연산을 수행하는 프로그램이다. [예제 7-2]의 프로그램을 뼈대로 75~165행의 내용을 수정 및 추가하였다.

[예제 7-3] 연결 자료구조 방식을 이용하여 구현한 스택 프로그램

```
001 interface Stack{
002    boolean isEmpty();
003    void push(char item);
004    char pop();
005    void delete();
006    char peek();
007 }
008
009 class StackNode{
010    char data;
011    StackNode link;
012 }
```

```

class LinkedStack implements Stack{
    private StackNode top;

    public boolean isEmpty(){
        return (top == null);
    }

    public void push(char item){
        StackNode newNode = new StackNode();
        newNode.data = item;
        newNode.link = top;
        top = newNode;
        // System.out.println("Inserted Item : " + item);
    }

    public char pop(){
        if(isEmpty()) {
            System.out.println("Deleting fail! Linked Stack is empty!!");
            return 0;
        }
        else{
            char item = top.data;
            top = top.link;
            return item;
        }
    }

    public void delete(){
        if(isEmpty()){
            System.out.println("Deleting fail! Linked Stack is empty!!");

        }
```

```
        else {
            top = top.link;
        }
    }

    public char peek(){
        if(isEmpty()){
            System.out.println("Peeking fail! Linked Stack is empty!!");
            return 0;
        }
        else
            return top.data;
    }

    public void printStack(){
        if(isEmpty())
            System.out.printf("Linked Stack is empty!! %n %n");
        else{
            StackNode temp = top;
            System.out.println("Linked Stack>> ");
            while(temp != null){
                System.out.printf("\t %c \n", temp.data);
                temp = temp.link;
            }
            System.out.println();
        }
    }
}

class OptExp{
    private String exp;
    private int expSize;
    private char testCh, openPair;

```

```
    public boolean testPair(String exp){
        this.exp = exp;
        LinkedStack S = new LinkedStack();
        expSize = this.exp.length();
        for(int i=0; i<expSize; i++){
            testCh = this.exp.charAt(i);
            switch(testCh){
                case '(' :
                case '{' :
                case '[' :
                    S.push(testCh); break;
                case ')' :
                case '}' :
                case ']' :
                    if(S.isEmpty()) return false;
                    else{
                        openPair = S.pop();
                        if((openPair == '(' && testCh != ')') ||
                           (openPair == '{' && testCh != '}') ||
                           (openPair == '[' && testCh != ']'))
                           return false;
                        else break;
                    }
            }
        }
        if (S.isEmpty()) return true;
        else return false;
    }

    public char[] toPostfix(String infix){
        char testCh;
        exp = infix;
```

```
        int expSize = 10;
        int j=0;
        char postfix[] = new char[expSize];
        LinkedStack S = new LinkedStack();

        for(int i=0; i<=expSize; i++){
            testCh = this.exp.charAt(i);
            switch(testCh){
                case '0':
                case '1':
                case '2':
                case '3':
                case '4':
                case '5':
                case '6':
                case '7':
                case '8':
                case '9':
                        postfix[j++] = testCh; break;

                case '+' :
                case '-' :
                case '*' :
                case '/' :
                        S.push(testCh); break;

                case ')' :  postfix[j++] =S.pop(); break;


                default:
            }
        }
        postfix[j] = S.pop();
        return postfix;
    }
```

```
}

class Ex7_3{
    public static void main(String args[]){
        OptExp opt = new OptExp();
        String exp = "(3*5)-(6/2)";
        char postfix[];
        int value;
        System.out.println(exp);
        if(opt.testPair(exp))
            System.out.println("괄호 맞음!");
        else
            System.out.println("괄호 틀림!!!");

        System.out.printf("\n후위표기식 : ");
        postfix = opt.toPostfix(exp);
        System.out.println(postfix);
    }
}
```

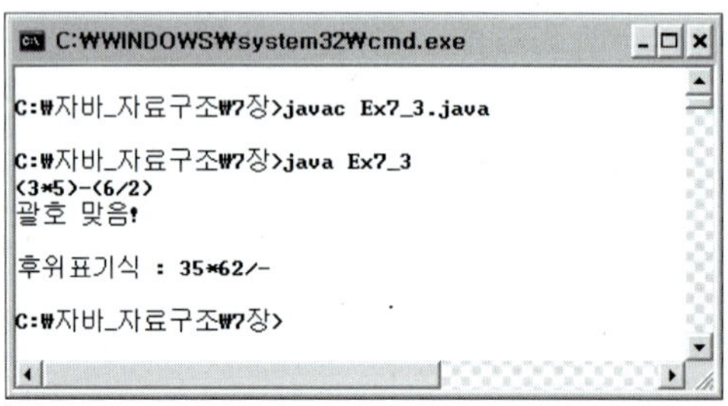

4. 수식의 후위 표기법 변환

연산자와 피연산자로 구성된 수식을 표기하는 방법은 연산자의 위치에 따라 다음의 세 가지 표기법이 있다.

(1) 전위 표기법(Prefix Notation)

연산자를 앞에 표기하고 그다음에 피연산자를 표기하는 방법 예 +AB

(2) 중위 표기법(Infix Notation)

연산자를 피연산자의 가운데에 표기하는 방법 예 A+B

(3) 후위 표기법(Postfix Notation)

연산자를 피연산자 뒤에 표기하는 방법 예 AB+

일반적인 중위 표기법의 수식을 전위 표기법으로 변환하는 예를 살펴보자. 수식 A*B-C/D를 다음의 방법을 사용하여 전위 표기법으로 변환해보자.

> (1) 수식의 각 연산자에 대해서 우선순위에 따라 괄호를 사용하여 다시 표현한다.
> (2) 각 연산자를 그에 대응하는 왼쪽 괄호의 앞으로 이동시킨다.
> (3) 괄호를 제거한다.

1단계: ((A*B)-(C/D))

2단계: ((A*B)-(C/D))

⇒ -(*(A B) /(C D))

3단계: -*AB/CD

다음은 중위 표기법의 수식을 후위 표기법으로 변환하는 방법이다. 같은 수식 A*B-C/D를 이번에는 후위 표기법으로 변환해보자.

> (1) 수식의 각 연산자에 대해서 우선순위에 따라 괄호를 사용하여 다시 표현한다.
> (2) 각 연산자를 그에 대응하는 오른쪽 괄호의 뒤로 이동시킨다.
> (3) 괄호를 제거한다.

1단계: ((A*B)-(C/D))

2단계: ((A*B)-(C/D))

⇒ ((A B)* (C D)/)-

3단계: AB*CD/-

우리가 일반적으로 사용하는 표기법은 중위 표기법이지만, 컴퓨터 내부에서 수식을 처리하기에 가장 효율적인 방법은 후위 표기법이다. 후위 표기법은 괄호나 연산자 우선순위를 따로 처리하지 않고 왼쪽에서 오른쪽으로 표기된 순서대로 처리할 수 있다. 우리가 컴퓨터에 중위 표기법 형태의 수식을 입력하면 컴퓨터 내부에서는 효율적인 처리를 위해 스택을 사용하여 입력된 수식을 후위 표기법으로 변환하게 된다.

다음은 컴퓨터 내부에서 중위 표기법을 후위 표기법으로 바꾸는 과정이다. 스택을 이용하여 수식 A*B–C/D를 후위 표기식으로 변환해보자.

(1) 왼쪽 괄호를 만나면 무시하고 다음 문자를 읽는다.
(2) 피연산자를 만나면 출력한다.
(3) 연산자를 만나면 스택에 삽입한다.
(4) 오른쪽 괄호를 반나면 스택을 pop하여 출력한다.
(5) 수식이 끝나면 스택이 공백이 될 때까지 pop하여 출력한다.

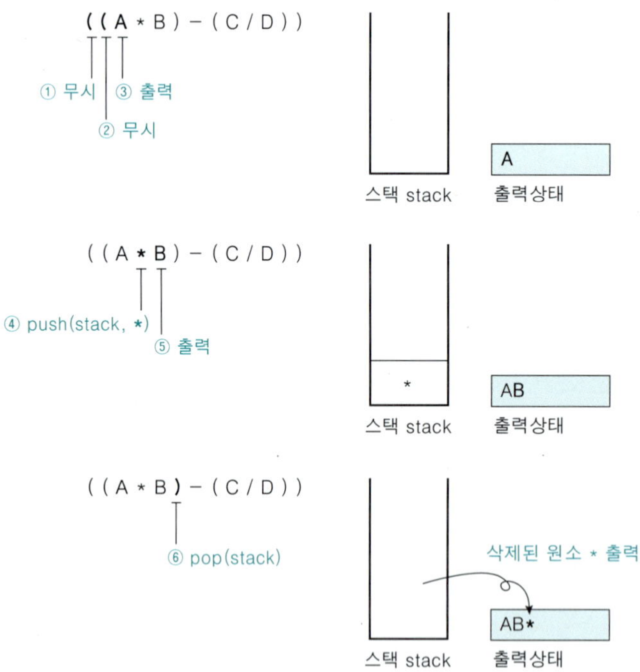

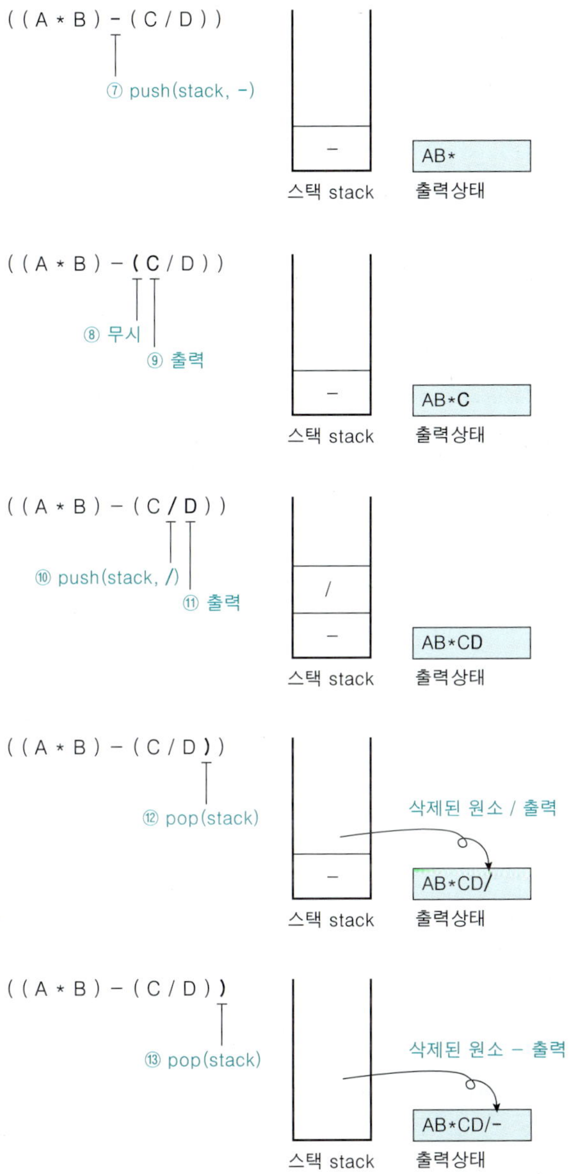

[그림 7-21] 스택을 사용한 후위 표기식 변환 과정

다음은 중위 표기법의 수식을 후위 표기법의 수식으로 변환하는 알고리즘이다.

[알고리즘 7-4] 중위 표기법에 대한 후위 표기법 변환 알고리즘

```
infix_to_postfix(exp)
    while(true) do {
        symbol ← getSymbol(exp);
        case {
                symbol = operand :              // 피연산자 처리
                        print(symbol);
                symbol = operator :             // 연산자 처리
                        push(stack, symbol);
                symbol = ")" :                  // 오른쪽 괄호 처리
                        print(pop(stack));
                symbol = null :                 // 중위 수식의 끝
                        while(top > -1) do
                              print(pop(stack));
                else :
        }
    }
end infix_to_postfix( )
```

5. 후위 표기 수식의 연산

컴퓨터 내부에서 후위 표기법의 수식을 연산할 때에도 스택을 사용할 수 있다. 스택을 사용하여 수식을 계산하기 위한 처리 방법을 알아보자.

(1) 피연산자를 만나면 스택에 삽입한다.
(2) 연산자를 만나면 필요한 만큼의 피연산자를 스택에서 pop하여 연산하고, 연산 결과를 다시 스택에 삽입한다.
(3) 수식이 끝나면, 마지막으로 스택을 pop하여 출력한다.

[알고리즘 7-5] 후위 표기 수식의 연산 알고리즘

```
evalPostfix(exp)
    while (true) do {
```

```
        symbol ← getSymbol(exp);
        case {
            symbol = operand :                      // 피연산자 처리
                push(Stack, symbol);
            symbol = operator :                     // 연산자 처리
                opr2 ← pop(Stack);
                opr1 ← pop(Stack);
                result ← opr1 op(symbol) opr2;
                // 스택에서 꺼낸 피연산자들을 연산자로 연산
                push(Stack, result);
            symbol = null :                 // 후위 수식의 끝
                print(pop(Stack));
        }
    }
end evalPostfix()
```

위의 알고리즘대로 수식 AB*CD/−를 처리하면서 연산해보자.

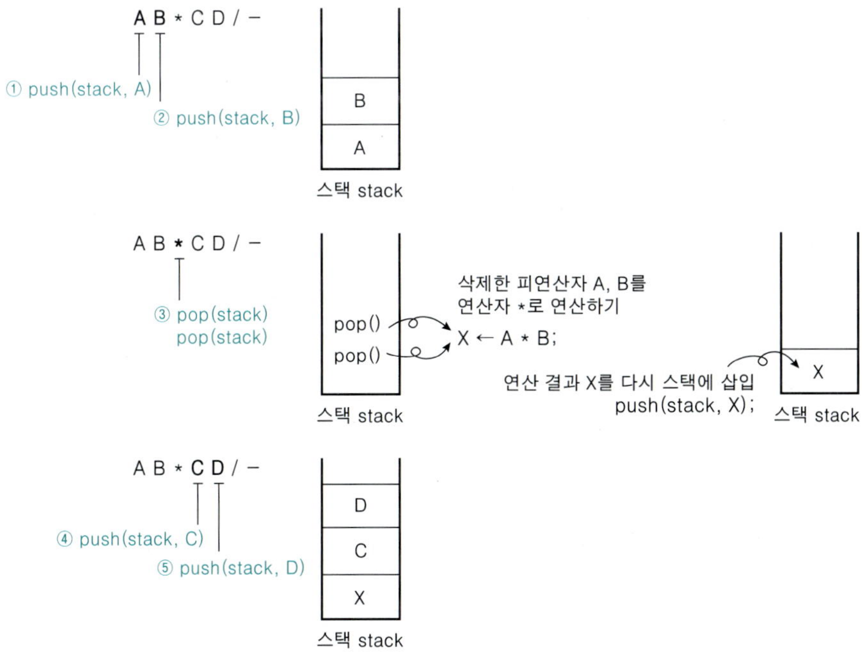

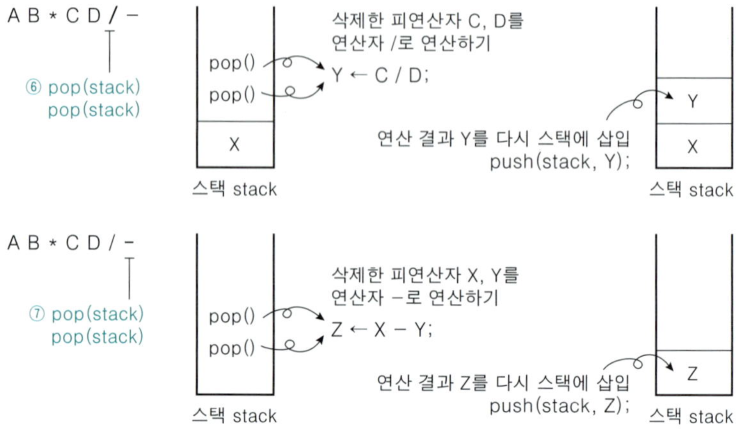

[그림 7-22] 스택을 사용한 후위 표기식 연산 과정

수식 처리가 모두 끝난 후에 스택에 남아있는 값은 수식의 결과값이므로 pop하여 출력한다.

[예제 7-4] 후위 표기 수식의 연산 프로그램

```
class StackNode{
    int data;
    StackNode link;
}

class LinkedStack{
    private StackNode top;

    public boolean isEmpty(){
        return (top == null);
    }

    public void push(int item){
        StackNode newNode = new StackNode();
        newNode.data = item;
        newNode.link = top;
        top = newNode;
    }
```

```

    public int pop(){
        if(isEmpty()) {
            System.out.println("Deleting fail! Linked Stack is empty!!");
            return 0;
        }
        else{
            int item = top.data;
            top = top.link;
            return item;
        }
    }
}

class OptExp2{
    private String exp;

    public int evalPostfix(String postfix){
        LinkedStack S = new LinkedStack();
        exp = postfix;
        int opr1, opr2, value;
        char testCh;
        for(int i=0; i<7; i++){
            testCh = exp.charAt(i);
            if(testCh != '+' && testCh != '-' && testCh != '*' && testCh != '/'){
                value = testCh - '0';
                S.push(value);
            }
            else{
                opr2 = S.pop();
                opr1 = S.pop();
                switch(testCh){
                    case '+' : S.push(opr1 + opr2); break;
```

```
                    case '-' : S.push(opr1 - opr2); break;
                    case '*' : S.push(opr1 * opr2); break;
                    case '/' : S.push(opr1 / opr2); break;
                }
            }
        }
        return S.pop();
    }
}

class Ex7_4{
    public static void main(String args[]){
        OptExp2 opt = new OptExp2();
        int result;
        String exp = "35*62/-";
        System.out.printf("\n후위표기식 : %s", exp);
        result = opt.evalPostfix(exp);
        System.out.printf("\n 연산결과 =  %d \n", result);
    }
}
```

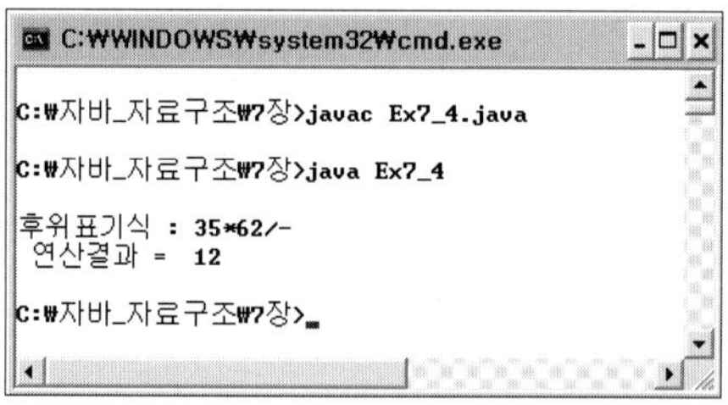

요약

1 스택은 같은 구조와 크기의 자료를 정해진 방향으로만 쌓을 수 있고, top으로 정한 한 곳을 통해서만 접근하도록 제한되어 있는 자료구조다. 스택에서 원소를 삽입하는 연산을 push라고 하고, 원소를 삭제하는 연산을 pop이라고 한다.

2 스택은 시간 순서에 따라 가장 마지막에 삽입한 자료가 가장 위에 쌓이는 구조다. 그래서 자료를 삭제할 때에는 가장 마지막에 삽입된 자료가 가장 먼저 삭제되는 후입선출(LIFO, Last-In-First-Out) 방식으로 동작한다.

3 순차 자료구조 방식을 이용하여 스택을 구현하기 위해서 배열을 사용한다. 1차원 배열 stack[n]을 사용할 때 n은 배열 크기로서 배열 원소의 개수를 나타내는데, 이것은 스택의 크기가 되고, 배열의 인덱스는 스택에 원소가 쌓이는 순서를 표현한다. 스택의 첫 번째 원소는 stack[0]에 저장되고, 스택의 두 번째 원소는 stack[1]에 저장되고, 스택의 i번째 원소는 stack[i-1]에 저장된다. top은 마지막 원소의 인덱스를 저장하는 변수를 사용하고 공백 스택에서의 top은 -1값을 갖는다.

4 연결 자료구조 방식을 이용하여 스택을 구현하면 스택의 원소는 연결 리스트의 노드가 된다. 스택에 원소를 삽입할 때마다 연결 리스트에 노드를 하나씩 할당한다. 스택 원소의 순서는 연결 리스트 노드의 링크를 사용하여 표현하고, 스택의 top은 참조변수 top을 사용한다.

5 스택을 이용하여 문자열에 대한 역순 문자열을 만들 수 있다. 문자열을 처음부터 순서대로 스택에 삽입(push)하였다가 다시 삭제(pop)하면서 리스트를 만들면 스택의 LIFO 성질에 따라 처음 문자열이 역순으로 바뀐 역순 문자열이 된다.

6 프로그램 간의 호출과 복귀에 따른 수행 순서는 가장 나중(Last)에 호출된 함수가 가장 먼저(First) 실행을 완료하고 복귀하는 LIFO 구조가 된다. 이를 응용하여 시스템 스택을 사용한다. 함수나 서브프로그램이 호출되면 스택 프레임(Stack Frame)을 작성하여 시스템 스택에 삽입하고, 함수의 실행이 끝나면 시스템 스택의 top 원소(스택 프레임)를 삭제(pop)하면서 프레임에 저장되어있던 복귀 주소를 확인하고 복귀한다. 함수 호출과 복귀에 따라 이 과정을 반복하여 전체 프로그램 수행이 종료되면 시스템 스택은 공백 스택이 된다.

요약

7 괄호가 포함된 수식에서 괄호의 쌍이 제대로 사용되었는지를 검사하기 위해서 스택을 사용한다. 수식을 읽으면서 왼쪽 괄호를 만나면 스택에 push하고, 오른쪽 괄호를 만나면 스택을 pop한다. 현재 검사 중인 오른쪽 괄호와 pop하여 구한 왼쪽 괄호가 같은 종류의 괄호면 괄호의 쌍이 맞는 것이고, 수식의 처리가 모두 끝났을 때 스택이 공백 스택이 되면 왼쪽 괄호와 오른쪽 괄호의 개수가 맞는 것으로 판단한다.

8 중위 표기법 수식을 후위 표기법으로 변환하는 작업과 후위 표기법의 수식을 연산하는 작업에 스택을 사용할 수 있다.

연습문제

1 주변에서 LIFO 방식을 사용하는 스택의 예를 찾아 설명하시오.

2 스택(Stack)의 응용에서 다음의 수식을 후위 표기법으로 표기했을 때 옳은 것은? (2004년 기출문제)

(((A / B) + C) - (D * E))

가. A / B + C - D * E　　나. AB / C + DE *-
다. A / B + C -* DE　　라. AB / C + - DE *

3 스택 메모리에 대한 정보의 입출력 방식은? (2004년 기출문제)

가. FIFO　　나. FILO　　다. LILO　　라. LIFO

4 스택의 응용 분야와 거리가 먼 것은? (2004년 기출문제)

가. 운영체제의 작업 스케줄링　　나. 함수 호출의 순서 제어
다. 인터럽트의 처리　　라. 수식의 계산

5 다음 식에 대하여 Postfix 기법으로 옳게 기술된 것은? (2004년 기출문제)

(A * B) + (C * D)

가. + A B * C D　　나. + * A B * C D
다. A B * C D * +　　라. * A B + * C D

6 다음은 Stack에 자료를 삽입(Insert)하는 알고리즘이다. 빈칸에 적합한 내용은? (2004년 기출문제)

```
procedure Insert(data, n, top, Stack)
   if top ≥ n then call Stack-Full;
   top = top + 1;
   Stack(top) = (            );
end Insert
```

가. top　　나. data
다. top-1　　라. data-1

연습문제

7 다음 문장의 빈칸에 들어갈 단어는? (2005년 기출문제)

A (   ) is an ordered list in which all insertions and deletions are made at one end, called the top.

가. stack 나. queue 다. list 라. tree

8 다음과 같이 infix로 표현된 수식을 postfix 표기로 옳게 변환한 것은? (2005년 기출문제)

A = (B − C) * D + E

가. = A * − B C + D E 나. = A + * − B C D E
다. A B C − D * E + = 라. A B C * D − E + =

9 다음 영문의 괄호 안에 적합한 수식의 표현은? (2005년 기출문제)

The reverse Polish notation is in a form suitable for stack manipulation. The expression (A+B)*(C+D) is written in reverse Polish notation as (   ).

가. A B + C D + * 나. A B + C D * +
다. + A B + C D * 라. * + A B + C D

10 데이터의 삽입, 삭제가 TOP이라고 부르는 한쪽 끝에서만 이루어지는 후입선출(LIFO) 형태의 자료구조를 무엇이라고 하는가? (2006년 기출문제)

가. 스택 나. 큐 다. 덱 라. 원형 큐

11 다음과 같은 중위식(infix)을 후위식(postfix)으로 올바르게 표현한 것은? (2003년, 2004년, 2005년 기출문제)

A / B * (C + D) + E

가. + * / A B + C D E 나. C D + A B / * E +
다. A B / (C D +) * / E + 라. A B / C D + * E +

12 스택 알고리즘에서 T가 스택포인터이고, m이 스택의 길이일 때, 서브루틴 "AA"가 처리해야 하는 것은? (2007년 기출문제)

```
T← T+1;
if T>m then goto AA;
else STACK(T)←item;
```

가. 오버플로우 처리　　　　나. 언더플로우 처리
다. 삭제 처리　　　　라. 삽입 처리

Chapter

08

큐

학습목표

- 자료구조 큐에 대한 개념을 스택과 비교하여 이해한다.
- 큐의 특징과 연산 방법을 알아본다.
- 순차 표현 방법을 이용한 큐와 연결 표현 방법을 이용한 큐를 구현해본다.
- 큐의 응용 방법을 알아본다.

Section

01 큐

7장에서 삽입과 삭제가 한 곳(top)에서만 이루어지기 때문에 가장 마지막에 삽입된 원소가 가장 먼저 삭제되는 후입선출(LIFO, Last-In-First-Out)의 특성을 갖고 있는 스택에 대해 설명했다. 이 장에서는 큐(Queue)에 대해 알아보자.

1. 큐의 구조

큐(Queue)는 스택과 마찬가지로 삽입과 삭제의 위치와 방법이 제한되어 있는 유한 순서 리스트(Finite Ordered List)지만, 스택과 달리 리스트의 한쪽 끝에서는 삽입 작업이 이루어지고 반대쪽 끝에서는 삭제 작업이 이루어져서, 삽입된 순서대로 삭제되는 선입선출(FIFO, First-In-First-Out)의 구조로 운영된다. 예를 들면, 은행에 들어온 순서대로 번호표를 뽑게 하고 번호표 순서대로 먼저 온 고객부터 처리해주는 은행의 운영 방식이나 극장에 들어가기 위해서 도착한 순서대로 뒤에 줄을 서 있다가 앞에서부터 순서대로 입장하는 줄서기도 큐의 선입선출 구조가 된다.

〈스택: 후입선출〉 〈큐: 선입선출〉

[그림 8-1] 스택과 큐의 구조 비교

꼬리잡기 놀이를 생각해보자. 일렬로 앞사람의 허리를 잡고 줄을 서서 팀을 만드는데, 맨 앞 사람은 팀의 머리가 되고 마지막 사람은 꼬리가 되어 움직인다. 중간에 다른 사람이 끼어들 수 없고 중간에 있는 사람이 밖으로 나갈 수 없다. 게임 방법은 간단하다. 팀의 머리끼리 만나 가위바위보를 해서 진 사람은 자기 팀에서 떨어져 나와서 이긴 팀의 꼬리에 붙고, 진 팀은 머리로 있던 맨 앞사람이 없어졌으므로 그 다음 사람이 머리가 되어 게임을 계속한다. 즉 가위바위보에서 지면 머리였던 사람이 팀에서 밖으로 나오는 것이고, 이기면 꼬리가 늘어나게 되는 것이다.

[그림 8-2] 꼬리잡기 놀이의 머리와 꼬리

꼬리잡기 놀이에서 나가는 위치와 들어오는 위치가 머리와 꼬리로 정해져 있는 것과 마찬가지로 큐는 한쪽 끝은 프런트(front)로 정하여 삭제 연산만 수행하도록 하고, 다른 쪽 끝은 리어(rear)로 정하여 삽입 연산만 수행하도록 제한한다. 큐에서 프런트 원소는 가장 먼저 큐에 들어온 첫 번째 원소이고, 리어 원소는 큐에 가장 늦게 들어온 마지막 원소다. 따라서 가장 먼저 들어온 프런트 원소가 가장 먼저 삭제되므로 선입선출 구조가 된다.

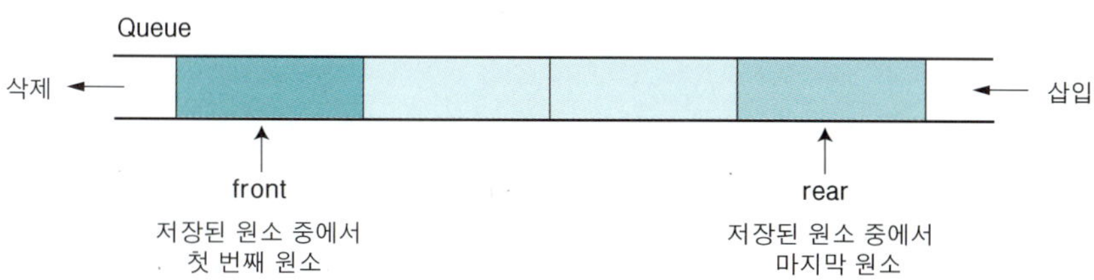

[그림 8-3] 큐의 선입선출 구조

큐의 리어에서 이루어지는 삽입 연산을 인큐(enQueue)라고 하고, 프런트에서 이루어지는 삭제 연산을 디큐(deQueue)라고 한다.

[표 8-1] 스택과 큐에서의 삽입/삭제 연산 비교

항목 / 자료구조	삽입 연산		삭제 연산	
	연산자	삽입 위치	연산자	삭제 위치
스택	push	top	pop	top
큐	enQueue	rear	deQueue	front

2 큐의 추상 자료형

큐에 대한 자료와 연산을 추상화하여 다음과 같이 추상 자료형으로 정의할 수 있다.

[ADT 8-1] 큐에 대한 추상 자료형

```
ADT  Queue
     데이터 : 0개 이상의 원소를 가진 유한 순서 리스트
     연산 : Q∈Queue; item∈Element;
          createQueue() ::= create an empty Q;
          // 공백 큐를 생성하는 연산
          isEmpty(Q) ::= if (Q is empty) then return true
                         else return false;
          // 큐가 공백인지 아닌지를 확인하는 연산
          enQueue(Q, item) ::= insert item at the rear of Q;
          // 큐의 rear에 item(원소)을 삽입하는 연산
          deQueue(Q) ::= if (isEmpty(Q)) then return error
                         else { delete and return the front item
                         of Q };
          // 큐의 front에 있는 item(원소)을 큐에서 삭제하고 반환하는 연산
          delete(Q) ::= if (isEmpty(Q)) then return error
                        else { delete the front item of Q };
          // 큐의 front에 있는 item(원소)을 삭제하는 연산
          peek(Q) ::= if (isEmpty(Q)) then return error
                      else { return the front item of the Q };
          // 큐의 front에 있는 item(원소)을 반환하는 연산
End Queue
```

추상 자료형에서 정의한 연산을 이용하여 큐의 생성과 삽입, 삭제 연산 과정을 살펴보자.

① 공백 큐 생성 : createQueue();

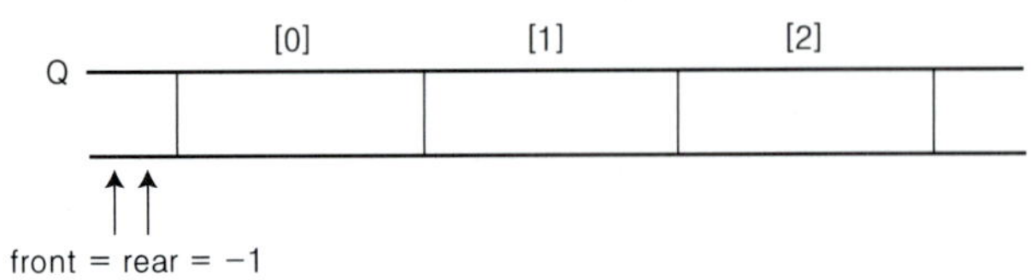

② 원소 A 삽입 : enQueue(Q, A);

③ 원소 B 삽입 : enQueue(Q, B);

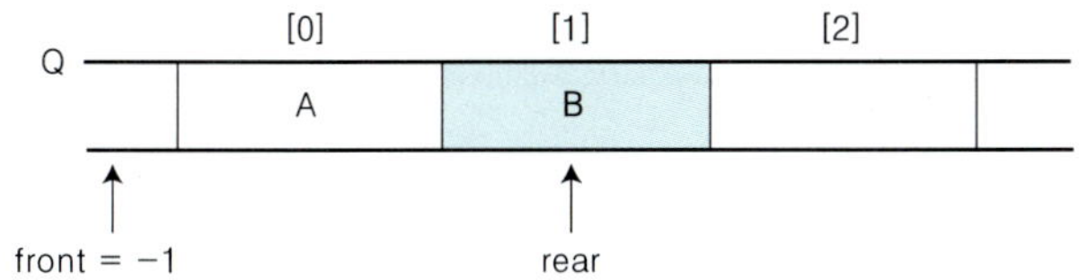

④ 원소 삭제 : deQueue(Q);

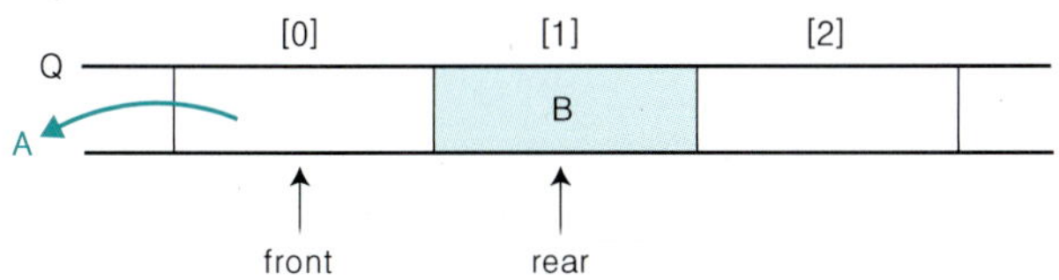

⑤ 원소 C 삽입 : enQueue(Q, C);

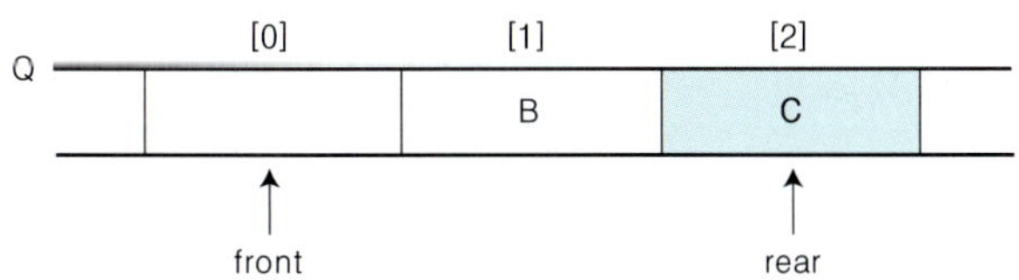

⑥ 원소 삭제 : deQueue(Q);

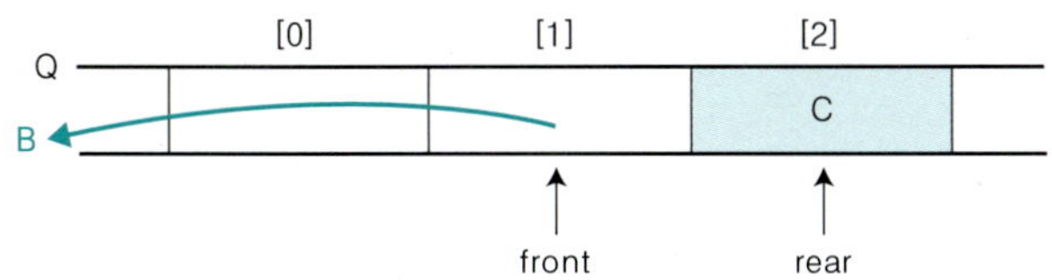

⑦ 원소 삭제 : deQueue(Q);

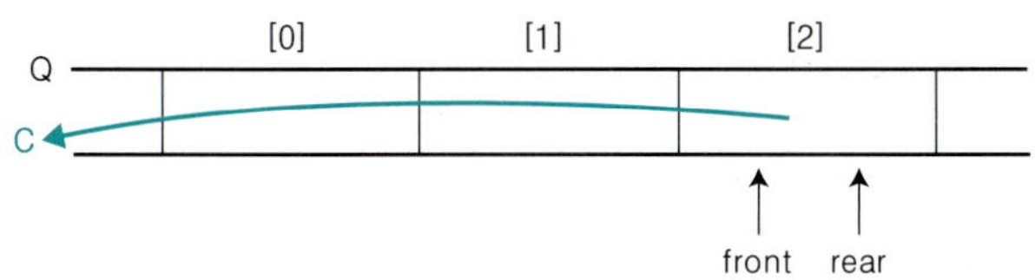

초기 상태의 공백 큐는 저장된 원소가 없으므로 front와 rear를 −1로 설정한다. 삽입 연산을 위해서 마지막으로 삽입된 원소를 나타내는 rear의 위치를 하나 확장하고 원소를 삽입한다. 그리고 삭제 연산은 front에서 이루어져야 하므로 큐에 있는 원소 중에서 가장 먼저 들어와서 가장 앞에 있는 원소를 front가 가리키도록 front의 위치를 조정한 후에 그 원소를 삭제한다. 원소가 하나도 없는 공백 큐의 경우에는 front와 rear가 같은 위치에 있는 상태가 된다.

Section

02 큐의 구현

큐를 프로그램으로 구현하는 방법은 배열을 사용하는 순차 자료구조 방식과 참조변수를 사용하는 연결 자료구조 방식이 있다.

1. 순차 자료구조 방식을 이용한 큐의 구현

선형 큐

1차원 배열을 사용하여 순차 자료구조 방식으로 큐를 구현해보자. 이때 배열의 크기는 큐의 크기, 즉 큐에 저장할 수 있는 최대 원소의 개수가 된다. 그리고 배열에 저장된 원소 중에서 첫 번째 원소의 인덱스를 저장할 front 변수와 저장된 마지막 원소의 인덱스를 저장할 rear 변수를 사용한다. 초기 공백 큐의 상태는 front 변수와 rear 변수의 값을 −1로 설정한다.

선형 큐를 표현하기 위한 알고리즘을 살펴보자.

[알고리즘 8-1] 초기 공백 큐 생성 알고리즘

```
createQueue()
     Q[n];
     front ← -1;
     rear ← -1;
end createQueue()
```

큐에 최대로 저장할 수 있는 원소 개수를 배열의 크기로 하는 1차원 배열을 선언한다. 새로 생성하여 저장된 원소가 없는 공백 큐이므로 front와 rear는 −1로 초기화한다.

[알고리즘 8-2] 공백 큐 검사 알고리즘과 포화 상태 검사 알고리즘

```
isEmpty(Q)
    if(front=rear) then return true;
```

```
    else return false;
end isEmpty()

isFull(Q)
    if(rear=n-1) then return true;
    else return false;
end isFull()
```

큐가 공백인 경우는 createQueue( ) 연산으로 공백 큐를 생성하여 front=−1, rear=−1인 경우와 마지막에 삽입한 rear의 원소를 삭제하여 front가 rear의 위치에 있는 경우가 있다. 이때 front와 rear는 같은 값을 갖게 되므로 조건문 if(front=rear)의 결과 값이 참(true)이 된다. 큐가 포화 상태인 경우는 배열의 마지막 인덱스까지 원소가 저장된 경우므로 큐에 저장된 마지막 원소의 인덱스, 즉 rear의 값이 배열의 마지막 인덱스(n 1)인가를 검사한다.

[알고리즘 8-3] 큐의 삽입 알고리즘

```
enQueue(Q, item)
    if(isFull(Q)) then Queue_Full();
    else {
        rear ← rear+1;              // ❶
        Q[rear] ← item;             // ❷
    }
end enQueue()
```

포화 상태가 아닌 큐에 원소를 삽입하려면 배열에 저장되어 있는 마지막 원소의 다음 자리에 삽입해야 하므로 ❶ 마지막 원소의 인덱스를 저장한 rear의 값을 하나 증가시켜 삽입할 자리를 준비하고, ❷ 그 인덱스에 해당하는 배열 원소 Q[rear]에 item을 저장한다.

[알고리즘 8-4] 큐의 삭제 알고리즘

```
deQueue(Q)
    if(isEmpty(Q)) then Queue_Empty();
    else {
        front ← front+1;            // ❶
```

```
        return Q[front];          // ❷
    }
end deQueue()

delete(Q)
    if(isEmpty(Q)) then Queue_Empty();
    else front ← front+1;
end delete()
```

공백 상태가 아닌 큐에서 원소의 삭제는 언제나 큐에 저장된 원소 중에서 가장 앞에 있는 원소, 즉 가장 먼저 큐에 들어와 있는 원소를 가장 먼저 삭제해야 한다. 그러기 위해서 ❶ front의 위치를 한 자리 뒤로 조정하여 큐에 남아있는 첫 번째 원소의 위치로 이동하여 삭제할 자리를 준비하고, ❷ 그 자리의 원소를 삭제하여 반환한다.

delete( ) 연산은 front의 원소를 삭제하는 연산이고, deQueue( ) 연산은 front의 원소를 삭제하고 삭제한 원소를 반환하는 연산이다.

[알고리즘 8-5] 큐의 검색 알고리즘

```
peek(Q)
    if(isEmpty(Q)) then Queue_Empty();
    else return Q[front+1];
end peek()
```

큐에서의 검색은 큐에 있는 원소 중에서 가장 먼저 들어와 있는 원소, 즉 Q[front+1]에 있는 원소를 검색하여 반환하는 연산이다.

다음은 위의 알고리즘들을 자바로 구현한 것이다.

[예제 8-1] 순차 자료구조 방식으로 구현한 큐 프로그램

```
interface Queue{
   boolean isEmpty();
   void enQueue(char item);
   char deQueue();
   void delete();
```

```
    char peek();
}

class ArrayQueue implements Queue{
    private int front;
    private int rear;
    private int queueSize;
    private char itemArray[];

    public ArrayQueue(int queueSize){
        front = -1;
        rear = -1;
        this.queueSize = queueSize;
        itemArray = new char[this.queueSize];
    }

    public boolean isEmpty(){
        return (front == rear);
    }

    public boolean isFull(){
        return (rear == this.queueSize-1);
    }

    public void enQueue(char item){
        if(isFull()){
            System.out.println("Inserting fail! Array Queue is full!!");
        }
        else{
            itemArray[++rear] = item;
            System.out.println("Inserted Item : " + item);
        }
    }

```

```
    public char deQueue(){
        if(isEmpty()) {
            System.out.println("Deleting fail! Array Queue is empty!!");
            return 0;
        }
        else{
            return itemArray[++front];
        }

    }

    public void delete(){
        if(isEmpty()){
          System.out.println("Deleting fail! Array Queue is empty!!");

        }
        else {
            ++front;
        }
    }

    public char peek(){
        if(isEmpty()){
            System.out.println("Peeking fail! Array Queue is empty!!");
            return 0;
        }
        else
            return itemArray[front+1];
    }

    public void printQueue(){
        if(isEmpty())
```

```
            System.out.printf("Array Queue is empty!! %n %n");
        else{
            System.out.printf("Array Queue>> ");
            for(int i=front+1; i<=rear; i++)
                System.out.printf("%c ", itemArray[i]);
            System.out.println();System.out.println();
        }
    }

}

class Ex8_1{
    public static void main(String args[]){
        int queueSize = 3;
        char deletedItem;
        ArrayQueue Q = new ArrayQueue(queueSize);

        Q.enQueue('A');
        Q.printQueue();

        Q.enQueue('B');
        Q.printQueue();

        deletedItem = Q.deQueue();
        if(deletedItem != 0)
            System.out.println("deleted Item : " + deletedItem);
        Q.printQueue();

        Q.enQueue('C');
        Q.printQueue();

        deletedItem = Q.deQueue();
        if(deletedItem != 0)
            System.out.println("deleted Item : " + deletedItem);
        Q.printQueue();
```

```

        deletedItem = Q.deQueue();
        if(deletedItem != 0)
            System.out.println("deleted Item : " + deletedItem);
        Q.printQueue();

        deletedItem = Q.deQueue();
        if(deletedItem != 0)
            System.out.println("deleted Item : " + deletedItem);
        Q.printQueue();
    }
}
```

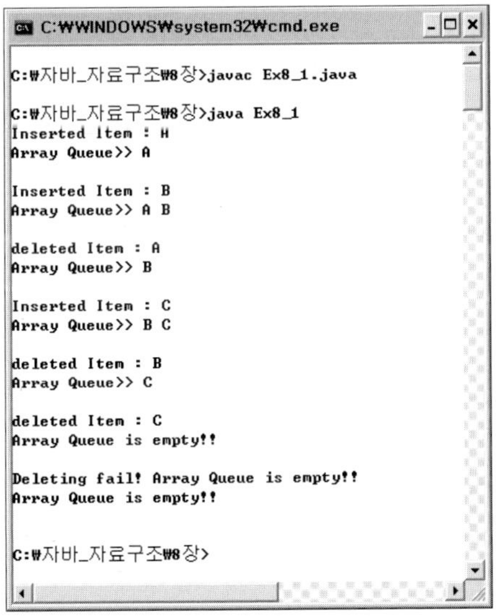

원형 큐

1차원 배열을 사용한 순차 자료구조 방식에서는 큐가 포화 상태가 아닐 경우에만 삽입 연산을 수행하도록 정의되어 있다. [알고리즘 8-2]에서 포화 상태를 확인하기 위해서 큐의 rear가 배열의 마지막 인덱스(n-1)인지를 검사한다. 그러나 다음과 같은 경우에 삽입 연산을 수행하면 rear가 배열의 마지막 위치에 있기 때문에 앞에 빈자리가 있는데도 포화 상태로 인식하고 삽입 연산을 수행하지 않는다.

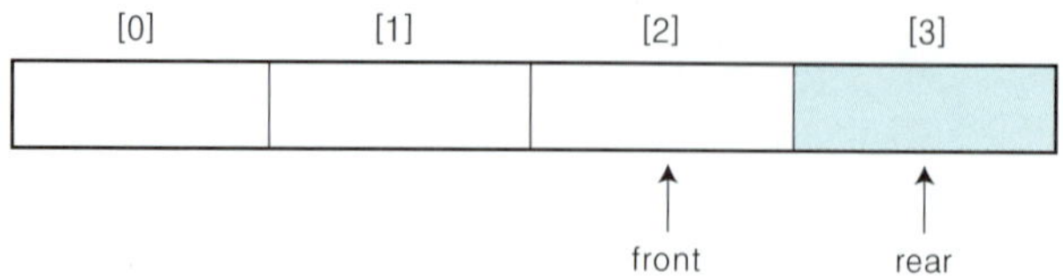

[그림 8-4] 포화 상태로 잘못 인식하는 경우

이런 경우에 큐의 빈자리를 사용하려면 저장되어 있는 원소를 배열의 앞부분으로 이동시켜서 위치를 조정해줘야 한다. 그러나 이와 같은 이동 작업은 연산이 복잡하여 큐의 효율성을 떨어뜨린다.

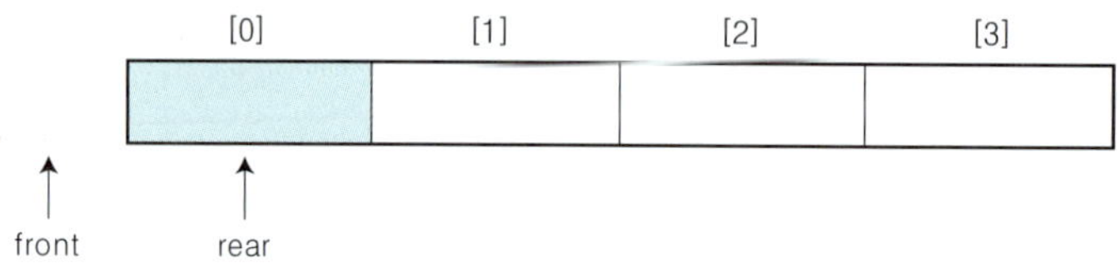

[그림 8-5] 큐의 원소들을 앞으로 이동

이러한 선형 큐의 문제를 해결하기 위해 원형 큐(Circular Queue)를 사용한다. 원형 큐는 선형 큐와 마찬가지로 1차원 배열을 사용하는데, 논리적으로 배열의 처음과 끝이 연결되어 있는 것으로 생각하는 것이다.

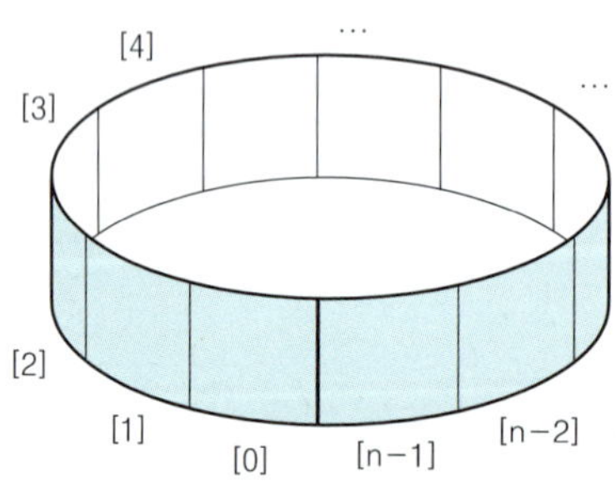

[그림 8-6] 원형 큐의 논리적 구조

원형 큐에서는 초기 공백 상태일 때 front와 rear의 값이 0이 되고, 공백 상태와 포화 상태를 쉽게 구분하기 위해서 자리 하나를 항상 비워둔다. 원형 큐에서의 공백 상태 조건은 front=rear가 된다. rear는 앞으로 이동하면서 원소를 삽입하고 front는 rear가 이동한 방향으로 따라가면서 원소를 삭제한다. 원형 큐에서는 배열의 인덱스가 n−1 다음에 다시 0이 되어야 하므로 사용할 다음 인덱스를 정하기 위해서 나머지 연산자 mod를 사용한다.

[알고리즘 8-6] 초기 공백 원형 큐의 생성 알고리즘

```
createQueue()
     cQ[n];
     front ← 0;
     rear ← 0;
end createQueue()
```

원형 큐 역시 선형 큐와 마찬가지로 1차원 배열을 사용한다. 새로 생성한 공백 원형 큐는 front와 rear의 초기값으로 0을 설정한다.

[알고리즘 8-7] 원형 큐의 공백 상태 검사 알고리즘과 포화 상태 검사 알고리즘

```
isEmpty(cQ)
    if(front=rear) then return true;
    else return false;
end isEmpty()

isFull(cQ)
    if(((rear+1) mod n)=front) then return true;
    else return false;
end isFull()
```

원형 큐에서 공백 상태가 되는 경우는 createQueue( ) 연산을 수행하여 공백 원형 큐를 생성한(front=rear=0) 경우와 마지막에 삽입한 rear의 원소를 삭제하여 front가 rear의 위치에 있는 경우가 있다. 두 가지 경우의 공백 상태에서는 front와 rear가 항상 같은 위치에 있게 되어 front=rear 상태가 된다.

rear가 원형 큐를 한바퀴 돌면서 원소를 삽입하여 큐를 모두 채우면 rear의 다음 위치((rear+1) mod n)는 현재의 front 위치가 되어 더 이상 원소를 삽입할 수 없는 포화 상태가 된다.

[알고리즘 8-8] 원형 큐의 삽입 알고리즘

```
enQueue(cQ, item)
    if(isFull(cQ)) then Queue_Full();
```

```
    else {
        rear ← (rear+1) mod n;                // ❶
        cQ[rear] ← item;                      // ❷
    }
end enQueue()
```

나머지 연산자 mod
3÷4=0…3이므로 몫은 0, 나머지는 3이 된다. 따라서 3 mod 4 연산값은 나머지값 3이 된다.

원형 큐의 현재 상태가 포화 상태가 아닌 경우에만 삽입 연산을 수행한다. 삽입 연산은 먼저 ❶ rear의 값을 조정하여 삽입할 자리를 준비하고 ❷ 준비한 자리 cQ[rear]에 원소 item을 삽입한다. 원형 큐에서 삽입할 자리를 정하기 위해서 나머지 연산자 mod를 사용한다. 크기가 4인 원형 큐에서 현재 rear의 위치가 2라면

$$(2+1) \bmod 4 = 3$$

이 되어 삽입할 다음 위치는 cQ[3]이 되고, 현재 rear의 위치가 3이라면

$$(3+1) \bmod 4 = 0$$

이 되어 삽입할 다음 위치는 cQ[0]이 된다.

[알고리즘 8-9] 원형 큐의 삭제 알고리즘

```
deQueue(cQ)
    if(isEmpty(cQ)) then Queue_Empty();
    else {
        front ← (front+1) mod n;   // ❶
        return cQ[front];          // ❷
    }
end deQueue()

delete(cQ)
    if(isEmpty(Q)) then Queue_Empty();
    else front ← (front+1) mod n;
end delete()
```

현재 원형 큐의 상태가 공백 상태가 아닌 경우에만 삭제 연산을 수행한다. 삭제 연산은 먼저 ❶ front의 값을 조정하여 삭제할 자리를 준비하고, ❷ 준비한 자리에 있는 원소

cQ[front]를 삭제하여 반환한다. 원형 큐에서 삭제할 위치를 정하기 위해서 나머지 연산자 mod를 사용한다.

크기가 4인 원형 큐에서의 연산 과정을 살펴보자.

① createQueue( );

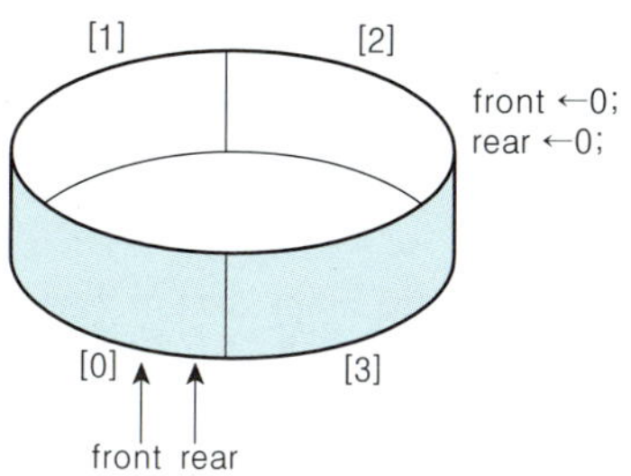

② enQueue(cQ, A);

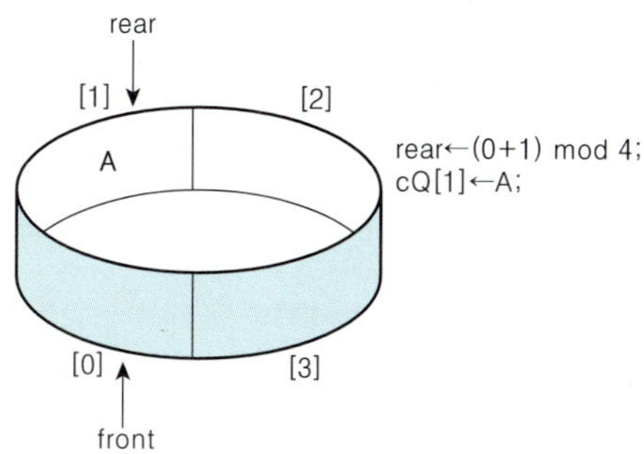

③ enQueue(cQ, B);

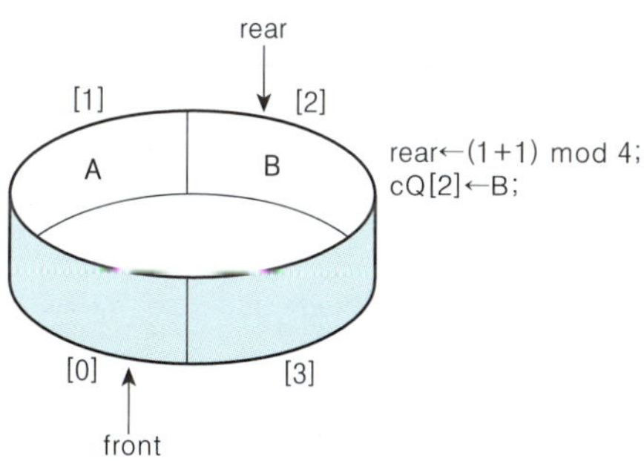

④ deQueue(cQ);

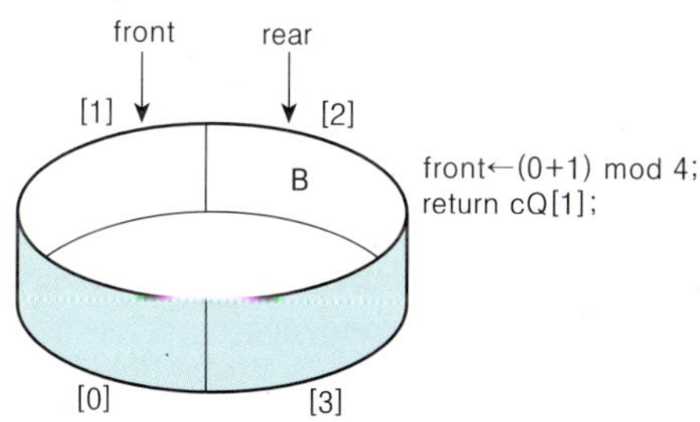

⑤ enQueue(cQ, C);

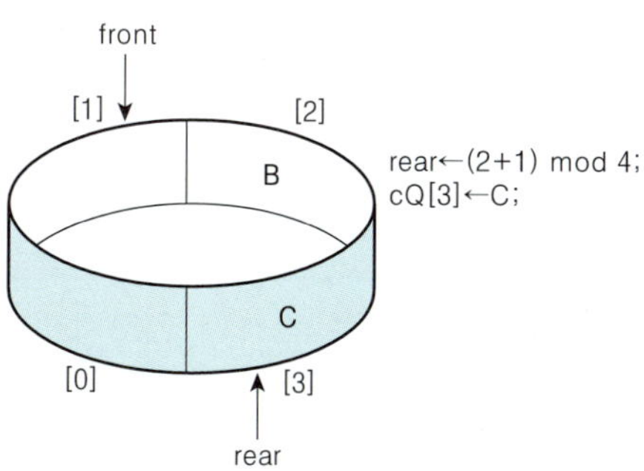

⑥ enQueue(cQ, D);

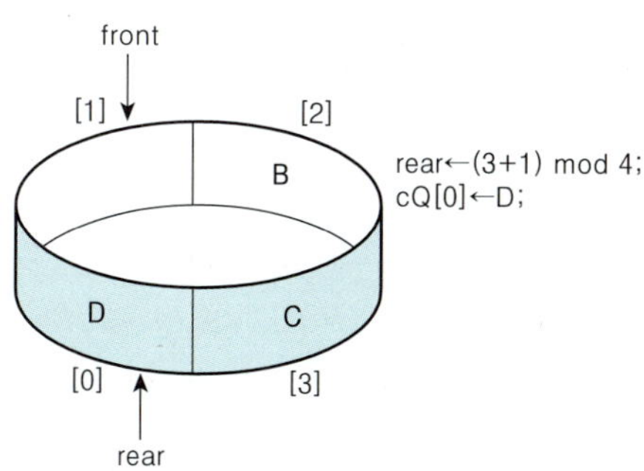

[그림 8-7] 원형 큐에서의 삽입 · 삭제 연산 과정

위의 연산 과정에서 마지막 명령(⑥)을 수행한 후에 원형 큐는 포화 상태가 된다. 원형 큐에서는 공백 상태와 포화 상태의 구분을 쉽게 하기 위해서 front가 있는 자리 하나를 항상 비워두기로 했으므로 ⑥의 연산 후에 front의 자리 cQ[1]이 비어있지만 포화 상태로 인식하기로 한다. 이때 다시 삽입 연산 enQueue(cQ, E);를 수행하려 하면

rear ← (0+1) mod 4;

가 되므로 다음 삽입 위치인 rear는 1이 된다. 그런데 현재 front가 1이므로 다음 삽입 위치가 현재의 front와 같은 위치가 된다. 그러면 [알고리즘 8-7]의 isFull( ) 연산에 따라서 포화 상태임을 인식하고 더 이상의 삽입 연산을 수행하지 않는다.

원형 큐에 대한 알고리즘들을 자바 프로그램으로 구현하고, [그림 8-7]의 연산을 수행해 보자.

[예제 8-2] 순차 자료구조 방식으로 구현한 원형 큐 프로그램

```
interface Queue{
  boolean isEmpty();
  void enQueue(char item);
  char deQueue();
  void delete();
  char peek();
}

class ArrayCQueue implements Queue{
  private int front;
  private int rear;
  private int queueSize;
  private char itemArray[];

  public ArrayCQueue(int queueSize){
      front = 0;
      rear = 0;
      this.queueSize = queueSize;
      itemArray = new char[this.queueSize];
  }
```

```
    public boolean isEmpty(){
        return (front == rear);
    }

    public boolean isFull(){
        return (((rear+1) % this.queueSize) == front);
    }

    public void enQueue(char item){
        if(isFull()){
            System.out.println("Inserting fail! Array Circular Queue is full!!");
        }
        else{
            rear = (rear+1) % this.queueSize;
            itemArray[rear] = item;
            System.out.println("Inserted Item : " + item);
        }
    }

    public char deQueue(){
     if(isEmpty()) {
        System.out.println("Deleting fail! Array  Circular Queue is empty!!");
        return 0;
        }
        else{
            front = (front+1) % this.queueSize;
            return itemArray[front];
        }

    }

    public void delete(){
```

```
        if(isEmpty()){
       System.out.println("Deleting fail! Array  Circular
       Queue is empty!!");

        }
        else {
            front = (front+1) % this.queueSize;
        }
    }

    public char peek(){
        if(isEmpty()){
            System.out.println("Peeking fail! Array  Circular
            Queue is empty!!");
            return 0;
        }
        else
            return itemArray[(front+1) % this.queueSize];
    }

    public void printQueue(){
        if(isEmpty())
            System.out.println("Array Circular Queue is
            empty!!");
        else{
        System.out.printf("Array Circular Queue>> ");
        for(int i=(front+1) % this.queueSize; i!=(rear+1)%
           this.queueSize; i=++i % this.queueSize)
            System.out.printf("%c ", itemArray[i]);
            System.out.println();  System.out.println();
        }
    }

}

```

```
class Ex8_2{
    public static void main(String args[]){
        int queueSize = 4;
        char deletedItem;
        ArrayCQueue cQ = new ArrayCQueue(queueSize);

        cQ.enQueue('A');
        cQ.printQueue();

        cQ.enQueue('B');
        cQ.printQueue();

        deletedItem = cQ.deQueue();
        if(deletedItem != 0)
            System.out.println("deleted Item : " + deletedItem);
        cQ.printQueue();

        cQ.enQueue('C');
        cQ.printQueue();

        cQ.enQueue('D');
        cQ.printQueue();

        cQ.enQueue('E');
        cQ.printQueue();
    }
}
```

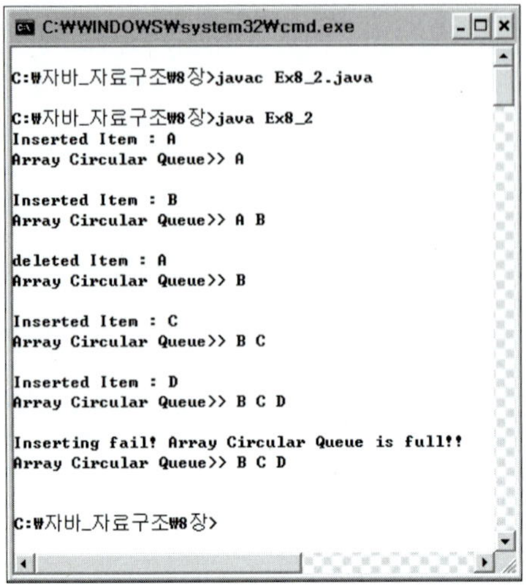

2 연결 자료구조 방식을 이용한 큐의 구현

연결 큐

순차 자료구조 방식을 이용하여 구현한 큐에는 몇 가지 문제가 있다. 사용 크기가 제한되어 있어서 큐의 길이를 마음대로 변경할 수 없고, 원소가 없을 때에도 항상 처음 크기를 유지하고 있어야 하므로 메모리도 낭비된다. 이와 같은 문제를 극복하기 위해 연결 자료구조 방식을 이용하여 크기에 제한이 없는 연결 큐(Linked Queue)를 구현해보자.

연결 큐에서 원소는 데이터 필드와 링크 필드를 가진 노드로 구성하며, 첫 번째 노드를 가리키는 참조변수 front와 마지막 노드를 가리키는 참조변수 rear를 사용한다. 연결 큐의 초기 상태(공백 큐)는 front와 rear를 널(NULL)로 설정하여 표현한다.

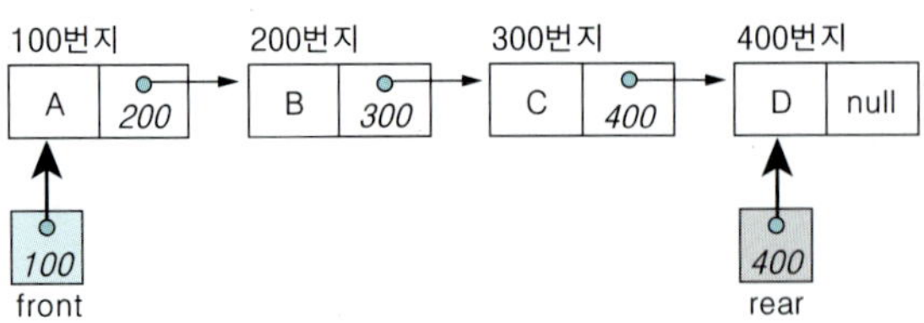

[그림 8-8] 연결 큐의 구조

연결 큐에 대한 연산을 알고리즘으로 정의해보자.

[알고리즘 8-10] 초기 공백 연결 큐 생성 알고리즘

```
createLinkedQueue()
    front ← null;
    rear ← null;
end createLinkedQueue()
```

초기에 생성한 연결 큐는 저장된 노드가 없는 공백 연결 큐이므로 front와 rear를 null로 초기화한다.

[알고리즘 8-11] 공백 연결 큐 검사 알고리즘

```
isEmpty(LQ)
    if(front=null) then return true;
    else return false;
end isEmpty()
```

연결 큐가 공백인 경우는 연결된 노드가 하나도 없는 상태다. 이는 front가 null인 경우이므로 front의 상태를 검사하면 큐의 공백 여부를 알 수 있다.

[알고리즘 8-12] 연결 큐의 삽입 알고리즘

```
enQueue(LQ, item)
    new ← getNode();  ─┐
    new.data ← item;   │    // ❶
    new.link ← null;  ─┘
    if (isEmpty(LQ)) then {    // ❷ 연결 큐가 공백인 경우
        rear ← new;
        front ← new;
    }
    else {                     // ❸ 연결 큐에 노드가 있는 경우
        rear.link ← new;
        rear ← new;
    }
end enQueue()
```

❶ 삽입할 새 노드를 생성하여 데이터 필드에 item을 저장한다. 삽입할 새 노드는 연결 큐의 마지막 노드가 되어야 하므로 링크 필드에 null을 저장한다.

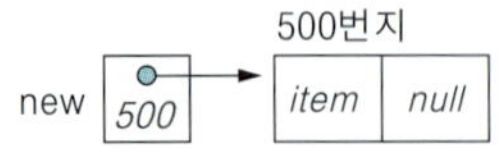

[그림 8-9] 연결 큐의 삽입 연산 과정_알고리즘 ❶

❷ 새 노드를 삽입하기 전에 연결 큐가 공백인지 아닌지를 먼저 검사한다. 연결 큐가 공백인 경우에는 삽입할 새 노드가 큐의 첫 번째 노드이자 마지막 노드이므로 참조변수 front와 rear가 모두 새 노드를 가리키도록 설정한다.

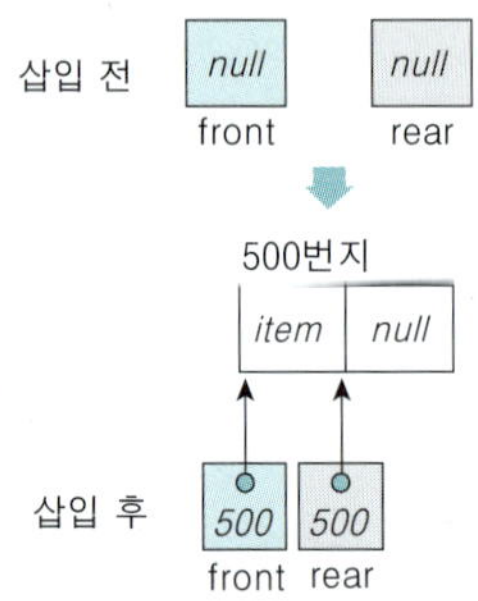

[그림 8-10] 연결 큐의 삽입 연산 과정_알고리즘 ❷

❸ 큐가 공백이 아닌 경우, 즉 노드가 있는 경우에는 현재 큐의 마지막 노드의 뒤에 새 노드를 삽입한다. 그리고 마지막 노드를 가리키는 rear가 삽입한 새 노드를 가리키도록 설정한다.

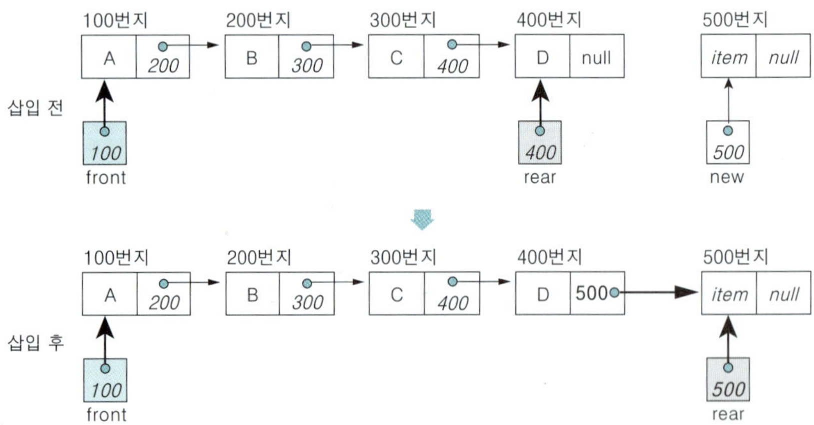

[그림 8-11] 연결 큐의 삽입 연산 과정_알고리즘 ❸

[알고리즘 8-13] 연결 큐의 삭제 알고리즘

```
deQueue(LQ)
    if(isEmpty(LQ)) then Queue_Empty();
    else {
        old ← front;                               // ❶
        item ← front.data;
        front ← front.link;                        // ❷
        if (isEmpty(LQ)) then rear ← null;         // ❸
        returnNode(old);                           // ❹
        return item;
    }
end deQueue()

delete(LQ)
    if(isEmpty(LQ)) then Queue_Empty();
    else {
        old ← front;
        front ← front.link;
        if(isEmpty(LQ)) then rear ← null;
        returnNode(old);
    }
end delete()
```

큐에서의 삭제 연산은 큐가 공백이 아닌 경우에만 수행한다.

❶ 삭제 연산에서 삭제할 노드는 front가 가리키고 있는 첫 번째 노드다. front가 가리키는 노드를 참조변수 old가 가리키게 하여 삭제할 노드를 지정한다.

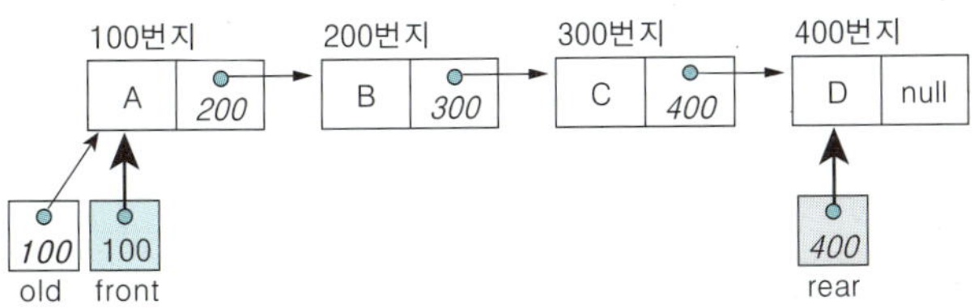

[그림 8-12] 연결 큐의 삭제 연산 과정_알고리즘 ❶

❷ 삭제 연산 후에는 현재 front 노드의 다음 노드가 front 노드가 되어야 하므로 front를 그 다음 노드(front.link)로 재설정한다.

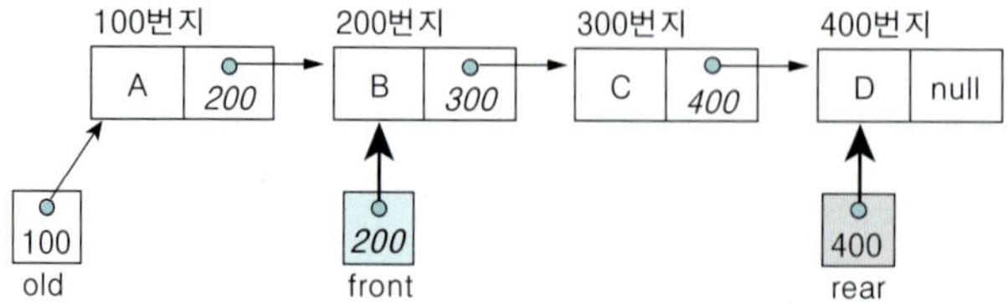

[그림 8-13] 연결 큐의 삭제 연산 과정_알고리즘 ❷

❸ 현재 큐에 노드가 하나뿐이어서 재설정한 front가 null이 되는 경우에는 삭제 연산 후에 공백 큐가 될 것이므로 rear를 null로 설정해준다.

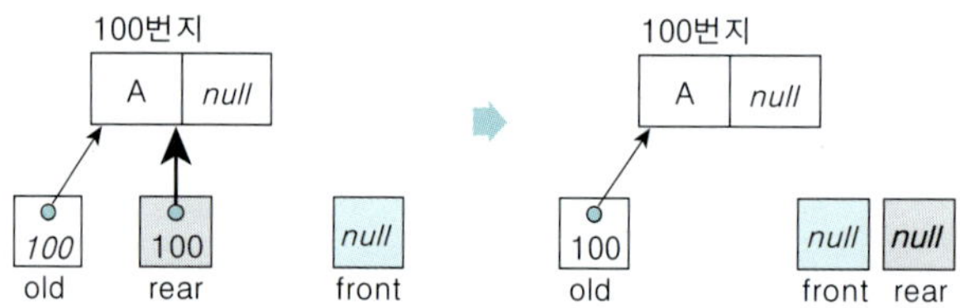

[그림 8-14] 연결 큐의 삭제 연산 과정_알고리즘 ❸

❹ old가 가리키고 있는 노드를 삭제하여 메모리 공간을 시스템에 반환(returnNode( )) 한다.

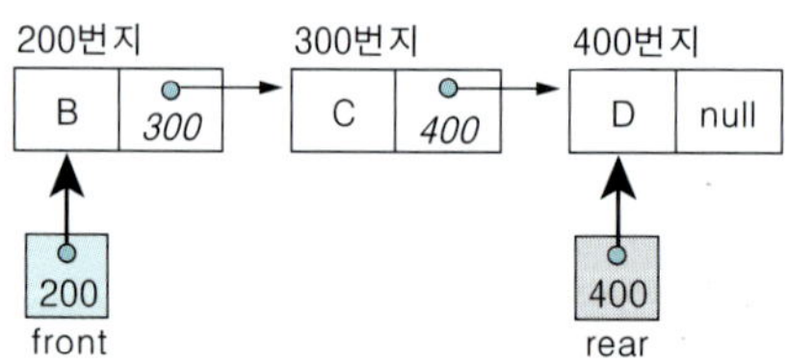

[그림 8-15] 연결 큐의 삭제 연산 과정_알고리즘 ❹

[알고리즘 8-14] 연결 큐의 검색 알고리즘

```
peek(LQ)
    if(isEmpty(LQ)) then Queue_Empty()
    else return (front.data);
end peek()
```

큐에서의 검색 연산은 항상 큐의 첫 번째 노드, 즉 front 노드의 데이터 필드 값을 반환한다.

다음 연산을 수행하는 동안의 연결 큐의 상태를 살펴보자.

① 공백 큐 생성 : createLinkedQueue( );

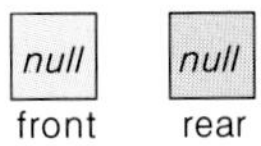

② 원소 A 삽입 : enQueue(LQ, A);

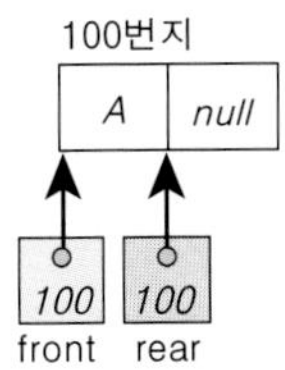

③ 원소 B 삽입 : enQueue(LQ, B);

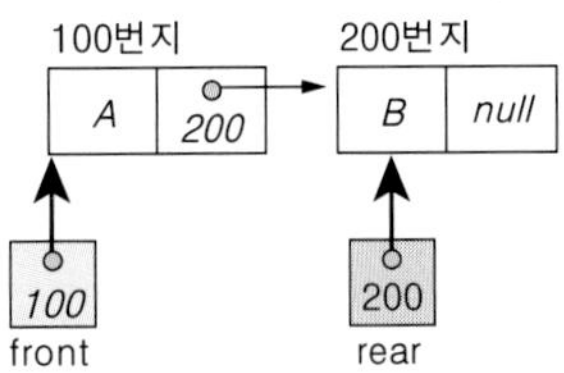

④ 원소 삭제 : deQueue(LQ);

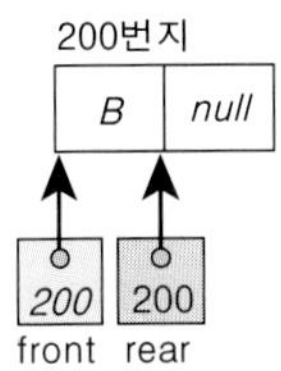

⑤ 원소 C 삽입 : enQueue(LQ, C);

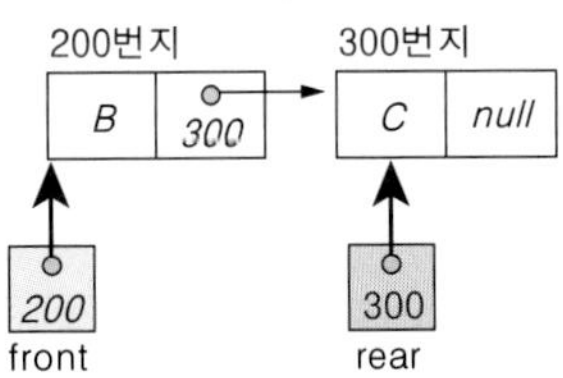

⑥ 원소 삭제 : deQueue(LQ);

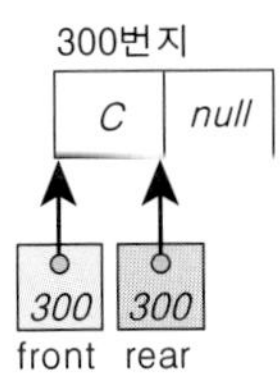

⑦ 원소 삭제 : deQueue(LQ);

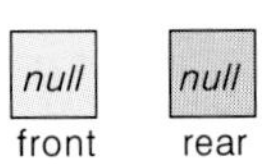

연결 큐에 대한 알고리즘을 자바 프로그램으로 구현하고, 연산을 수행해보자.

[예제 8-3] 연결 자료구조 방식을 이용하여 구현한 연결 큐 프로그램

```
interface Queue{
   boolean isEmpty();
   void enQueue(char item);
```

```
   char deQueue();
   void delete();
   char peek();
}

class QNode{
   char data;
   QNode link;
}

class LinkedQueue implements Queue{
   QNode front;
   QNode rear;

   public LinkedQueue(){
       front = null;
       rear = null;
   }

   public boolean isEmpty(){
       return (front == null);
   }

   public void enQueue(char item){
       QNode newNode = new QNode();
       newNode.data = item;
       newNode.link = null;
       if(isEmpty()){
           front = newNode;
           rear = newNode;
       }
       else {
           rear.link = newNode;
           rear = newNode;
       }
```

```
        System.out.println("Inserted Item : " + item);
    }

    public char deQueue(){
        if(isEmpty()) {
            System.out.println("Deleting fail! Linked Queue
            is empty!!");
            return 0;
        }
        else{
            char item = front.data;
            front = front.link;
            if(front == null)
                rear = null;
            return item;
        }
    }

    public void delete(){
        if(isEmpty()){
            System.out.println("Deleting fail! Linked Queue
            is empty!!");
        }

        else {
            front = front.link;
            if(front == null)
                rear = null;
        }
    }

    public char peek(){
        if(isEmpty()){
            System.out.println("Peeking fail! Linked Queue
            is empty!!");
            return 0;
```

```
        }
        else
            return front.data;
    }

    public void printQueue(){
        if(isEmpty())
            System.out.printf("Linked Queue is empty!! %n %n");
        else{
            QNode temp = front;
            System.out.printf("Linked Queue>> ");
            while(temp != null){
                System.out.printf("%c ", temp.data);
                temp = temp.link;
            }
            System.out.println();System.out.println();
        }
    }
}

class Ex8_3{
    public static void main(String args[]){
        char deletedItem;
        LinkedQueue LQ = new LinkedQueue();

        LQ.enQueue('A');
        LQ.printQueue();

        LQ.enQueue('B');
        LQ.printQueue();

        deletedItem = LQ.deQueue();
        if(deletedItem != 0)
            System.out.println("deleted Item : " + deletedItem);
        LQ.printQueue();
```

```

        LQ.enQueue('C');
        LQ.printQueue();

        deletedItem = LQ.deQueue();
        if(deletedItem != 0)
            System.out.println("deleted Item : " + deletedItem);
        LQ.printQueue();

        deletedItem = LQ.deQueue();
        if(deletedItem != 0)
            System.out.println("deleted Item : " + deletedItem);
        LQ.printQueue();

        deletedItem = LQ.deQueue();
        if(deletedItem != 0)
            System.out.println("deleted Item : " + deletedItem);
        LQ.printQueue();
    }
}
```

```
C:\WINDOWS\system32\cmd.exe

C:\자바_자료구조\8장>javac Ex8_3.java

C:\자바_자료구조\8장>java Ex8_3
Inserted Item : A
Linked Queue>> A

Inserted Item : B
Linked Queue>> A B

deleted Item : A
Linked Queue>> B

Inserted Item : C
Linked Queue>> B C

deleted Item : B
Linked Queue>> C

deleted Item : C
Linked Queue is empty!!

Deleting fail! Linked Queue is empty!!
Linked Queue is empty!!

C:\자바_자료구조\8장>
```

덱

덱(Deque, Double-ended Queue)은 큐의 양쪽 끝에서 삽입과 삭제가 모두 발생할 수 있는 큐로서, 스택의 성질과 큐의 성질을 모두 가지고 있는 자료구조다.

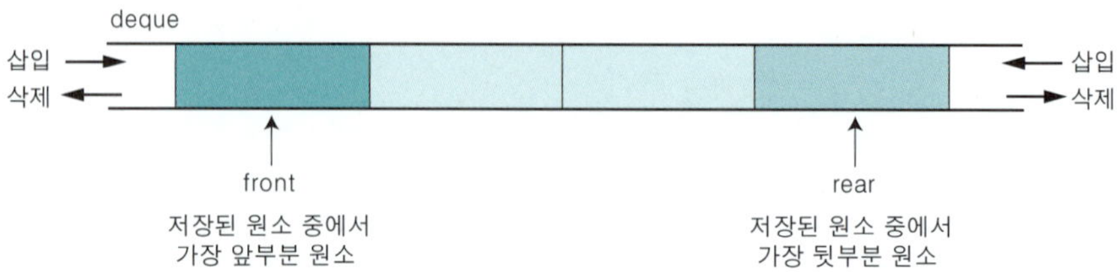

[그림 8-16] 덱의 구조

덱에 대한 연산을 추상 자료형으로 다음과 같이 정의할 수 있다.

[ADT 8-2] 덱에 대한 추상 자료형

```
ADT  deque
    데이터 :  0개 이상의 원소를 가진 유한 순서 리스트
    연산 :
      DQ∈deque; item∈Element;
      createDeque() ::= create an empty DQ;
      // 공백 덱을 생성하는 연산
      isEmpty(DQ)  ::= if (DQ is empty) then return true
                       else return false;
      // 덱이 공백인지 아닌지를 확인하는 연산
      insertFront(DQ, item)  ::= insert item at the front of DQ;
      // 덱의 front 앞에 item(원소)을 삽입하는 연산
      insertRear(DQ, item)  ::= insert item at the rear of DQ;
      // 덱의 rear 뒤에 item(원소)을 삽입하는 연산
      deleteFront(DQ)  ::= if (isEmpty(DQ)) then return null
                           else { delete and return the front item
                                  of DQ };
      // 덱의 front에 있는 item(원소)을 덱에서 삭제하고 반환하는 연산
      deleteRear(DQ)  ::= if (isEmpty(DQ)) then return null
                          else { delete and return the rear item
                                 of DQ };
```

```
        // 덱의 rear에 있는 item(원소)을 덱에서 삭제하고 반환하는 연산
        removeFront(DQ)  ::= if (isEmpty(DQ)) then return null
                                   else { remove the front item of DQ };
        // 덱의 front에 있는 item(원소)을 삭제하는 연산
        removeRear(DQ)  ::= if (isEmpty(DQ)) then return null
                                else { remove the rear item of DQ };
        // 덱의 rear에 있는 item(원소)을 삭제하는 연산
        peekFront(DQ)  ::= if (isEmpty(DQ)) then return null
                                else { return the front item of the DQ };
        // 덱의 front에 있는 item(원소)을 반환하는 연산
        peekRear(DQ)  ::= if (isEmpty(DQ)) then return null
                               else { return the rear item of the DQ };
        // 덱의 rear에 있는 item(원소)을 반환하는 연산
    End deque
```

덱의 연산은 스택과 큐의 연산을 모두 가지고 있다. 덱의 insertFront( ) 연산과 delete Front( ) 연산은 front를 스택의 top으로 생각했을 때 스택의 push( ) 연산, pop( ) 연산과 같고, 덱의 insertRear( ) 연산과 deleteRear( ) 연산은 rear를 스택의 top으로 생각했을 때 스택의 push( ) 연산, pop( ) 연산과 같다. 그리고 덱의 insertRear( ) 연산과 delete Front( ) 연산은 일반 큐의 enQueue( ) 연산, deQueue( ) 연산과 같다.

다음의 연산 수행에 대한 덱의 상태를 살펴보자.

① createDeque( );

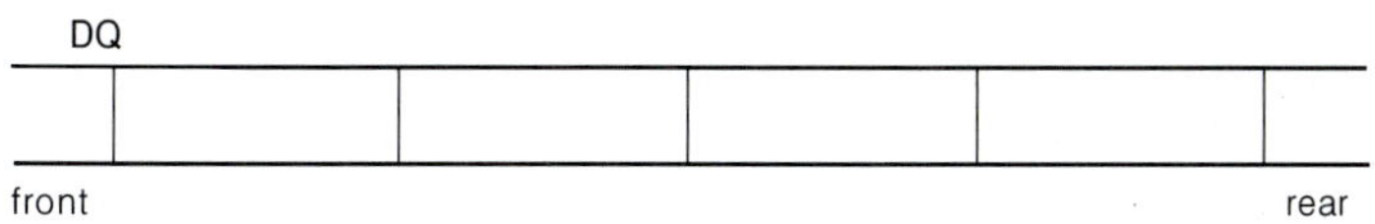

② insertFront(DQ, 'A');

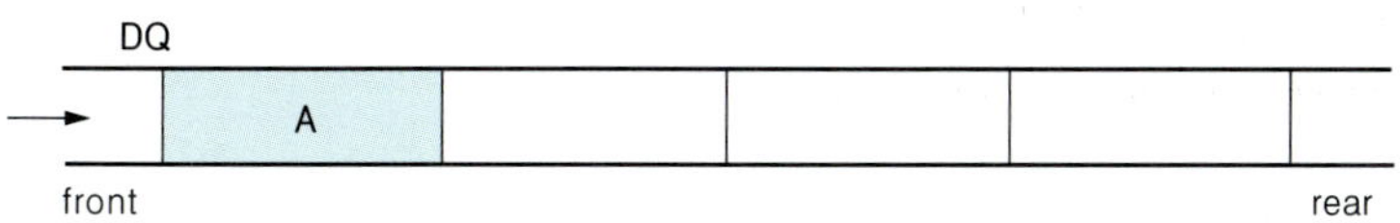

③ insertFront(DQ, 'B');

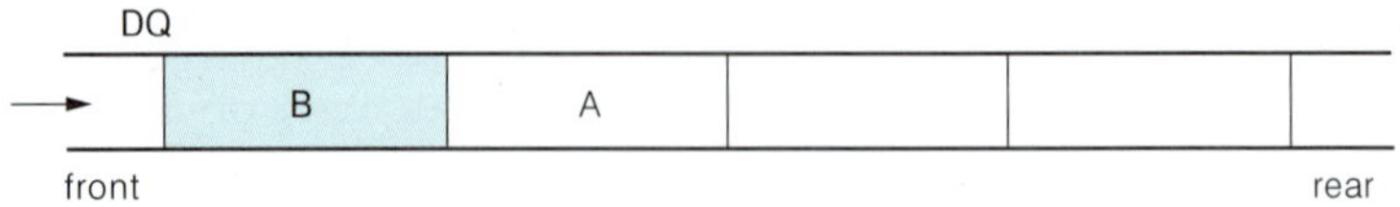

④ insertRear(DQ, 'C');

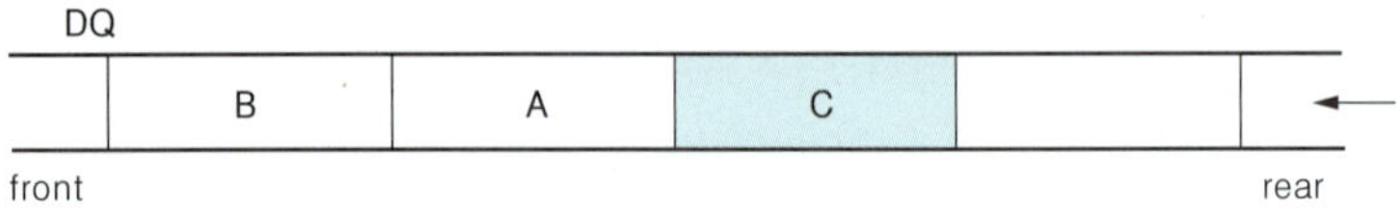

⑤ deleteFront(DQ);

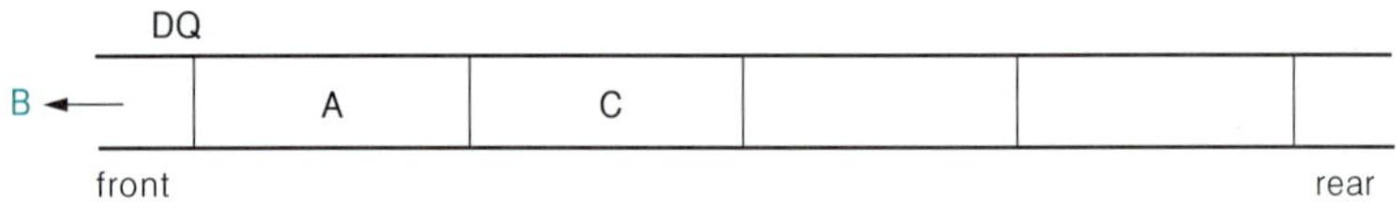

⑥ deleteRear(DQ);

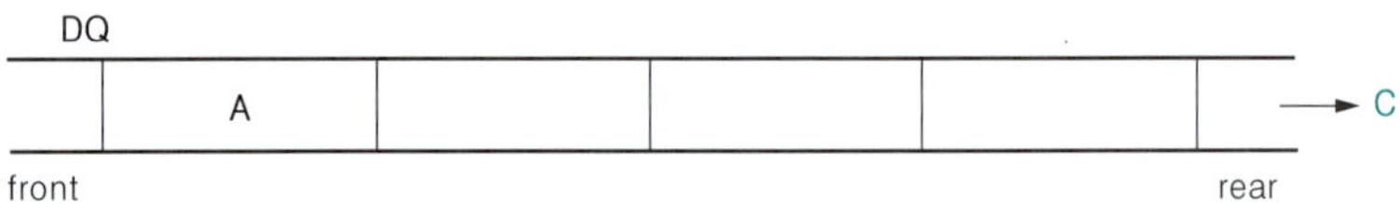

⑦ insertRear(DQ, 'D');

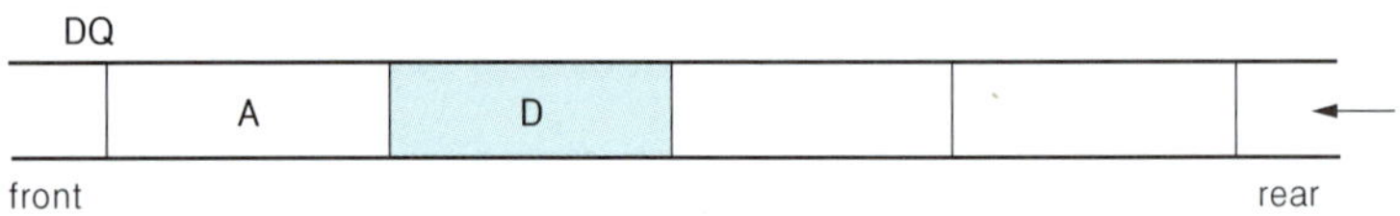

⑧ insertFront(DQ, 'E');

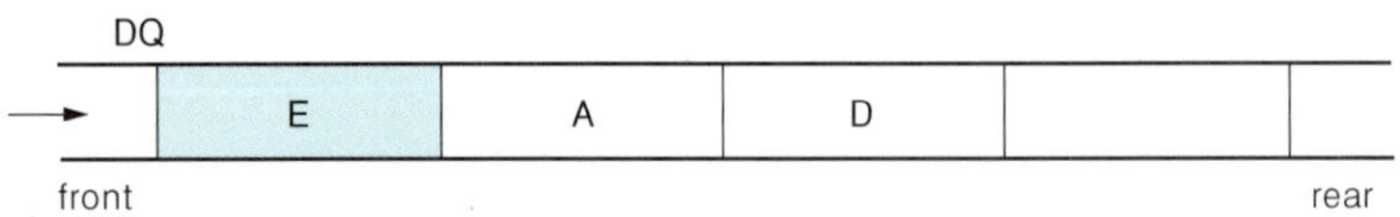

⑨ insertFront(DQ, 'F');

덱은 양쪽 끝에서 삽입/삭제 연산이 가능해야 하기 때문에 다음과 같이 왼쪽 링크 필드와 오른쪽 링크 필드를 가지는 노드를 사용하는 이중 연결 리스트를 이용하여 구현한다.

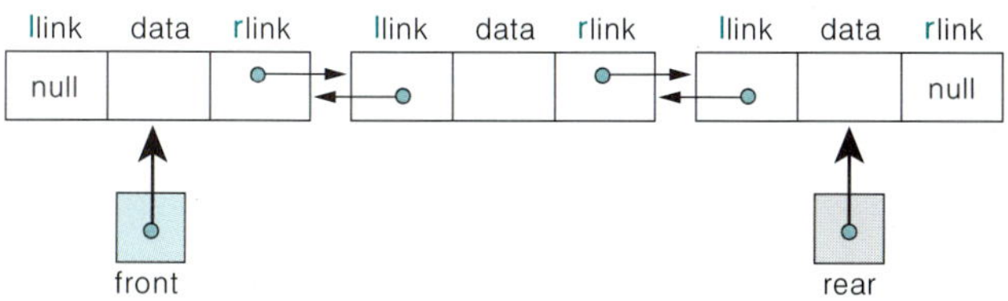

[그림 8-17] 덱의 이중 연결 리스트 구조

이중 연결 리스트 구조로 덱을 구현하고, 연산을 수행해보자.

[예제 8-4] 이중 연결 리스트를 이용한 덱 프로그램

```
class DQNode{
   char data;
   DQNode rlink;
   DQNode llink;
}

class DQueue{
   DQNode front;
   DQNode rear;

   public DQueue(){
      front = null;
      rear = null;
   }

   public boolean isEmpty(){
      return (front == null);
   }

   public void insertFront(char item){
      DQNode newNode = new DQNode();
      newNode.data = item;
      if(isEmpty()){
         front = newNode;
         rear = newNode;
```

```
            newNode.rlink = null;
            newNode.llink = null;
        }
        else {
            front.llink = newNode;
            newNode.rlink = front;
            newNode.llink = null;
            front = newNode;
        }
        System.out.println("Front Inserted Item : " + item);
    }

    public void insertRear(char item){
        DQNode newNode = new DQNode();
        newNode.data = item;
        if(isEmpty()){
            front = newNode;
            rear = newNode;
            newNode.rlink = null;
            newNode.llink = null;
        }
        else {
            rear.rlink = newNode;
            newNode.rlink = null;
            newNode.llink = rear;
            rear = newNode;
        }
        System.out.println("Rear Inserted Item : " + item);
    }

    public char deleteFront(){
        if(isEmpty()) {
            System.out.println("Front Deleting fail! DQueue
            is empty!!");
            return 0;
```

```
    }
        else{
            char item = front.data;
            if(front.rlink == null){
                front = null;
                rear = null;
            }
            else {
                front = front.rlink;
                front.llink = null;
            }
            return item;
        }
    }

    public char deleteRear(){
        if(isEmpty()) {
            System.out.println("Rear Deleting fail! DQueue is empty!!");
            return 0;
        }
        else{
            char item = rear.data;
            if(rear.llink == null){
                rear = null;
                front = null;
            }
            else {
                rear = rear.llink;
                rear.rlink = null;
            }
            return item;
        }
    }

```

```
    public void removeFront(){
        if(isEmpty()) {
            System.out.println("Front Removing fail! DQueue is empty!!");
        }
        else{
            if(front.rlink == null){
                front = null;
                rear = null;
            }
            else {
                front = front.rlink;
                front.llink = null;
            }
        }
    }

    public void removeRear(){
        if(isEmpty()) {
            System.out.println("Rear Removing fail! DQueue is empty!!");
        }
        else{
            if(rear.llink == null){
                rear = null;
                front = null;
            }
            else {
                rear = rear.llink;
                rear.rlink = null;
            }
        }
    }

    public char peekFront(){
```

```
        if(isEmpty()){
            System.out.println("Front Peeking fail! DQueue is empty!!");
            return 0;
        }
        else
            return front.data;
    }

    public char peekRear(){
        if(isEmpty()){
            System.out.println("Rear Peeking fail! DQueue is empty!!");
            return 0;
        }
        else
            return rear.data;
}

    public void printDQueue(){
        if(isEmpty())
            System.out.printf("DQueue is empty!! %n %n");
        else{
            DQNode temp = front;
            System.out.printf("DQueue>> ");
            while(temp != null){
                System.out.printf("%c ", temp.data);
                temp = temp.rlink;
            }
            System.out.println();   System.out.println();
        }
    }
 }

class Ex8_4{
```

```
    public static void main(String args[]){
        char deletedItem;
        DQueue DQ = new DQueue();

        DQ.insertFront('A');
        DQ.printDQueue();

        DQ.insertFront('B');
        DQ.printDQueue();

        DQ.insertRear('C');
        DQ.printDQueue();

        deletedItem = DQ.deleteFront();
        if(deletedItem != 0)
            System.out.println("Front deleted Item : " +
            deletedItem);
        DQ.printDQueue();

        deletedItem = DQ.deleteRear();
        if(deletedItem != 0)
            System.out.println("Rear deleted Item : " +
            deletedItem);
        DQ.printDQueue();

        DQ.insertRear('D');
        DQ.printDQueue();

        DQ.insertFront('E');
        DQ.printDQueue();

        DQ.insertFront('F');
        DQ.printDQueue();
    }
}
```

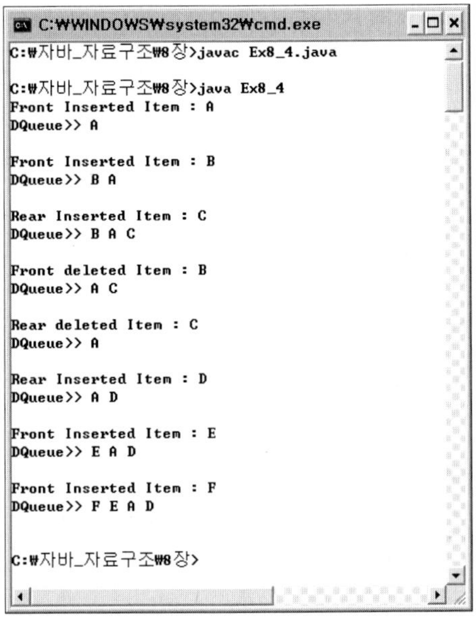
C:\WINDOWS\system32\cmd.exe
C:\자바_자료구조\8장>javac Ex8_4.java
C:\자바_자료구조\8장>java Ex8_4
Front Inserted Item : A
DQueue>> A
Front Inserted Item : B
DQueue>> B A
Rear Inserted Item : C
DQueue>> B A C
Front deleted Item : B
DQueue>> A C
Rear deleted Item : C
DQueue>> A
Rear Inserted Item : D
DQueue>> A D
Front Inserted Item : E
DQueue>> E A D
Front Inserted Item : F
DQueue>> F E A D
C:\자바_자료구조\8장>

Section

03 큐의 응용

컴퓨터의 여러 분야에서 발생한 순서대로 문제를 해결해야 하는 경우에 선입선출 운영 구조의 큐를 사용한다. 컴퓨터 운영체제에서 실행을 요청한 작업들을 순서대로 처리하기 위해서 버퍼 큐와 프로세스 스케줄링 큐를 사용하고, 산업공학 등의 분야에서는 최적의 시스템을 설계하기 위한 시뮬레이션에서 대기 행렬 큐를 사용한다.

1. 운영체제의 작업 큐

큐는 각기 다른 속도로 실행되는 작업의 처리 기간을 조화시키기 위해서 사용할 수 있다. 프린터를 사용하여 출력하는 경우를 생각해보자. CPU에서 데이터를 내보내는 출력 속도는 프린터의 출력 속도보다 훨씬 빠르다. 만약 CPU가 프린터의 출력이 끝날 때까지 기다렸다가 다음 데이터를 내보낸다면 기다리는 시간만큼 CPU는 다른 작업을 수행할 수 없게 되어 작업 효율이 떨어지게 된다. 그래서 운영체제에서 프린터 버퍼 큐(Printer Buffer Queue)를 사용하게 한다. CPU가 출력으로 내보내는 데이터를 순서대로 프린터 버퍼 큐에 삽입하면, 프린터는 버퍼 큐에 있는 작업을 순서대로 처리하면서 처리가 끝난 작업은 버퍼 큐에서 삭제한다. 이처럼 처리 속도가 다른 처리기 사이에서 처리 속도를 맞추기 위해 큐를 사용하는데, 이를 버퍼 큐라고 한다.

컴퓨터 운영체제에서 CPU를 사용하고자 하는 프로세스들에 대한 CPU 사용 스케줄을 관리하기 위해서 스케줄링 큐(Scheduling Queue)를 사용한다. 스케줄링 큐는 준비 큐와 대기 큐로 구성한다. CPU를 사용하고자 하는 프로세스들을 순서대로 준비 큐에 삽입하면 그 순서대로 준비 큐에서 꺼내서 차례로 CPU를 사용하게 한다. CPU를 사용하던 프로세스가 다른 처리를 기다리는 대기 상태가 되면 대기 큐에 삽입하여 대기 상태의 프로세스들 역시 순서대로 관리한다.

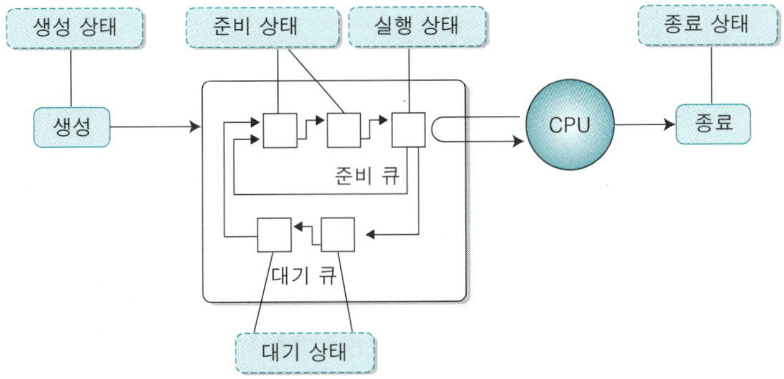

[그림 8-18] 프로세스 스케줄링 큐

2. 시뮬레이션에서의 큐잉 시스템

시뮬레이션(simulation)이란 실제로 일을 실행하기 전에 미리 실험해보는 것이다. 시뮬레이션을 하려면 먼저 시스템에 대한 수학적인 모델링 작업을 해야 한다. 예를 들어, 공항을 새로 만들면서 입국심사 창구를 몇 개를 만들어야 할지를 시뮬레이션한다면 '비행기가 몇 분마다 도착하는가?', '입국자 한 명을 심사하는 데 시간이 얼마나 소요되는가?', '어느 때에 입국자가 가장 많은가?' 등을 모델링 해야 한다. 이러한 모델링에 사용되는 통계적인 이론이 큐잉 이론(Queueing Theory)이다. 큐잉 이론은 서비스를 받기 위해 기다리는 대기 행렬과 대기 시간을 실험하는 데 큐를 사용한다. 공항에 도착하는 입국자는 순서대로 큐로 만든 대기 행렬에 들어가고, 입국 심사관은 큐에 있는 입국자들을 순서대로 처리하게 된다. 모든 서비스가 끝나서 대기 행렬 큐가 공백이 되기까지의 평균 대기 시간을 여러 상황에 대해 시뮬레이션하여 최적의 시스템을 설계한다.

요약

1 큐는 리스트의 한쪽 끝(rear)에서는 삽입 작업이 이루어지고, 반대쪽 끝(front)에서는 삭제 작업이 이루어져서 삽입된 순서대로 삭제되는 선입선출(FIFO, First-In-First-Out) 구조로 운영되는 유한 순서 리스트다.

2 큐를 순차 자료구조 방식을 이용하여 구현하는 방법은 1차원 배열을 이용하는 것이다. 배열에 저장된 원소 중에서 가장 앞부분의 배열 인덱스가 원소의 삭제 위치인 front가 되고, 배열에 저장된 원소 중에서 가장 뒷부분의 배열 인덱스는 원소의 삽입 위치인 rear가 된다. 1차원 배열로 구현한 선형 큐는 앞부분에 빈 자리가 있어도 rear가 배열의 마지막 인덱스가 되면 더 이상 원소를 삽입할 수 없는 포화 상태가 된다.

3 원형 큐는 1차원 배열의 처음과 끝을 논리적으로 연결하여 만든 큐로서 선형 큐의 잘못된 포화 상태 문제를 해결한다.

4 연결 자료구조 방식을 이용하여 구현한 연결 큐는 크기에 제한이 없으며, 데이터 필드와 링크 필드를 가진 노드를 사용하여 큐의 원소를 표현한다. 그리고 첫 번째 노드를 가리키는 참조변수 front와 마지막 노드를 가리키는 참조변수 rear를 사용한다.

5 덱은 큐의 양쪽 끝에서 삽입과 삭제가 모두 가능한 큐로서 스택의 성질과 큐의 성질을 모두 가진다. 덱의 양방향 삽입과 삭제를 구현하기 위해서 양방향 링크 필드를 가진 이중 연결 리스트를 이용하여 구현한다.

6 큐는 작업 버퍼 큐, 프로세스 스케줄링, 대기 행렬을 모델링하는 시뮬레이션 등에서 사용한다.

연습문제

1 일상생활에서 발견할 수 있는 큐의 예를 설명하여라.

2 큐와 스택의 구조를 비교하여 설명하여라.

3 1차원 배열의 선형 큐에서 잘못된 포화 상태 문제를 해결하는 방법을 설명하여라.

4 [가→나→다→라] 순서로 큐에 원소를 삽입한 후에 모두 삭제하면 어떤 순서로 삭제되는지 설명하여라.

5 원형 큐의 삭제 알고리즘을 순서대로 나열하여라.

```
① item ← Q[front];
② front ← (front+1) mod n;
③ if(front = rear) then Q_Empty();
```

6 크기가 5인 선형 큐에서 다음의 연산을 수행한다. 큐가 포화 상태가 되어 더 이상 작업을 할 수 없게 되는 시점을 설명하여라.

> A 삽입 → B 삽입 → 삭제 → C 삽입 → 삭제 → 삭제 → D 삽입 → E 삽입 → 삭제 → F 삽입 → 삭제

7 공백 덱에 대하여 다음의 연산이 모두 수행된 후에 덱에 남아있는 원소를 순서대로 나타내어라.

> insertFront(DQ, A) → insertFront(DQ, B) → insertRear(DQ, C) → deleteRear(DQ) → insertFront(DQ, D) → deleteRear(DQ) → peekRear(DQ) → insertRear(DQ, E) → deleteFront(DQ)

8 원형큐에서 포화상태와 공백상태의 조건을 설명하여라.

9 리스트의 양쪽에서 정보를 삽입하거나 삭제할 수 있는 선형리스트는 무엇인가?

연습문제

10 운영체제의 작업 스케줄링 등에 응용되는 것으로 가장 적합한 자료구조는? (2000년, 2002년 기출문제)

가. 스택　　나. 큐　　다. 연결 리스트　　라. 트리

11 다음 중 큐를 필요로 하는 작업은? (2006년 기출문제)

가. 작업 스케줄링
나. 중위 표기식의 후위 표기식 변환
다. 함수 호출과 리턴
라. 이진트리의 중위 순회

12 덱에 대한 옳은 설명으로 짝지어진 것은? (2005년 기출문제)

① 양끝에서 노드의 삽입과 삭제가 가능하다.
② 하나의 포인터를 사용한다.
③ Delete ended queue의 약자다.
④ 선형 자료구조다.

가. ①, ②　　나. ①, ②, ③　　다. ①, ③, ④　　라. ①, ④

13 리스트에서 FIFO(First Input First Out)의 특성을 지닌 추상적 자료형으로서, 시작과 끝을 표시하는 두 개의 포인터를 갖는 자료구조는? (2007년 기출문제)

가. 스택　　나. 트리　　다. 그래프　　라. 큐

Chapter

09

트리

***학습목표**

- 트리의 개념을 이해한다.
- 이진 트리의 자료구조를 알아본다.
- 이진 트리에서의 순회를 이해한다.
- 이진 탐색 트리의 개념을 이해하고 연산방법을 이해한다.
- 힙의 자료구조를 이해한다.

Section

01 트리

리스트와 스택, 큐는 자료들이 선의 형태로 나열되어 있는 구조를 가진 선형 자료구조(Linear Data Structure)였다. 자료들이 나열된 구조가 선형이 아닌 자료구조를 비선형 자료구조라고 하는데, 트리(tree)는 비선형 자료구조 중에서 자료들 간에 계층관계를 가진 계층형 자료구조(Hierarchical Data Structure)다.

가족관계는 계층적인 관계를 가지고 있으므로 트리 자료구조의 예가 된다. [그림 9-1]은 준식이네 가족관계를 그림으로 나타낸 가계도다.

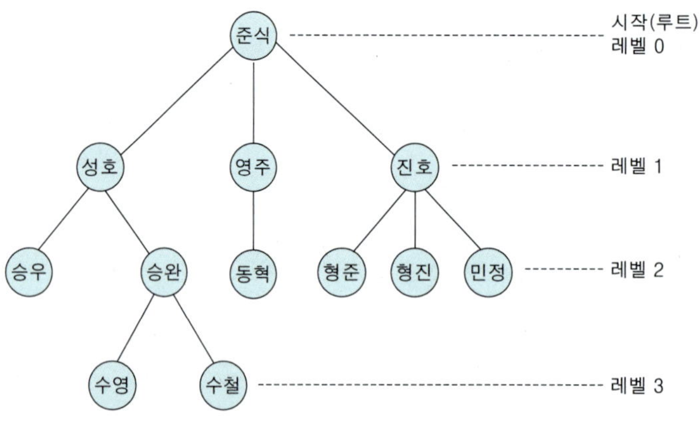

[그림 9-1] 가계도_트리 자료구조의 예

가계도에서 가족 구성원을 연결하는 선은 부모-자식 관계를 나타낸다. 준식에게는 3명(성호, 영주, 진호)의 자식이 있고, 성호에게는 2명(승우, 승완)의 자식이 있고, 영주에게는 1명(동혁), 진호에게는 3명(형준, 형진, 민정)의 자식이 있고, 승완에게는 2명(수영, 수철)의 자식이 있다. 같은 부모를 갖는 자식들은 서로 형제관계가 된다.

자기의 조상은 자기와 연결된 선을 따라 위로 올라가면서 만나는 사람들이다. 예를 들어 수영이의 조상은 승완, 성호, 준식이가 된다. 마찬가지로 자기의 자손은 자기와 연결된 선을 따라 아래로 내려가면서 만나는 사람들이다. 따라서 성호의 자손은 승우와 승완, 수영, 수철이가 된다. 가계도의 시작(루트)인 준식을 0세대(레벨 0)라 하면 준식의 자식들은 1세대(레벨 1), 그 다음 자식들은 2세대(레벨 2) 그리고 그 다음 자식들은 3세대(레벨 3)가 된다. 그리고 가족 구성원 누구든지 분가하여 독립된 가계를 이룰 수 있다. 트리의 구조와 구성요소도 이와 같다.

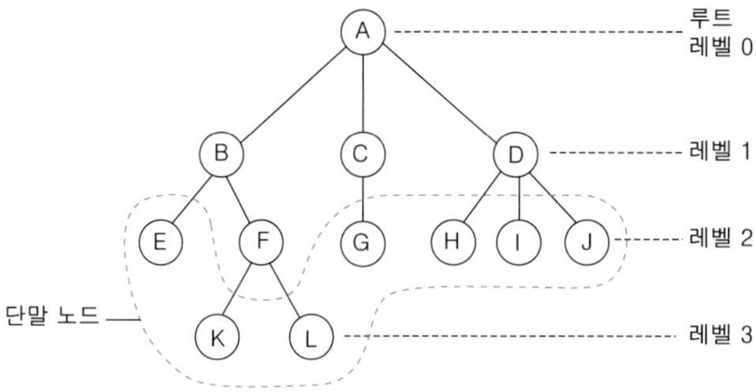

[그림 9-2] 트리 A

트리를 구성하는 원소(자료)를 노드라고 하고 노드를 연결하는 선을 간선(edge)이라 한다. [그림 9-2]의 트리 A에는 A, B, C, D, E, F, G, H, I, J, K, L의 12개의 노드가 있다. 부모노드와 자식노드는 간선으로 연결되어 있다. 트리의 시작 노드를 루트 노드(Root Node)라 하고 레벨(level) 0이 된다. 같은 부모노드의 자식노드들은 서로 형제 노드(Sibling Node)가 된다. 한 노드에서 간선을 따라 루트 노드까지 이르는 경로에 있는 노드들은 모두 그 노드의 조상 노드가 된다. 자식노드들은 각각 독립하여 새로운 트리를 구성할 수 있으므로 각 노드는 자식노드 수만큼의 서브 트리(subtree)를 갖는다. 한 노드의 자손 노드들은 그 노드의 서브 트리에 있는 노드들이 된다. 트리 A에서 노드 B의 자손 노드는 E, F, K, L이 된다.

한 노드가 가지는 서브 트리의 수, 즉 자식노드의 수를 그 노드의 차수(degree)라 한다. 따라서 노드 A의 차수는 3, 노드 B의 차수는 2, 노드 C의 차수는 1, 노드 D의 차수는 3이 된다. 차수가 0인 노드, 즉 자식이 없는 노드를 리프 노드(Leaf Node) 또는 단말 노드라고 한다. 노드 E, G, H, I, J, K, L은 트리 A의 단말 노드다. 그리고 노드의 차수 중에서 가장 큰 차수는 트리의 차수가 된다. 따라서 트리 A의 전체 차수는 3이 된다.

한 노드의 높이는 루트에서 그 노드에 이르는 경로에 있는 간선의 수가 되고, 노드의 높이 중에서 가장 큰 높이, 즉 최대 레벨이 그 트리의 전체 높이가 된다. 노드 B의 높이는 1, 노드 F의 높이는 2가 되고, 트리 A의 전체 높이는 3이 된다.

나무가 모이면 숲이 되듯이 여러 트리들의 집합을 포리스트(forest)라고 한다. n개의 서브 트리를 가진 루트 노드를 제거하면 n개의 분리된 트리가 생겨서 포리스트를 이룬다. 트리 A에서 루트 A를 제거하면 그의 자식노드인 B, C, D는 각각 분리된 트리의 루트가 되고 이들 트리들은 포리스트가 된다.

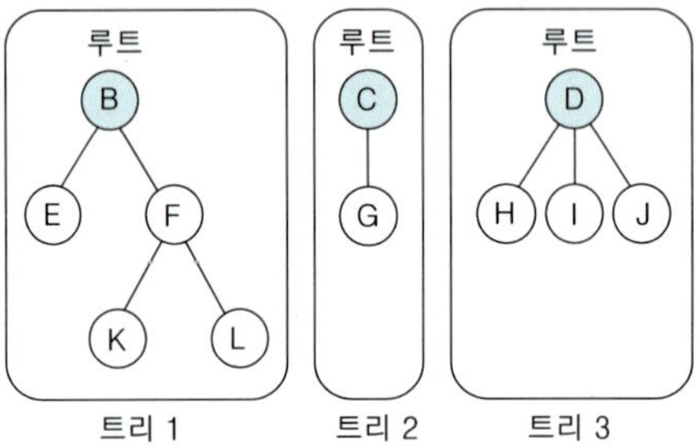

[그림 9-3] 노드 A를 제거하여 만든 포리스트

Section

02 이진 트리

1. 이진 트리의 개요

트리의 노드 구조를 일정하게 정의하면 트리의 연산이 단순화되어 쉬워진다. 그래서 모든 노드의 차수를 2 이하로 정하여 전체 트리의 차수가 2 이하가 되도록 만든 것이 이진 트리(Binary Tree)다.

이진 트리는 [그림 9-4]와 같이 구별된 왼쪽 자식노드와 오른쪽 자식노드 2개만을 가질 수 있으며, 공백 노드도 이진 트리의 노드로 취급한다. [그림 9-4-(b)]는 왼쪽 자식노드와 공백 노드인 오른쪽 자식노드를 가진 이진 트리이며, [그림 9-4-(c)]는 공백 노드를 왼쪽 자식노드로 가지고 있는 이진 트리가 된다. 자식노드가 없는 단말 노드는 왼쪽 자식노드와 오른쪽 자식노드가 모두 공백 노드인 이진 트리다.

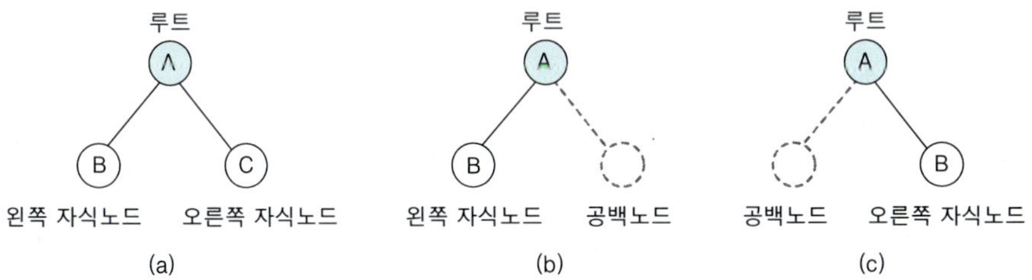

[그림 9-4] 이진 트리의 기본 구조

이진 트리에 있는 모든 노드는 왼쪽 자식노드를 루트로 하는 왼쪽 서브 트리와 오른쪽 자식노드를 루트로 하는 오른쪽 서브 트리를 가진다. 그리고 이진 트리의 서브 트리들 역시 모두 이진 트리여야 한다.

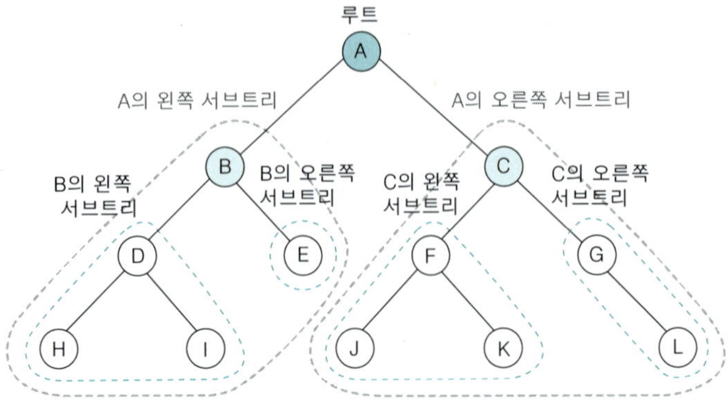

[그림 9-5] 이진 트리의 서브트리

[그림 9-5]의 이진 트리는 루트 A의 왼쪽 자식노드 B를 루트로 하는 왼쪽 서브 트리와 오른쪽 자식노드 C를 루트로 하는 오른쪽 서브 트리가 있다. 그리고 왼쪽 서브 트리의 루트 B는 왼쪽 자식노드 D를 루트로 하는 왼쪽 서브 트리와 오른쪽 자식노드 E를 루트로 하는 오른쪽 서브 트리를 가지고 있다. 마찬가지로 오른쪽 서브 트리의 루트 C는 왼쪽 자식노드 F를 루트로 하는 왼쪽 서브 트리와 오른쪽 자식노드 G를 루트로 하는 오른쪽 서브 트리를 가진다.

2 이진 트리의 추상 자료형

다음은 이진 트리에 대한 자료와 기본 연산을 논리적으로 정의한 추상자료형이다.

[ADT 9-1] 이진 트리에 대한 추상 자료형

```
ADT  BinaryTree
     데이터 : 공백이거나 루트 노드, 왼쪽 서브 트리, 오른쪽 서브 트리로 구성된
              노드들의 유한 집합
     연산 :
         bt, bt1, bt2∈BinaryTree; item∈Element;
         createBT() ::= create an empty binary tree;
         // 공백 이진 트리를 생성하는 연산
         isEmpty(bt) ::= if (bt is empty) then return true
                         else return false;
```

```
        // 이진 트리가 공백인지 아닌지를 확인하는 연산
        makeBT(bt1, item, bt2) ::= return {item을 루트로 하고 bt1을 왼
                                           쪽 서브 트리, bt2를 오른쪽
                                           서브 트리로 하는 이진 트리}
        // 두개의 이진 서브 트리를 연결하여 하나의 이진 트리를 만드는 연산
        leftSubtree(bt) ::= if (isEmpty(bt)) then return null
                            else return left subtree of bt;
        // 이진 트리의 왼쪽 서브 트리를 구하는 연산
        rightSubtree(bt) ::= if (isEmpty(bt)) then return null
                             else return right subtree of bt;
        // 이진 트리의 오른쪽 서브 트리를 구하는 연산
        data(bt) ::= if (isEmpty(bt)) then return null
                     else return the item in the root node of bt;
        // 이진 트리에서 루트 노드의 데이터(item)를 구하는 연산
End BinaryTree
```

이진 트리의 추상 자료형에 따라서 만들어진 이진 트리가 갖는 특징을 다음과 같이 정의할 수 있다.

> [정의 1] n개의 노드를 가진 이진 트리는 항상 (n–1)개의 간선을 가진다.

이진 트리에서 루트 이외의 모든 노드는 한 개의 부모노드를 가지므로 부모노드와 연결하는 한 개의 간선을 갖는다. 따라서 n개의 노드로 구성된 이진 트리에서 루트를 제외한 나머지 노드의 개수가 (n–1)개이므로 (n–1)개의 간선이 있게 된다.

> [정의 2] 높이가 h인 이진 트리가 가질 수 있는 노드의 최소 개수는 (h+1)개가 되며, 최대 개수는 (2^{h+1}–1)개가 된다.

이진 트리의 높이가 h가 되려면 한 레벨에 최소한 한 개의 노드가 있어야 하므로 높이가 h인 이진 트리의 최소 노드의 개수는 (h+1)개가 된다. 그리고 하나의 노드는 최대 2개의 자식 노드를 가질 수 있으므로 레벨 i에서의 노드의 최대 개수는 2^i가 된다. 따라서 높이가 h인 이진 트리 전체의 노드 개수는 $\sum_{i=0}^{h} 2^i = 2^{h+1} - 1$ 이 된다.

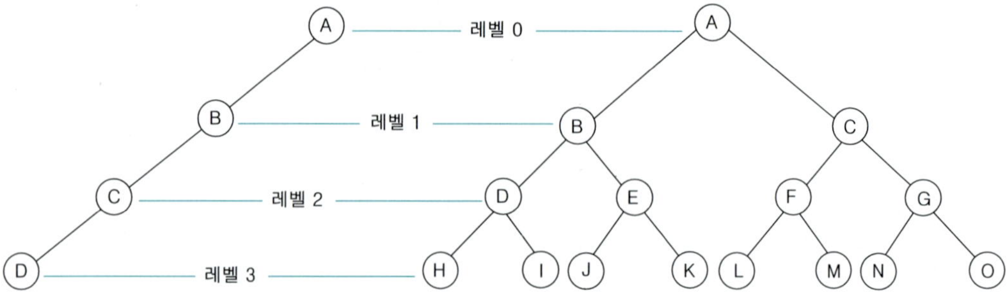

[그림 9-6] 높이가 3이면서 최소의 노드를 갖는 이진 트리와 최대의 노드를 갖는 이진 트리

3. 이진 트리의 분류

일반적인 이진 트리 이외에 레벨과 노드 수에 대해서 일정한 관계를 가지는 이진 트리의 종류로 포화 이진 트리(Full Binary Tree)와 완전 이진 트리(Complete Binary Tree) 그리고 편향 이진 트리(Skewed Binary Tree)가 있다.

포화 이진 트리

포화 이진 트리는 모든 레벨에 노드가 꽉 차서 포화 상태인 이진 트리를 의미한다. 즉 포화 이진 트리는 높이가 h일 때 $(2^{h+1}-1)$개의 최대 노드수를 갖는 이진 트리다. 포화 이진 트리의 노드는 위치에 따라 일정한 노드 번호를 붙일 수 있다. 루트 노드를 1번으로 하고, 레벨별로 왼쪽에서 오른쪽으로 차례로 $(2^{h+1}-1)$까지 번호를 붙인다. [그림 9-7]은 높이가 3인 포화 이진 트리로서 노드의 개수가 15개$(2^{3+1}-1=15)$고, 정해진 위치에 1번부터 15번까지의 노드 번호에 대한 노드가 있다.

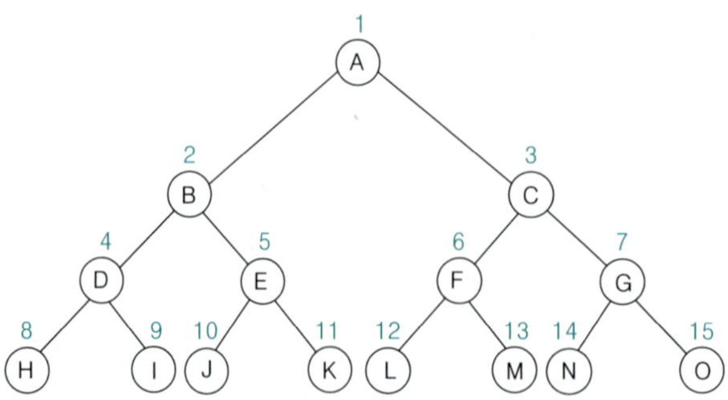

[그림 9-7] 높이가 3인 포화 이진 트리

완전 이진 트리

완전 이진 트리는 높이가 h고, 노드 수가 n개일 때(단, $n < 2^{h+1}-1$), 노드의 위치가 포화 이진 트리의 노드 1번부터 n번까지의 위치와 완전히 일치하는 이진 트리다. 따라서 완전 이진 트리에서는 (n+1)번부터 $(2^{h+1}-1)$번까지의 노드는 공백 노드가 된다. [그림 9-8]은 높이가 3이고 노드의 개수가 12개인데, 노드 1번부터 12번 자리까지는 노드가 빈자리 없이 완전하게 꽉 차있고, 13번부터 15번 노드 자리는 공백 노드므로 완전 이진 트리가 된다.

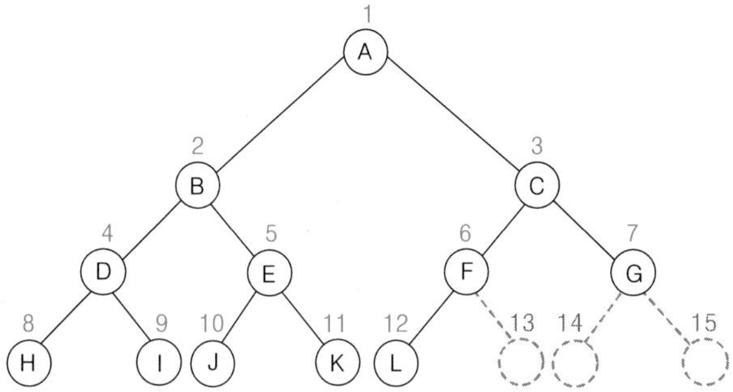

[그림 9-8] 높이가 3인 완전 이진 트리

편향 이진 트리

이진 트리 중에서 최소 개수의 노드를 가지면서 왼쪽이나 오른쪽 서브 트리만 가지고 있는 트리를 편향 이진 트리(Skewed Binary Tree)라고 한다.

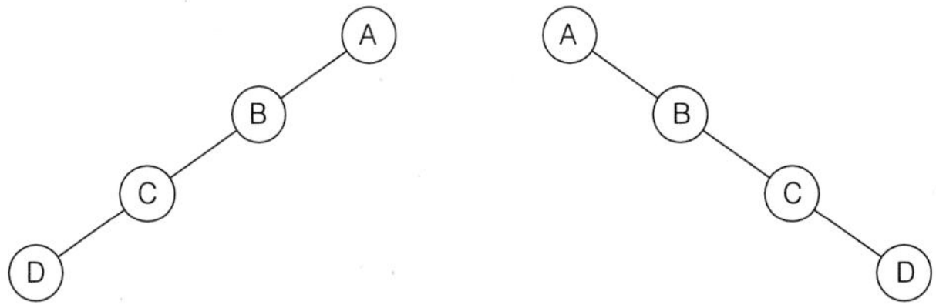

(a) 왼쪽 편향 이진 트리 (b) 오른쪽 편향 이진 트리

[그림 9-9] 편향 이진 트리

Section

03 이진 트리의 구현

이진 트리를 구현하는 방법은 배열을 이용하여 순차 자료구조 방식으로 구현하는 방법과 메모리 참조변수를 이용하여 연결 자료구조 방식으로 구현하는 방법이 있다.

1. 순차 자료구조 방식을 이용한 이진 트리의 구현

이진 트리를 배열로 표현하는 방법은 높이가 h인 포화 이진 트리의 노드번호를 배열의 인덱스로 사용하여 1차원 배열로 표현하는 것이다. 1차원 배열에서 인덱스 계산을 간단히 하기 위해서 인덱스 0번은 실제로 사용하지 않고 비워두고, 항상 인덱스 1번에 루트를 저장한다.

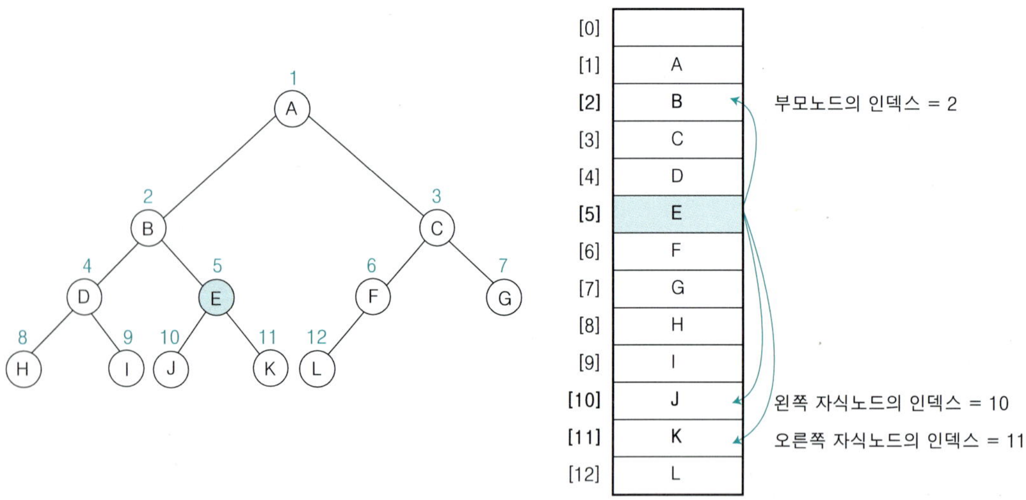

[그림 9-10] 완전 이진 트리의 배열 표현

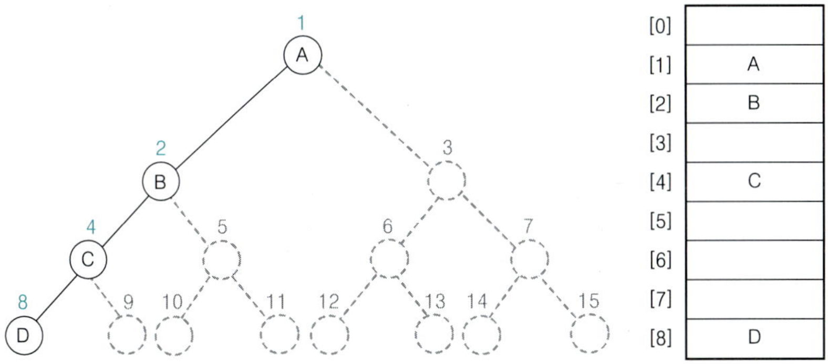

[그림 9-11] 편향 이진 트리의 배열 표현

노드의 개수가 n개인 이진 트리를 1차원 배열을 사용하여 표현하면 각 노드의 부모노드가 저장된 배열 인덱스와 자식노드가 저장된 배열 인덱스에 대하여 다음과 같은 일정한 규칙을 찾을 수 있다.

[표 9-1] 이진 트리를 표현한 1차원 배열에서의 인덱스 관계

노드	인덱스	성립 조건
노드 i의 부모 노드	$\lfloor i/2 \rfloor$	i > 1
노드 i의 왼쪽 자식 노드	2 x i	(2 x i) ≤ n
노드 i의 오른쪽 자식 노드	(2 x i) + 1	(2 x i + 1) ≤ n
루트 노드	1	0 < n

[그림 9-10]의 이진 트리와 저장한 배열에서 인덱스 관계를 확인해보자. 노드 번호가 5번이고 인덱스 5번에 저장되어 있는 노드 E의 부모 노드가 저장된 인덱스는 $\lfloor 5/2 \rfloor$=2번이 된다. 그리고 노드 E의 왼쪽 자식 노드의 인덱스는 2×5=10번이 되고, 오른쪽 자식 노드는 (2×5)+1=11번이 된다. 루트 노드는 배열 인덱스 1번에 저장되어 있다.

2. 연결 자료구조 방식을 이용한 이진 트리의 구현

배열을 이용한 순차 자료구조 방식은 쉽게 만들 수 있으며, 인덱스 규칙에 따라 부모노드와 자식노드를 찾기도 쉽다. 그러나 메모리 공간의 사용에 있어서 [그림 9-10]과 같은 완전 이진 트리의 경우에는 최적의 공간 사용이 되지만, [그림 9-11]과 같은 편향 이진 트리의 경우에는 많은 공간이 낭비된다. 이런 메모리 낭비 문제와 삽입 · 삭제 연산이 비효율적이라는 순차 자료구조 방식의 문제 때문에 연결 자료구조 방식을 많이 사용한다.

이진 트리를 연결 자료구조 방식으로 표현하기 위해서 사용하는 노드의 구조는 [그림 9-12]와 같이 데이터를 저장하는 데이터 필드와 왼쪽 자식노드를 연결하는 왼쪽 링크 필드, 오른쪽 자식노드를 연결하는 오른쪽 링크 필드로 구성한다. 자식노드가 없는 경우에는 링크 필드에 null을 설정한다.

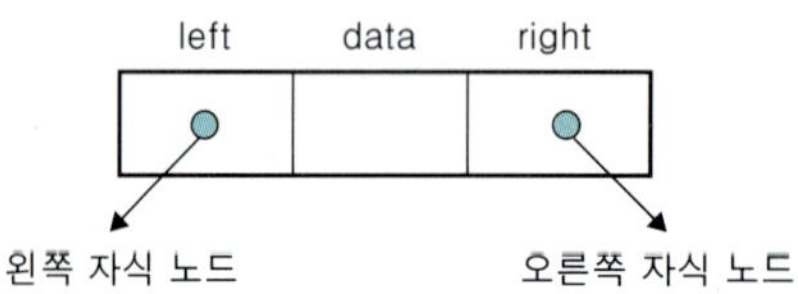

[그림 9-12] 이진 트리의 노드 구조

이진 트리의 노드를 다음과 같은 TreeNode 클래스로 선언할 수 있다. 데이터 필드는 모든 자료형에 대해서 사용할 수 있도록 Object 타입으로 정의하였다.

```
class TreeNode {
      Object data;
      TreeNode left;
      TreeNode right;
}
```

[그림 9-10]의 완전 이진 트리와 [그림 9-11]의 편향 이진 트리를 다음과 같은 연결 자료구조 형태로 표현할 수 있다.

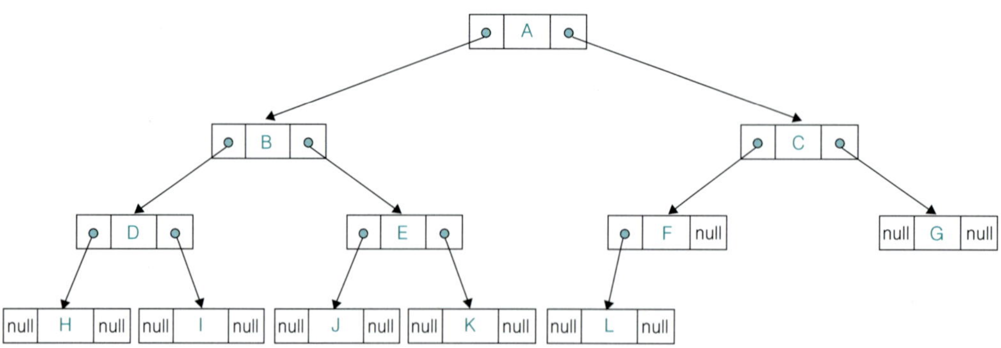

(a) 완전 이진 트리

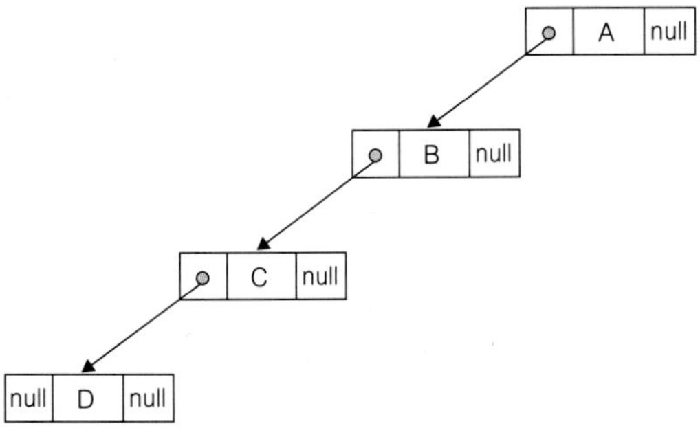

(b) 편향 이진 트리

[그림 9-13] 이진 트리의 연결 자료구조 표현

Section

04 이진 트리의 순회

트리를 사용하여 자료를 계층적인 구조로 저장하고, 사용하기 위해서는 트리에 있는 모든 노드를 방문하는 방법이 필요하다. 이진 트리에 있는 모든 노드를 한번씩 모두 방문하여 노드가 가지고 있는 데이터를 처리하는 것을 순회(traversal)라고 한다. 리스트나 스택, 큐와 같은 선형 자료구조는 순회하는 방법이 한 가지였지만, 트리는 계층적인 구조를 가지고 있기 때문에 여러 가지 순회 방법이 있을 수 있다.

하나의 노드에서 순회를 위해 수행할 수 있는 작업을 (1)현재 노드를 방문하여 데이터를 읽는 작업 D, (2)현재 노드의 왼쪽 서브 트리로 이동하는 작업 L, (3)현재 노드의 오른쪽 서브 트리로 이동하는 작업 R로 정의한다. 그리고 서브 트리를 순회하는 순서는 항상 왼쪽 서브 트리를 먼저 방문하고, 그 후에 오른쪽 서브 트리를 방문하는 것으로 한다. 현재 노드를 방문하는 순서에 따라 전위 순회, 중위 순회, 후위 순회로 나눌 수 있다.

1. 전위 순회

전위 순회(Preorder Traversal)는 현재 노드를 방문하는 D 작업을 가장 먼저 수행하여 DLR의 순서로 순회하는 방법이다. 전위 순회는 트리의 모든 노드에 대해서 다음의 순회 방법을 수행하는데, 이진 트리의 왼쪽 서브 트리와 오른쪽 서브 트리 역시 이진 트리이므로 서브 트리에 대해서도 전위 순회를 재귀적으로 반복한다.

(1) 현재 노드 n을 방문한다. : D

(2) 현재 노드 n의 왼쪽 서브 트리로 이동한다. : L

(3) 현재 노드 n의 오른쪽 서브 트리로 이동한다. : R

[알고리즘 9-1] 이진 트리의 전위 순회 알고리즘

```
preorder(T)
    if (T≠null) then {
          visit T.data;
          preorder(T.left);
          preorder(T.right);
     }
end preorder()
```

전위 순회 알고리즘을 사용하여 다음의 이진 트리를 순회해보자.

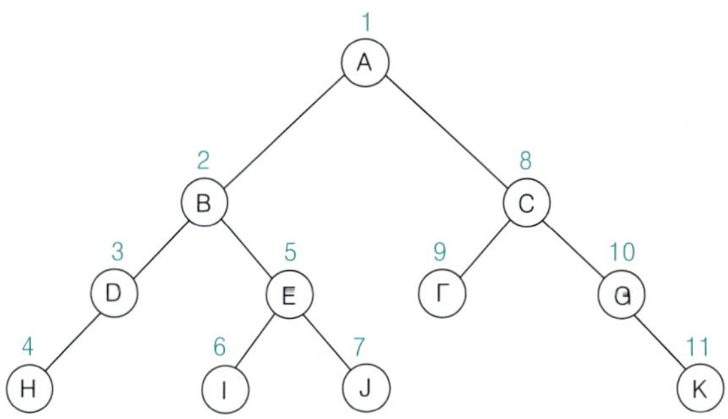

[그림 9-14] 이진 트리의 전위 순회 경로: A-B-D-H-E-I-J-C-F-G-K

① 루트 A에서 시작하여 현재 노드 A의 데이터를 읽고, 왼쪽 서브 트리 B로 이동한다.

② 현재 노드 B의 데이터를 읽고, 왼쪽 서브 트리 D로 이동한다.

③ 현재 노드 D의 데이터를 읽는다.

④ 현재 노드 D의 왼쪽 단말 노드 H의 데이터를 읽고, 오른쪽 노드인 공백 노드를 읽는 것으로 노드 D에 대한 순회가 끝난다. 이제 현재 노드 D의 이전 경로인 노드 B의 오른쪽 서브 트리 E로 이동한다.

⑤ 현재 노드 E의 데이터를 읽는다.

⑥ 현재 노드 E의 왼쪽 단말 노드 I의 데이터를 읽는다.

⑦ 현재 노드 E의 오른쪽 단말 노드 J의 데이터를 읽는 것으로 노드 E에 대한 순회가 끝나고, 이것으로 노드 E의 이전 경로인 노드 B의 오른쪽 서브 트리의 순회가 끝난다.

⑧ 다시 노드 B의 이전 경로인 노드 A로 돌아가서 노드 A의 오른쪽 서브 트리 C로 이동하여 현재 노드 C의 데이터를 읽는다.

⑨ 현재 노드 C의 왼쪽 단말 노드 F의 데이터를 읽고, 오른쪽 서브 트리 G로 이동한다.

⑩ 현재 노드 G의 데이터를 읽는다.

⑪ 공백 노드인 왼쪽 단말 노드를 읽고, 현재 노드 G의 오른쪽 단말 노드 K의 데이터를 읽는다.

이것으로 이진 트리의 11개 노드에 대한 방문이 모두 끝났으므로 전위 순회를 종료한다. 전위 순회에 따른 순회 경로는 A-B-D-H-E-I-J-C-F-G-K가 되었다.

이진 트리의 전위 순회를 이용하면 수식 (A*B-C/D)의 전위 표기식을 구할 수 있다.

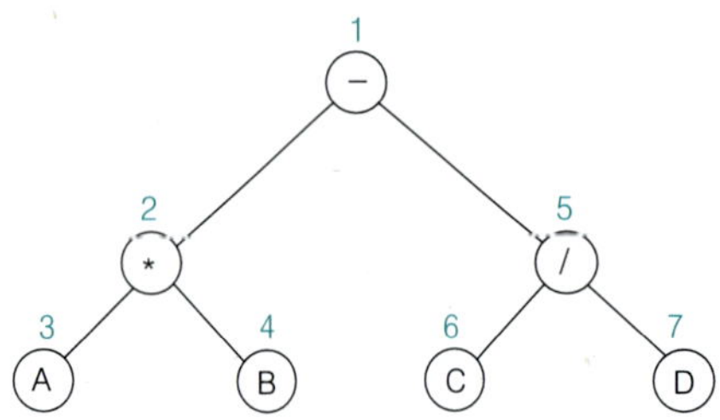

[그림 9-15] 수식에 대한 이진 트리의 전위 순회 경로: -*AB/CD

2. 중위 순회

중위 순회(Inorder Traversal)는 현재 노드를 방문하는 D 작업을 L 작업과 R 작업 중간에 수행하여 LDR의 순서로 순회하는 방법이다. 중위 순회는 트리의 모든 노드에 대해서 다음의 순회 방법을 수행하는데, 서브 트리에 대해서도 중위 순회를 재귀적으로 반복한다.

(1) 현재 노드 n의 왼쪽 서브 트리로 이동한다. : L

(2) 현재 노드 n을 방문한다. : D

(3) 현재 노드 n의 오른쪽 서브 트리로 이동한다. : R

[알고리즘 9-2] 이진 트리의 중위 순회 알고리즘

```
inorder(T)
    if (T≠null) then {
        inorder(T.left);
        visit T.data;
        inorder(T.right);
```

```
        }
end inorder()
```

중위 순회 알고리즘을 사용하여 다음의 이진 트리를 순회해보자.

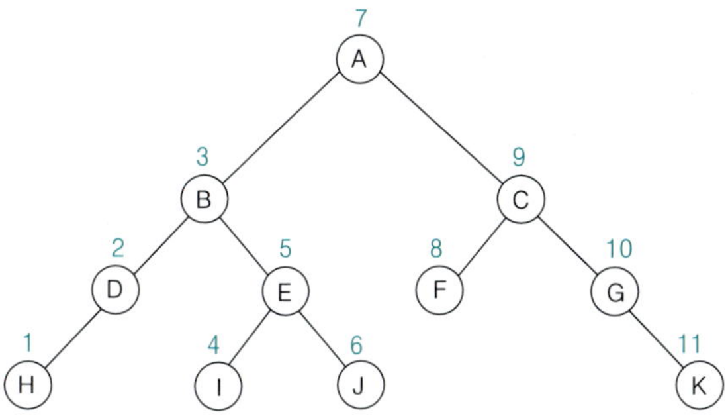

[그림 9-16] 이진 트리의 중위 순회 경로: H-D-B-I-E-J-A-F-C-G-K

① 루트 A에서 시작하여 노드 A의 왼쪽 서브 트리 B로 이동한다. 현재 노드 B의 왼쪽 서브 트리 D로 이동한다. 현재 노드 D의 왼쪽 단말 노드 H의 데이터를 읽는다.

② 현재 노드 D의 데이터를 읽고, 오른쪽 단말 노드인 공백 노드를 읽고 이전 경로인 노드 B로 돌아간다.

③ 현재 노드 B의 왼쪽 서브 트리 순회가 끝났으므로 현재 노드 B의 데이터를 읽고, 오른쪽 서브 트리 E로 이동한다.

④ 현재 노드 E의 왼쪽 단말 노드 I의 데이터를 읽는다.

⑤ 현재 노드 E의 데이터를 읽는다.

⑥ 현재 노드 E의 오른쪽 단말 노드 J의 데이터를 읽고, 이전 경로인 노드 B로 이동한다.

⑦ 노드 B는 이미 방문했으므로 다시 이전 경로인 노드 A로 이동한다. 이로써 현재 노드 A의 왼쪽 서브 트리에 대한 순회가 끝났으므로 현재 노드 A의 데이터를 읽고, 오른쪽 서브 트리 C로 이동한다.

⑧ 현재 노드 C의 왼쪽 단말 노드 F의 데이터를 읽는다.

⑨ 현재 노드 C의 데이터를 읽고, 오른쪽 서브 트리 G로 이동한다.

⑩ 현재 노드 G의 왼쪽 단말 노드인 공백 노드를 읽고, 현재 노드 G의 데이터를 읽는다.

⑪ 현재 노드 G의 오른쪽 단말 노드 K의 데이터를 읽는다.

이것으로 이진 트리의 11개 노드에 대한 방문이 모두 끝났으므로 중위 순회를 종료한다. 중위 순회에 따른 순회 경로는 H-D-B-I-E-J-A-F-C-G-K가 되었다.

이진 트리의 중위 순회를 이용하면 수식 (A*B-C/D)의 중위 표기식을 구할 수 있다.

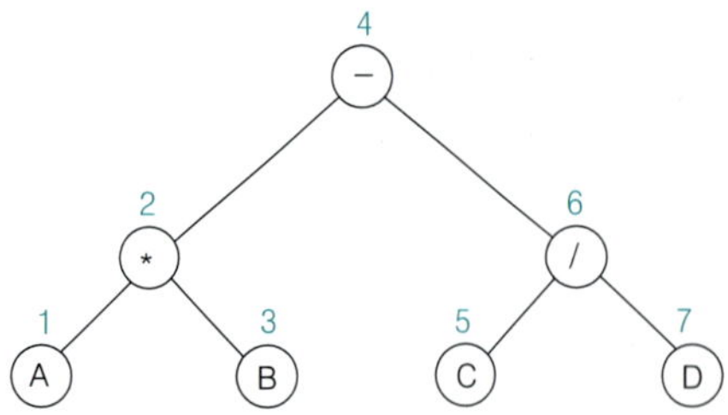

[그림 9-17] 수식에 대한 이진 트리의 중위 순회 경로: A*B-C/D

❸ 후위 순회

후위 순회(Postorder Traversal)는 현재 노드를 방문하는 D 작업을 가장 나중에 수행하여 LRD의 순서로 순회하는 방법이다. 후위 순회는 트리의 모든 노드에 대해서 다음의 순회 방법을 수행하는데 서브 트리에 대해서도 후위 순회를 재귀적으로 반복한다.

(1) 현재 노드 n의 왼쪽 서브 트리로 이동한다. : L

(2) 현재 노드 n의 오른쪽 서브 트리로 이동한다. : R

(3) 현재 노드 n을 방문한다. : D

[알고리즘 9-3] 이진 트리의 후위 순회 알고리즘

```
postorder(T)
    if (T≠null) then {
          postorder(T.left);
          postorder(T.right);
          visit T.data;
     }
end postorder()
```

이제 후위 순회 알고리즘을 사용하여 이진 트리를 순회해보자.

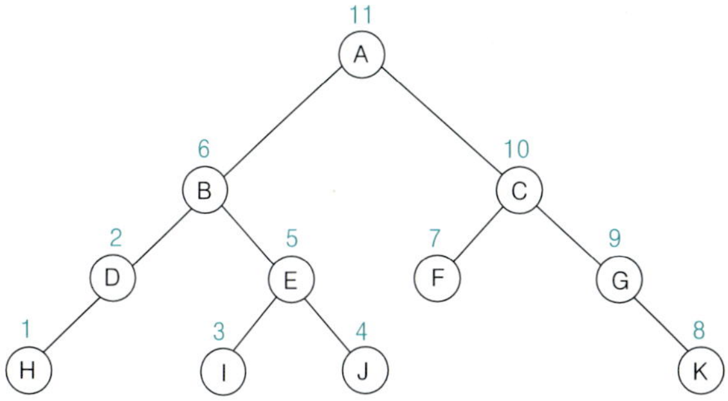

[그림 9-18] 이진 트리의 후위 순회 경로: H-D-I-J-E-B-F-K-G-C-A

① 루트 A에서 시작하여 노드 A의 왼쪽 서브 트리 B로 이동한다. 현재 노드 B에서 왼쪽 서브 트리 D로 이동한다. 현재 노드 D의 왼쪽 단말 노드 H의 데이터를 읽는다.

② 현재 노드 D의 오른쪽 단말 노드인 공백 노드를 읽는다. 현재 노드 D의 데이터를 읽고, 이전 경로인 노드 B로 이동한다.

③ 현재 노드 B의 왼쪽 서브 트리에 대한 순회가 끝났으므로, 오른쪽 서브 트리 E로 이동한다. 현재 노드 E의 왼쪽 단말 노드 I의 데이터를 읽는다.

④ 현재 노드 E의 오른쪽 단말 노드 J의 데이터를 읽는다.

⑤ 이제 현재 노드 E의 데이터를 읽고, 이전 경로인 노드 B로 이동한다.

⑥ 현재 노드 B의 오른쪽 서브 트리에 대한 순회가 끝났으므로 현재 노드 B의 데이터를 읽고, 이전 경로인 노드 A로 이동한다.

⑦ 현재 노드 A의 왼쪽 서브 트리에 대한 순회가 끝났으므로 오른쪽 서브 트리 C로 이동한다. 현재 노드 C의 왼쪽 단말 노드 F의 데이터를 읽는다.

⑧ 현재 노드 C의 오른쪽 서브 트리 G로 이동한다. 현재 노드 G의 왼쪽 단말 노드인 공백 노드를 읽고, 오른쪽 단말 노드 K의 데이터를 읽는다.

⑨ 이제 현재 노드 G의 데이터를 읽고, 이전 경로인 노드 C로 이동한다.

⑩ 현재 노드 C의 오른쪽 서브 트리에 대한 순회가 끝났으므로 현재 노드 C의 데이터를 읽고, 이전 경로인 노드 A로 이동한다.

⑪ 루트 노드 A에 대한 오른쪽 서브 트리에 대한 순회가 끝났으므로 현재 노드 A의 데이터를 읽는다.

이것으로 이진 트리의 11개 노드에 대한 방문이 모두 끝났으므로 후위 순회를 종료한다. 후위 순회에 따른 순회 경로는 H-D-I-J-E-B-F-K-G-C-A가 되었다.

이진 트리의 후위 순회를 이용하면 수식 (A*B-C/D)의 후위 표기식을 구할 수 있다.

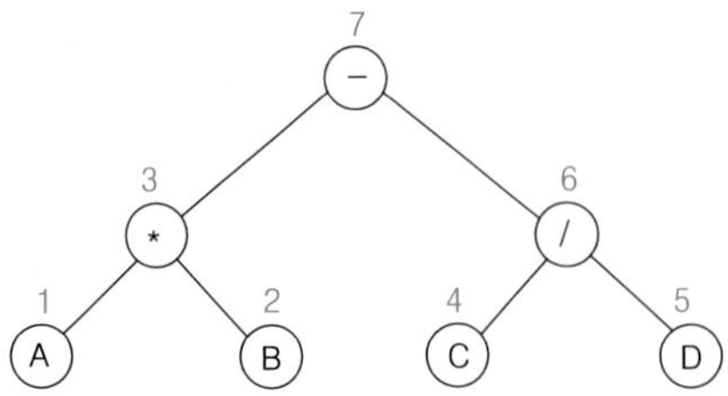

[그림 9-19] 수식에 대한 이진 트리의 후위 순회 경로: AB*CD/−

[예제 9-1] 이진 트리의 순회 프로그램

```
class TreeNode{
    Object data;
    TreeNode left;
    TreeNode right;
}

class LinkedTree{
    private TreeNode root;

    public TreeNode makeBT(TreeNode bt1, Object data,
    TreeNode bt2){
        TreeNode root = new TreeNode();
        root.data = data;
        root.left = bt1;
        root.right = bt2;
        return root;
    }
    public void preorder(TreeNode root){
        if(root != null){
            System.out.printf("%c", root.data);
            preorder(root.left);
            preorder(root.right);
        }
    }
    public void inorder(TreeNode root){
```

```
        if(root != null){
            inorder(root.left);
            System.out.printf("%c", root.data);
            inorder(root.right);
        }
    }
    public void postorder(TreeNode root){
        if(root != null){
            postorder(root.left);
            postorder(root.right);
            System.out.printf("%c", root.data);
        }
    }
}

class Ex9_1{
    public static void main(String args[]){
        LinkedTree T = new LinkedTree();

        TreeNode n7 = T.makeBT(null, 'D', null);
        TreeNode n6 = T.makeBT(null, 'C', null);
        TreeNode n5 = T.makeBT(null, 'B', null);
        TreeNode n4 = T.makeBT(null, 'A', null);
        TreeNode n3 = T.makeBT(n6, '/', n7);
        TreeNode n2 = T.makeBT(n4, '*', n5);
        TreeNode n1 = T.makeBT(n2, '-', n3);

        System.out.printf("\n Preorder : ");
        T.preorder(n1);

        System.out.printf("\n Inorder : ");
        T.inorder(n1);

        System.out.printf("\n Postorder : ");
```

```
            T.postorder(n1);
        }
}
```

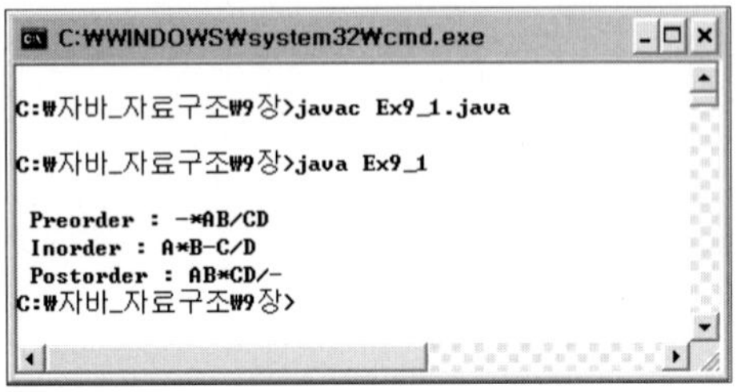

Section

05 이진 탐색 트리

이진 트리는 트리를 효율적으로 사용하기 위해서 일정한 형태로 정의한 것이다. 그리고 탐색을 위한 자료구조로 이진 트리를 사용하기 위해서 저장할 데이터의 크기에 따라 노드의 위치를 정의한 것이 이진 탐색 트리(Binary Search Tree)다.

전화번호부에서 전화번호를 찾거나 서점에서 책을 찾거나 지도에서 목적지를 찾는 것 등과 같이 자료들 속에서 필요한 자료를 찾아내는 것이 탐색이다. 탐색을 하려면 찾을 자료를 식별할 수 있는 유일한 값이 필요한데 이것을 키(key)라고 한다. 사람을 찾을 때 그 사람을 식별할 수 있는 주민등록번호나 학번을 사용하였다면 이것이 탐색키가 된다. 효율적인 탐색 작업을 위해 이진 탐색 트리를 다음과 같이 정의한다.

(1) 모든 원소는 서로 다른 유일한 키를 갖는다.
(2) 왼쪽 서브 트리에 있는 원소의 키는 그 루트의 키보다 작다.
(3) 오른쪽 서브 트리에 있는 원소의 키는 그 루트의 키보다 크다.
(4) 왼쪽 서브 트리와 오른쪽 서브 트리도 이진 탐색 트리다.

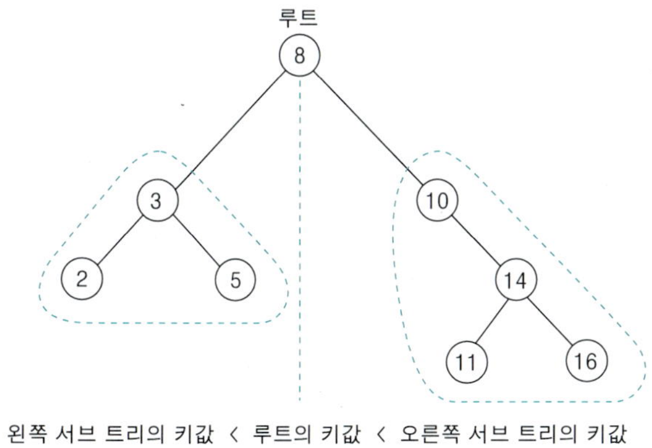

[그림 9-20] 이진 탐색 트리의 구조

❶ 이진 탐색 트리에서의 탐색 연산

이진 탐색 트리에서 키값이 x인 원소를 탐색하는 경우를 생각해보자. 탐색은 항상 루트 노드에서 시작하므로 먼저 키값 x와 루트 노드의 키값을 비교한다. 비교한 결과는 다음의 세 가지 경우 중에서 하나가 될 것이다.

- (키값 x = 루트 노드의 키값)인 경우 : 원하는 원소를 찾았으므로 탐색 연산 성공
- (키값 x < 루트 노드의 키값)인 경우 : 루트 노드의 왼쪽 서브 트리에 대해서 탐색 연산 수행
- (키값 x > 루트 노드의 키값)인 경우 : 루트 노드의 오른쪽 서브 트리에 대해서 탐색 연산 수행

이진 탐색 트리의 루트 노드의 왼쪽 서브 트리와 오른쪽 서브 트리도 이진 탐색 트리므로 서브 트리에 대해서도 탐색 연산을 순환적으로 반복한다. 다음은 이진 탐색 트리의 탐색 연산에 대한 알고리즘이다.

[알고리즘 9-4] 이진 탐색 트리에서의 탐색 연산 알고리즘

```
searchBST(bsT, x)
    p ← bsT;
    if (p=null) then
        return null;
    if (x = p.key) then
        return p;
    if (x < p.key) then
        return searchBST(p.left, x);
    else return searchBST(p.right, x);
end searchBST()
```

[알고리즘 9-4]에 따라 다음의 이진 탐색 트리에서 원소 11을 탐색해보자.

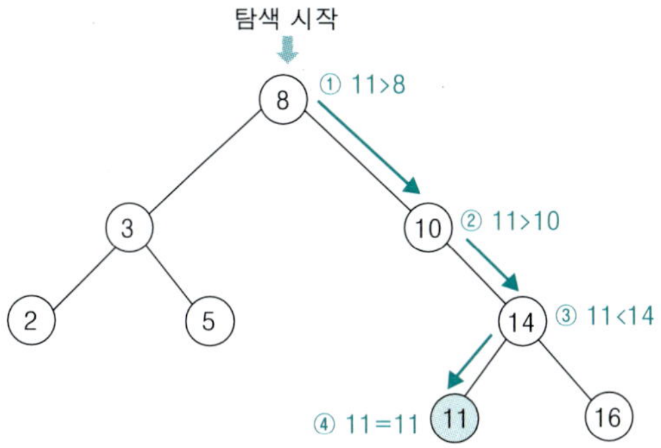

[그림 9-21] 이진 탐색 트리에서의 탐색 과정

① 찾는 키값 11을 루트 노드의 키값 8과 비교하여 (찾는 키값 11 > 노드의 키값 8)이므로 오른쪽 서브 트리를 탐색한다.
② (찾는 키값 11 > 노드의 키값 10)이므로 다시 오른쪽 서브 트리를 탐색한다.
③ (찾는 키값 11 < 노드의 키값 14)이므로 왼쪽 서브 트리를 탐색한다.
④ (찾는 키값 11 = 노드의 키값 11)이므로 탐색 성공으로 연산이 종료된다.

2 이진 탐색 트리의 삽입 연산

이진 탐색 트리에 원소를 삽입하려면 먼저 이진 탐색 트리에 같은 원소가 있는지를 확인하기 위해서 탐색을 해야 한다. 탐색 연산을 수행하여 탐색에 성공하면 이미 같은 원소가 트리 내에 있는 것이므로 삽입 연산을 수행하지 않는다. 탐색에 실패하였다면 크기를 비교하여 찾아간 노드의 위치에 같은 원소가 없는 것이므로 그 자리에 원소를 삽입한다.

[알고리즘 9-5] 이진 탐색 트리에서의 삽입 연산 알고리즘

```
insertBST(bsT, x)
    p ← bsT;
    while (p≠null) do {
        if (x = p.key) then return;
        q ← p;
        if (x < p.key) then  p ← p.left;
        else p ← p.right;
    }
    new ← getNode();
```

```
    new.key ← x;
    new.left ← null;
    new.right ← null;
    if (bsT = null) then bsT←new;
    else if (x < q.key) then q.left ← new;
        else q.right ← new;
    return;
end insertBST()
```

위의 삽입 알고리즘에서는 삽입할 자리를 찾기 위해 참조변수 p를 사용하고, 삽입할 노드의 부모노드를 가리키기 위해 참조변수 q를 사용한다.

삽입 알고리즘에 따라 다음의 이진 탐색 트리에 원소 4를 삽입해보자.

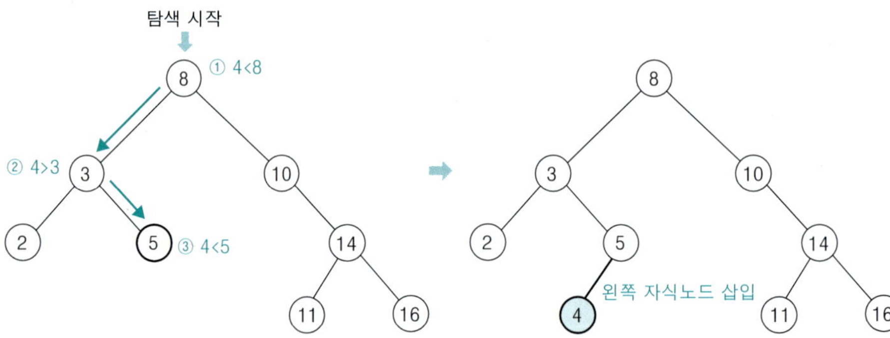

(1) 삽입할 위치 탐색　　　　(2) 노드 삽입

① 찾는 키값 4를 루트 노드의 키값 8과 비교한다. (찾는 키값 4 <노드의 키값 8)이므로 왼쪽 서브 트리를 탐색한다.
② (찾는 키값 4 > 노드의 키값 3)이므로 오른쪽 서브 트리를 탐색한다.
③ (찾는 키값 4 < 노드의 키값 5)이므로 왼쪽 서브 트리를 탐색해야 하는데, 왼쪽 자식노드가 없으므로 왼쪽 자식노드의 위치가 삽입할 자리가 되고, 탐색 작업은 끝난다.
④ 탐색 작업으로 찾은 자리, 즉 노드 5의 왼쪽 자식노드 자리에 노드 4를 삽입한다.

삽입 전과 삽입 후의 이진 트리를 연결 자료구조 형태로 나타내면 다음과 같다.

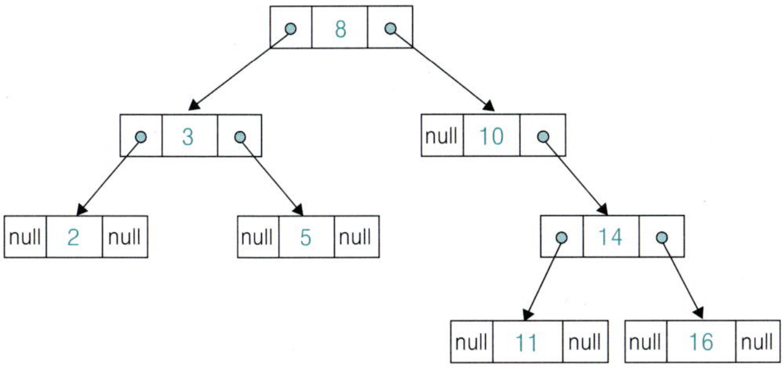

(1) 이진 탐색 트리의 연결 표현_삽입 전

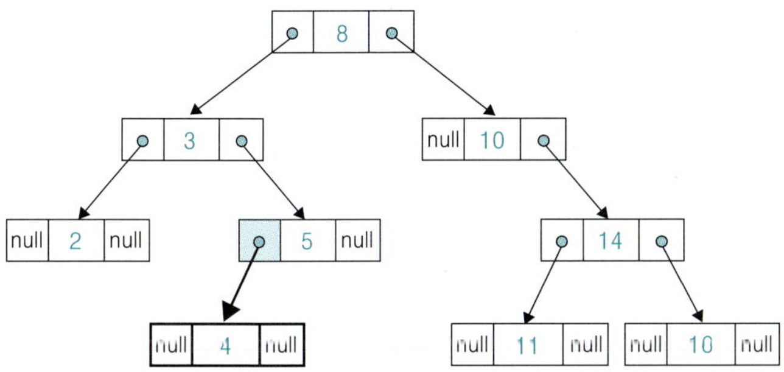

(2) 이진 탐색 트리의 연결 표현_삽입 후

[그림 9-22] 이진 탐색 트리에 원소 4를 삽입하는 과정

3 이진 탐색 트리에서의 삭제 연산

이진 탐색 트리에서 노드를 삭제하려면 먼저 삭제할 노드를 트리에서 탐색해야 한다. 삭제할 노드는 자식노드의 수에 따라 다음의 세 가지 경우가 있다.

- 삭제할 노드가 단말 노드인 경우(차수가 0인 경우)
- 삭제할 노드가 한 개의 자식노드를 가진 경우(차수가 1인 경우)
- 삭제할 노드가 두 개의 자식노드를 가진 경우(차수가 2인 경우)

노드를 삭제한 후에도 여전히 이진 탐색 트리를 유지해야 하기 때문에 각각의 경우에 대해 트리를 유지하기 위한 후속 처리가 필요하다.

단말 노드의 삭제 연산

삭제할 노드가 단말 노드인 경우에는 노드를 삭제하고, 부모노드의 링크 필드를 null로 설정하는 작업으로 간단히 처리할 수 있다.

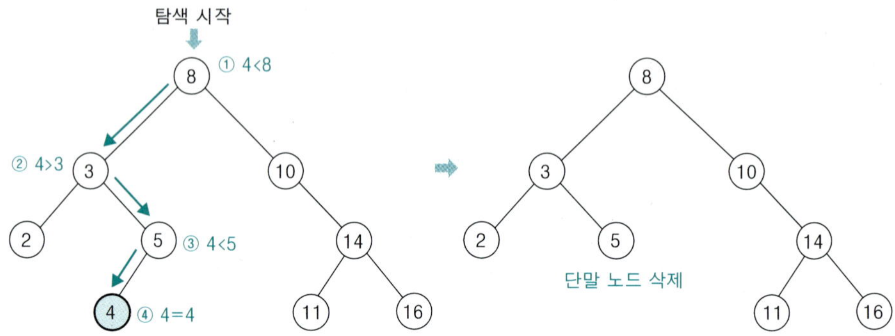

(1) 삭제할 노드 탐색 (2) 노드 삭제

앞의 과정을 연결 자료구조 형태로 나타내면 다음과 같다.

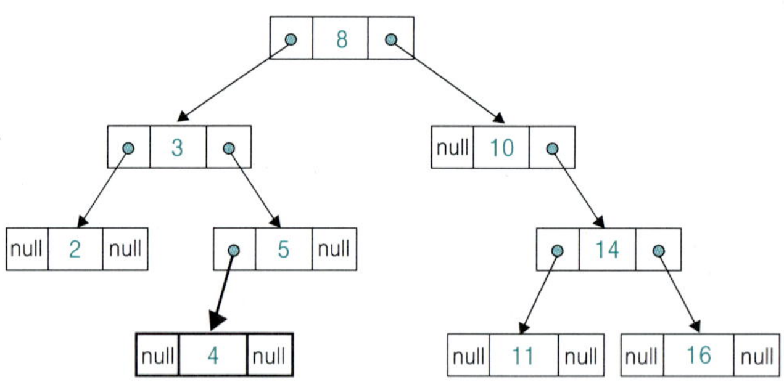

(1) 이진 탐색 트리의 연결 표현_삭제 전

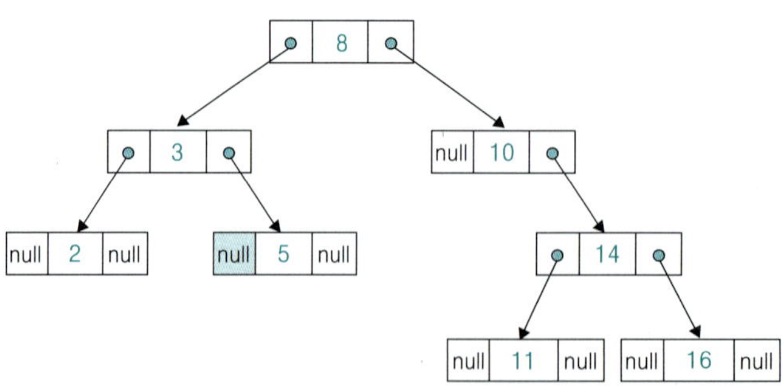

(2) 이진 탐색 트리의 연결 표현_삭제 후

[그림 9-23] 이진 탐색 트리에서 단말 노드 4를 삭제하는 경우

자식노드가 하나인 노드의 삭제 연산

삭제할 노드가 한 개의 자식노드를 가진 부모노드일 경우에는 노드를 삭제하고 나면 자식노드가 트리에서 떨어져서 고아가 되어버린다. 이런 경우에는 남겨진 자식노드를 삭제한 부모노드의 자리로 올려준다. 자식이 부모의 유산을 물려받듯이 자식노드가 부모노드의 자리를 물려받는 것이다. [그림 9-24]에서와 같이 자식노드가 한 개인 부모노드 10을 삭제한 후에 자식노드 14가 부모노드의 자리를 물려받아 이진 탐색 트리를 재구성한다.

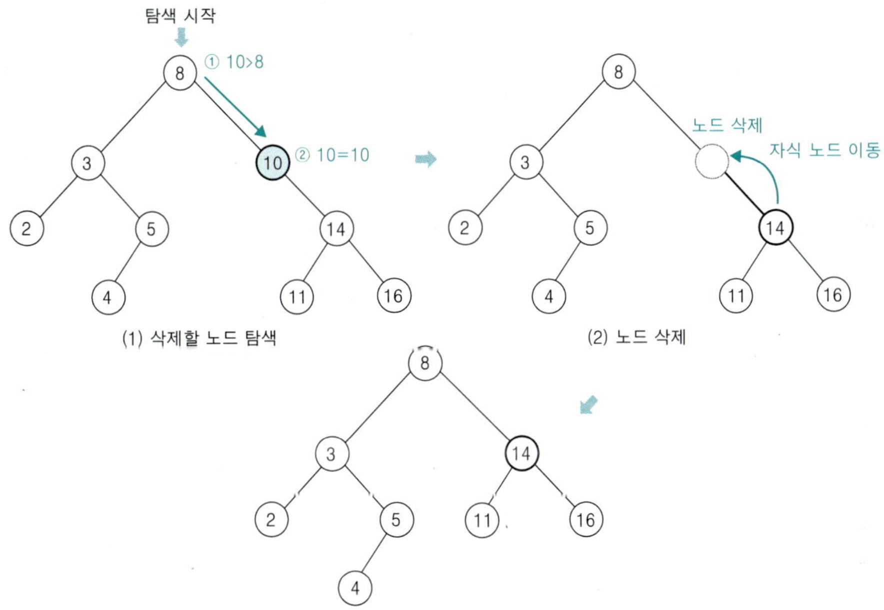

(3) 자식 노드의 위치 조정

위의 과정을 연결 자료구조 형태로 표현해보자.

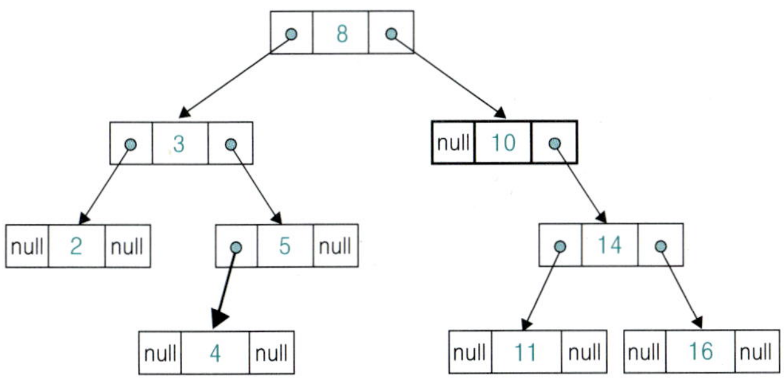

(1) 이진 탐색 트리의 연결 표현_삭제 전

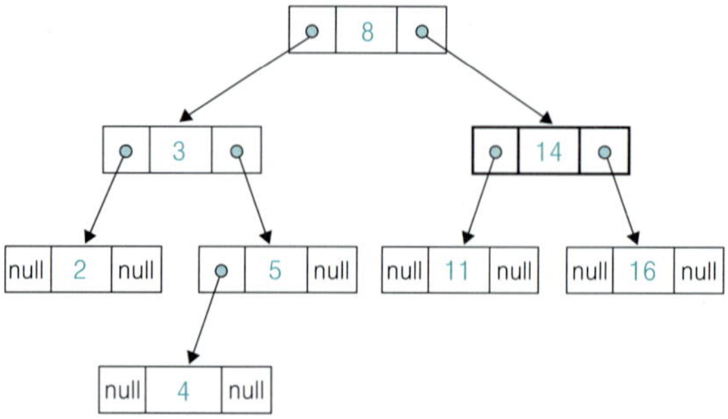

(2) 이진 탐색 트리의 연결 표현_삭제 후

[그림 9-24] 이진 탐색 트리에서 자식노드가 한 개인 노드 10을 삭제하는 경우

자식노드가 두 개인 노드의 삭제 연산

자식노드가 두 개인 부모노드를 삭제하는 경우에도 부모노드의 자리를 자식노드에게 물려주어야 한다. 그런데 누구에게 물려주어야 할까? 이 경우에는 직계 자식노드뿐만 아니라 전체 자손 노드 중에서 후계자를 찾는다. 노드가 삭제되고 자손 노드에게 그 자리를 물려준 후에도 이진 탐색 트리가 유지되어야 한다. 그러려면 후계자로 선택된 자손 노드의 키 값은 이진 탐색 트리의 특성에 따라서 왼쪽 서브 트리에 있는 노드들의 키값보다 커야 하고, 오른쪽 서브 트리에 있는 노드들의 키값보다는 작아야 한다. 그러므로 후계자 노드는 삭제할 조상 노드의 왼쪽 서브 트리에서 가장 큰 자손 노드 또는 오른쪽 서브 트리에서 가장 작은 자손 노드가 되어야 한다.

이진 탐색 트리의 정의를 생각해봤을 때 왼쪽 서브 트리에서 가장 큰 키값의 노드를 탐색하는 작업은 왼쪽 서브 트리의 오른쪽 링크를 따라 계속 이동하여 오른쪽 링크 필드가 NULL인 노드, 즉 가장 오른쪽에 있는 노드를 찾는 작업이 된다. 그리고 오른쪽 서브 트리에서 가장 작은 키값의 노드를 탐색하는 작업은 오른쪽 서브 트리에서 왼쪽 링크를 따라 계속 이동하여 왼쪽 링크 필드가 NULL인 노드, 즉 가장 왼쪽에 있는 노드를 찾는 작업이 된다.

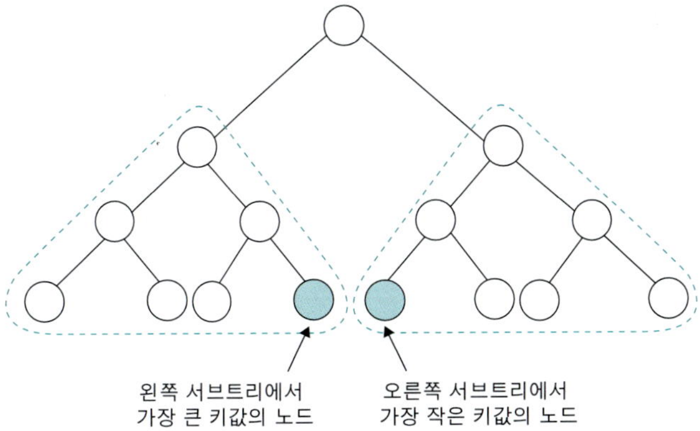

[그림 9-25] 삭제할 노드의 자리를 물려받을 수 있는 자손노드

[그림 9-26]에서 노드 8을 삭제할 경우에 후계자로 선택할 수 있는 자손 노드는 왼쪽 서브 트리에서 가장 오른쪽에 있는 노드 5와 오른쪽 서브 트리에서 가장 왼쪽에 있는 노드 10이 된다.

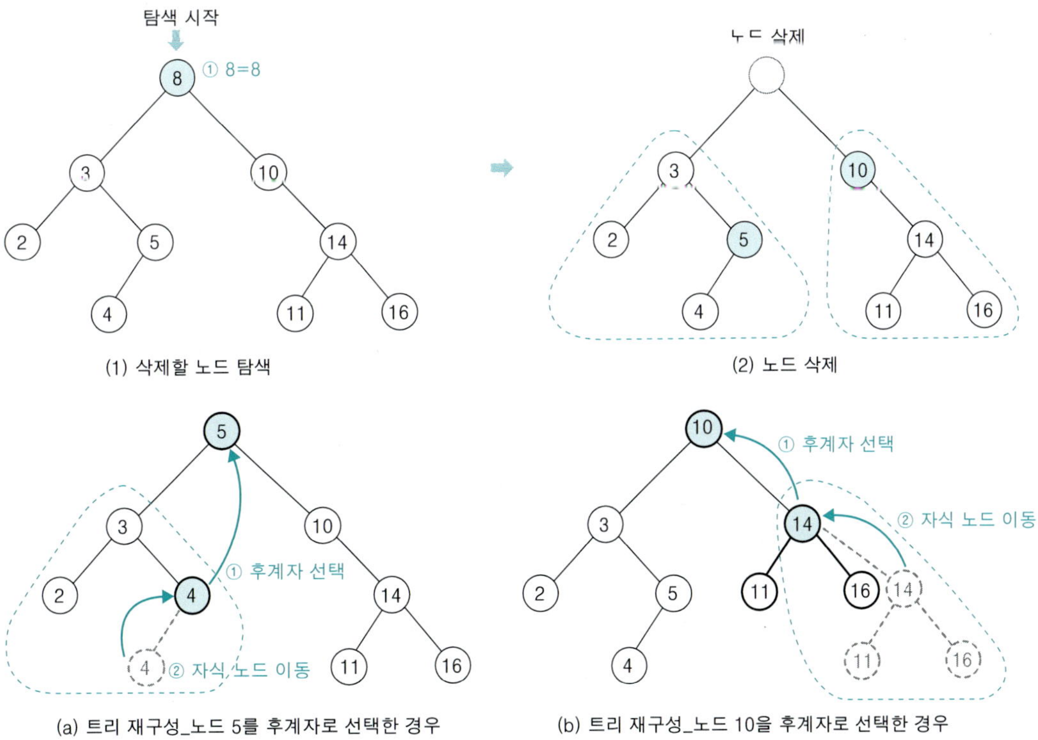

[그림 9-26] 이진 탐색 트리에서 자식노드가 두 개인 노드 8을 삭제하는 경우

선택된 자손 노드가 삭제된 조상 노드의 자리로 올라가면 자손 노드가 원래 있던 자리는 공백이 되어 그의 자식노드들이 고아가 된다. 따라서 자손 노드가 있었던 자리에 대해서 자식들이 고아가 되지 않게 트리에 연결하여 이진 탐색 트리를 재구성하는 작업을 해야 한다. 그런데 이 작업은 자식노드가 한 개인 노드의 삭제 연산 후에 수행하는 트리의 재구성 작업([그림 9-24])과 같은 작업이다.

[그림 9-26]의 (a)는 자식노드가 한 개 있는 노드 5를 후계자로 선택한 경우로서
① 노드 5를 원래 자리에서 삭제하여 조상 노드 8의 자리로 보내고
② 노드 5의 원래 자리는 그의 자식노드 4에게 물려주어 이진 탐색 트리를 재구성한다.

[그림 9-26]의 (b)는 자식노드가 두 개 있는 노드 10을 후계자로 선택한 경우로서
① 노드 10을 원래 자리에서 삭제하여 조상 노드 8의 자리로 보내고
② 노드 10의 원래 자리는 그의 자식노드 14에게 물려주어 이진 탐색 트리를 재구성한다.

우리는 왼쪽 서브 트리에서 가장 큰 키값의 원소를 후계자로 선택하기로 한다. 삭제 연산에 대한 전체 알고리즘을 정의해보자.

[알고리즘 9-6] 이진 탐색 트리에서의 원소 삭제 알고리즘

```
deleteBST(bsT, x)
    p ← 삭제할 노드;
    parent ← 삭제할 노드의 부모 노드;
    if (p = null) then return;
    if (p.left = null and p.right = null) then {
        if (parent.left = p) then parent.left ← null;
        else parent.right ← null;
     }
    else if (p.left = null or p.right = null) then {
             if (p.left ≠ null) then {
                 if (parent.left = p) then parent.left ← p.left;
                 else parent.right ← p.left;
             }
            else {
                if (parent.left = p) then parent.left ← p.right;
                else parent.right ← p.right;
```

```
            }
    }
    else {
        q ← maxNode(p.left);
        p.key ← q.key;
        deleteBST(p.left, p.key);
    }
end deleteBST()
```

4. 연결 자료구조 방식을 이용한 이진 탐색 트리의 구현

연결 자료구조 방식을 이용하여 다음과 같은 이진 탐색 트리를 생성하고, 연산을 수행하는 프로그램을 자바로 구현해보자.

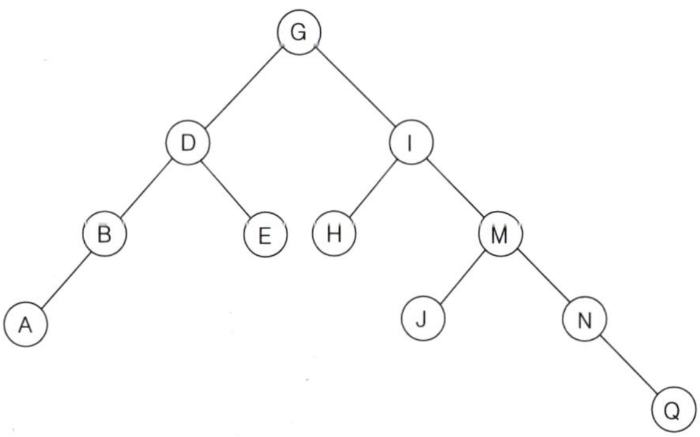

[예제 9-2] 이진 탐색 트리의 연산 프로그램

```
class TreeNode{
    char data;
    TreeNode left;
    TreeNode right;
}

class BinarySearchTree{
    private TreeNode root = new TreeNode();
```

```

    public TreeNode insertKey(TreeNode root, char x){
        TreeNode p = root;
        TreeNode newNode = new TreeNode();
        newNode.data = x;
        newNode.left = null;
        newNode.right = null;
        if(p == null)
            return newNode;
        else if(newNode.data < p.data){
            p.left = insertKey(p.left, x);
            return p;
        }
        else if(newNode.data > p.data){
            p.right = insertKey(p.right, x);
            return p;
        }
        else return p;
    }

    public void insertBST(char x){
        root = insertKey(root, x);
    }

    public TreeNode searchBST(char x){
        TreeNode p = root;
        while(p != null){
            if(x < p.data)  p = p.left;
            else if (x > p.data) p = p.right;
            else return p;
        }
        return p;
    }

```

```
    public void inorder(TreeNode root){
        if(root != null){
            inorder(root.left);
            System.out.printf(" %c", root.data);
            inorder(root.right);
        }
    }

    public void printBST(){
        inorder(root);
        System.out.println();
    }
}

class Ex9_2{
    public static void main(String args[]){
        BinarySearchTree bsT = new BinarySearchTree();
        bsT.insertBST('G');
        bsT.insertBST('I');
        bsT.insertBST('H');
        bsT.insertBST('D');
        bsT.insertBST('B');
        bsT.insertBST('M');
        bsT.insertBST('N');
        bsT.insertBST('A');
        bsT.insertBST('J');
        bsT.insertBST('E');
        bsT.insertBST('Q');

        System.out.printf("\nBinary Tree >>> ");
        bsT.printBST();

        System.out.printf("Is There \"A\" ? >>> ");
        TreeNode p1 = bsT.searchBST('A');
        if(p1 != null)
```

```
            System.out.printf("Searching Success! Searched key : %c \n", p1.data);
        else
            System.out.printf("Searching fail!! There is no %c \n", p1.data);

        System.out.printf("Is There \"Z\" ? >>> ");
        TreeNode p2 = bsT.searchBST('Z');
        if(p2 != null)
            System.out.printf("Searching Success! Searched key : %c \n", p2.data);
        else
            System.out.printf("Searching fail!! \n");
    }
}
```

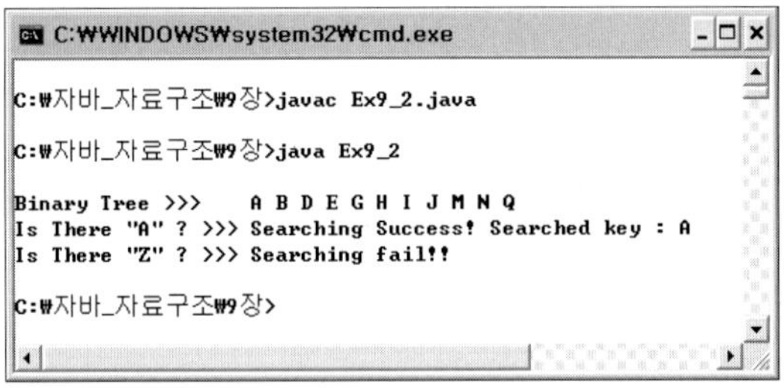

Section

06 힙

1 힙의 개요

힙(heap)은 완전 이진 트리에 있는 노드 중에서 키값이 가장 큰 노드나 키값이 가장 작은 노드를 찾기 위해서 만든 자료구조다. 키값이 가장 큰 노드를 찾기 위한 힙을 최대 힙(Max Heap)이라 하고, 키값이 가장 작은 노드를 찾기 위한 힙을 최소 힙(Min Heap)이라 한다.

최대 힙은 부모노드의 키값이 자식노드의 키값보다 항상 크거나 같은 크기의 관계, 즉 {부모노드의 키값 ≥ 자식노드의 키값}의 관계를 가지는 노드들의 완전 이진 트리다. 그러므로 최대 힙에서는 키값이 가장 큰 노드가 루트 노드가 된다. 최소 힙은 부모노드의 키값이 자식노드의 키값보다 항상 작거나 같은 크기의 관계, 즉 {부모노드의 키값 ≤ 자식노드의 키값}의 관계를 가지는 노드들의 완전 이진 트리다. 그러므로 최소 힙에서는 키값이 가장 작은 노드가 루트 노드가 된다. 일반적으로 힙은 최대 힙을 의미하며, 같은 키값의 노드가 중복될 수 있다.

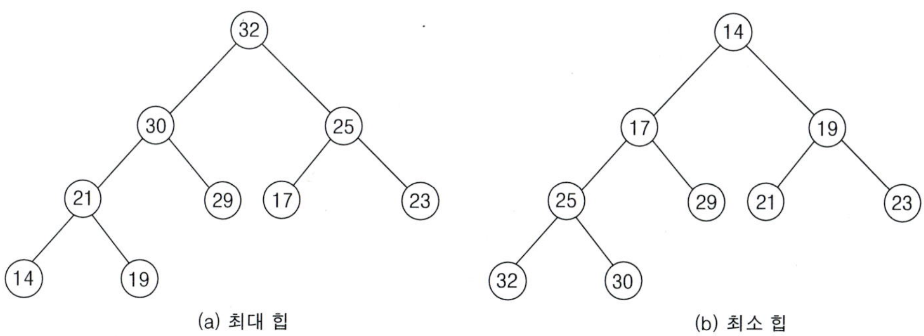

[그림 9-27] 힙의 예

[그림 9-28]의 (a)는 완전 이진 트리가 아니기 때문에 힙이 될 수 없고, (b)는 완전 이진 트리기는 하지만, 부모노드의 키값과 자식노드의 키값 사이에 아무런 크기 관계가 없으므로 힙이 될 수 없다.

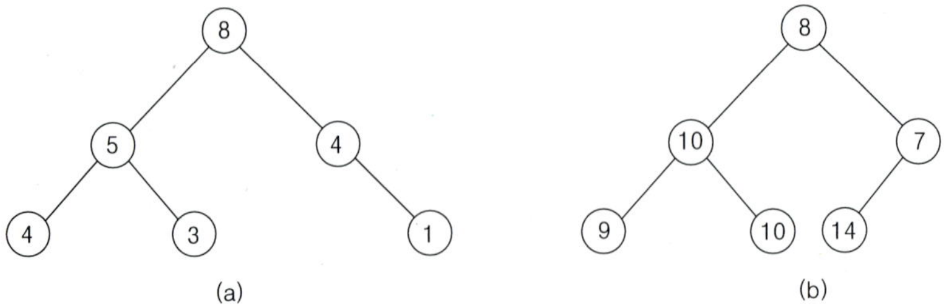

[그림 9-28] 힙이 아닌 이진 트리의 예

2. 힙의 추상 자료형

힙에 대한 기본 연산을 추상 자료형으로 정의하면 다음과 같다.

[ADT 9-2] 힙의 추상 자료형

```
ADT  Heap
  데이터 : n개의 원소로 구성된 완전 이진 트리로서 각 노드의 키값은
     그의 자식 노드의 키값보다 크거나 같다. (부모 노드의 키값 ≥ 자식 노드의 키값)
  연산 :
   heap∈Heap; item∈Element;
   createHeap() ::= create an empty heap;
      // 공백 힙의 생성 연산
   isEmpty(heap) ::= if (heap is empty) then return true;
                    else return false;
      // 힙이 공백인지를 검사하는 연산
   insertHeap(heap, item) ::= insert item into heap;
      // 힙의 적당한 위치에 원소(item)를 삽입하는 연산
   deleteHeap(heap) ::= if (isEmpty(heap)) then return error;
                       else {
                            item ← 힙에서 가장 큰 원소;
                            remove {힙에서 가장 큰 원소};
                            return  item;
                       }
      // 힙에서 키값이 가장 큰 원소를 삭제하고 반환하는 연산
End Heap()
```

힙에서의 연산은 좀 까다롭다. 왜냐하면 연산 후에도 완전 이진 트리의 형태를 유지하면서 부모노드와 자식노드의 키값의 관계가 힙의 정의에 어긋나지 않도록 노드를 재배치해야 하기 때문이다. 힙에서의 삽입 연산과 삭제 연산을 알아보자.

3. 힙에서의 삽입 연산

힙에서의 삽입 연산은 레스토랑에서 테이블에 앉는 것과 비슷하다. 레스토랑에 들어가면 일단은 대기석에서 기다리면서 원하는 자리를 요청하고, 그에 대한 자리가 준비되는 대로 들어가서 자리에 앉게 된다.

힙에서의 삽입 연산에서도 완전 이진 트리의 형태를 유지하기 위해서 현재의 마지막 노드의 다음 자리를 확장하여 만든 자리에 삽입할 노드를 임시로 저장한다. 그리고 키값의 관계가 최대 힙이 되도록 재구성하기 위해 삽입한 노드의 키값과 부모노드의 키값을 비교한다. 노드 17을 삽입하는 [그림 9-29]의 예를 보면 현재 마지막 노드가 6번 노드이므로

① 7번 노드 자리를 확장하고
② 삽입할 노드 17을 확장한 자리에 임시로 저장한다.
③ 그리고 현재 위치에서의 부모노드 19와 삽입 노드 17의 키값을 비교한다. {부모노드의 키값 19 ≥ 자식노드의 키값 17}의 관계가 성립하므로 삽입 노드 17의 자리를 현재 위치로 확정한다.

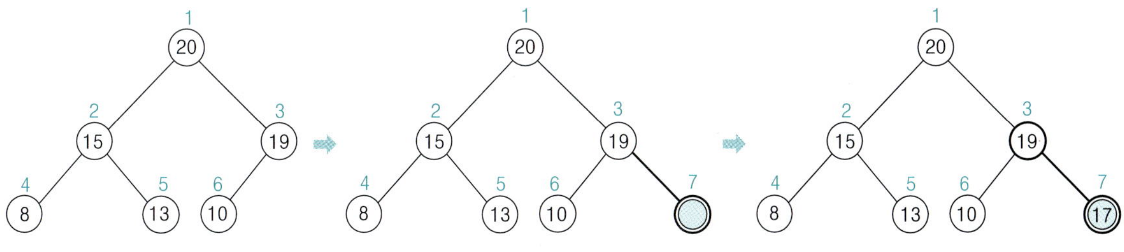

[그림 9-29] 힙에서의 원소 삽입 예

이번에는 힙에 원소 23을 삽입하는 [그림 9-30]을 살펴보자.

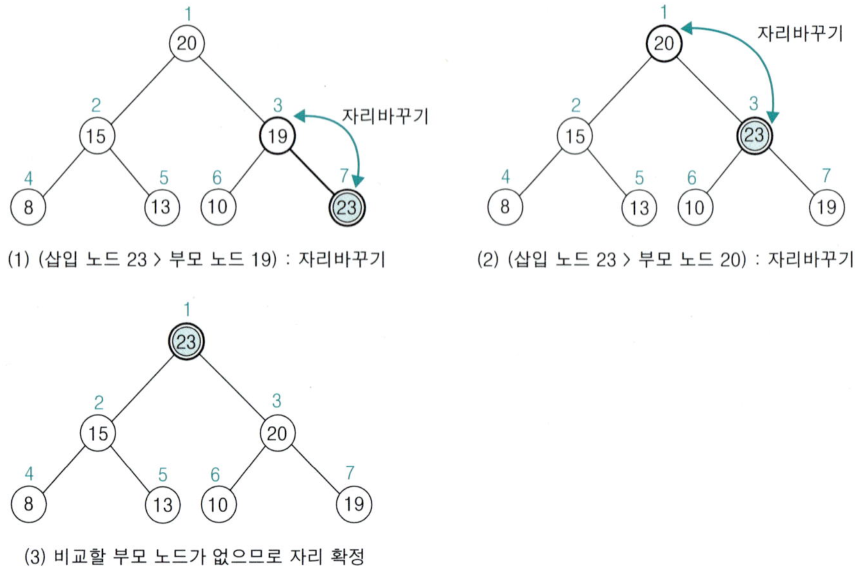

[그림 9-30] 힙에서의 원소 삽입 예

① 7번 노드 자리를 확장하고

② 삽입할 노드 23을 확장한 자리에 임시로 저장한다.

③ 그리고 현재 위치에서의 부모노드 19와 삽입 노드 23의 키값을 비교한다. 부모노드의 키값이 더 작으므로 최대 힙의 조건을 만족하지 않는다. 이런 경우에는 자식노드와 부모 노드의 자리를 바꿔서 최대 힙의 조건을 맞추어야 한다.

④ 부모노드 19와 자리를 바꾸고

⑤ 다시 현재 위치에서의 부모노드의 키값 20과 비교한다.

⑥ 부모노드의 키값이 더 작으므로 자식노드와 부모노드의 자리를 바꾼다. 현재 위치에서 키값을 비교할 부모노드가 더 이상 없으므로 현재 위치를 삽입 원소의 자리로 확정하고 최대 힙의 재구성 작업이 완성된다.

힙에서의 삽입 연산은 어느 위치에서든지 부모노드를 쉽게 찾아야 하기 때문에 순차 자료구조 방식을 이용하여 힙을 표현하고, [표 9-1]의 배열 인덱스 관계를 이용하여 부모노드를 찾는다. 1차원 배열의 순차 자료구조 방식을 이용한 최대 힙에서의 삽입 연산을 알고리즘으로 정의하면 다음과 같다.

[알고리즘 9-7] 최대 힙에서의 삽입 알고리즘

```
insertHeap(heap, item)
    if (n = heapSize) then heapFull();
    n ← n+1;                                         // ❶
    for (i ← n; ;) do {
        if (i = 1) then exit;
        if (item ≤ heap[⌊i/2⌋]) then exit;           // ❷
        heap[i] ← heap[⌊i/2⌋];                       // ❸
        i ← ⌊i/2⌋                                    // ❹
    }
    heap[i] ← item;                                  // ❺
end insertHeap()
```

❶ 현재 힙의 크기를 하나 증가시켜서 노드를 확장하고, 확장한 노드 번호가 임시 삽입 위치 i가 된다.

❷ 삽입할 원소 item과 부모노드(heap[⌊i/2⌋])를 비교한다. item이 부모노드보다 작거나 같으면 임시 삽입 위치 i를 삽입 원소의 자리로 확정하고 ❺를 수행한다.

❸ 만약 삽입할 원소 item이 부모노드보다 크면, 부모노드와 자식노드의 자리를 바꾸어 최대 힙의 관계를 만들어야 하므로 부모노드(heap[⌊i/2⌋])의 원소를 현재의 임시 삽입 위치 heap[i]에 저장한다.

❹ ⌊i/2⌋를 임시 삽입 위치 i로 하여 ❷~❹를 반복하면서 item을 삽입할 위치를 찾는다.

❺ ❷~❹를 반복하여 찾은 위치에 삽입할 원소 item을 저장하여 최대 힙의 재구성 작업을 완성하고 삽입 연산을 종료한다.

4. 힙에서의 삭제 연산

힙에서의 삭제 연산은 언제나 루트 노드에 있는 원소를 삭제하여 반환한다. 그러므로 최대 힙에서의 삭제 연산은 키값이 가장 큰 원소를 삭제하여 반환하고, 최소 힙에서의 삭제 연산은 키값이 가장 작은 원소를 삭제하여 반환한다. 힙의 삭제 연산에서 중요한 것은 루트 노드의 원소를 삭제한 후에도 완전 이진 트리의 형태와 노드의 키값에 대한 힙의 조건이 유지되어야 한다는 것이다.

레스토랑에서 테이블을 하나 치워야 한다면 그 테이블에 앉아있던 사람들은 일단 비어있는 테이블에 임시로 앉아 있다가 테이블이 제대로 마련되면 다시 자리를 옮길 것이다. 마찬가지로 [그림 9-31]의 (1)에서 루트 노드의 원소를 삭제한 후에는 전체 노드의 개수가 하나 줄어든 완전 이진 트리여야 하므로 마지막 노드, 즉 6번 노드의 자리를 제거해야 한다. 그러면 마지막 6번 노드에 있던 원소 10은 갈 곳이 없으므로 [그림 9-31]의 (2)와 같이 비어있는 루트 노드에 임시로 저장한다. 일단 완전 이진 트리의 형태를 유지했으므로 이제는 키값의 관계가 최대 힙이 되도록 조정한다. 임시로 루트 노드에 옮겨놓은 원소의 키 값과 자식 노드들의 키값을 비교하여 키값이 가장 큰 원소가 부모노드가 되도록 자리를 바꿔주면서 제자리를 찾아간다. [그림 9-31]의 (3)에서 루트로 옮겨진 노드의 키값 10이 현재의 자식 노드의 키값 19보다 작으므로 서로 자리를 바꾼다. 그리고 [그림 9-31]의 (4)와 같이 옮겨진 자리에서 다시 최대 힙의 조건을 만족하는지 검사하기 위해서 옮겨진 노드의 키값 10과 현재 위치에서의 자식노드의 키값 8과 13을 다시 비교하는데, 자식노드의 키값 13이 가장 크므로 노드 10과 자리를 바꾼다. 현재 위치에서 더 이상 크기를 비교할 자식노드가 없으므로 현재의 자리가 노드 10의 자리로 확정된다. 이로써 최대 힙의 재구성 작업이 완성되어 전체 삭제 연산을 종료한다.

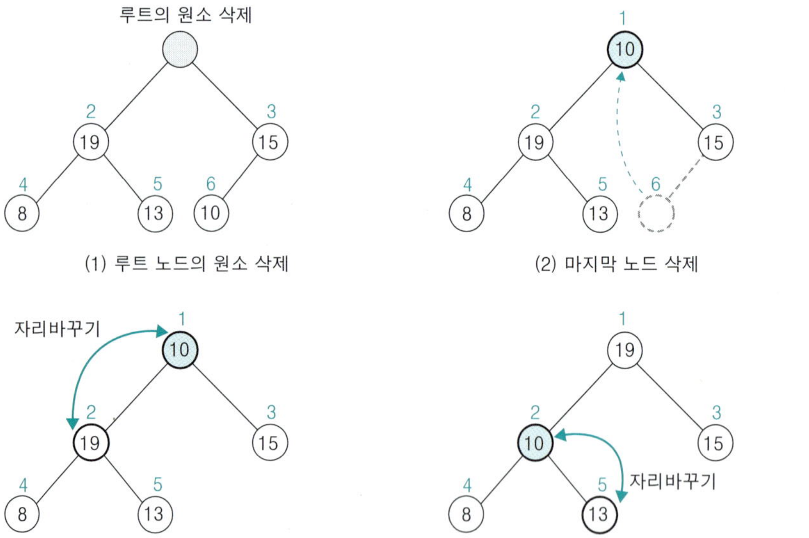

(1) 루트 노드의 원소 삭제

(2) 마지막 노드 삭제

(3) (삽입 노드 10 < 자식노드 19) : 자리바꾸기

(4) (삽입 노드 10 < 자식 노드 13) : 자리바꾸기

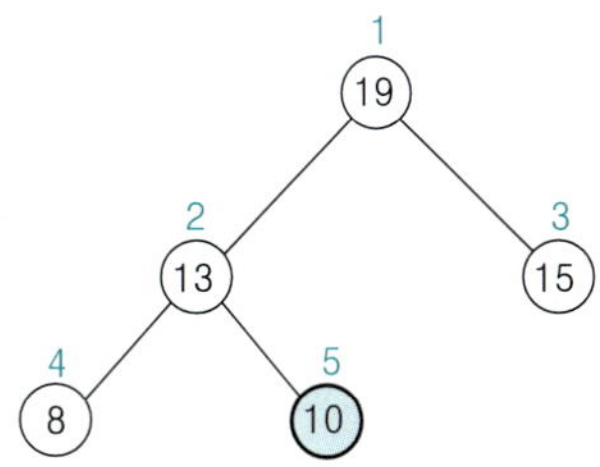

(5) 자리 확정

[그림 9-31] 힙에서의 원소 삭제 예

다음은 1차원 배열의 순차 자료구조 방식으로 최대 힙에서의 삭제 연산을 정의한 알고리즘이다.

[알고리즘 9-8] 최대 힙에서의 삭제 알고리즘

```
deleteHeap(heap)
    if (n = 0) then return error;
    item ← heap[1];          // ❶
    temp ← heap[n];          // ❷
    n ← n-1;                 // ❸
    i ← 1;                   // ❹
    j ← 2;
    while (j ≤ n) do {
        if (j < n) then ─────────────────────┐
            if (heap[j] < heap[j+1]) then j ← j+1;  │  // ❺
        if (temp ≥ heap[j]) then exit; ────────┘
        heap[i] ← heap[j]; ─────────┐
        i ← j;                      │  // ❻
        j ← j*2; ───────────────────┘
    }
    heap[i] ← temp;                       // ❼
    return item;                          // ❽
end deleteHeap()
```

❶ 루트 노드 heap[1]을 item에 저장한다.

❷ 마지막 노드의 원소 heap[n]을 temp에 임시로 저장한다.

❸ 마지막 노드를 삭제한다.

❹ 마지막 노드의 원소였던 temp의 임시 저장 위치 i는 루트 노드의 자리인 1번이 된다.

❺ 현재 저장 위치에서 왼쪽 자식노드 heap[j]와 오른쪽 자식노드 heap[j+1]이 있을 때 둘 중에서 키값이 큰 자식노드를 heap[j]라고 하고, 그 키값과 temp를 비교하여 temp가 크거나 같으면 현재의 임시 위치를 temp의 자리로 확정하고 ❼을 수행한다.

❻ 만약 temp가 자식노드보다 작으면 자식노드와 자리를 바꾸고 다시 ❺~❻을 반복하면서 temp의 자리를 찾는다.

❼ ❺~❻을 반복하면서 찾은 위치에 temp를 저장하여 최대 힙의 재구성 작업을 완성한다.

❽ 루트 노드를 저장한 item을 반환하는 것으로 삭제 연산을 종료한다.

5. 순차 자료구조 방식을 이용한 힙의 구현

1차원 배열의 순차 자료구조 방식을 이용하면 배열 인덱스의 관계를 바탕으로 부모노드를 쉽게 찾을 수 있다. 다음은 순차 자료구조 방식을 이용하여 힙을 표현한 것이다.

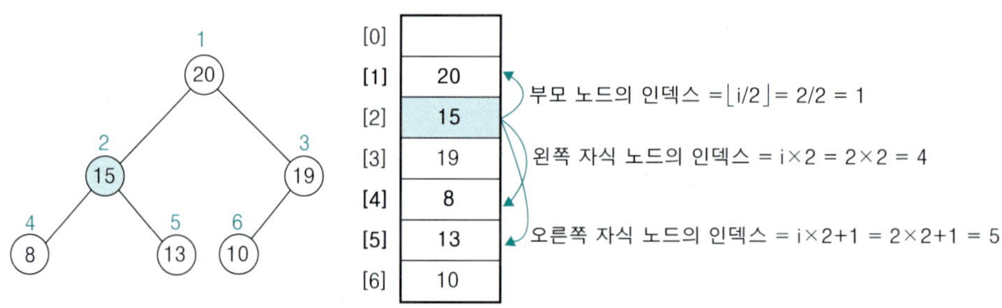

[그림 9-32] 순차 자료구조 방식을 이용한 힙의 표현 예

[예제 9-3] 순차 자료구조를 이용한 최대 힙 프로그램

```
class Heap{
    private int heapSize;
    private int itemHeap[];

    public Heap(){
        heapSize = 0;
        itemHeap = new int [50];
```

```
    }

    public void insertHeap(int item){
        int i = ++heapSize;
        while((i != 1) && (item > itemHeap[i/2])){
            itemHeap[i] = itemHeap[i/2];
            i/=2;
        }
        itemHeap[i] = item;
    }

    public int getHeapSize(){
        return this.heapSize;
    }

    public int deleteHeap(){
        int parent, child;
        int item, temp;
        item = itemHeap[1];
        temp = itemHeap[heapSize--];
        parent = 1;   child = 2;

        while(child <= heapSize){
            if((child < heapSize) && (itemHeap[child] < itemHeap[child+1]))
                child++;
            if(temp >= itemHeap[child]) break;

            itemHeap[parent] = itemHeap[child];
            parent = child;
            child *= 2;
        }
        itemHeap[parent] = temp;
        return item;
```

```
    }

    public void printHeap(){
        System.out.printf("\nHeap >>> ");
        for(int i=1; i<=heapSize; i++)
            System.out.printf("[%d] ", itemHeap[i]);
    }
}

class Ex9_3{
    public static void main(String args[]){
        int n, item;
        Heap h = new Heap();

        h.insertHeap(13);
        h.insertHeap(8);
        h.insertHeap(10);
        h.insertHeap(15);
        h.insertHeap(20);
        h.insertHeap(19);

        h.printHeap();

        n = h.getHeapSize();
        for(int i=1; i<=n; i++){
            item = h.deleteHeap();
            System.out.printf("\n deleted Item : [%d]", item);
        }
    }
}
```

```
C:\WINDOWS\system32\cmd.exe
C:\자바_자료구조\9장>javac Ex9_3.java

C:\자바_자료구조\9장>java Ex9_3

Heap >>> [20] [19] [15] [8] [13] [10]
 deleted Item : [20]
 deleted Item : [19]
 deleted Item : [15]
 deleted Item : [13]
 deleted Item : [10]
 deleted Item : [8]
C:\자바_자료구조\9장>
```

요약

1 트리(tree)는 비선형 자료구조 중에서 자료들 간에 계층관계를 가진 계층형 자료구조(Hierarchical Data Structure)다.

2 모든 노드의 차수를 2 이하로 정하여 전체 트리의 차수가 2 이하가 되도록 만든 이진 트리는 왼쪽 서브 트리와 오른쪽 서브 트리를 가지는데, 서브 트리 역시 이진트리가 된다. n개의 노드로 구성된 이진 트리는 (n−1)개의 간선을 가지며, 높이가 h인 이진 트리가 가질 수 있는 노드의 최소 개수는 h+1개며, 노드의 최대 개수는 $(2^{h+1}-1)$개가 되는 성질을 가진다.

3 이진 트리를 순차 자료구조 방식을 이용하여 표현하는 방법은 높이가 h인 포화 이진 트리의 노드 번호를 배열의 인덱스로 사용하여 1차원 배열로 표현하는 것이다. 1차원 배열에서 인덱스 계산을 간단히 하기 위해서 인덱스 0번은 실제로 사용하지 않고 비워두고 항상 인덱스 1번부터 노드를 저장한다. 그러면 노드 i의 부모노드의 인덱스는 $\lfloor i/2 \rfloor$가 되고, 왼쪽 자식노드의 인덱스는 $i \times 2$, 오른쪽 자식노드의 인덱스는 $i \times 2+1$이 되는 인덱스 관계가 성립한다.

4 이진 트리를 연결 자료구조 방식으로 표현하기 위해 사용하는 노드는 데이터를 저장하는 데이터 필드와 왼쪽 자식노드를 연결하는 왼쪽 링크 필드, 오른쪽 자식노드를 연결하는 오른쪽 링크 필드로 구성한다. 자식노드가 없는 경우에는 링크 필드에 null을 저장한다.

5 이진 트리에 있는 모든 노드를 한번씩 모두 방문하여 노드가 가지고 있는 데이터를 처리하는 순회 방법에는 전위 순회와 중위 순회, 후위 순회의 세 가지가 있다.

6 이진 탐색 트리는 다음의 조건을 만족한다.

(1) 모든 원소는 서로 다른 유일한 키를 갖는다.
(2) 왼쪽 서브 트리에 있는 원소의 키들은 그 루트의 키보다 작다.
(3) 오른쪽 서브 트리에 있는 원소의 키들은 그 루트의 키보다 크다.
(4) 왼쪽 서브 트리와 오른쪽 서브 트리도 이진 탐색 트리다.

7 힙은 완전 이진 트리에 있는 노드 중에서 키값이 가장 큰 노드 또는 키값이 가장 작은 노드를 찾기 위해 만든 자료구조다. 최대 힙은 {부모노드의 키값 ≥ 자식노드의 키값}의 관계를 가지는 노드들의 완전 이진 트리고, 최소 힙은 {부모노드의 키값 ≤ 자식노드의 키값}의 관계를 가지는 노드들의 완전 이진 트리다. 일반적으로 힙은 최대 힙을 의미하며, 같은 키값의 노드가 중복되어 있을 수 있다.

연습문제

1 다음 중 선형 자료구조가 아닌 것은? (2003년, 2004년, 2005년, 2006년 기출문제)

가. 리스트　　나. 스택　　다. 큐　　라. 트리

2 다음의 수식 이진 트리를 후위 순회하여 수식에 대한 후위 표기식을 구하여라.
(2004년, 2005년 기출문제)

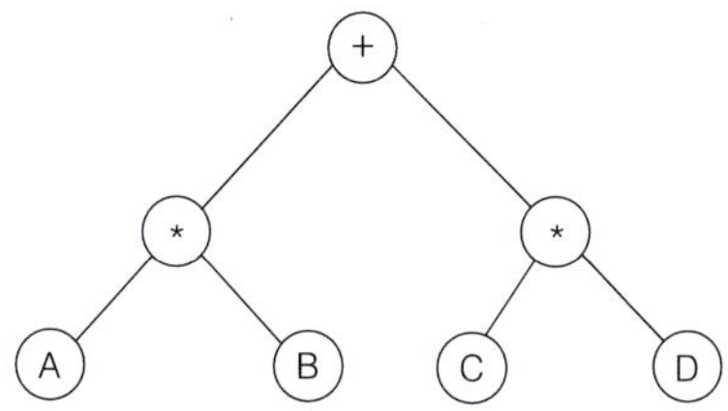

3 다음 중 같은 개수의 노드를 트리로 저장하는 경우에 트리의 높이가 가장 큰 트리는 무엇인가?

가. 이진 트리　　나. 포화 이진 트리
다. 완전 이진 트리　　라. 편향 이진 트리

4 20개의 노드로 구성된 이진 트리에서 간선의 개수와 가능한 최대 높이와 최소 높이를 구하여라.

5 다음의 원소를 차례로 삽입하면서 최대 힙을 구성하여라.

3, 15, 56, 7, 33, 45, 20, 19

6 위의 최대 힙에 대해서 삭제 연산을 8번 반복 수행할 경우에 원소가 삭제되는 순서를 써라.

7 트리를 표현할 때 가장 적합한 자료구조는? (2006년 기출문제)

가. Stack　　나. Queue　　다. Linked List　　라. Circular Queue

연습문제

8 다음 트리를 포스트오더(postorder)로 운행할 때 노드 E는 몇 번째로 검사되는가?
(2007년 기출문제)

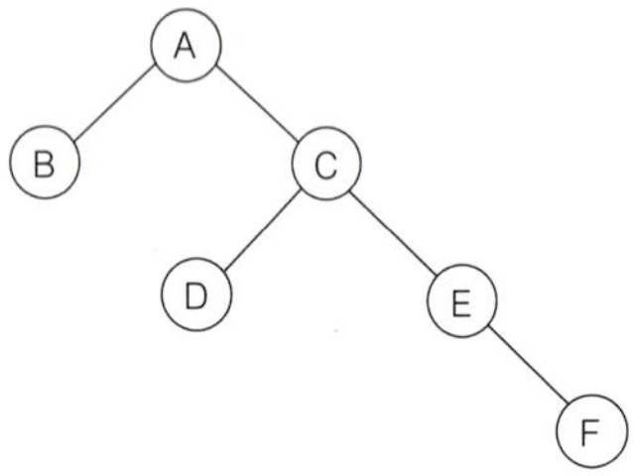

가. 4번째
나. 3번째
다. 2번째
라. 5번째

Chapter

10

그래프

***학습목표**

- 그래프 자료구조의 개념을 이해한다.
- 그래프의 표현 방법을 알아본다.
- 그래프의 순회 방법과 알고리즘을 알아본다.
- 신장 트리와 최소 비용 신장 트리를 알아본다.
- 최소 비용 신장 트리를 응용한 최단 경로 알고리즘을 이해한다.

Section

01 그래프의 구조

그래프(graph)는 연결되어있는 원소간의 관계를 표현하는 자료구조이다. 버스 노선도나 전철 노선도를 보면 여러 지역이 어떻게 연결되어 있는지를 알 수 있다. 나와 연관된 인간관계를 나타내는 인맥지도, 수도 배관에 대한 배수 시스템, 물질의 분자구조 등은 연결 구조가 너무 다양하기 때문에 선형 자료구조나 트리로는 표현할 수가 없다. 이러한 자료를 표현하기 위한 자료구조가 그래프다. 그래프는 모든 연결 구조를 표현할 수 있기 때문에 여러 분야에서 폭넓게 이용되고 있다.

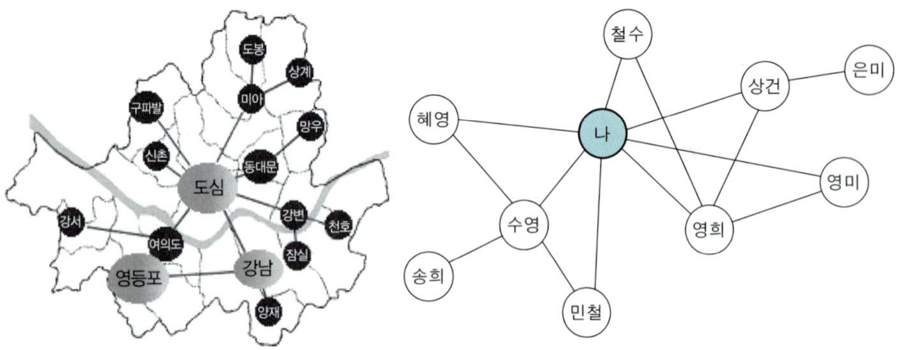

[그림 10-1] 그래프의 사용 예: 버스노선도, 인맥지도

그래프는 연결할 객체를 나타내는 정점(vertex)과 객체를 연결하는 간선(edge)의 집합으로 구성된다. 그래프 G를 G=(V, E)로 정의하는데, V는 그래프에 있는 정점들의 집합을 의미하고 E는 정점을 연결하는 간선들의 집합을 의미한다.

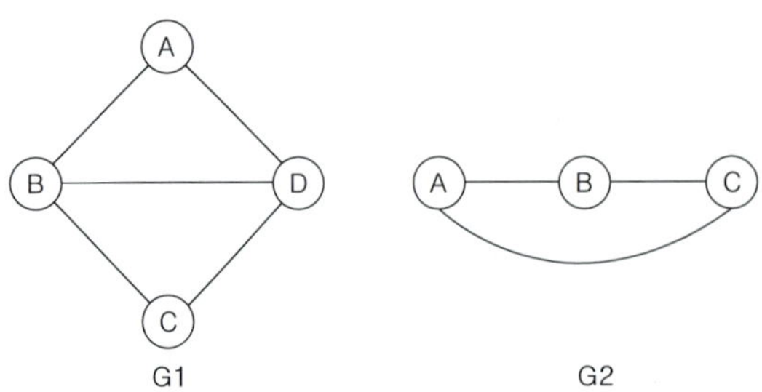

[그림 10-2] 그래프 G1과 G2

1. 그래프의 종류

그래프는 방향성과 연결 정도에 따라 여러 형태가 있다.

무방향 그래프

무방향 그래프(Undirected Graph)는 두 정점을 연결하는 간선에 방향이 없는 그래프다. 무방향 그래프에서 정점 V_i와 정점 V_j을 연결하는 간선을 (V_i, V_j)로 표현하는데, 이때 (V_i, V_j)와 (V_j, V_i)는 같은 간선을 나타낸다. [그림 10-2]의 그래프 G1, G2는 간선에 방향이 없으므로 무방향 그래프다. 무방향 그래프 G1, G2를 정점의 집합 V(G)와 간선의 집합 E(G)를 사용하여 다음과 같이 표현할 수 있다.

V(G1)={A, B, C, D}　E(G1)={(A,B), (A,D), (B,C), (B,D), (C,D)}
V(G2)={A, B, C}　　E(G2)={(A,B), (A,C), (B,C)}

방향 그래프

방향 그래프(Directed Graph)는 다이그래프(digraph)라고도 하는데, 간선에 방향이 있는 그래프다. 방향 그래프에서 정점 V_i에서 정점 V_j를 연결하는 간선, 즉 $V_i \rightarrow V_j$를 $\langle V_i, V_j \rangle$로 표현하고 화살표로 나타낸다. 그리고 V_i를 꼬리(tail), V_j를 머리(head)라고 한다. 방향 그래프에서 $\langle V_i, V_j \rangle$와 $\langle V_j, V_i \rangle$는 서로 다른 간선이 된다. [그림 10-3]의 방향 그래프 G3, G4를 정점의 집합 V(G)와 간선의 집합 E(G)로 표현하면 다음과 같다.

V(G3)={A, B, C, D}　E(G3)={<A,B>, <A,D>, <B,C>, <B,D>, <C,D>}
V(G4)={A, B, C}　　E(G4)={<A,B>, <A,C>, <B,A>, <B,C>}

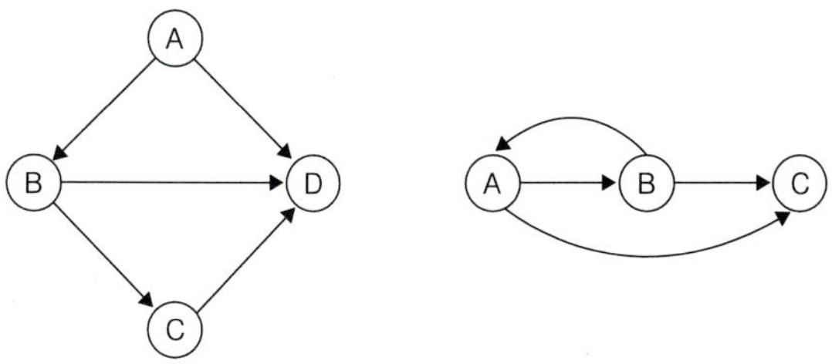

G3　　G4

[그림 10-3] 방향 그래프 G3, G4

완전 그래프

완전 그래프(Complete Graph)는 한 정점에서 다른 모든 정점과 연결되어 최대의 간선 수를 가진 그래프다. 정점이 n개인 무방향 그래프의 최대 간선 수는 n(n-1)/2개이며, 방향 그래프의 경우에는 두 정점에 대해서 방향이 다른 두 개의 간선을 연결할 수 있으므로 무방향 그래프에서의 최대 간선 수의 2배가 되어 n(n-1)개가 된다. [그림 10-4]의 G5는 정점의 개수가 4개인 무방향 그래프이므로 완전 그래프가 되려면 4(4-1)/2=6개의 간선이 있어야 하고, G6은 정점의 개수가 4개인 방향 그래프이므로 완전 그래프가 되려면 4(4-1)=12개의 간선이 연결되어야 한다.

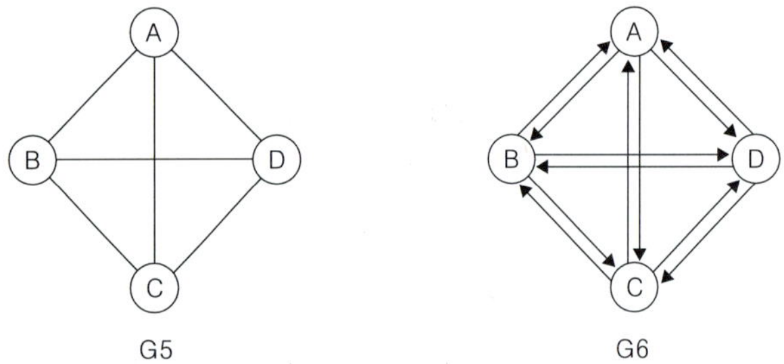

[그림 10-4] 완전 그래프 G5, G6

부분 그래프

원래의 그래프에서 일부의 정점이나 간선을 제외하여 만든 그래프를 부분 그래프(subgraph)라고 한다. 그래프 G와 부분 그래프 G'는 다음의 관계를 갖는다.

$$V(G') \subseteq V(G), \quad E(G') \subseteq E(G)$$

[그림 10-5]는 그래프 G1에 대한 부분 그래프들 중의 일부다.

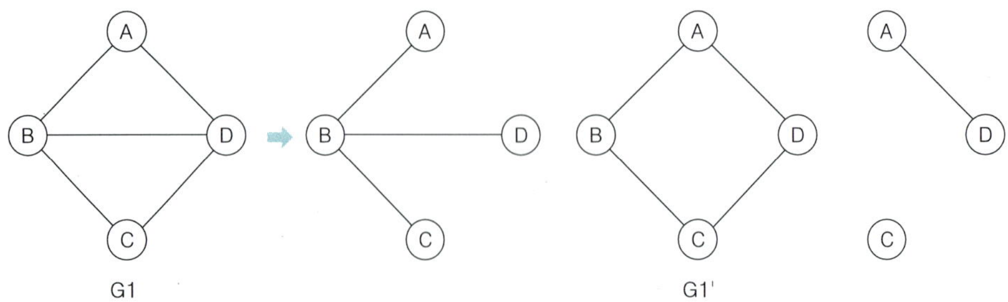

[그림 10-5] 그래프 G1과 부분 그래프 G1'

가중 그래프

정점을 연결하는 간선에 가중치(weight)를 할당한 그래프를 가중 그래프(weight graph) 또는 네트워크(network)라고 한다.

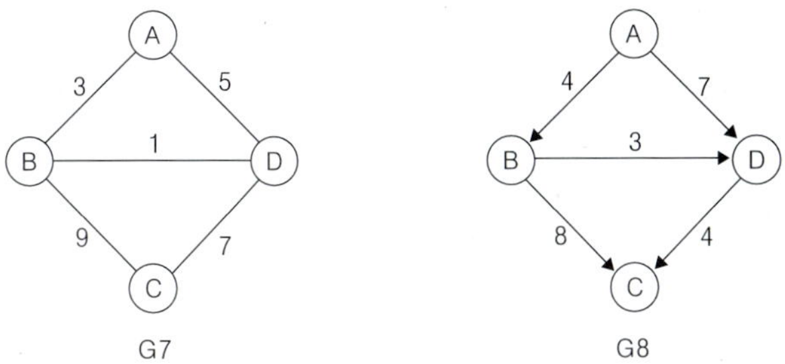

[그림 10-6] 가중 그래프 G7, G8

2 그래프 관련 용어

그래프에서 두 정점 V_i와 V_j가 연결되어 간선 (V_i, V_j)가 있을 때, 두 정점 V_i와 V_j를 인접(adjacent)되어 있다고 하고, 간선 (V_i, V_j)는 정점 V_i와 V_j에 부속(incident)되어 있다고 한다. [그림 10-2]의 그래프 G1에서 정점 A와 인접한 정점은 B와 D고, 정점 A에 부속되어 있는 간선은 (A, B)와 (A, D)다.

정점에 부속되어 있는 간선의 수를 차수(degree)라고 한다. 그래프 G1에서 정점 A의 차수는 2고, 정점 B의 차수는 3이다. 방향 그래프에서는 정점에 부속된 간선의 방향에 따라서 진입차수(in-degree)와 진출차수(out-degree)가 생기는데, 정점을 머리로 하는 간선의 수는 진입차수가 되고, 정점을 꼬리로 하는 간선의 수는 진출차수가 된다. 방향 그래프에서의 정점의 차수는 진입차수와 진출차수를 합한 값이다. [그림 10-3]의 방향 그래프 G3을 예로 들면, 정점 B의 진입차수는 1이고, 진출차수는 2다. 그리고 정점 B의 전체 차수는 진입차수와 진출차수를 합한 값 3이 된다.

그래프에서 간선을 따라갈 수 있는 길을 순서대로 나열한 것, 즉 정점 V_i에서 V_j까지 간선으로 연결된 정점을 순서대로 나열한 리스트를 정점 V_i에서 V_j까지의 경로(path)라고 하고, 경로를 구성하는 간선의 수는 경로 길이(Path Length)가 된다. 그래프 G1의 경우 정점 A에서 정점 C까지는 A-B-C 경로와 A-B-D-C 경로, A-D-C 경로 그리고 A-D-B-C 경로 등이 있다. 그래프 G1의 경로 A-D-B-C는 (A, D), (D, B), (B, C)의 간선 3개로 이루어져 있으므로 경로 길이는 3이 된다. 방향 그래프 G3에서 정점 A에서 정점 C까지의 경로는 A–B–C이고, 〈A, B〉, 〈B, C〉의 간선 2개로 구성되므로 경로 길이는 2가 된다.

모두 다른 정점으로 구성된 경로를 단순 경로(Simple Path)라고 한다. 그래프 G1에서 정점 A에서 정점 C까지의 경로 A–B–C는 단순 경로이고, 경로 A–B–D–A–B–C는 단순 경로가 아니다. 단순 경로 중에서 경로의 시작 정점과 마지막 정점이 같은 경로를 사이클(cycle)이라 한다. 그래프 G1에서 단순 경로 A–B–C–D–A와 그래프 G4에서 단순 경로 A–B–A는 사이클이 된다. 방향 그래프이면서 사이클이 없는 그래프를 DAG(Directed Acyclic Graph)라고 한다.

그래프에서 두 정점 V_i에서 V_j까지의 경로가 있으면 정점 V_i와 V_j가 연결(connected)되었다고 한다. 서로 다른 모든 쌍의 정점들 사이에 경로가 있는 그래프, 즉 떨어져 있는 정점이 없는 그래프를 연결 그래프(Connected Graph)라고 한다. 트리는 사이클이 없는 연결 그래프다. [그림 10–7]의 (b)와 같이 연결되지 않은 정점이 있는 그래프를 단절 그래프(Disconnected Graph)라고 한다.

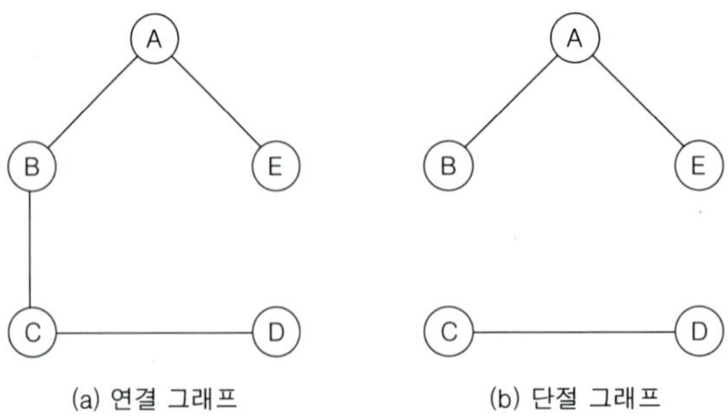

[그림 10–7] 연결 그래프와 단절 그래프

3. 그래프의 추상 자료형

그래프를 추상 자료형으로 정의하면 다음과 같다.

[ADT 10–1] 그래프의 추상자료형

ADT Graph
　데이터 : 공백이 아닌 정점의 집합과 간선의 집합
　연산 :

```
    g∈Graph; u,v∈V;
    createGraph() ::= create an empty Graph;
        // 공백 그래프의 생성 연산
    isEmpty(g) ::= if (g have no vertex) then return true;
                   else return false;
        // 그래프 g가 정점이 없는 공백 그래프인지를 검사하는 연산
    insertVertex(g, v) ::= insert vertex v into g;
        // 그래프 g에 정점 v를 삽입하는 연산
    insertEdge(g, u, v) ::= insert edge (u,v) into g;
        // 그래프 g에 간선 (u,v)를 삽입하는 연산
    deleteVertex(g, v) ::= delete vertex v and all edges
                           incident on v from  g;
        // 그래프 g에서 정점 v를 삭제하고 그에 부속된 모든 간선을 삭제하는 연산
    deleteEdge(g, u, v) ::= delete edges (u,v) from  g;
        // 그래프 g에서 간선 (u,v)를 삭제하는 연산
    adjacent(g, v) ::= return set of all vertices adjacent to v;
        // 정점 v에 인접한 모든 정점을 반환하는 연산
End Graph
```

공백 그래프는 정점이 하나도 없는 그래프가 된다. 정점이 없으면 간선도 있을 수 없으므로 그래프 내에 정점의 유무를 검사하면 공백 그래프 여부를 알 수 있다. 그래프에서의 삽입 연산으로는 정점의 삽입 연산 insertVertex( )와 간선의 삽입 연산 insertEdge( )가 있다. 간선을 삽입하려면 두 개의 정점이 필요하기 때문에 간선의 삽입 연산에서는 간선을 연결할 두 개의 정점을 지정해줘야 한다. 삭제 연산 역시 정점에 대한 삭제 연산 deleteVertex( )와 간선에 대한 삭제 연산 deleteEdge( )가 있다 . 정점을 삭제할 때에는 그 정점과 부속된 모든 간선도 함께 삭제한다.

Section

02 그래프의 구현

그래프를 구현하기 위해서는 정점에 대한 집합과 정점에 부속된 간선의 집합을 표현해야 한다. 그래프를 표현하는 방법은 순차 자료구조 방식을 이용하는 2차원 배열의 인접 행렬(Adjacent Matrix) 방법과 연결 자료구조 방식인 연결 리스트를 사용하는 인접 리스트(Adjacent List) 방법이 있다. 만들고자 하는 그래프의 특성과 필요한 연산에 따라 적당한 표현 방법을 선택한다.

1. 순차 자료구조 방식을 이용한 그래프의 구현: 인접 행렬

그래프를 구성하는 정점에 대해서 두 정점을 연결한 간선의 유무를 저장하는 방법으로 정점의 수에 대한 정방 행렬을 사용한다. n개의 정점을 가진 그래프는 각 정점에 대한 행과 열을 나타내야 하므로 n×n 정방 행렬을 사용하고, 두 정점이 인접하면 1, 인접하지 않으면 0으로 표현한다. 이런 방법으로 그래프를 표현한 행렬을 인접 행렬이라 한다.

G1

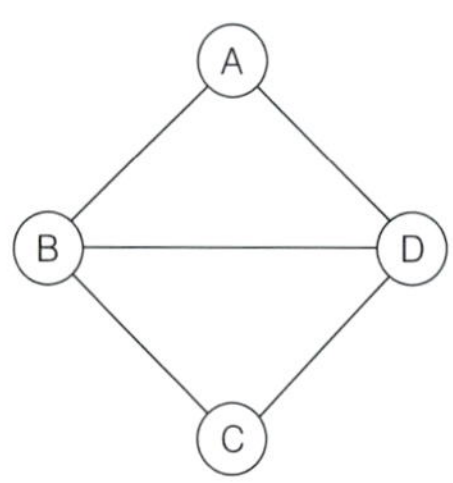

	A	B	C	D
A	0	1	0	1
B	1	0	1	1
C	0	1	0	1
D	1	1	1	0

1+0+1+1=3 ⇨ 정점 B의 차수

G2

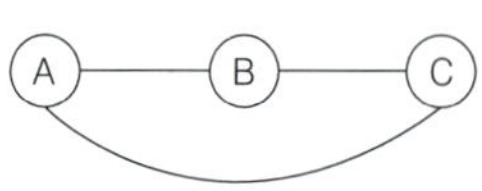

	A	B	C
A	0	1	1
B	1	0	1
C	1	1	0

G3

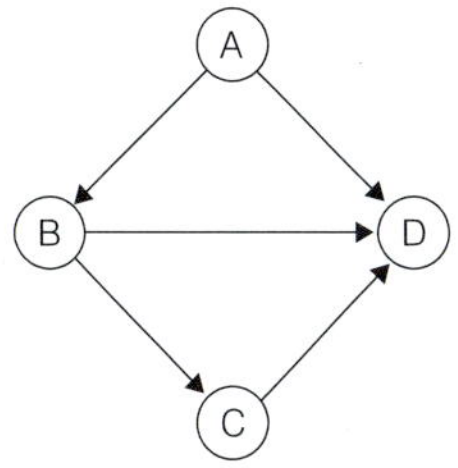

	A	B	C	D
A	0	1	0	1
B	0	0	1	1
C	0	0	0	1
D	0	0	0	0

0+0+1+1=2 ⇨ 정점 B의 진출차수

1+0+0+0=1 ⇨ 정점 B의 진입차수

G4

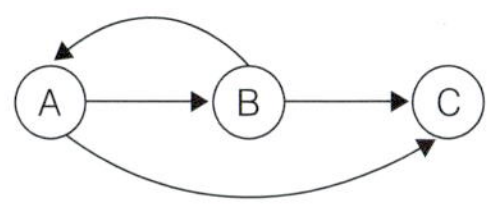

	A	B	C
A	0	1	1
B	1	0	1
C	0	0	0

[그림 10-8] 그래프 G1, G2, G3, G4에 대한 인접 행렬 표현

하나의 정점에서 자기 자신으로의 자체 간선, 즉 간선 (V_i, V_i)가 있을 수 없으므로 인접 행렬의 대각선의 값은 항상 0이다. 무방향 그래프에서 간선 (V_i, V_j)는 간선 (V_j, V_i)와 같은 의미기 때문에 행렬의 (i, j) 값과 (j, i) 값이 항상 같다. 따라서 무방향 그래프에 대한 인접 행렬은 대각선을 중심으로 윗부분과 아랫부분이 대칭을 이룬다. 무방향 그래프에 대한 인접 행렬에서 행 i의 합은 열 i의 합과 같고, 정점 i의 차수가 된다.

방향 그래프에서는 간선 ⟨V_i, V_j⟩와 간선 ⟨V_j, V_i⟩가 서로 다른 간선이기 때문에 인접 행렬이 대칭을 이루지 않는다. 방향 그래프에 대한 인접 행렬에서 행 i의 합은 정점 i의 진출차수가 되고, 열 i의 합은 정점 i의 진입차수가 된다.

n개의 정점을 가지는 그래프를 n×n 인접 행렬로 표현하면 간선의 개수에 상관없이 항상 n×n개의 메모리를 사용한다. 그래프에 간선이 많은 경우에는 큰 문제가 없겠지만, 정점의 개수에 비해 간선의 개수가 적은 희소 그래프인 경우에는 인접 행렬이 희소 행렬이 되므로 메모리 낭비 문제가 발생한다.

2_ 연결 자료구조 방식을 이용한 그래프의 구현: 인접 리스트

인접 리스트로 그래프를 표현하는 방법은 각 정점에 대한 인접 정점들을 연결 리스트로 만드는 것이다. 리스트의 각 노드는 정점을 저장하는 필드와 다음 인접 정점을 연결하는 링크 필드로 구성한다. 어떤 정점의 연결 리스트는 그 정점에 인접한 정점의 수만큼, 즉 그 정점의 차수만큼의 노드가 연결되어 있다. 리스트 내의 노드는 저장하는 정점에 대해서 오름차순으로 연결한다.

[그림 10-9]에서와 같이 각 정점에 대한 참조변수를 배열로 구성하고, 각 정점에 대한 헤드 노드는 인접 정점의 노드 번호에 대해 오름차순으로 정렬하고 연결한 리스트를 가리킨다.

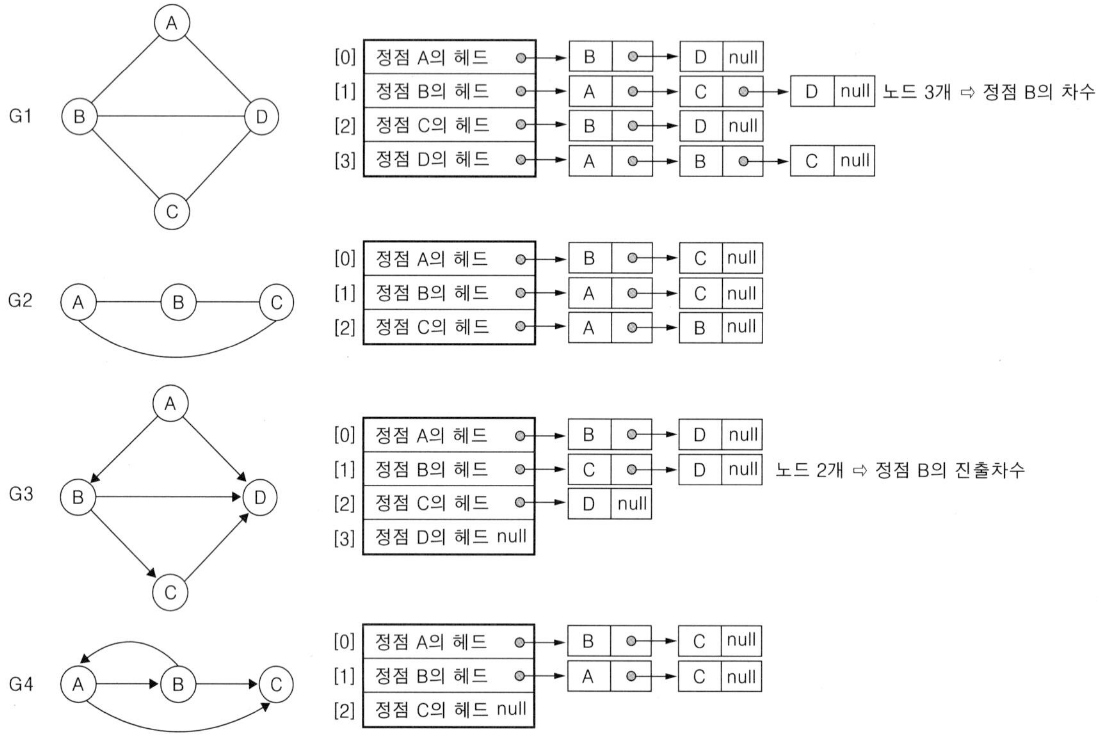

[그림 10-9] 그래프 G1, G2, G3, G4에 대한 인접 리스트 표현

n개의 정점과 e개의 간선을 가진 무방향 그래프에 대한 인접 리스트는 크기가 n인 헤드 노드 배열과 2e개의 노드가 필요하다. n개의 정점을 가진 방향 그래프에 대한 인접 리스트에서도 크기가 n인 헤드 노드 배열이 필요하고, 각 헤드 노드에 연결되는 노드의 수는 각 정점의 진출 차수가 된다.

[예제 10-1]은 그래프 G1을 인접 행렬과 인접 리스트로 표현해보는 프로그램이다. 인접 리스트에서는 구성을 쉽게 하기 위해서 정점을 A, B, C, D 대신 순서대로 0, 1, 2, 3의 번호를 사용하여 연산하고, 출력할 때에는 A, B, C, D로 표시하도록 하자. 인접 리스트

의 insertEdge( ) 연산에서 삽입하는 간선은 항상 인접 리스트의 첫 번째 노드로 삽입하도록 한다.

[예제 10-1] 그래프의 인접 행렬과 인접 리스트 표현

```
class AdjMatrix{
    private int matrix[][]=new int[10][10];
    private int totalV=0;

    public void insertVertex(int v){
        totalV++;
    }

    public void insertEdge(int v1, int v2){
        if(v1>=totalV || v2>=totalV)
            System.out.println("그래프에 없는 정점입니다!!");
        else
            matrix[v1][v2] = 1;
    }

    public void printMatrix(){
        for(int i=0; i<totalV; i++){
            System.out.printf("\n\t\t");
            for(int j=0; j<totalV; j++)
                System.out.printf("%2d", matrix[i][j]);
        }
    }
}

class GraphNode{
    int vertex;
    GraphNode link;
}

class AdjList{
```

```
    private GraphNode head[] = new GraphNode[10];
    private int totalV=0;

    public void insertVertex(int v){
        totalV++;
    }

    public void insertEdge(int v1, int v2){
        if(v1>=totalV || v2>=totalV)
            System.out.println("그래프에 없는 정점입니다!!");
        else{
            GraphNode gNode = new GraphNode();
            gNode.vertex = v2;
            gNode.link = head[v1];
            head[v1] = gNode;
        }
    }

    public void printAdjList(){
        GraphNode gNode = new GraphNode();
        for(int i=0; i<totalV; i++){
            System.out.printf("\n정점 %c의 인접리스트 ", i+65);
            gNode = head[i];
            while(gNode != null){
                System.out.printf("-> %c", gNode.vertex+65);
                gNode = gNode.link;
            }
        }
    }
}

class Ex10_1{
    public static void main(String args[]){
        AdjMatrix MG1 = new AdjMatrix();
        for(int i=0; i<4; i++)
```

```
            MG1.insertVertex(i);
        MG1.insertEdge(0,3);
        MG1.insertEdge(0,1);
        MG1.insertEdge(1,3);
        MG1.insertEdge(1,2);
        MG1.insertEdge(1,0);
        MG1.insertEdge(2,3);
        MG1.insertEdge(2,1);
        MG1.insertEdge(3,2);
        MG1.insertEdge(3,1);
        MG1.insertEdge(3,0);
        System.out.printf("\n그래프 G1의 인접행렬 : ");
        MG1.printMatrix();
        System.out.println();

        AdjList LG1 = new AdjList();
        for(int i=0; i<4; i++)
            LG1.insertVertex(i);
        LG1.insertEdge(0,3);
        LG1.insertEdge(0,1);
        LG1.insertEdge(1,3);
        LG1.insertEdge(1,2);
        LG1.insertEdge(1,0);
        LG1.insertEdge(2,3);
        LG1.insertEdge(2,1);
        LG1.insertEdge(3,2);
        LG1.insertEdge(3,1);
        LG1.insertEdge(3,0);
        System.out.printf("\n그래프 G1의 인접리스트 : ");
        LG1.printAdjList();
        System.out.println();
    }
}
```

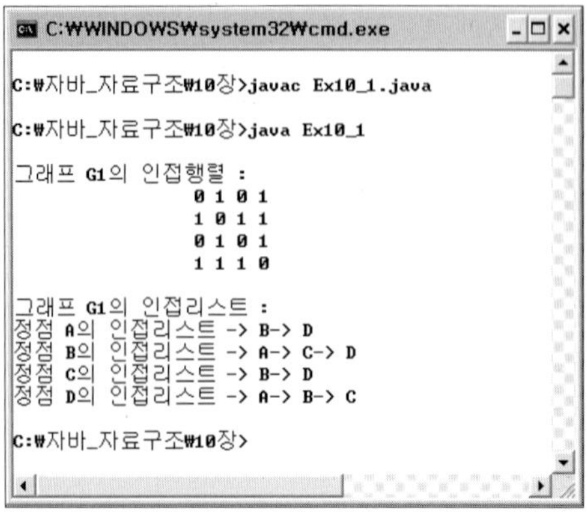
C:\WINDOWS\system32\cmd.exe
C:\자바_자료구조\10장>javac Ex10_1.java
C:\자바_자료구조\10장>java Ex10_1
그래프 G1의 인접행렬 :
0 1 0 1
1 0 1 1
0 1 0 1
1 1 1 0
그래프 G1의 인접리스트 :
정점 A의 인접리스트 -> B-> D
정점 B의 인접리스트 -> A-> C-> D
정점 C의 인접리스트 -> B-> D
정점 D의 인접리스트 -> A-> B-> C
C:\자바_자료구조\10장>

Section

03 그래프 순회

하나의 정점에서 시작하여 그래프에 있는 모든 정점을 한번씩 방문하는 것을 그래프 순회(Graph Traversal) 또는 그래프 탐색(Graph Search)이라고 한다. 그래프 탐색 방법은 깊이 우선 탐색과 너비 우선 탐색이 있다.

예를 들어, 두 사람이 우물을 판다고 생각해보자. 한 사람은 한 지점을 골라서 팔 수 있을 때까지 계속 파다가 물이 나오지 않으면 밖으로 나와 다른 지점을 골라서 다시 땅을 판다. 또 다른 사람은 한 지점만 깊게 파기보다 여러 지점을 고르게 파보고 물이 나오지 않으면 파놓은 구덩이들을 차례로 다시 좀더 깊게 파 볼 것이다. 이때 한 지점을 골라서 깊게 파는 첫 번째 방식은 깊이 우선 탐색의 예고, 여러 지점을 골고루 파는 두 번째 방식은 너비 우선 탐색의 예라고 할 수 있다.

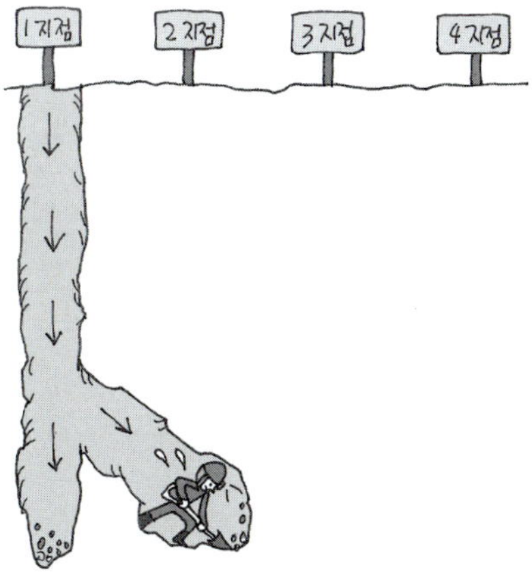

(a) 깊이 우선 탐색의 예

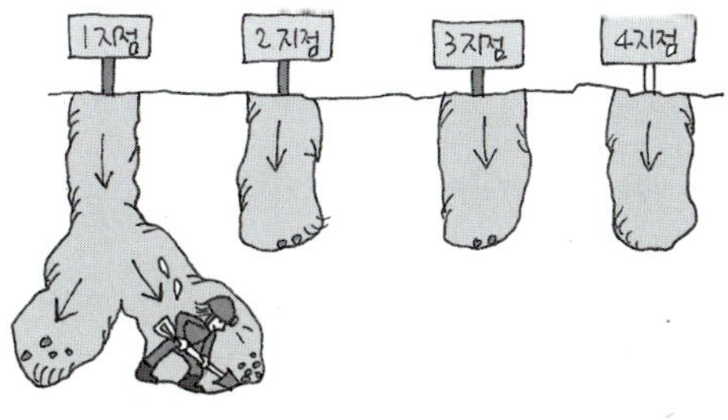

(b) 너비 우선 탐색의 예

[그림 10-10] 우물 파기의 예

1 깊이 우선 탐색

깊이 우선 탐색(DFS, Depth First Search)은 시작 정점에서 한 방향으로 갈 수 있는 가장 먼 경로까지 깊이 탐색해가다가 더 이상 갈 곳이 없으면 가장 마지막에 만났던 갈림길 간선이 있는 정점으로 되돌아와서 다른 방향의 간선으로 탐색을 계속함으로써 모든 정점을 방문하는 순회 방법이다. 가장 마지막에 만났던 갈림길 간선의 정점으로 가장 먼저 되돌아가 다시 깊이 우선 탐색을 반복해야 하므로 후입 선출 구조의 스택을 사용한다.

깊이 우선 탐색의 수행 순서를 정리하면 다음과 같다.

(1) 시작 정점 v를 결정하여 방문한다.

(2) 정점 v에 인접한 정점 중에서

① 방문하지 않은 정점 w가 있으면 정점 v를 스택에 push하고 w를 방문한다. 그리고 w를 v로 설정하고 다시 (2)를 반복한다.

② 방문하지 않은 정점이 없으면 스택을 pop하여 구한 가장 마지막 방문 정점을 v로 설정하고 다시 (2)를 수행한다.

(3) 스택이 공백이 될 때까지 (2)를 반복한다.

각 정점들에 대해서 방문 여부를 표시하기 위해서 배열 visited를 사용하기로 하자. 그래프의 정점의 개수를 배열 visited의 크기로 하고 모든 배열 요소를 FALSE로 초기화한다. 그리고 정점을 방문할 때마다 정점에 대한 배열 요소값을 TRUE로 설정한다.

깊이 우선 탐색을 알고리즘으로 정의하면 다음과 같다.

[알고리즘 10-1] 깊이 우선 탐색 알고리즘

```
DFS(v)
    for (i←0; i<n; i←i+1) do {
          visited[i]←false;
    }
    stack←createStack();
    visited[v]←true;
    v 방문;
    while (not isEmpty(stack)) do {
```

```
        if (visited[v의 인접정점 w]=false) then {
            push(stack, v);
            visited[w]←true;
            w 방문;
            v←w;
            }
        else  v←pop(stack);
    }
end DFS()
```

깊이 우선 탐색 과정

알고리즘에 따라서 그래프 G9를 깊이 우선 탐색하는 과정을 살펴보자.

초기상태 : 배열 visited를 False로 초기화하고 공백 스택을 생성한다.

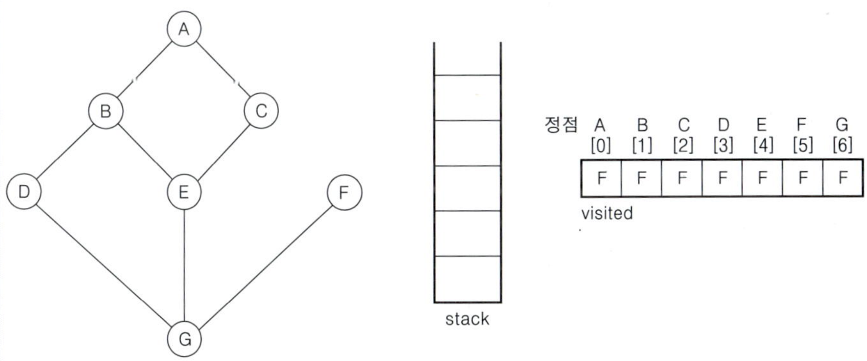

① 정점 A를 시작으로 깊이 우선 탐색을 시작한다.

```
visited[A]←true;
A 방문;
```

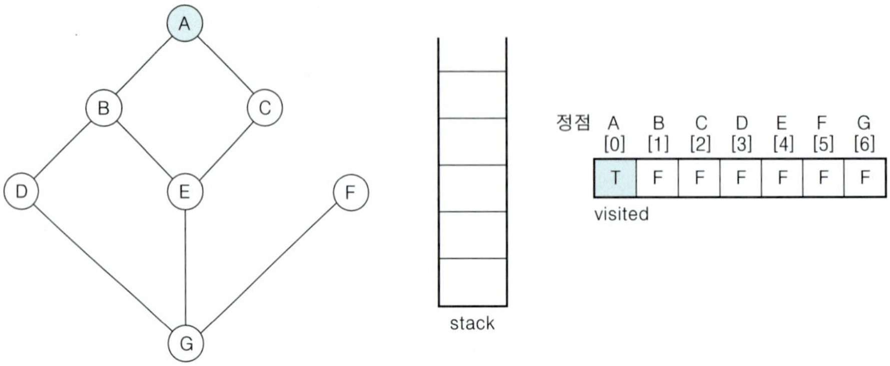

② 정점 A에 방문하지 않은 정점 B, C가 있으므로 A를 스택에 push하고, 인접 정점 B와 C 중에서 오름차순에 따라 B를 선택하여 탐색을 계속한다.

```
push(stack, A);
visited[B]←true;
B 방문;
```

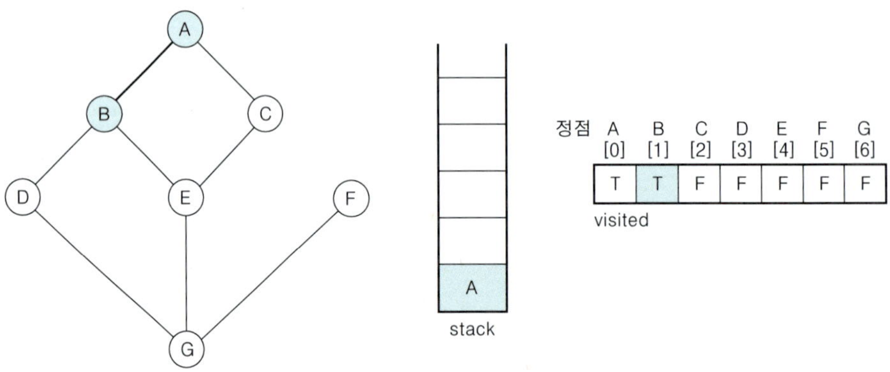

③ 정점 B에 방문하지 않은 정점 D, E가 있으므로 B를 스택에 push하고, 인접 정점 D와 E 중에서 오름차순에 따라 D를 선택하여 탐색을 계속한다.

```
push(stack, B);
visited[D]←true;
D 방문;
```

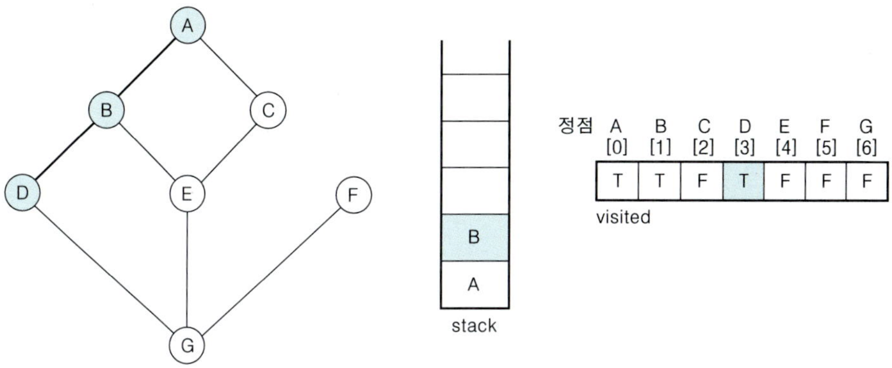

④ 정점 D에 방문하지 않은 정점 G가 있으므로 D를 스택에 push하고, 인접 정점 G를 선택하여 탐색을 계속한다.

```
push(stack, D);
visited[G]←true;
G 방문;
```

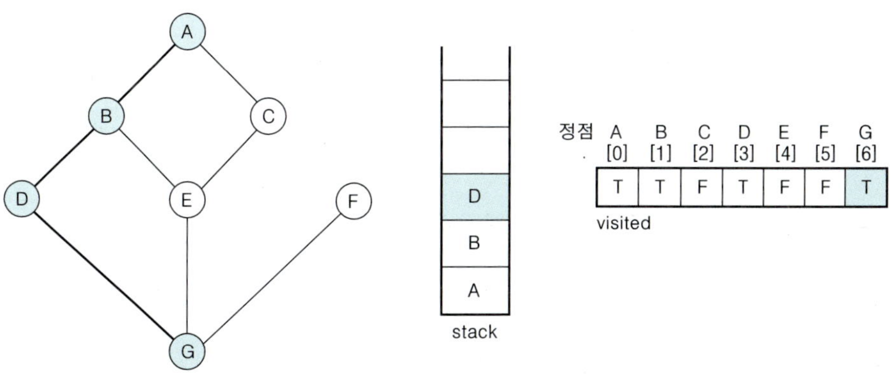

⑤ 정점 G에 방문하지 않은 정점 E, F가 있으므로 G를 스택에 push하고, 인접 정점 E와 F 중에서 오름차순에 따라 E를 선택하여 탐색을 계속한다.

```
push(stack, G);
visited[E]←true;
E 방문;
```

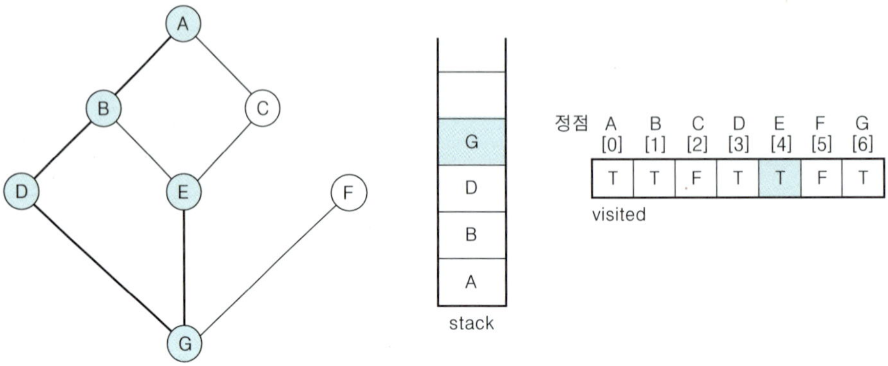

⑥ 정점 E에 방문하지 않은 정점 C가 있으므로 E를 스택에 push하고, 인접 정점 C를 선택하여 탐색을 계속한다.

```
push(stack, E);
visited[C]←true;
C 방문;
```

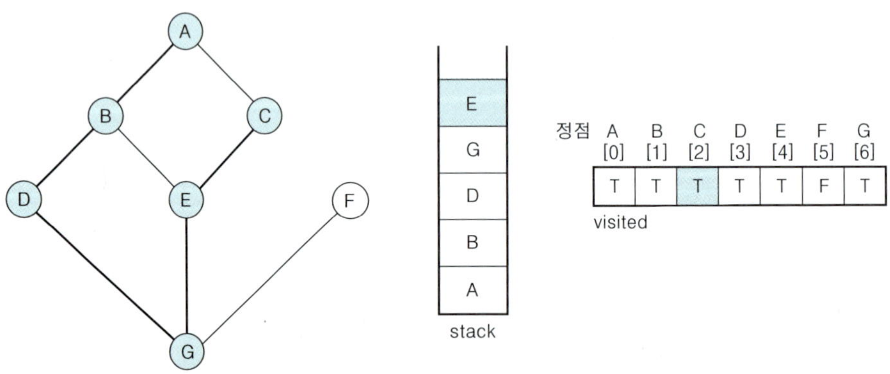

⑦ 정점 C에서 방문하지 않은 인접 정점이 없으므로 마지막 정점으로 돌아가기 위해 스택을 pop하여 받은 정점 E에 대해서 방문하지 않은 인접 정점이 있는지 확인한다.

```
pop(stack);
```

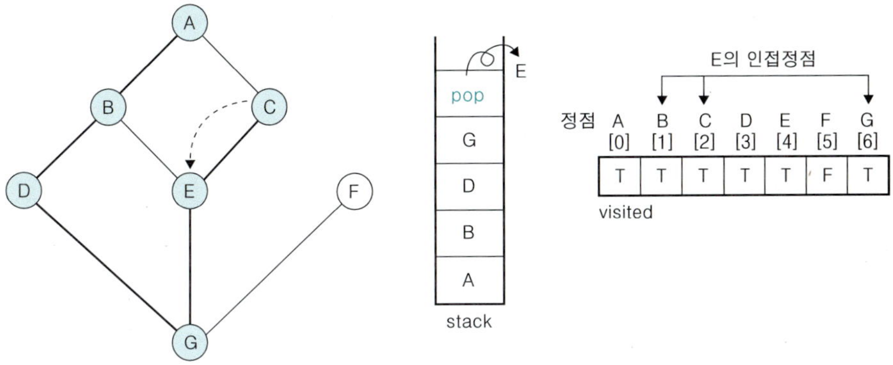

⑧ 정점 E는 방문하지 않은 인접 정점이 없으므로 다시 스택을 pop하여 받은 정점 G에 대해서 방문하지 않은 인접 정점이 있는지 확인한다.

```
pop(stack);
```

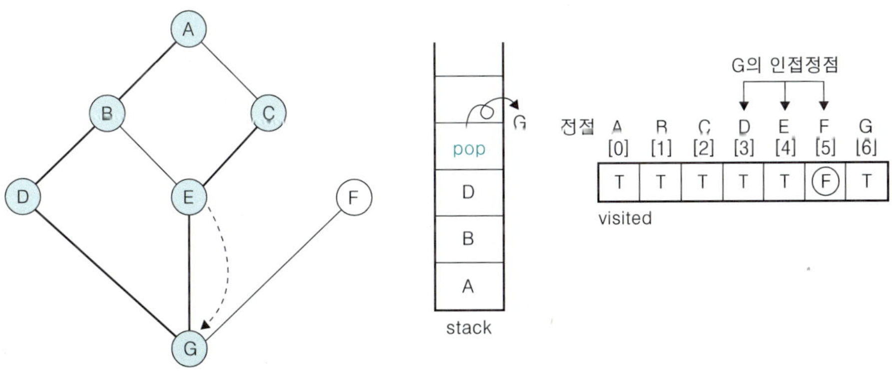

⑨ 정점 G에 방문하지 않은 정점 F가 있으므로 G를 스택에 push하고, 인접 정점 F를 선택하여 탐색을 계속한다.

```
push(stack, G);
visited[F]←true;
F 방문;
```

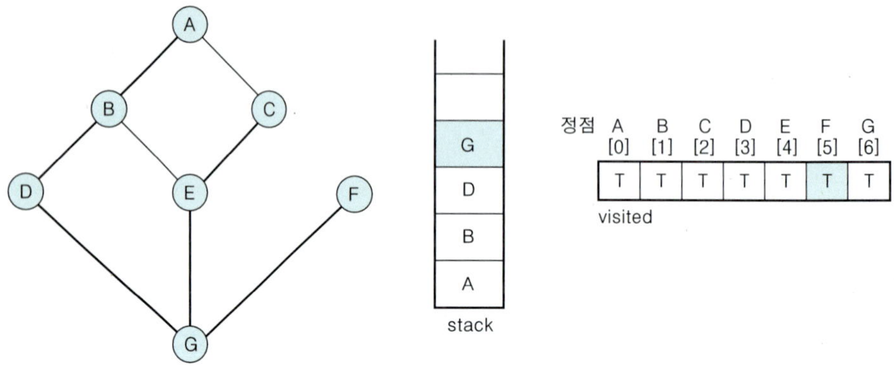

⑩ 정점 F에서 방문하지 않은 인접 정점이 없으므로 마지막 정점으로 돌아가기 위해 스택을 pop하여 받은 정점 G에 대해서 방문하지 않은 인접 정점이 있는지 확인한다.

```
pop(stack);
```

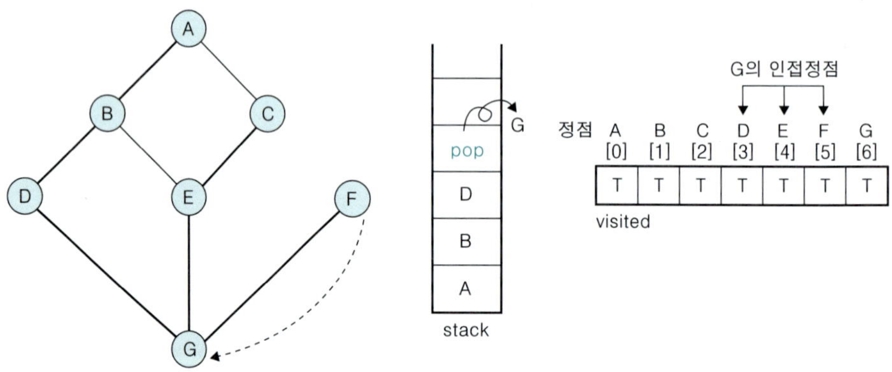

⑪ 정점 G에서 방문하지 않은 인접 정점이 없으므로 다시 마지막 정점으로 돌아가기 위해 스택을 pop하여 구한 정점 D에 대해서 방문하지 않은 인접 정점이 있는지 확인한다.

```
pop(stack);
```

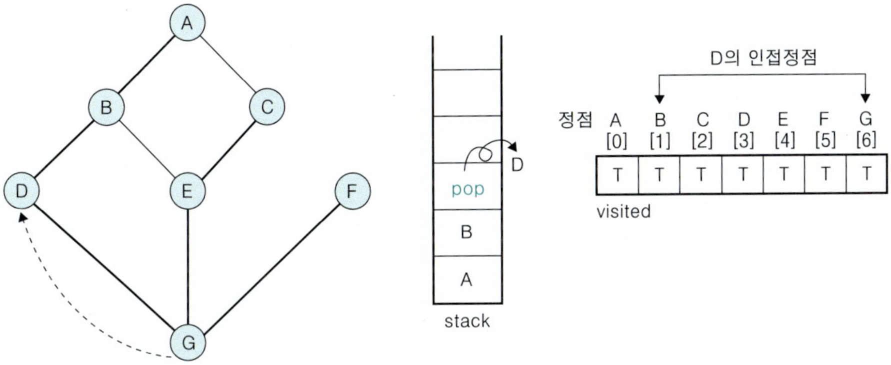

⑫ 정점 D에서 방문하지 않은 인접 정점이 없으므로 다시 마지막 정점으로 돌아가기 위해 스택을 pop하여 받은 정점 B에 대해서 방문하지 않은 인접 정점이 있는지 확인한다.

```
pop(stack);
```

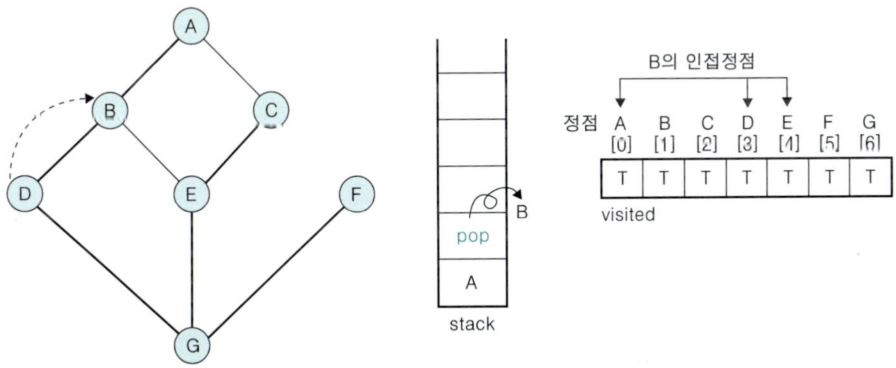

⑬ 정점 B에서 방문하지 않은 인접 정점이 없으므로 다시 마지막 정점으로 돌아가기 위해 스택을 pop하여 구한 정점 A에 대해서 방문하지 않은 인접 정점이 있는지 확인한다.

```
pop(stack);
```

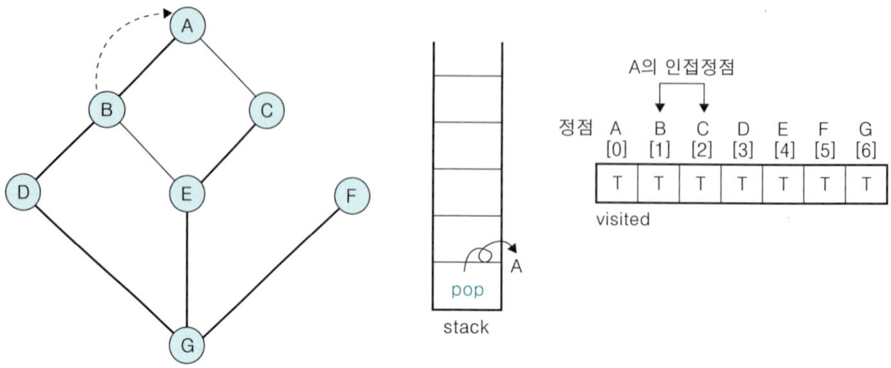

⑭ 정점 A에서 방문하지 않은 인접 정점이 없으므로 마지막 정점으로 돌아가기 위해 스택을 pop하는데, 스택이 공백이므로 깊이 우선 탐색을 종료한다.

그래프 G9를 깊이 우선 탐색으로 순회한 경로가 [그림 10-11]에 있다.

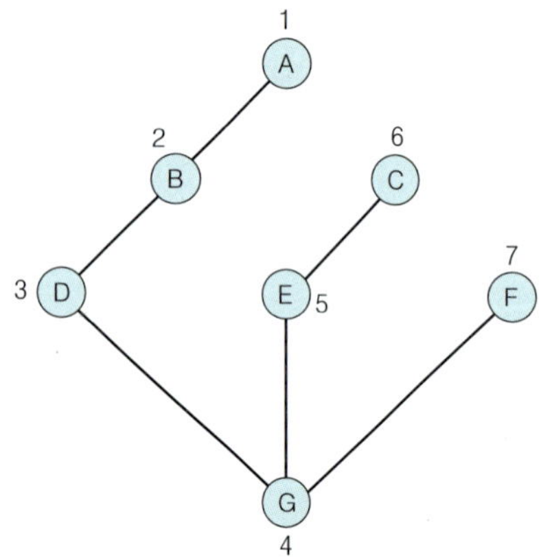

[그림 10-11] 그래프 G9의 깊이 우선 탐색 경로: A-B-D-G-E-C-F

2 너비 우선 탐색

너비 우선 탐색(BFS, Breadth First Search)은 시작 정점으로부터 인접한 정점들을 모두 차례로 방문한 후 방문했던 정점을 다시 시작점으로 하여 인접한 정점들을 차례로 방문하는 방법으로, 가까운 정점들을 먼저 방문하고 멀리 있는 정점들은 나중에 방문하는 순회 방법이다. 인접한 정점들에 대해서 차례로 다시 너비 우선 탐색을 반복해야 하므로 선입 선출의 구조를 갖는 큐를 사용한다.

너비 우선 탐색의 수행 순서를 정리하면 다음과 같다.

(1) 시작 정점 v를 결정하여 방문한다.
(2) 정점 v에 인접한 정점들 중에서
  ① 방문하지 않은 인접 정점이 있으면 차례로 방문하면서 큐에 enQueue한다.
  ② 방문하지 않은 인접 정점이 없으면 큐를 deQueue하여 구한 정점을 v로 설정하고 다시 (2)를 반복한다.
(3) 큐가 공백이 될 때까지 (2)를 반복한다.

너비 우선 탐색에서도 정점들에 대한 방문 여부를 표시하기 위해 배열 visited를 사용한다.

다음은 너비 우선 탐색을 정의한 알고리즘이다.

[알고리즘 10-2] 너비 우선 탐색 알고리즘

```
BFS(v)
    for (i←0; i<n; i←i+1) do {
        visited[i]←false;
    }
    Q←createQueue();
    visited[v]←true;
    v 방문;
    while (not isEmpty(Q)) do {
        while (visited[v의 인접정점 w]=false) do {
              visited[w]←true;
              w 방문;
              enQueue(Q, w);
        }
        v←deQueue(Q);
    }
end BFS()
```

너비 우선 탐색 과정

알고리즘에 따라서 그래프 G9를 너비 우선 탐색하는 과정을 살펴보자.

초기 상태 : 배열 visited를 False로 초기화하고 공백 큐를 생성한다.

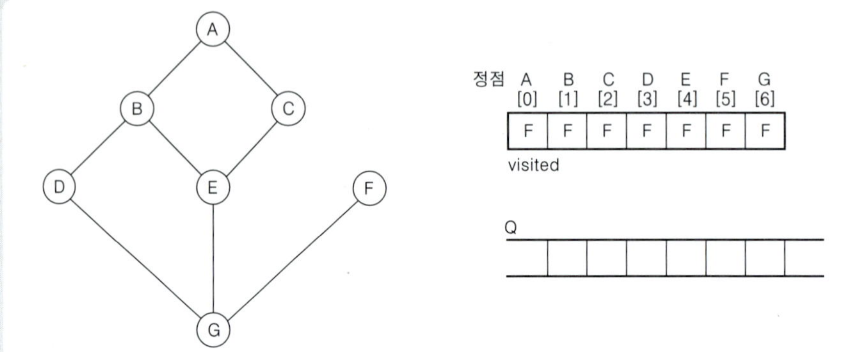

① 정점 A를 시작으로 너비 우선 탐색을 시작한다.

```
visited[A]←true;
A 방문;
```

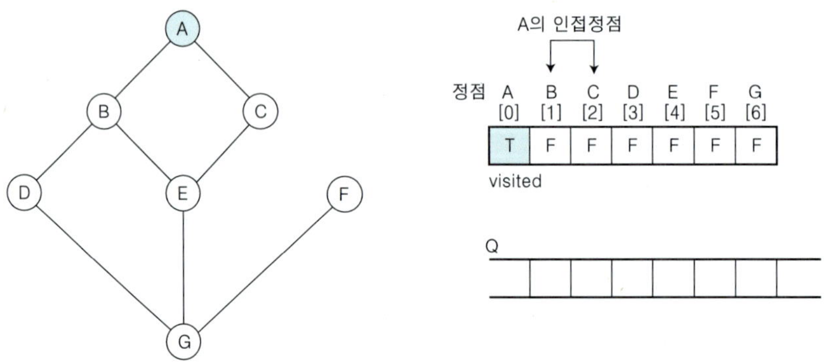

② 정점 A에서 방문하지 않은 모든 인접 정점 B, C를 방문하고 큐에 enQueue한다.

```
visited[(A가 방문하지 않은 인접 정점 B와 C)]←true;
(A가 방문하지 않은 인접 정점 B와 C) 방문;
enQueue(Q, (A가 방문하지 않은 인접 정점 B와 C));
```

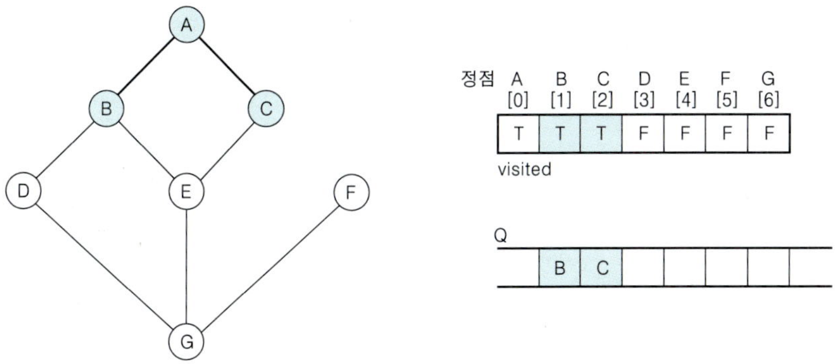

③ 정점 A에 대한 인접 정점들을 처리했으므로 너비 우선 탐색을 계속할 다음 정점을 찾기 위해 큐를 deQueue하여 B를 구한다.

```
v ← deQueue(Q);
```

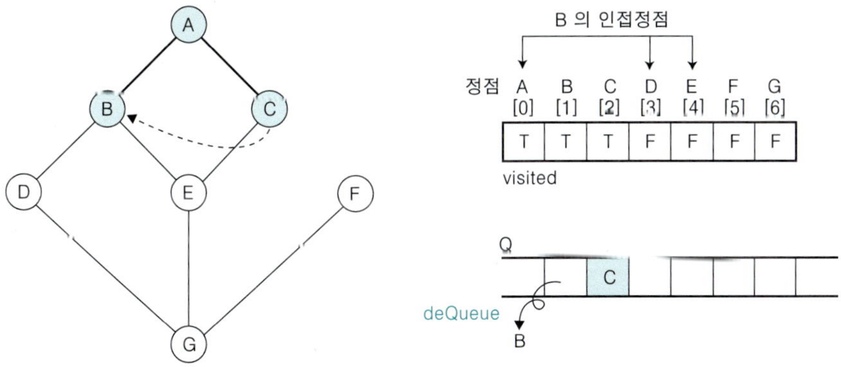

④ 정점 B에서 방문하지 않은 모든 인접 정점 D, E를 방문하고 큐에 enQueue한다.

```
visited[(B가 방문하지 않은 인접정점 D와 E)]←true;
(B가 방문하지 않은 인접 정점 D와 E) 방문;
enQueue(Q, (B가 방문하지 않은 인접 정점 D와 E));
```

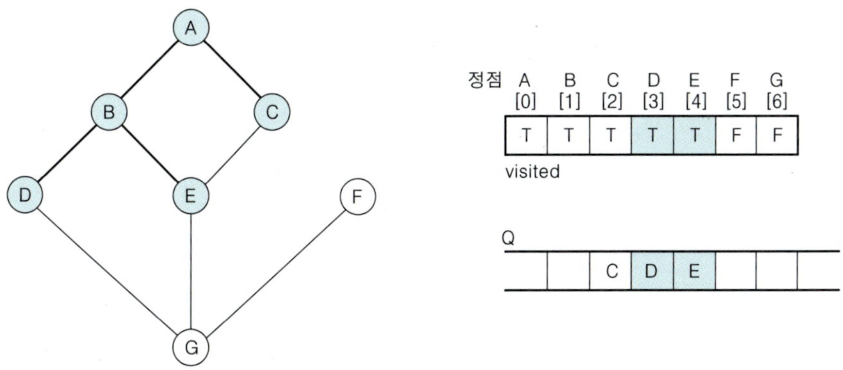

⑤ 정점 B에 대한 인접 정점들을 처리했으므로 너비 우선 탐색을 계속할 다음 정점을 찾기 위해 큐를 deQueue하여 C를 받는다.

```
v ← deQueue(Q);
```

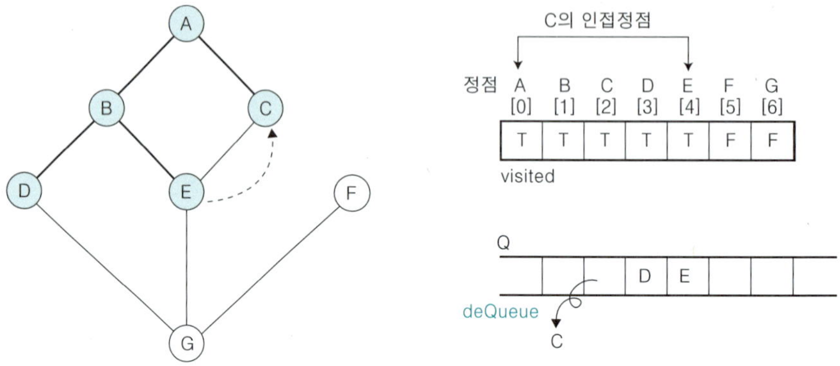

⑥ 정점 C에는 방문하지 않은 인접 정점이 없으므로 너비 우선 탐색을 계속할 다음 정점을 찾기 위해 큐를 deQueue하여 D를 구한다.

```
v ← deQueue(Q);
```

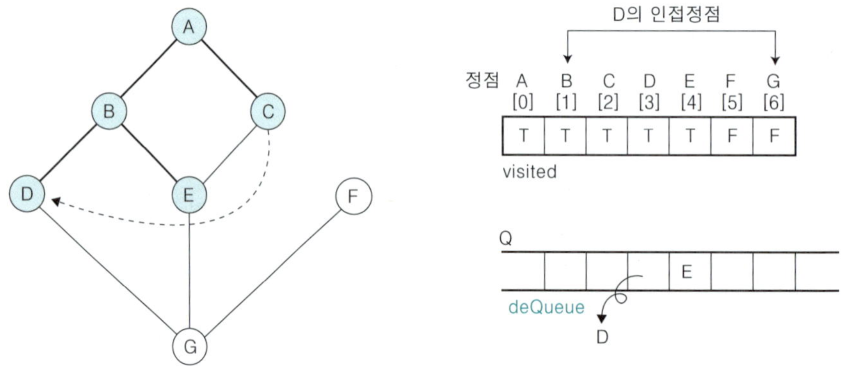

⑦ 정점 D에서 방문하지 않은 인접 정점 G를 방문하고 큐에 enQueue한다.

```
visited[(D가 방문하지 않은 인접 정점 G)]←true;
(D가 방문하지 않은 인접 정점 G) 방문;
enQueue(Q, (D가 방문하지 않은 인접 정점 G));
```

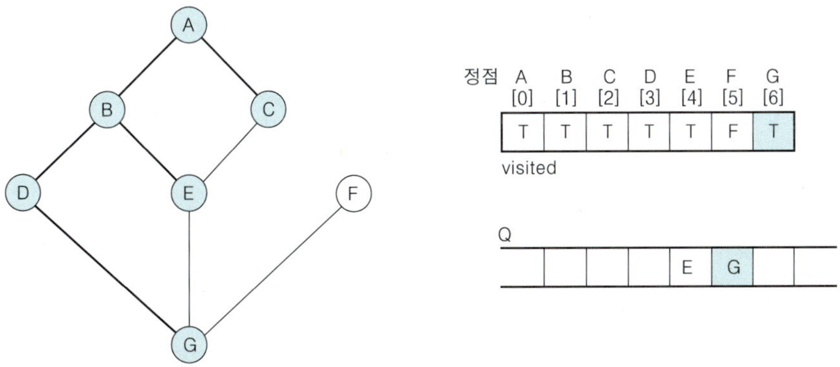

⑧ 정점 D에 대한 인접 정점들을 처리했으므로 너비 우선 탐색을 계속할 다음 정점을 찾기 위해 큐를 deQueue하여 E를 구한다.

```
v ← deQueue(Q);
```

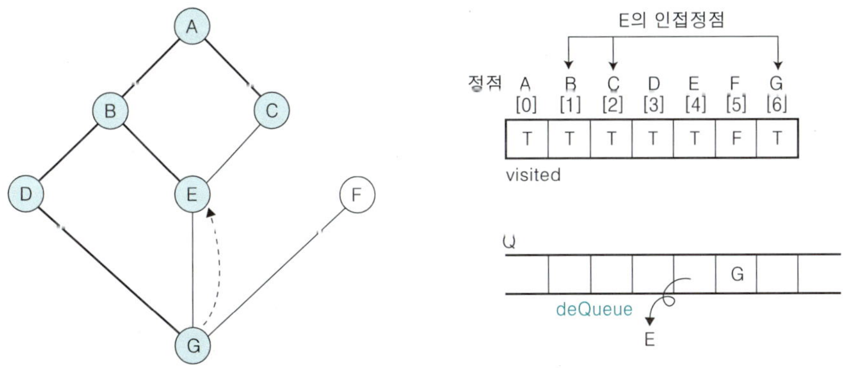

⑨ 정점 E에는 방문하지 않은 인접 정점이 없으므로 너비 우선 탐색을 계속할 다음 정점을 찾기 위해 큐를 deQueue하여 G를 구한다.

```
v ← deQueue(Q);
```

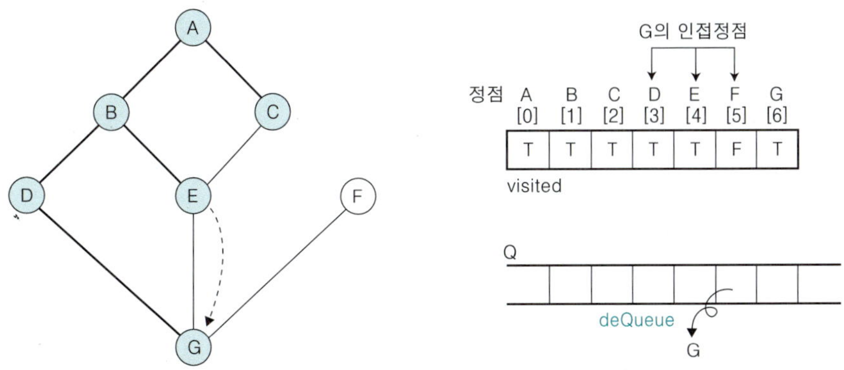

⑩ 정점 G에서 방문하지 않은 인접 정점 F를 방문하고 큐에 enQueue한다.

```
visited[(G가 방문하지 않은 인접 정점 F)]←true;
(G가 방문하지 않은 인접 정점 F) 방문;
enQueue(Q, (G가 방문하지 않은 인접 정점 F));
```

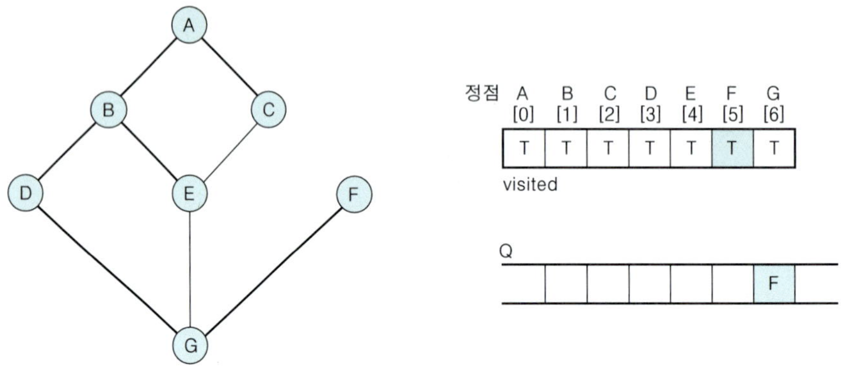

⑪ 정점 G에 대한 인접 정점들을 처리했으므로 너비 우선 탐색을 계속할 다음 정점을 찾기 위해 큐를 deQueue하여 F를 구한다.

```
v ← deQueue(Q);
```

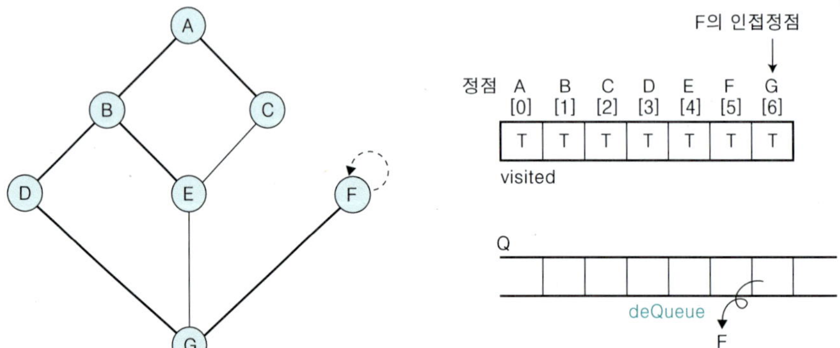

⑫ 정점 F는 모든 인접 정점을 방문했으므로 너비 우선 탐색을 계속할 다음 정점을 찾기 위해 큐를 deQueue하는데, 큐가 공백이므로 너비 우선 탐색을 종료한다.

그래프 G9를 너비 우선 탐색으로 순회한 경로가 [그림 10-12]에 있다.

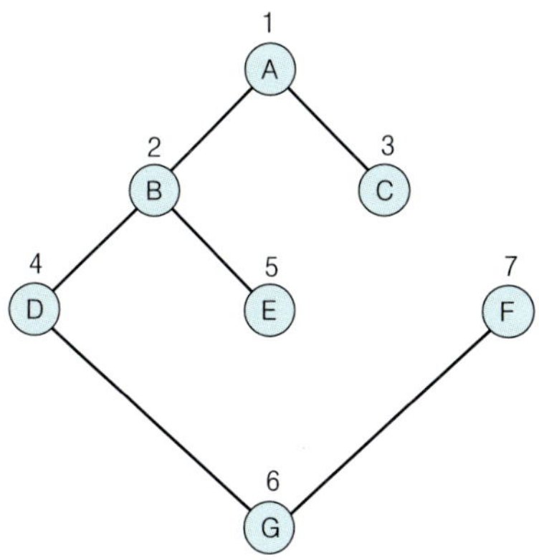

[그림 10-12] 그래프 G9의 너비 우선 탐색 경로: A-B-C-D-E-G-F

[예제 10-2]는 그래프 G9를 인접 리스트로 표현하고, 깊이 우선 탐색과 너비 우선 탐색을 수행하는 프로그램이다. 그래프 G9의 정점 A~G 대신 순서대로 0~6의 번호를 사용하여 연산하고, 출력할 때에는 A~G로 표시하도록 하자.

[예제 10-2] 인접 리스트로 표현한 그래프의 깊이 우선 탐색과 너비 우선 탐색 프로그램

```
class StackNode{
    int data;
    StackNode link;
}

class LinkedStack{
    StackNode top;

    public boolean isEmpty(){
        return (top == null);
    }

    public void push(int item){
        StackNode newNode = new StackNode();
        newNode.data = item;
        newNode.link = top;
        top = newNode;
```

```
    }

    public int pop(){
        if(isEmpty()) {
            System.out.println("Deleting fail! Linked Stack
            is empty!!");
            return 0;
        }
        else{
            int item = top.data;
            top = top.link;
            return item;
        }
    }
}

class QNode{
    int data;
    QNode link;
}

class LinkedQueue{
    QNode front;
    QNode rear;

    public LinkedQueue(){
        front = null;
        rear = null;
    }

    public boolean isEmpty(){
        return (front == null);
    }

    public void enQueue(int item){
```

```
        QNode newNode = new QNode();
        newNode.data = item;
        newNode.link = null;
        if(isEmpty()){
            front = newNode;
            rear = newNode;
        }
        else {
            rear.link = newNode;
            rear = newNode;
        }
    }

    public int deQueue(){
        if(isEmpty()) {
            System.out.println("Deleting fail! Linked Queue
            is empty!!");
            return 0;
        }
        else{
            int item = front.data;
            front = front.link;
            if(front == null)
                rear = null;
            return item;
        }
    }
}

class GraphNode{
    int vertex;
    GraphNode link;
}

class AdjList{
```

```
    GraphNode head[] = new GraphNode[10];
    private int totalV=0;

    public void insertVertex(int v){
        totalV++;
    }

    public void insertEdge(int v1, int v2){
        if(v1>=totalV || v2>=totalV)
            System.out.println("그래프에 없는 정점입니다!!");
        else{
            GraphNode gNode = new GraphNode();
            gNode.vertex = v2;
            gNode.link = head[v1];
            head[v1] = gNode;
        }
    }

    public void printAdjList(){
        GraphNode gNode = new GraphNode();
        for(int i=0; i<totalV; i++){
            System.out.printf("\n정점 %c의 인접리스트 ", i+65);
            gNode = head[i];
            while(gNode != null){
                System.out.printf("-> %c", gNode.vertex+65);
                gNode = gNode.link;
            }
        }
    }

    public void DFS(int v){
        GraphNode w = new GraphNode();
        LinkedStack S = new LinkedStack();;
        boolean visited[] = new boolean[10];
        S.push(v);
```

```
        visited[v] = true;
        System.out.printf(" %c", v+65);
        while(S.top != null){
            w = head[v];
            while(w != null){
                if(visited[w.vertex]==false){
                    S.push(w.vertex);
                    visited[w.vertex]=true;
                    System.out.printf(" %c", w.vertex+65);
                    v = w.vertex;
                    w = head[v];
                }
                else w = w.link;
            }
            v = S.pop();
        }
    }

    public void BFS(int v){
        GraphNode w = new GraphNode();
        LinkedQueue Q = new LinkedQueue();
        boolean visited[] = new boolean[10];
        visited[v] = true;
        System.out.printf(" %c", v+65);
        Q.enQueue(v);
        while(! Q.isEmpty()){
            v = Q.deQueue();
            for(w=head[v]; w != null; w=w.link){
                if(visited[w.vertex] == false){
                    visited[w.vertex] = true;
                    System.out.printf(" %c", w.vertex+65);
                    Q.enQueue(w.vertex);
                }
            }
        }
```

```
    }
}

class Ex10_2{
    public static void main(String args[]){
        AdjList G9 = new AdjList();

        for(int i=0; i<7; i++)
            G9.insertVertex(i);
        G9.insertEdge(0,2);
        G9.insertEdge(0,1);
        G9.insertEdge(1,4);
        G9.insertEdge(1,3);
        G9.insertEdge(1,0);
        G9.insertEdge(2,4);
        G9.insertEdge(2,0);
        G9.insertEdge(3,6);
        G9.insertEdge(3,1);
        G9.insertEdge(4,6);
        G9.insertEdge(4,2);
        G9.insertEdge(4,1);
        G9.insertEdge(5,6);
        G9.insertEdge(6,5);
        G9.insertEdge(6,4);
        G9.insertEdge(6,3);
        System.out.printf("\n 그래프 G9의 인접리스트 :");
        G9.printAdjList();  System.out.println();

        System.out.printf("\n\n 깊이우선탐색 >> ");
        G9.DFS(0);

        System.out.printf("\n\n 너비우선탐색 >> ");
        G9.BFS(0);
    }
}
```

```
C:\WINDOWS\system32\cmd.exe

C:\자바_자료구조\10장>javac Ex10_2.java

C:\자바_자료구조\10장>java Ex10_2

 그래프 G9의 인접리스트 :
정점 A의 인접리스트 -> B-> C
정점 B의 인접리스트 -> A-> D-> E
정점 C의 인접리스트 -> A-> E
정점 D의 인접리스트 -> B-> G
정점 E의 인접리스트 -> B-> C-> G
정점 F의 인접리스트 -> G
정점 G의 인접리스트 -> D-> E-> F


 깊이우선탐색 >>  A B D G E C F

 너비우선탐색 >>  A B C D E G F
C:\자바_자료구조\10장>
```

Section

04 신장 트리와 최소 비용 신장 트리

1. 신장 트리

그래프의 관점에서 트리는 사이클이 없는 단순 연결 그래프다. n개의 정점으로 이루어진 무방향 그래프 G에서 n개의 모든 정점과 n-1개의 간선으로 만들어진 트리를 신장 트리(Spanning Tree)라고 한다. [그림 10-13]과 같이 하나의 그래프 G에 여러 형태의 신장 트리가 있을 수 있다.

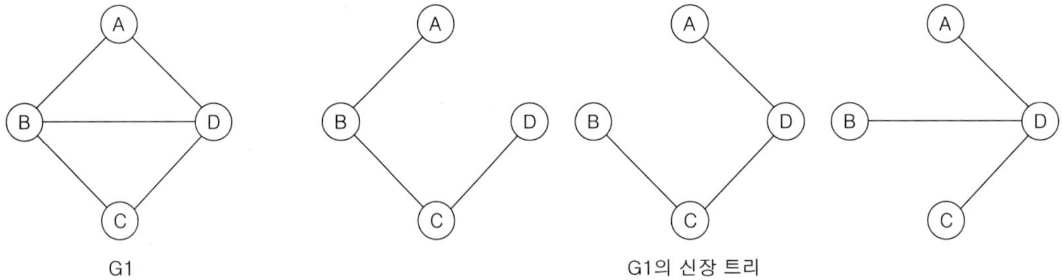

[그림 10-13] 그래프 G1과 신장 트리의 예

연결 그래프에서 순회를 하면 n-1개의 간선을 이동하면서 모든 정점을 방문하게 되므로 신장 트리를 생성하게 된다. 깊이 우선 탐색을 이용하여 생성된 신장 트리를 깊이 우선 신장 트리(Depth First Spanning Tree)라 하고, 너비 우선 탐색을 이용하여 생성된 신장 트리를 너비 우선 신장 트리(Breadth First Spanning Tree)라고 한다.

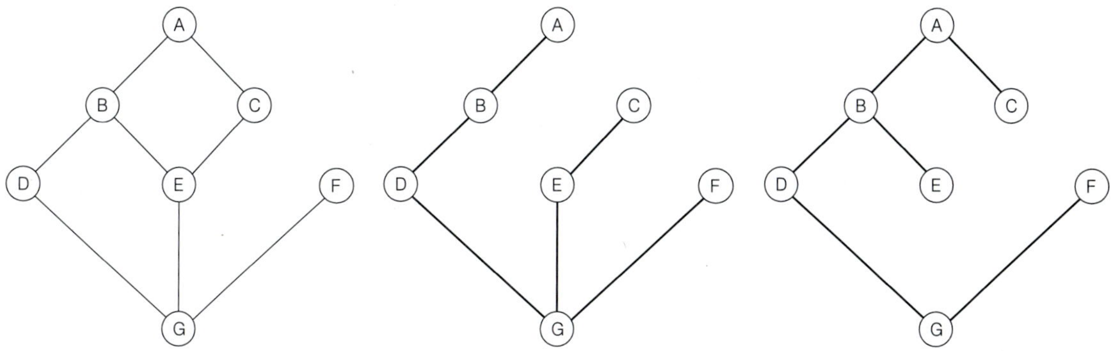

G9　　G9의 깊이 우선 신장 트리　　G9의 너비 우선 신장 트리

[그림 10-14] 그래프 G9의 신장 트리

신장 트리는 최소의 간선을 이용하여 모든 정점을 연결한 그래프가 된다. 이러한 신장 트리는 최소의 도로를 사용하여 모든 도시를 연결해야 하는 도로망 건설이나 최소의 네트워크 선을 사용하여 시스템을 연결해야 하는 통신망 설계 등과 같은 여러 분야에 응용된다.

2. 최소 비용 신장 트리

가중치 그래프에서 간선에 주어진 가중치는 비용이나 거리, 시간을 의미하는 값이 될 수 있다. 따라서 무방향 가중치 그래프에서 신장 트리의 비용은 신장 트리를 구성하는 간선들의 가중치의 합이 되는데, 가중치의 합이 최소인 신장 트리를 최소 비용 신장 트리(Minimum Cost Spanning Tree)라고 한다. 최소 비용 신장 트리를 만들기 위해 Kruskal이 만든 알고리즘과 Prime이 만든 알고리즘을 주로 사용한다.

Kruskal 알고리즘

Kruskal 알고리즘은 가중치가 높은 간선을 제거하면서 최소 비용 신장 트리를 만드는 Kruskal 알고리즘 I 과 가중치가 낮은 간선을 삽입하면서 최소 비용 신장 트리를 만드는 Kruskal 알고리즘 II 가 있다.

■ Kruskal 알고리즘 I

(1) 그래프 G의 모든 간선을 가중치에 따라 내림차순으로 정리한다.

(2) 그래프 G에서 가중치가 가장 높은 간선을 제거한다.

이때 정점을 그래프에서 분리시키는 간선은 제거할 수 없다. 이런 경우에는 그 다음으로 가중치가 높은 간선을 제거한다.

(3) 그래프 G에 n-1개의 간선만 남을 때까지 (2)를 반복한다.

(4) 그래프에 n-1개의 간선이 남게 되면 최소 비용 신장 트리가 완성된다.

Kruskal 알고리즘 I 을 이용하여 그래프 G10의 최소 비용 신장 트리를 만들어보자. 그래프 G10의 정점이 7개므로 최소 비용 신장 트리는 6개의 간선을 갖는다.

초기 상태 : 그래프 G10의 간선을 가중치에 따라서 내림차순 정렬한다.

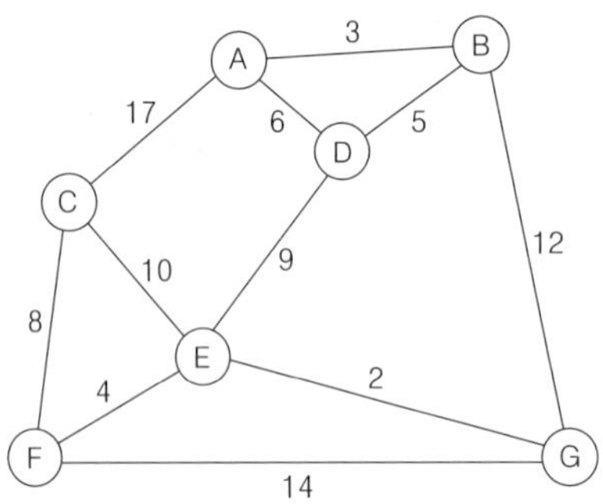

가중치	간선
17	(A, C)
14	(F, G)
12	(B, G)
10	(C, E)
9	(D, E)
8	(C, F)
6	(A, D)
5	(B, D)
4	(E, F)
3	(A, B)
2	(E, G)

간선의 수 : 11개

① 가중치가 가장 큰 간선 (A, C)를 제거한다(현재 남은 간선의 수: 10).

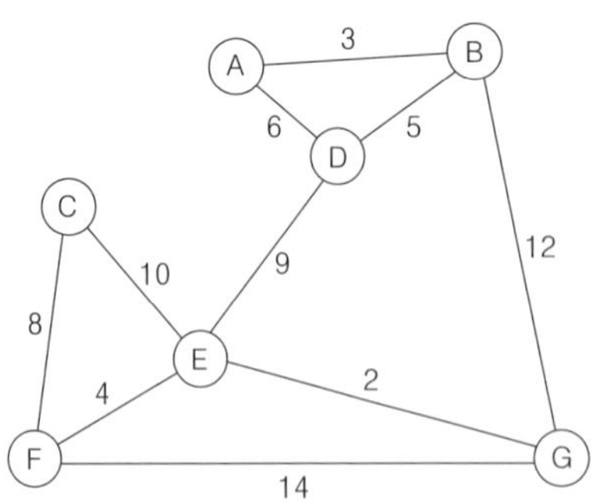

가중치	간선
~~17~~	~~(A, C)~~
14	(F, G)
12	(B, G)
10	(C, E)
9	(D, E)
8	(C, F)
6	(A, D)
5	(B, D)
4	(E, F)
3	(A, B)
2	(E, G)

간선의 수 : 10개

② 남은 간선 중에서 가중치가 가장 큰 간선 (F, G)를 제거한다(현재 남은 간선의 수: 9).

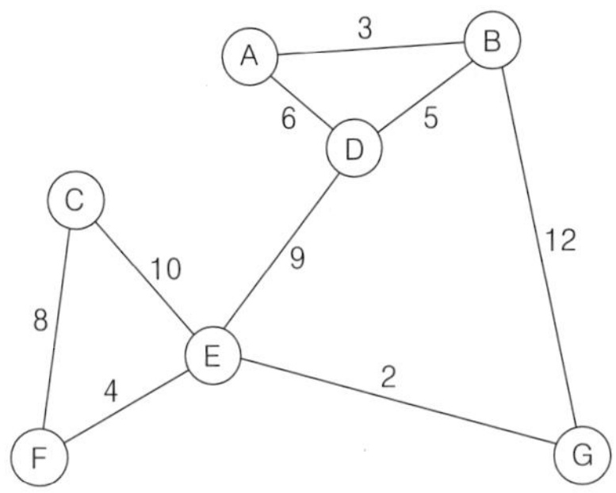

가중치	간선
~~17~~	~~(A, C)~~
~~14~~	~~(F, G)~~
12	(B, G)
10	(C, E)
9	(D, E)
8	(C, F)
6	(A, D)
5	(B, D)
4	(E, F)
3	(A, B)
2	(E, G)

간선의 수 : 9개

③ 남은 간선 중에서 가중치가 가장 큰 간선 (B, G)를 제거한다(현재 남은 간선의 수: 8).

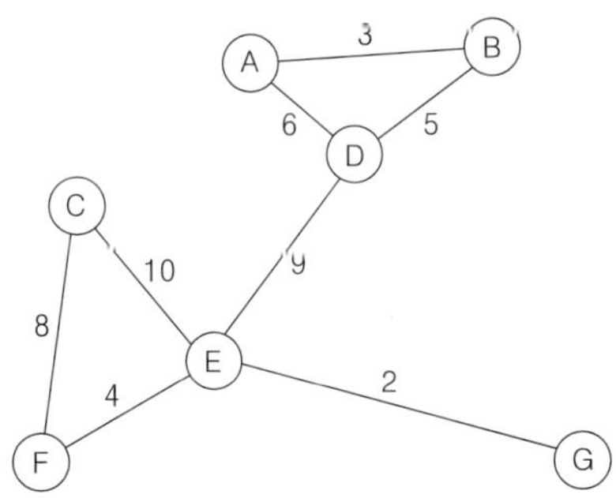

가중치	간선
~~17~~	~~(A, C)~~
~~14~~	~~(F, G)~~
~~12~~	~~(B, G)~~
10	(C, E)
9	(D, E)
8	(C, F)
6	(A, D)
5	(B, D)
4	(E, F)
3	(A, B)
2	(E, G)

간선의 수 : 8개

④ 남은 간선 중에서 가중치가 가장 큰 간선 (C, E)를 제거한다(현재 남은 간선의 수: 7).

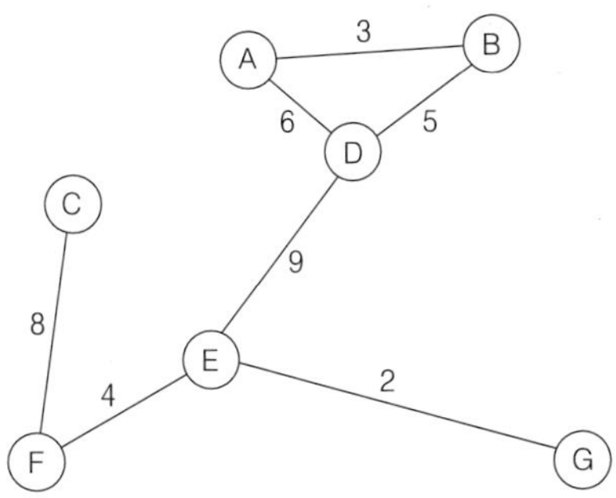

가중치	간선
~~17~~	~~(A, C)~~
~~14~~	~~(F, G)~~
~~12~~	~~(B, G)~~
~~10~~	~~(C, E)~~
9	(D, E)
8	(C, F)
6	(A, D)
5	(B, D)
4	(E, F)
3	(A, B)
2	(E, G)

간선의 수 : 7개

⑤ 남은 간선 중에서 가중치가 가장 큰 간선 (D, E)를 제거하면 그래프가 분리되어 단절 그래프가 되므로 그 다음으로 가중치가 큰 간선 (C, F)를 제거해야 한다. 그런데 간선 (C, F)를 제거하면 정점 C가 분리되므로 제거할 수 없다. 이런 경우에는 그 다음으로 가중치가 큰 간선 (A, D)를 제거한다(현재 남은 간선의 수: 6개).

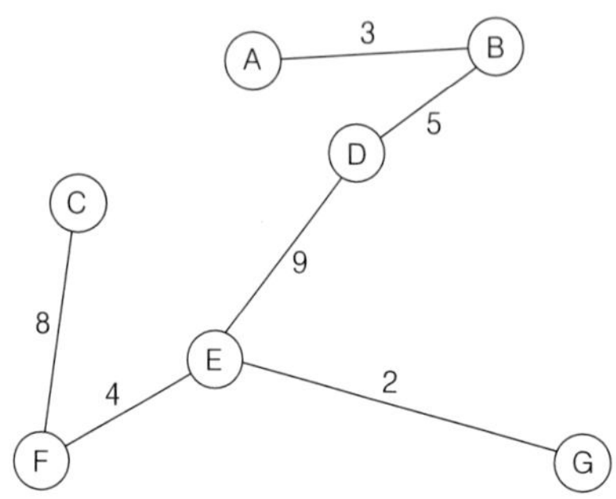

가중치	간선
~~17~~	~~(A, C)~~
~~14~~	~~(F, G)~~
~~12~~	~~(B, G)~~
~~10~~	~~(C, E)~~
9	(D, E)
8	(C, F)
~~6~~	~~(A, D)~~
5	(B, D)
4	(E, F)
3	(A, B)
2	(E, G)

간선의 수 : 6개

현재 남은 간선의 수가 6개이므로 알고리즘 수행을 종료한다. 신장 트리가 완성되었다.

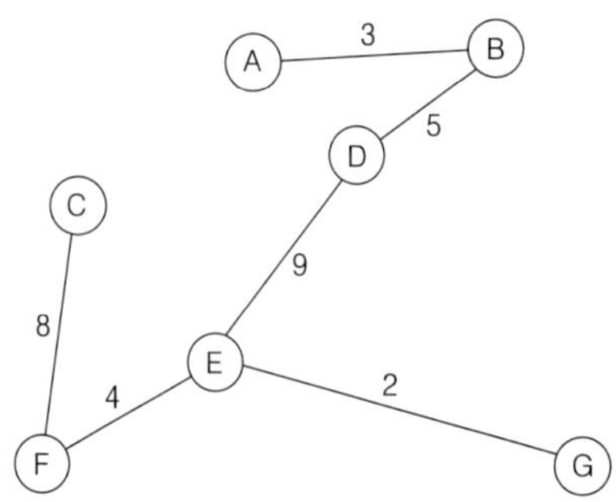

[그림 10-15] Kruskal 알고리즘 I 을 이용하여 완성된 G10의 최소 비용 신장 트리

■ Kruskal 알고리즘II

(1) 그래프 G의 모든 간선을 가중치에 따라 오름차순으로 정리한다.

(2) 그래프 G에 가중치가 가장 작은 간선을 삽입한다. 이때 사이클을 형성하는 간선은 삽입할 수 없다. 이런 경우에는 그 다음으로 가중치가 작은 간선을 삽입한다.

(3) 그래프 G에 n-1개의 간선을 삽입할 때까지 (2)를 반복한다.

(4) 그래프 G의 간선이 n-1개가 되면 최소 비용 신장 트리가 완성된다.

Kruskal 알고리즘Ⅱ를 이용하여 그래프 G10의 최소 비용 신장 트리를 만들어보자.

초기 상태 : 그래프 G10의 간선을 가중치에 따라 오름차순으로 정렬한다.

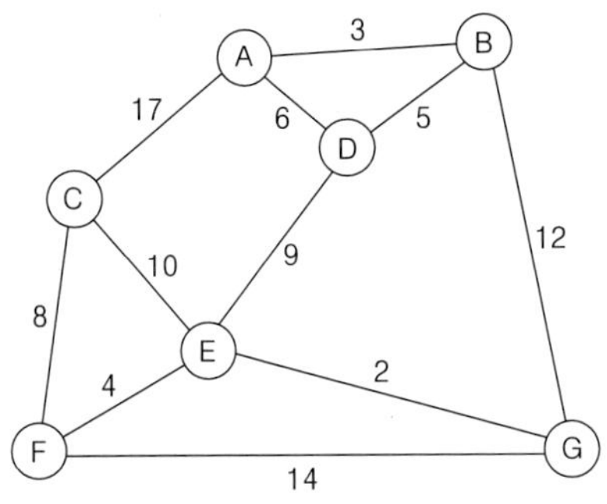

가중치	간선
2	(E, G)
3	(A, B)
4	(E, F)
5	(B, D)
6	(A, D)
8	(C, F)
9	(D, E)
10	(C, E)
12	(B, G)
14	(F, G)
17	(A, C)

간선의 수 : 11개

① 가중치가 가장 작은 간선 (E, G)를 삽입한다(현재 삽입한 간선의 수: 1).

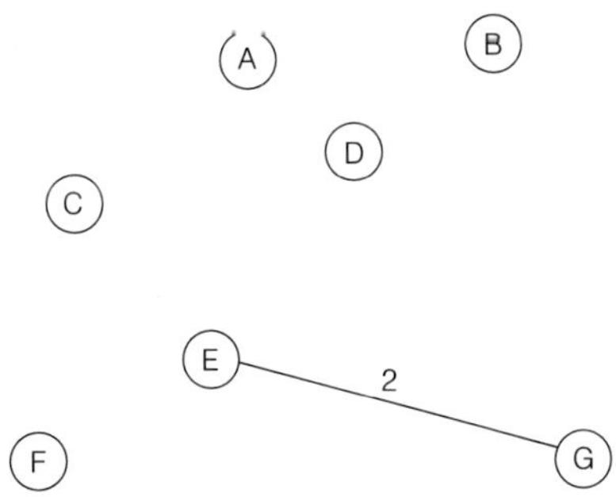

가중치	간선
2	(E, G)
3	(A, B)
4	(E, F)
5	(B, D)
6	(A, D)
8	(C, F)
9	(D, E)
10	(C, E)
12	(B, G)
14	(F, G)
17	(A, C)

삽입한 간선의 수 : 1개

② 나머지 간선 중에서 가중치가 가장 작은 간선 (A, B)를 삽입한다(현재 삽입한 간선의 수: 2).

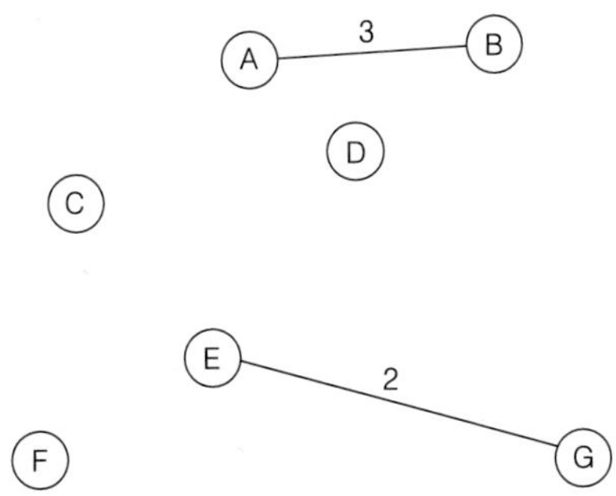

가중치	간선
2	(E, G)
3	(A, B)
4	(E, F)
5	(B, D)
6	(A, D)
8	(C, F)
9	(D, E)
10	(C, E)
12	(B, G)
14	(F, G)
17	(A, C)

삽입한 간선의 수 : 2개

③ 나머지 간선 중에서 가중치가 가장 작은 간선 (E, F)를 삽입한다(현재 삽입한 간선의 수: 3).

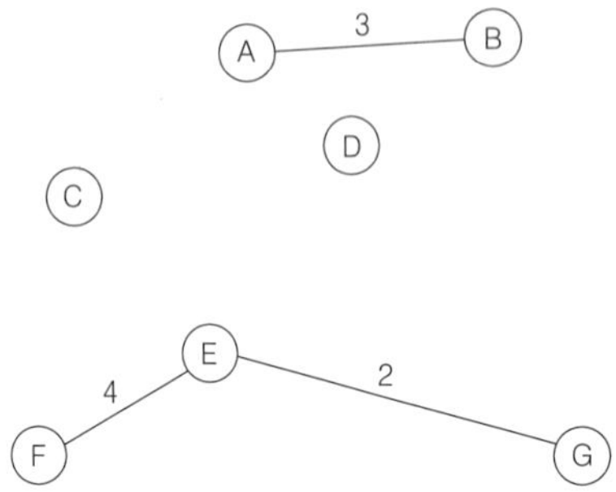

가중치	간선
2	(E, G)
3	(A, B)
4	(E, F)
5	(B, D)
6	(A, D)
8	(C, F)
9	(D, E)
10	(C, E)
12	(B, G)
14	(F, G)
17	(A, C)

삽입한 간선의 수 : 3개

④ 나머지 간선 중에서 가중치가 가장 작은 간선 (B, D)를 삽입한다(현재 삽입한 간선의 수: 4).

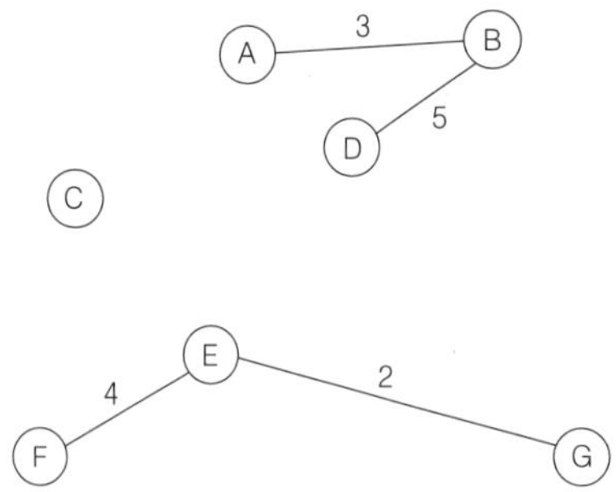

가중치	간선
2	(E, G)
3	(A, B)
4	(E, F)
5	(B, D)
6	(A, D)
8	(C, F)
9	(D, E)
10	(C, E)
12	(B, G)
14	(F, G)
17	(A, C)

삽입한 간선의 수 : 4개

⑤ 나머지 간선 중에서 가중치가 가장 작은 간선 (A, D)를 삽입하면 A–B–D–A의 사이클이 생성되므로 삽입할 수 없다. 그 다음으로 가중치가 가장 작은 간선 (C, F)를 삽입한다(현재 삽입한 간선의 수: 5).

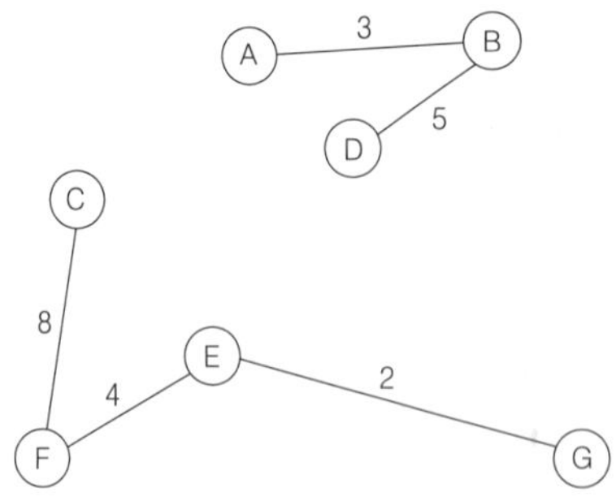

가중치	간선
2	(E, G)
3	(A, B)
4	(E, F)
5	(B, D)
6	(A, D)
8	(C, F)
9	(D, E)
10	(C, E)
12	(B, G)
14	(F, G)
17	(A, C)

삽입한 간선의 수 : 5개

⑥ 나머지 간선 중에서 가중치가 가장 작은 간선 (D, E)를 삽입한다(현재 삽입한 간선의 수: 6).

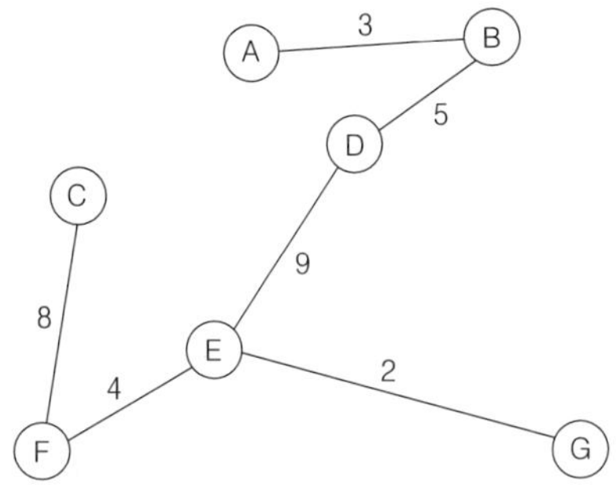

가중치	간선
2	(E, G)
3	(A, B)
4	(E, F)
5	(B, D)
6	(A, D)
8	(C, F)
9	(D, E)
10	(C, E)
12	(B, G)
14	(F, G)
17	(A, C)

삽입한 간선의 수 : 6개

현재 삽입한 간선의 수가 6개므로 알고리즘 수행을 종료한다. 신장 트리가 완성되었다.

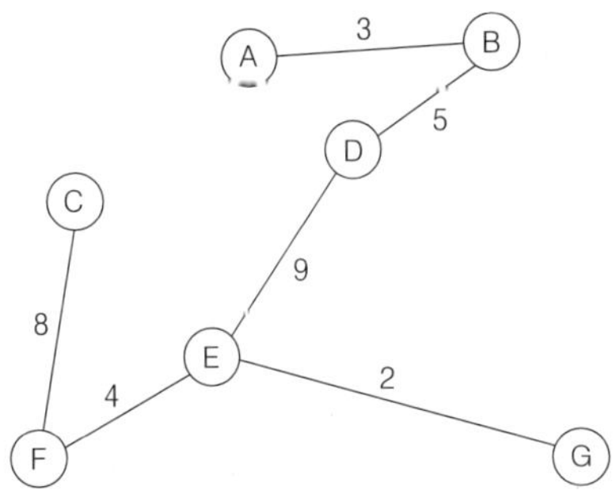

[그림 10-16] Kruskal 알고리즘 II를 이용하여 완성된 G10의 최소 비용 신장 트리

Prime 알고리즘

Prime 알고리즘은 간선을 정렬하지 않고 하나의 정점에서 시작하여 트리를 확장해 나가는 방법이다.

(1) 그래프 G에서 시작 정점을 선택한다.

(2) 선택한 정점에 부속된 모든 간선 중에서 가중치가 가장 작은 간선을 연결하여 트리를 확장한다.

(3) 이전에 선택한 정점과 새로 확장한 정점에 부속된 모든 간선 중에서 가중치가 가장 작은 간선을 삽입한다. 이때 사이클을 형성하는 간선은 삽입할 수 없다. 이런 경우에는 그 다음으로 가중치가 작은 간선을 선택하여 삽입한다.

(4) 그래프 G에 n–1개의 간선을 삽입할 때까지 (3)을 반복한다.

(5) 그래프 G의 간선이 n–1개가 되면 최소 비용 신장 트리가 완성된다.

Prime 알고리즘을 이용하여 그래프 G10의 최소 비용 신장 트리를 만들어보자.

초기 상태 : 그래프 G10의 정점 중에서 정점 A를 시작 정점으로 선택한다.

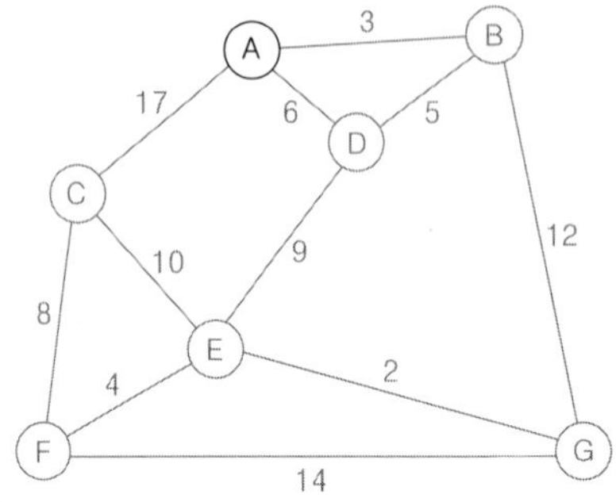

① 정점 A에 부속된 간선 중에서 가중치가 가장 작은 간선 (A, B)를 삽입하여 트리를 확장한다(현재 삽입한 간선의 수: 1).

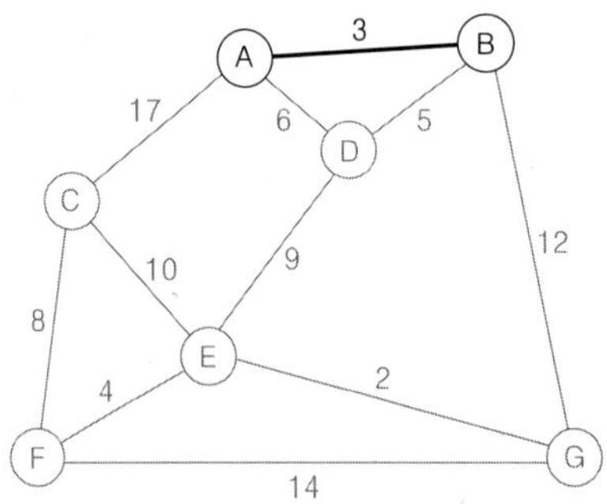

② 현재 확장된 트리의 정점 A, B에 부속된 간선 중에서 가중치가 가장 작은 간선 (B, D)를 삽입하여 트리를 확장한다(현재 삽입한 간선의 수: 2).

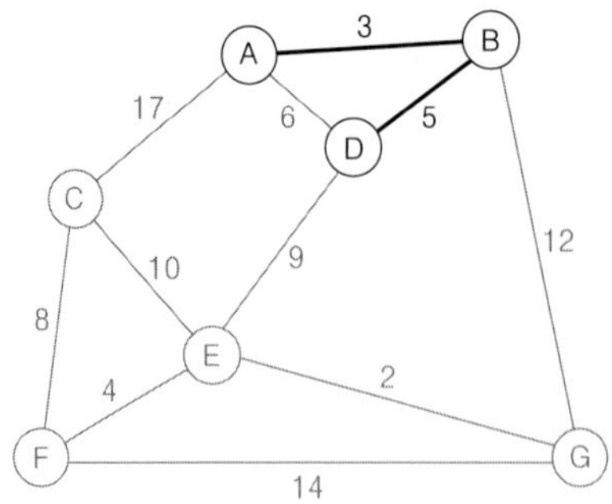

③ 현재 확장된 트리의 정점 A, B, D에 부속된 간선 중에서 가중치가 가장 작은 간선 (A, D)를 삽입하면 A-B-D-A의 사이클이 생성되므로 삽입할 수 없다. 따라서 그 다음으로 가중치가 가장 작은 간선 (D, E)를 삽입한다(현재 삽입한 간선의 수: 3, 삽입 불가능한 간선: (A, D)).

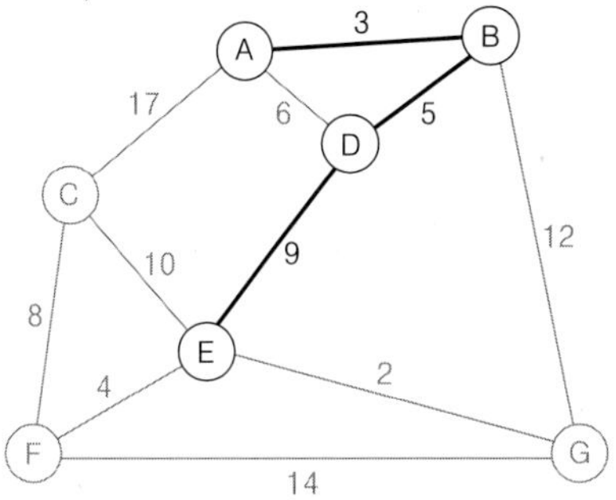

④ 현재 확장된 트리의 정점 A, B, D, E에 부속된 간선 중에서 가중치가 가장 작은 간선 (E, G)를 삽입하여 트리를 확장한다(현재 삽입한 간선의 수: 4, 삽입 불가능한 간선: (A, D))

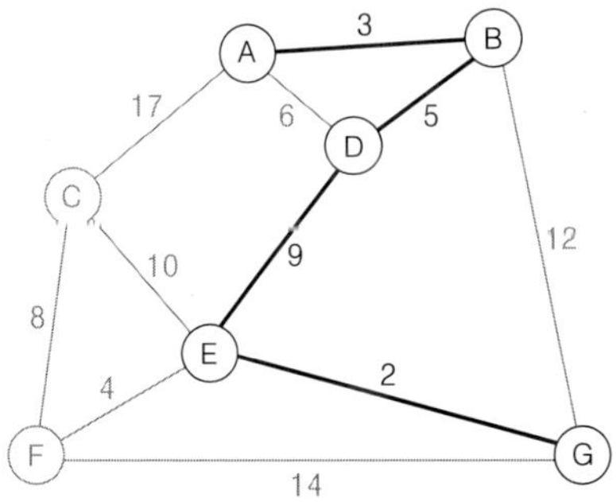

⑤ 현재 확장된 트리의 정점 A, B, D, E, G에 부속된 간선 중에서 가중치가 가장 작은 간선 (E, F)를 삽입하여 트리를 확장한다(현재 삽입한 간선의 수: 5, 삽입 불가능한 간선: (A, D))

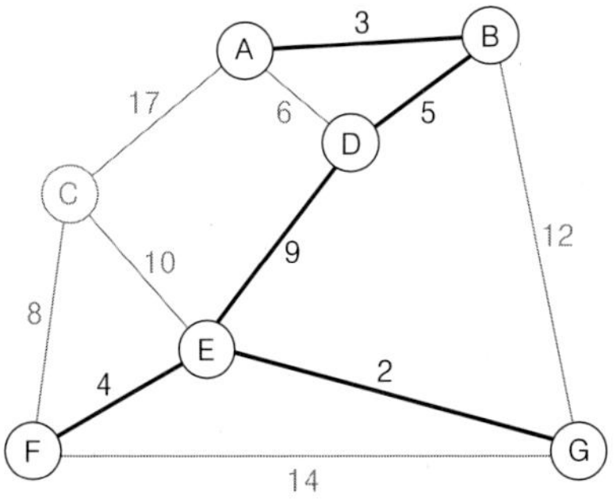

⑥ 현재 확장된 트리의 정점 A, B, D, E, F, G에 부속된 간선 중에서 가중치가 가장 작은 간선 (C, F)를 삽입하여 트리를 확장한다(현재 삽입한 간선의 수: 6, 삽입 불가능한 간선: (A, D))

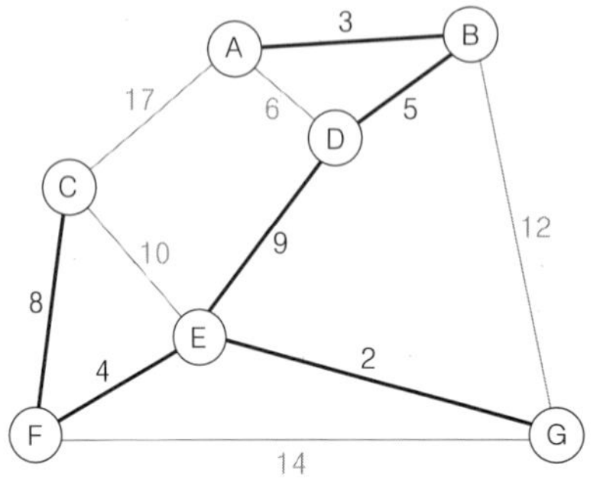

현재 삽입한 간선의 수가 6개므로 알고리즘 수행을 종료한다. 신장 트리가 완성되었다.

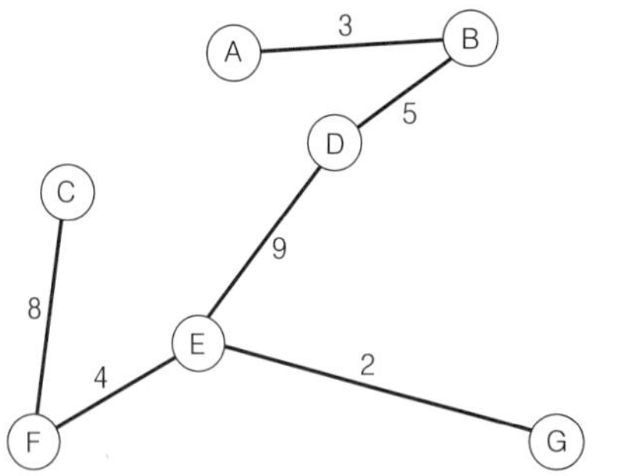

[그림 10-17] Prime 알고리즘을 이용하여 완성된 G10의 최소 비용 신장 트리

요약

1 연결할 객체를 나타내는 정점과 객체를 연결하는 간선의 집합으로 구성된 그래프 G를 G=(V, E)로 정의한다. 그래프는 간선의 방향성 유무에 따라서 방향 그래프와 무방향 그래프가 있고, 연결 정도에 따라서 연결 그래프와 단절 그래프, 완전 그래프가 있다. 그리고 가중치를 가진 간선으로 이루어진 가중치 그래프가 있다.

2 그래프를 구현하기 위해서 표현하는 방법은 순차 자료구조 방식을 이용하는 2차원 배열의 인접 행렬 방법과 연결 자료구조 방식인 연결 리스트를 사용하는 인접 리스트 방법이 있다.

3 깊이 우선 탐색(DFS, Depth First Search)은 시작 정점에서 한 방향으로 갈 수 있는 가장 먼 경로까지 깊이 탐색해가다가 더 이상 갈 곳이 없으면 가장 마지막에 만났던 갈림길 간선이 있는 정점으로 되돌아와서 다른 방향의 간선으로 탐색을 계속함으로써 모든 정점을 방문하는 순회 방법이다. 깊이 우선 탐색은 스택을 사용한다.

4 너비 우선 탐색(BFS, Breadth First Search)은 시작 정점으로부터 인접한 정점들을 모두 차례로 방문한 후 방문했던 정점을 다시 시작점으로 하여 인접한 정점들을 차례로 방문하는 방법으로, 가까운 정점들을 먼저 방문하고 멀리 있는 정점들은 나중에 방문하는 순회 방법이다. 너비 우선 탐색은 큐를 사용한다.

5 n개의 정점으로 이루어진 무방향 그래프 G에서 n개의 모든 정점과 n-1개의 간선으로 만들어져 사이클이 없는 단순 연결 그래프를 신장 트리라고 한다. 깊이 우선 탐색을 이용하여 생성된 깊이 우선 신장 트리와 너비 우선 탐색을 이용하여 생성된 너비 우선 신장 트리가 있다.

6 무방향 가중치 그래프에서 가중치의 합이 최소인 신장 트리를 최소 비용 신장 트리라고 한다. 최소 비용 신장 트리를 만들기 위해 Kruskal이 만든 알고리즘과 Prime이 만든 알고리즘을 사용한다.

연습문제

1 정점이 8개인 무방향 완전 그래프의 간선의 수는 몇 개인가?

2 다음 그래프를 인접 행렬과 인접 리스트로 표현하여라.

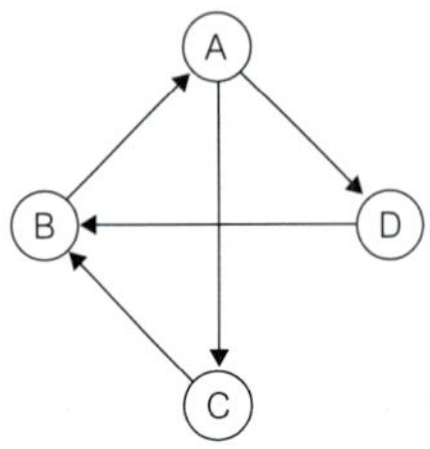

3 다음 그래프의 깊이 우선 신장 트리와 너비 우선 신장 트리를 구하여라.

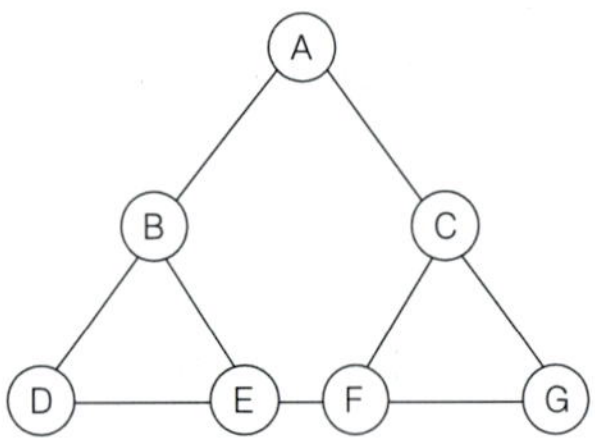

4 다음 가중치 그래프의 최소 비용 신장 트리를 구하여라.

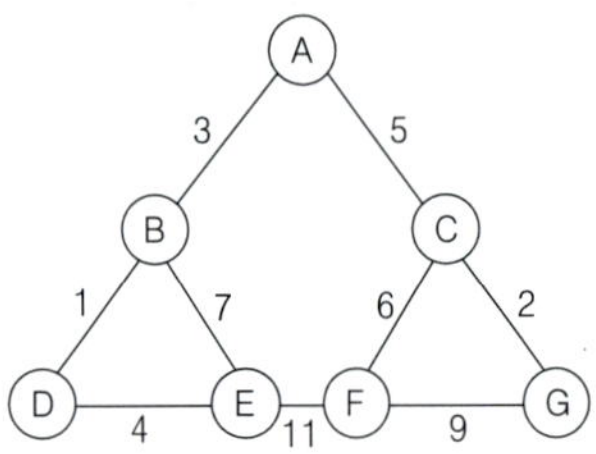

5 비선형 구조와 선형 구조가 옳게 짝지어진 것은? (2001년 기출문제)

① 스택 ② 큐 ③ 트리 ④ 연결 리스트 ⑤ 그래프

가. 비선형 구조 : ①, ②, ⑤ 선형 구조 : ③, ④
나. 비선형 구조 : ③, ⑤ 선형 구조 : ①, ②, ④
다. 비선형 구조 : ①, ②, ③ 선형 구조 : ④, ⑤
라. 비선형 구조 : ③ 선형 구조 : ①, ②, ④, ⑤

Part

04

자료의 정렬과 검색

Chapter 11

정렬

*학습목표

- 자료의 정렬 방법을 알아본다.
- 정렬 방법에 대한 알고리즘을 이해한다.
- 정렬 알고리즘의 효율을 알아본다.

Section

01 정렬

1. 정렬의 개념

정렬(sort)이란 순서없이 배열되어 있는 자료들을 작은 것부터 큰 것 순서의 오름차순(ascending)이나 큰 것부터 작은 것 순서의 내림차순(descending)으로 재배열하는 것이다. 할 일을 순서대로 정하는 것이나 가게에서 음식을 유통기한 순서대로 냉장고에 진열하는 것, 도서관에서 도서번호 순서대로 책들을 정리하는 것, 이름 순서로 기록되어 있는 전화번호부 등 일상생활의 많은 부분에서 정렬을 사용하고 있다.

자료를 정렬하는 데 사용하는 기준이 되는 특정 값을 키(key)라고 한다. 컴퓨터 아이콘을 정렬할 때 크기를 기준으로 하여 정렬하면 이때의 키는 크기가 된다. 학생들의 성적을 입력한 데이터 시트에서는 첫 번째 기준을 총점, 두 번째 기준을 학년, 세 번째 기준을 학번으로 하여 정렬하면 세 개의 키를 사용한 정렬이 된다. 인터넷 쇼핑 사이트에서 같은 제품에 대해 제조사와 가격에 따라 정렬된 목록을 볼 수가 있는데 이런 것들이 모두 정렬이다.

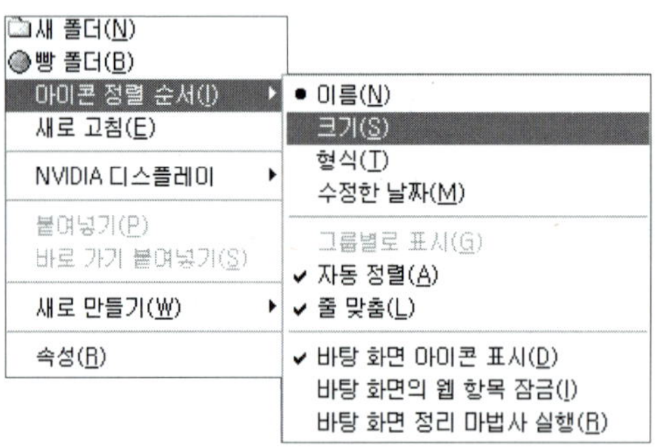

(a) 아이콘 정렬

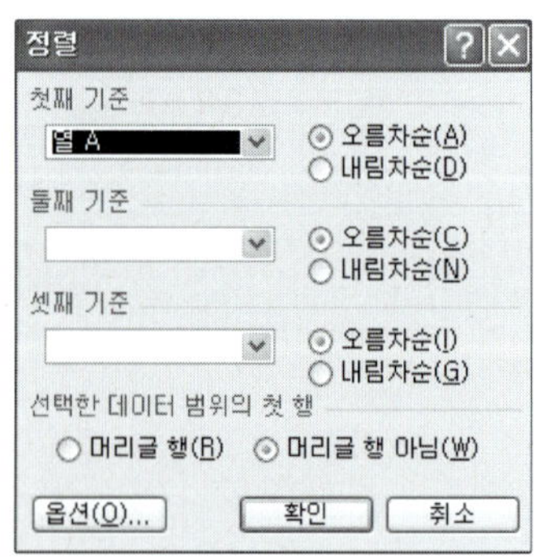

(b) 데이터 시트에서의 정렬

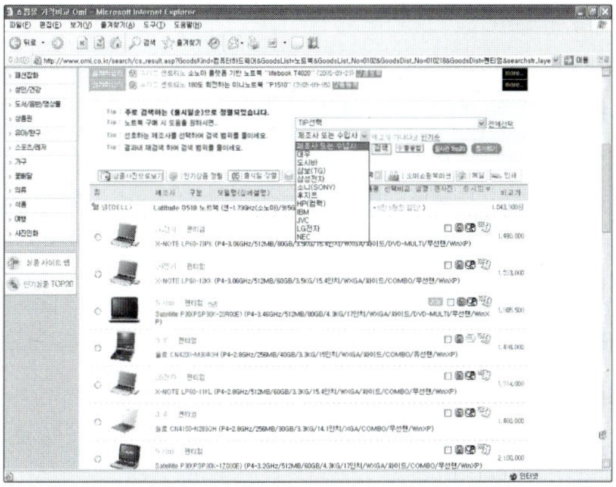

(c) 쇼핑 사이트의 제품 정렬

[그림 11-1] 정렬의 예

2 정렬 방법의 분류

실행하는 방법과 정렬이 수행되는 장소에 따라서 정렬 방법을 분류할 수 있다.

실행 방법에 따른 분류

정렬은 실행하는 방법에 따라 비교식 정렬(Comparative Sort)과 분산식 정렬(Distribute Sort)로 구분할 수 있다. 비교식 정렬 방법은 비교하고자 하는 각 키 값들을 한번에 두 개씩 비교하여 교환하는 방식으로 정렬을 실행한다. 그리고 분산식 정렬은 키 값을 기준으로 하여 자료를 여러 개의 부분집합으로 분해하고 각 부분집합을 정렬함으로써 전체를 정렬하는 방식으로 실행한다.

정렬 장소에 따른 분류

컴퓨터에서 수행되는 정렬은 컴퓨터 메모리 내부에서 정렬하는 내부 정렬(Internal Sort)과 메모리의 외부인 보조 기억 장치에서 정렬하는 외부 정렬(External Sort)로 분류할 수 있다.

■ **내부 정렬**

내부 정렬은 정렬할 자료를 메인 메모리에 올려서 정렬하는 방식으로 정렬 속도가 빠르지만, 정렬할 수 있는 자료의 양이 메인 메모리의 용량에 따라 제한된다.

내부 정렬을 사용하는 정렬 방식에 따라 다음과 같이 분류할 수 있다.

- 교환 방식: 키를 비교하고 교환하여 정렬하는 방식(선택 정렬, 버블 정렬, 퀵 정렬)
- 삽입 방식: 키를 비교하고 삽입하여 정렬하는 방식(삽입 정렬, 셸 정렬)
- 병합 방식: 키를 비교하고 병합하여 정렬하는 방식(2-way 병합, n-way 병합)
- 분배 방식: 키를 구성하는 값을 여러 개의 부분집합에 분배하여 정렬하는 방식(기수 정렬)
- 선택 방식: 이진 트리를 사용하여 정렬하는 방식(힙 정렬, 트리 정렬)

■ **외부 정렬**

외부 정렬은 대용량의 보조 기억 장치를 사용하기 때문에 내부 정렬보다 속도는 떨어지지만 내부 정렬로 처리할 수 없는 대용량의 자료를 정렬 처리할 수 있다.

- 병합 방식 : 파일을 부분 파일로 분리한 후 각각을 내부 정렬 방법으로 정렬하여 병합하는 정렬 방식(2-way 병합, n-way 병합)

이 책에서는 내부 정렬에 대한 방법만 설명한다. 여러 가지 정렬 방법 중에서 어떤 방법을 사용할 것인지는 사용하는 시스템의 특성, 정렬할 자료의 양, 자료들의 정렬 전 상태, 정렬에 사용하는 기억 공간과 실행 시간 등의 조건에 따라 결정해야 한다. 같은 조건에서 정렬 방법의 효율성을 비교하는 일반적인 기준은 원소에 대한 비교 횟수와 이동 횟수가 된다.

Section

02 선택 정렬

1 선택 정렬의 이해

선택 정렬(Selection Sort)은 전체 원소들 중에서 기준 위치에 맞는 원소를 선택하여 자리를 교환하는 방식으로 정렬한다. 전체 원소 중에서 가장 작은 원소를 찾아서 선택하고 첫 번째 원소와 자리를 교환한다. 그 다음 두 번째로 작은 원소를 찾아 선택하여 두 번째 원소와 자리를 교환하고, 그 다음에는 세 번째로 작은 원소를 찾아서 세 번째 원소와 자리를 교환한다. 이 과정을 반복하면서 정렬을 완성한다.

정렬되지 않은 {69, 10, 30, 2, 16, 8, 31, 22}의 자료들을 선택 정렬 방법으로 정렬하는 과정을 살펴보자.

① 1단계 : 첫 번째 자리를 기준 위치로 정하고, 전체 원소 중에서 가장 작은 원소 2를 선택하여 기준 위치에 있는 원소 69와 자리를 교환한다.

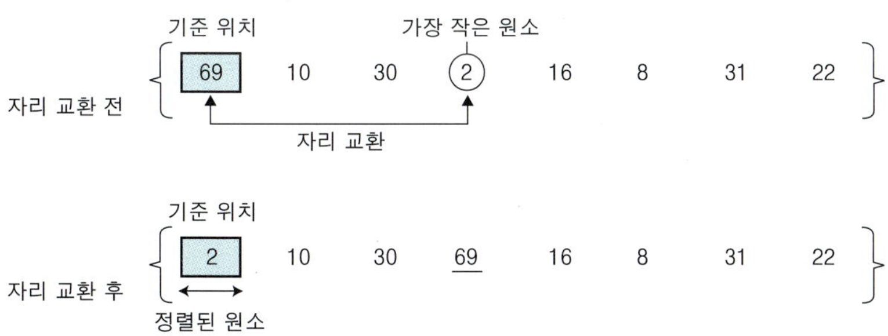

② 2단계 : 두 번째 자리를 기준 위치로 정하고, 나머지 원소 중에서 가장 작은 원소 8을 선택하여 기준 위치에 있는 원소 10과 자리를 교환한다.

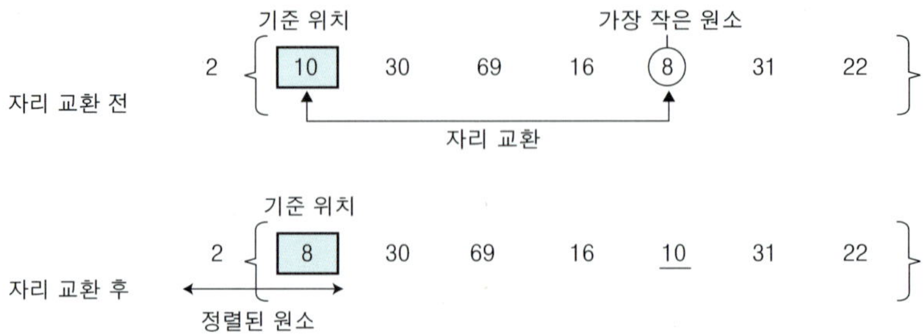

③ 3단계 : 세 번째 자리를 기준 위치로 정하고, 나머지 원소 중에서 가장 작은 원소 10을 선택하여 기준 위치에 있는 원소 30과 자리를 교환한다.

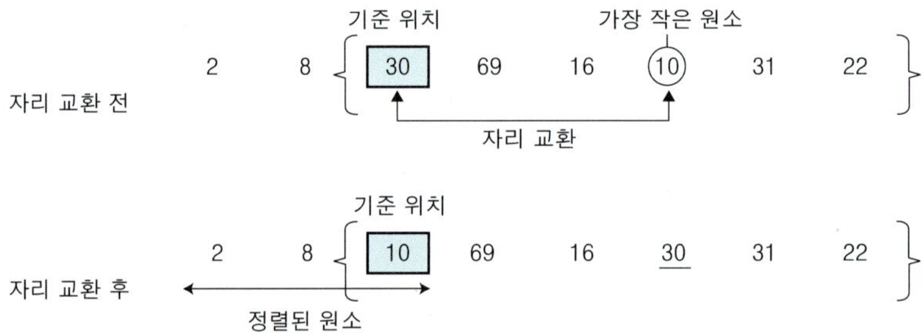

④ 4단계 : 네 번째 자리를 기준 위치로 정하고, 나머지 원소 중에서 가장 작은 원소 16을 선택하여 기준 위치에 있는 원소 69와 자리를 교환한다.

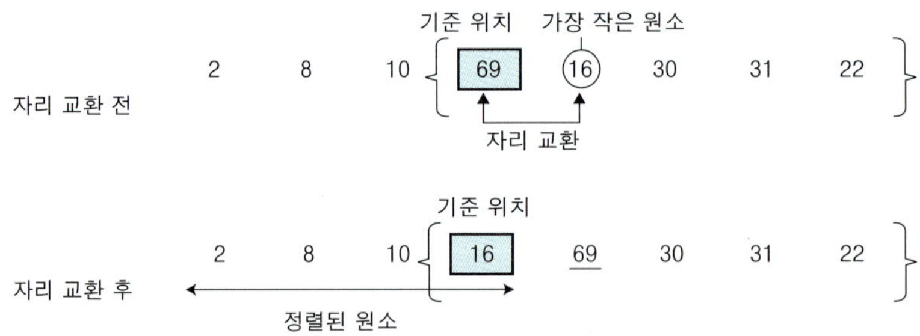

⑤ 5단계 : 다섯 번째 자리를 기준 위치로 정하고, 나머지 원소 중에서 가장 작은 원소 22를 선택하여 기준 위치에 있는 원소 69와 자리를 교환한다.

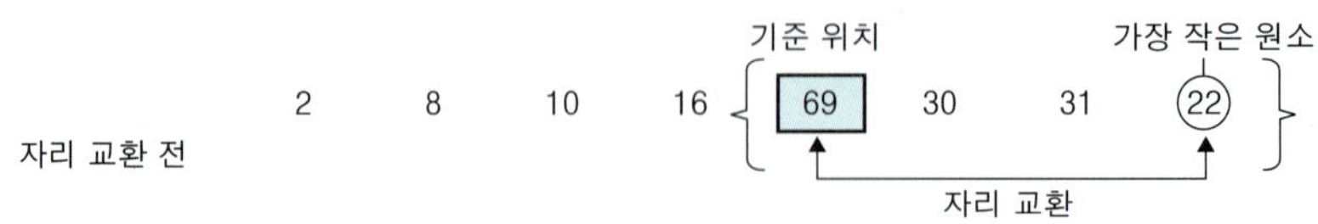

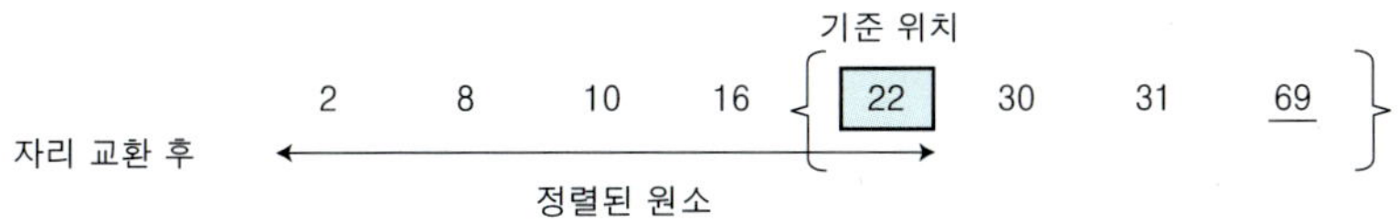

⑥ 6단계 : 여섯 번째 자리를 기준 위치로 정하고, 나머지 원소 중에서 가장 작은 원소 30을 선택하여 기준 위치에 있는 원소 30과 자리를 교환한다(제자리).

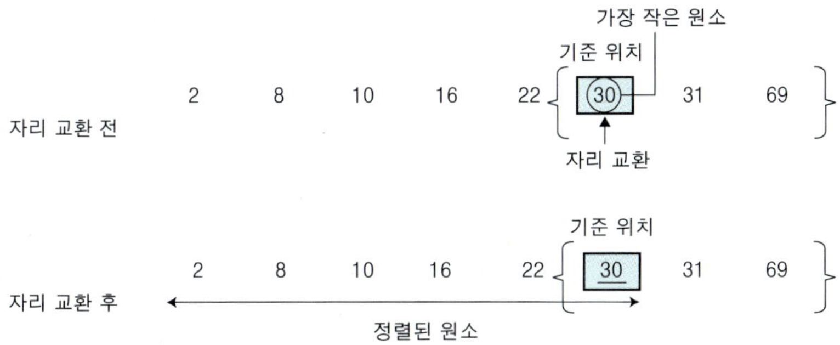

⑦ 7단계 : 일곱 번째 자리를 기준 위치로 정하고, 나머지 원소 중에서 가장 작은 원소 31을 선택하여 기준 위치에 있는 원소 31과 자리를 교환한다(제자리).

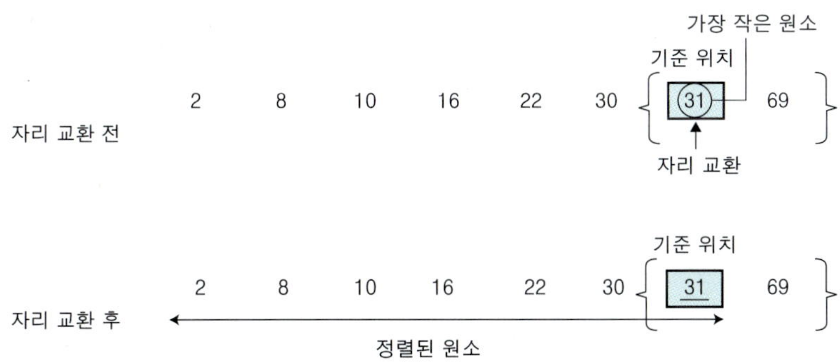

⑧ 마지막에 남은 원소는 전체 원소 중에서 가장 큰 원소로서 이미 마지막 자리에 정렬된 상태이므로 실행을 종료하고 선택 정렬이 완성된다.

선택 정렬 완성 2 8 10 16 22 30 31 69

2. 선택 정렬 알고리즘

다음은 크기가 n인 배열 a[ ]의 원소들을 선택 정렬하는 알고리즘이다.

[알고리즘 11-1] 선택 정렬 알고리즘

```
selectionSort(a[],n)
      for (i←1; i<n; i←i+1) {
            a[i], …,a[n-1] 중에서 가장 작은 원소 a[k]를 선택하여,
            a[i]와 교환한다;
      }
end selectionSort()
```

n개의 원소에 대한 선택 정렬은 n개의 메모리를 사용한다. 선택 정렬에서의 비교 횟수를 구해보면 1단계에서는 첫 번째 원소를 기준으로 n개의 원소를 비교하고, 2단계에서는 두 번째 원소를 기준으로 마지막 원소까지 n-1개의 원소를 비교하고, 3단계에서는 세 번째 원소를 기준으로 마지막 원소까지 n-2개의 원소를 비교한다. 이러한 방법으로 i단계에서는 i번째 원소를 기준으로 n-i개의 원소를 비교하게 되므로 전체 비교횟수는 다음과 같다.

$$\text{전체 비교횟수} = \sum_{i=1}^{n-1} n-i = \frac{n(n-1)}{2}$$

선택 정렬에서는 어떤 경우에서나 비교횟수가 같으므로 시간 복잡도는 $O(n^2)$이 된다.

3. 선택 정렬 프로그램

정렬되지 않은 {69, 10, 30, 2, 16, 8, 31, 22}의 자료들을 선택 정렬 방법으로 정렬하는 프로그램을 작성해보자.

[예제 11-1] 선택 정렬 프로그램

```
class Sort{
   public void selectionSort(int a[]){
      int i, j, min;
```

```
        for(i=0; i<a.length-1; i++){
            min = i;
            for(j=i+1; j<a.length; j++){
                if(a[j] < a[min])
                    min = j;
            }
            swap(a, min, i);
            System.out.printf("\n선택 정렬 %d 단계 : ", i+1);
            for(j=0; j<a.length; j++)
                System.out.printf("%3d ", a[j]);
        }
    }

    public void swap(int a[], int i, int j){
        int temp = a[i];
        a[i] = a[j];
        a[j] = temp;
    }
}

class Ex11_1{
    public static void main(String args[]){
        int a[] = {69, 10, 30, 2, 16, 8, 31, 22};
        Sort S = new Sort();
        System.out.printf("\n정렬할 원소 : ");
        for(int i=0; i<a.length; i++)
            System.out.printf(" %d", a[i]);
        System.out.println();
        S.selectionSort(a);
    }
}
```

```
C:\WINDOWS\system32\cmd.exe

C:\자바_자료구조\11장>javac Ex11_1.java

C:\자바_자료구조\11장>java Ex11_1

정렬할 원소 :  69 10 30 2 16 8 31 22

선택 정렬 1 단계 :   2  10  30  69  16   8  31  22
선택 정렬 2 단계 :   2   8  30  69  16  10  31  22
선택 정렬 3 단계 :   2   8  10  69  16  30  31  22
선택 정렬 4 단계 :   2   8  10  16  69  30  31  22
선택 정렬 5 단계 :   2   8  10  16  22  30  31  69
선택 정렬 6 단계 :   2   8  10  16  22  30  31  69
선택 정렬 7 단계 :   2   8  10  16  22  30  31  69
C:\자바_자료구조\11장>_
```

Section

03 버블 정렬

1. 버블 정렬의 이해

버블 정렬(Bubble Sort)은 인접한 두개의 원소를 비교하여 자리를 교환하는 방식으로, 첫 번째 원소부터 마지막 원소까지 반복하면 가장 큰 원소가 마지막 자리로 정렬하게 된다. 첫 번째 원소부터 인접한 원소끼리 계속 자리를 교환하면서 맨 마지막 자리로 이동하는 모습이 물 속에서 물 위로 올라오는 물방울 모양과 같다고 해서 버블 정렬이라고 한다.

정렬되지 않은 {69, 10, 30, 2, 16, 8, 31, 22}의 자료들을 버블 정렬 방법으로 정렬해보자.

① 1단계 : 인접한 두 원소를 비교하여 자리를 교환하는 작업을 첫 번째 원소부터 마지막 원소까지 차례로 반복하여 가장 큰 원소 69를 마지막 자리로 정렬한다.

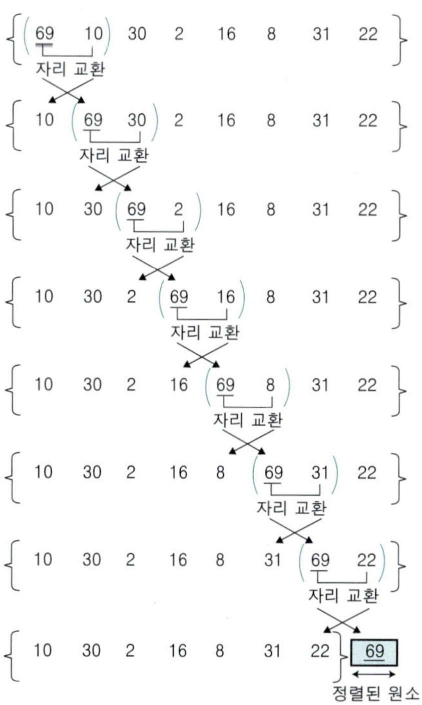

② 2단계 : 나머지 원소 중에서 가장 큰 원소 31을 끝에서 두 번째 자리로 정렬한다.

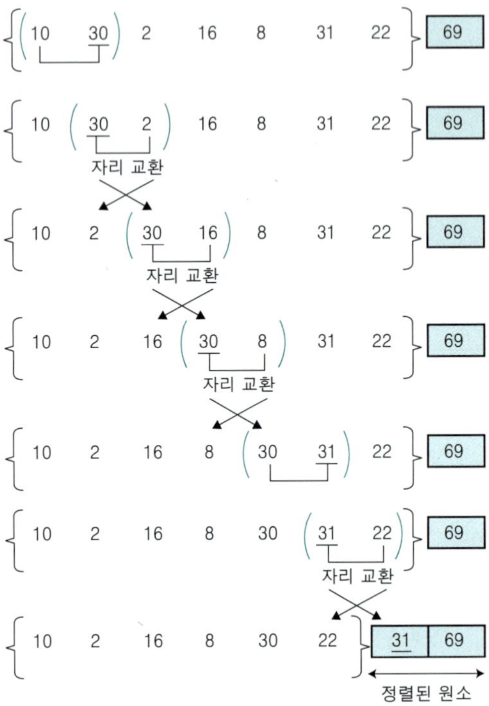

③ 3단계 : 나머지 원소 중에서 가장 큰 원소 30을 끝에서 세 번째 자리로 정렬한다.

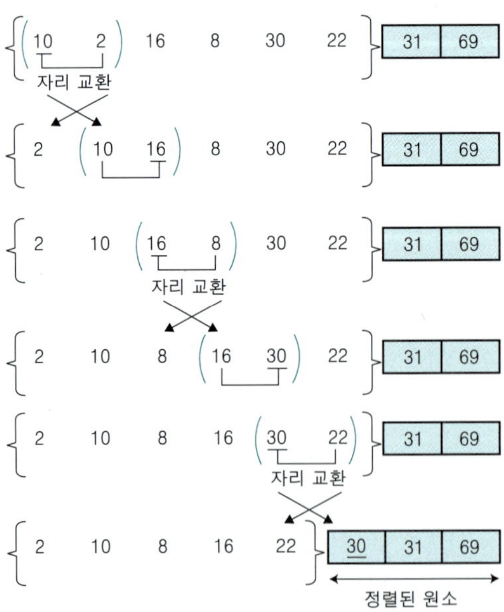

④ 4단계 : 나머지 원소 중에서 가장 큰 원소 22를 끝에서 네 번째 자리로 정렬한다.

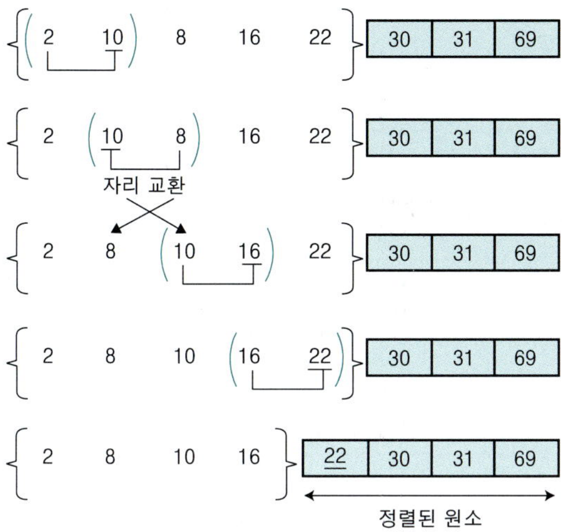

⑤ 5단계 : 나머지 원소 중에서 가장 큰 원소 16을 끝에서 다섯 번째 자리로 정렬한다.

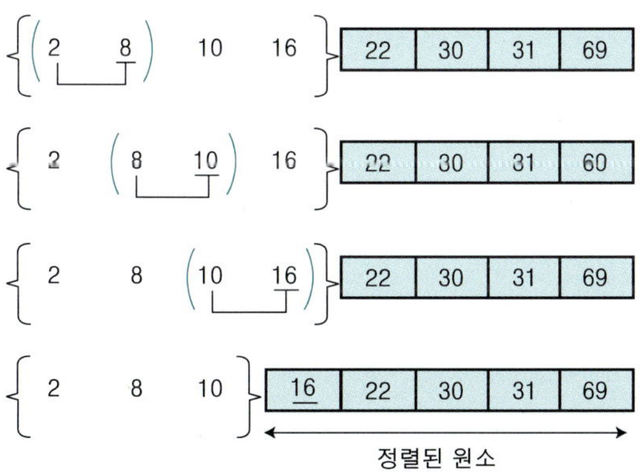

⑥ 6단계 : 나머지 원소 중에서 가장 큰 원소 10을 끝에서 여섯 번째 자리로 정렬한다.

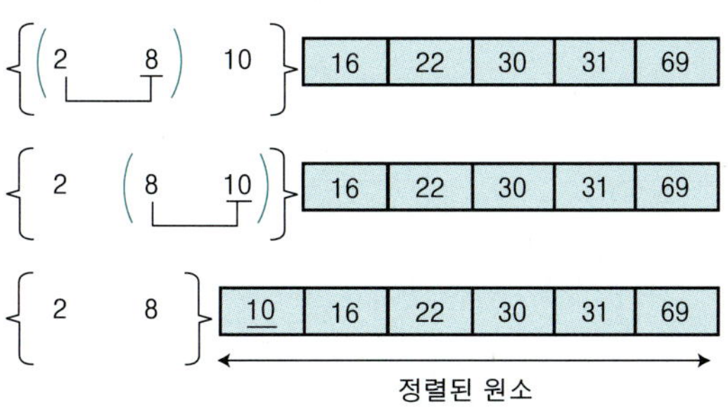

⑦ 7단계 : 나머지 원소 중에서 가장 큰 원소 8을 끝에서 일곱 번째 자리로 정렬한다.

⑧ 마지막에 남은 첫 번째 원소는 전체 원소 중에서 가장 작은 원소로 이미 맨 앞자리로 정렬된 상태이므로 실행을 종료하고 버블 정렬이 완성된다.

버블 정렬 완성	2	8	10	16	22	30	31	69

2. 버블 정렬 알고리즘

다음은 크기가 n인 배열 a[]의 원소들을 버블 정렬하는 알고리즘이다.

[알고리즘 11-2] 버블 정렬 알고리즘

```
bubbleSort(a[],n)
     for (i←n-1; i≥0; i←i-1) {
        for (j←0; j<i; j←j+1) {
             if (a[j]>a[j+1]) then {
                  temp ← a[j];
                  a[j] ← a[j+1];
                  a[j+1] ← temp;
             }
        }
     }
end bubbleSort()
```

버블 정렬에서 사용하는 메모리의 크기는 정렬할 원소의 개수 n이 된다. 버블 정렬에서 연산 시간이 가장 짧은 최선의 경우는 자료들이 이미 정렬되어 있는 경우다. 이런 경우 i번째 원소는 n−i번 비교하게 되므로 평균 비교 횟수는 $\frac{n(n-1)}{2}$가 된다. 그리고 원소의 자리 교환은 발생하지 않는다.

버블 정렬에서 연산 시간이 최대가 되는 경우는 원소들이 역순으로 정렬되어 있는 경우인데 이 경우에도 i번째 원소는 n−i번 비교하게 되므로 평균 비교횟수가 $\frac{n(n-1)}{2}$이 된다. 역순으로 되어있는 원소들은 비교할 때마다 자리를 교환해야 하므로 i번째 원소는 자리 교환을 n−i번 하게 되어 평균 자리 교환 횟수도 $\frac{n(n-1)}{2}$이 된다.
따라서 버블 정렬에서 시간 복잡도는 $O(n^2)$이 된다.

3. 버블 정렬 프로그램

정렬되지 않은 {69, 10, 30, 2, 16, 8, 31, 22}의 자료들을 버블 정렬 방법으로 정렬하는 프로그램을 작성해보자.

[예제 11-2] 버블 정렬 프로그램

```
class Sort{
    public void bubbleSort(int a[]){
        int i, j, temp, size;
        size = a.length;
        for(i=size-1; i>0; i--){
            System.out.printf("\n버블 정렬 %d 단계 : ", size-i);
            for(j=0; j<i; j++){
                if(a[j] > a[j+1]){
                    temp = a[j];
                    a[j] = a[j+1];
                    a[j+1] = temp;
                }
                System.out.printf("\n\t");
                for(int k=0; k<size; k++)
                    System.out.printf("%3d  ", a[k]);
            }
```

```
            }
        }
    }

class Ex11_2{
    public static void main(String args[]){
        int a[] = {69, 10, 30, 2, 16, 8, 31, 22};
        Sort S = new Sort();
        System.out.printf("\n정렬할 원소 : ");
        for(int i=0; i<a.length; i++)
            System.out.printf(" %d", a[i]);
        System.out.println();
        S.bubbleSort(a);
    }
}
```

```
C:\WINDOWS\system32\cmd.exe
C:\자바_자료구조\11장>javac Ex11_2.java

C:\자바_자료구조\11장>java Ex11_2

정렬할 원소 :  69 10 30 2 16 8 31 22

버블 정렬 1 단계 :
        10   69   30    2   16    8   31   22
        10   30   69    2   16    8   31   22
        10   30    2   69   16    8   31   22
        10   30    2   16   69    8   31   22
        10   30    2   16    8   69   31   22
        10   30    2   16    8   31   69   22
        10   30    2   16    8   31   22   69
버블 정렬 2 단계 :
        10   30    2   16    8   31   22   69
        10    2   30   16    8   31   22   69
        10    2   16   30    8   31   22   69
        10    2   16    8   30   31   22   69
        10    2   16    8   30   31   22   69
        10    2   16    8   30   22   31   69
버블 정렬 3 단계 :
         2   10   16    8   30   22   31   69
         2   10   16    8   30   22   31   69
         2   10    8   16   30   22   31   69
         2   10    8   16   30   22   31   69
         2   10    8   16   22   30   31   69
버블 정렬 4 단계 :
         2   10    8   16   22   30   31   69
         2    8   10   16   22   30   31   69
         2    8   10   16   22   30   31   69
         2    8   10   16   22   30   31   69
버블 정렬 5 단계 :
         2    8   10   16   22   30   31   69
         2    8   10   16   22   30   31   69
         2    8   10   16   22   30   31   69
버블 정렬 6 단계 :
         2    8   10   16   22   30   31   69
         2    8   10   16   22   30   31   69
버블 정렬 7 단계 :
         2    8   10   16   22   30   31   69
C:\자바_자료구조\11장>
```

Section

04 퀵 정렬

1. 퀵 정렬의 이해

퀵 정렬(Quick Sort)은 정렬할 전체 원소에 대해서 정렬을 수행하지 않는다. 먼저 기준값을 중심으로 전체 원소들을 왼쪽 부분집합과 오른쪽 부분집합으로 분할(divide)한다. 왼쪽 부분집합에는 기준값보다 작은 원소들을 이동시키고, 오른쪽 부분집합에는 기준값보다 큰 원소들을 이동시킨다. 이때 사용하는 기준값을 피봇(pivot)이라고 하는데, 일반적으로 전체 원소 중에서 가운데에 위치한 원소를 피봇으로 선택한다.

퀵 정렬은 다음의 두 가지 기본 작업을 반복 수행하여 완성한다.

(1) 분할(divide) : 정렬할 자료들을 기준값을 중심으로 2개의 부분집합으로 분할한다.

(2) 정복(conquer) : 부분집합의 원소들 중에서 기준값보다 작은 원소들은 왼쪽 부분집합으로, 기준값보다 큰 원소들은 오른쪽 부분집합으로 정렬한다. 부분집합의 크기가 1 이하로 충분히 작지 않으면 순환 호출을 이용하여 다시 분할한다.

분할 작업을 순환적으로 반복하면서 피봇의 왼쪽 부분집합과 오른쪽 부분집합을 정렬하는 방법을 반복하면서 전체 원소들을 정렬한다. 부분집합으로 분할하기 위해서 L과 R을 사용한다. 왼쪽 끝에서 오른쪽으로 움직이면서 크기를 비교하여 피봇보다 크거나 같은 원소를 찾아 L로 표시하고, 오른쪽 끝에서 왼쪽으로 움직이면서 피봇보다 작은 원소를 찾아 R로 표시한 후에 두 원소를 서로 교환한다. L와 R이 만나면 피봇과 R의 원소를 서로 교환하고 피봇의 위치를 확정한다. 피봇의 확정된 위치를 기준으로 만들어진 왼쪽 부분집합과 오른쪽 부분집합에 대해서 퀵 정렬을 순환적으로 반복 수행한다. 부분집합의 크기가 1 이하가 되면 퀵 정렬을 종료한다.

정렬되지 않은 {69, 10, 30, 2, 16, 8, 31, 22}의 자료들을 퀵 정렬 방법으로 정렬하는 과정을 살펴보자. 원소의 개수가 8개이므로 네 번째 자리에 있는 원소 2를 첫 번째 피봇으로 선택하고 퀵 정렬을 시작한다.

① 1단계 : 원소 2를 피봇으로 선택하고 퀵 정렬을 시작한다.

❶ L이 오른쪽으로 이동하면서 피봇보다 크거나 같은 원소를 찾고, R은 왼쪽으로 이동하면서 피봇보다 작은 원소를 찾는다. L은 원소 69를 찾았지만, R은 피봇보다 작은 원소를 찾지 못한 채 원소 69에서 L과 만나게 된다. L과 R이 만났으므로 원소 69를 피봇과 교환하고 피봇 원소 2의 위치를 확정한다.

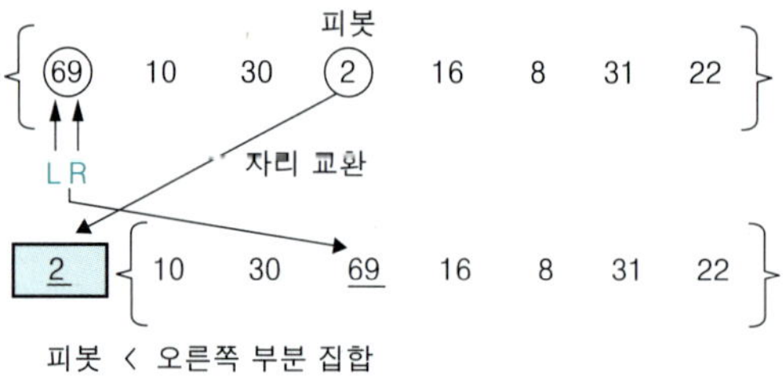

② 2단계 : 피봇 2의 왼쪽 부분집합은 공집합이므로 퀵 정렬을 수행하지 않고, 오른쪽 부분집합에 대해서 퀵 정렬을 수행한다. 오른쪽 부분집합의 원소가 7개이므로 가운데 있는 원소 16을 피봇으로 선택한다.

❶ L이 오른쪽으로 이동하면서 피봇보다 크거나 같은 원소를 찾고, R은 왼쪽으로 이동하면서 피봇보다 작은 원소를 찾는다. L이 찾은 30과 R이 찾은 8을 서로 교환한다.

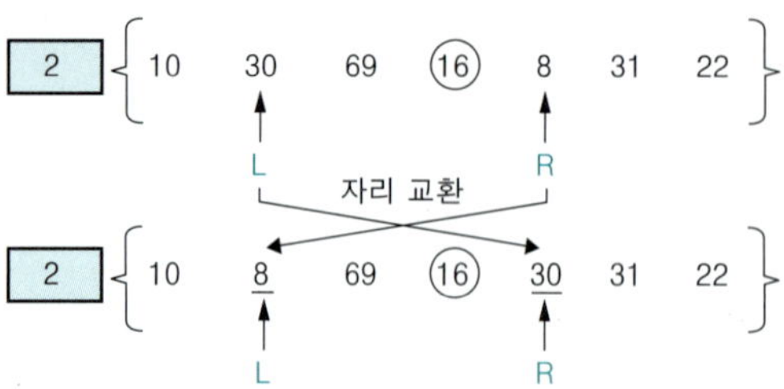

❷ 현재 위치에서 L은 다시 오른쪽으로 이동하면서 피봇보다 크거나 같은 원소를 찾고, R은 왼쪽으로 이동하면서 피봇보다 작은 원소를 찾는다. L은 원소 69를 찾았지만, R은 피봇보다 작은 원소를 찾지 못한 채로 원소 69에서 L과 만나게 된다. L과 R이 만났으므로 원소 69를 피봇과 교환하고 피봇 원소 16의 위치를 확정한다.

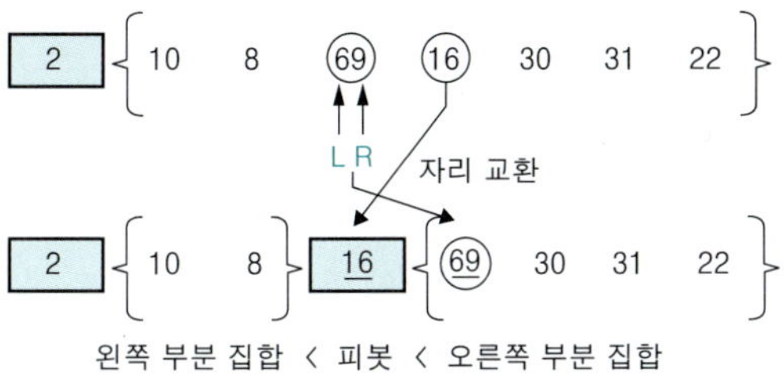

③ 3단계 : 피봇 16의 왼쪽 부분집합에서 원소 10을 피봇으로 선택하여 퀵 정렬을 수행한다.

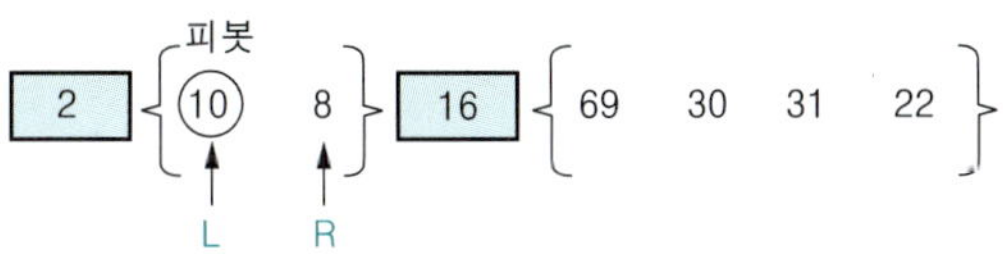

❶ L은 오른쪽으로 이동하면서 피봇보다 크거나 같은 원소를 찾고, R은 왼쪽으로 이동하면서 피봇보다 작은 원소를 찾으므로 L의 원소 10과 R의 원소 8을 교환하는데, L의 원소가 피봇이므로 피봇 원소 10의 위치가 확정된다.

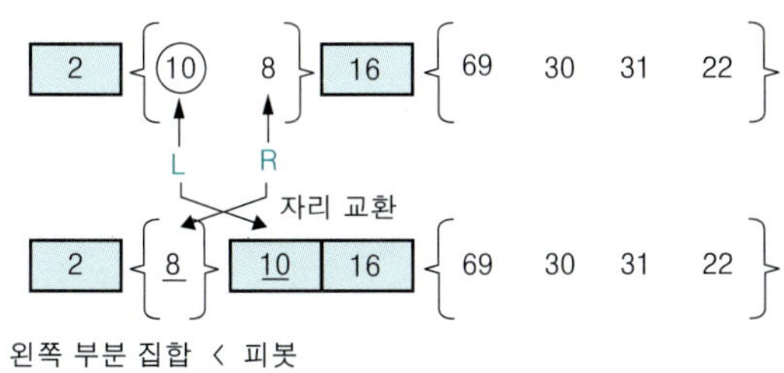

④ 4단계 : 피봇 10의 왼쪽 부분집합의 원소가 한 개이므로 퀵 정렬을 수행하지 않고, 오른쪽 부분집합은 공집합이므로 역시 퀵 정렬을 수행하지 않는다. 이제 1단계에서 피봇이었던 원소 16의 오른쪽 부분집합에 대해서 퀵 정렬을 수행한다. 오른쪽 부분집합의 원소가 4개므로 원소 30을 피봇으로 선택한다.

❶ L이 오른쪽으로 이동하면서 피봇보다 크거나 같은 원소를 찾고, R은 왼쪽으로 이동하면서 피봇보다 작은 원소를 찾는다. L이 찾은 69와 R이 찾은 22를 서로 교환한다.

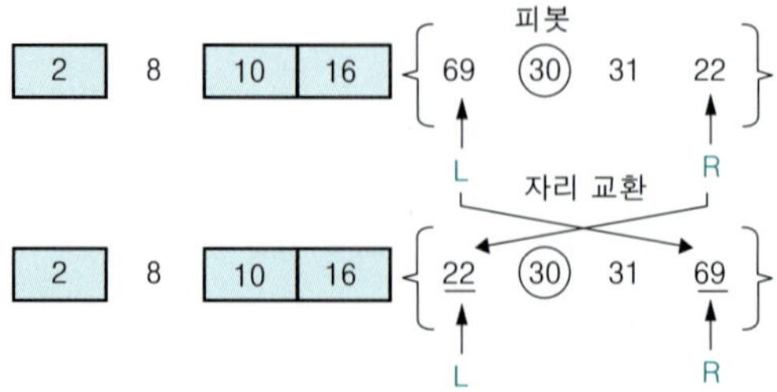

❷ 현재 위치에서 다시 L은 오른쪽으로 이동하면서 피봇보다 크거나 같은 원소인 30을 찾고, R은 왼쪽으로 이동하면서 피봇보다 작은 원소를 찾다가 원소 30에서 L과 만난다. L과 R이 만났으므로 피봇과 교환하는데, 이때 R의 원소가 피봇이므로 결국 제자리가 피봇 원소 30의 자리로 확정된다.

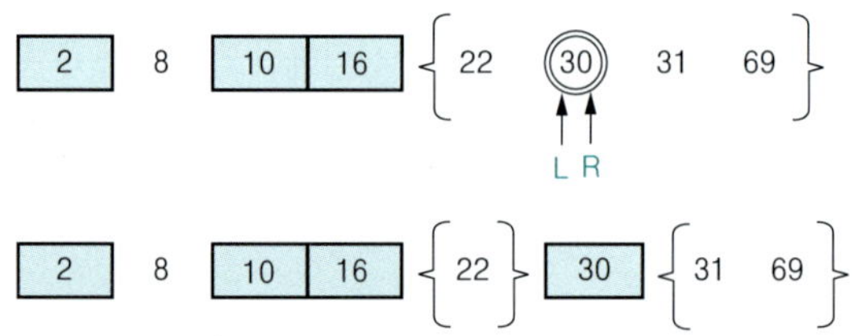

왼쪽 부분 집합 < 피봇 < 오른쪽 부분 집합

⑤ 5단계 : 피봇 30의 왼쪽 부분집합의 원소가 한 개므로 퀵 정렬을 수행하지 않고, 오른쪽 부분집합에 대해서 퀵 정렬을 수행한다. 이때 피봇은 31을 선택한다.

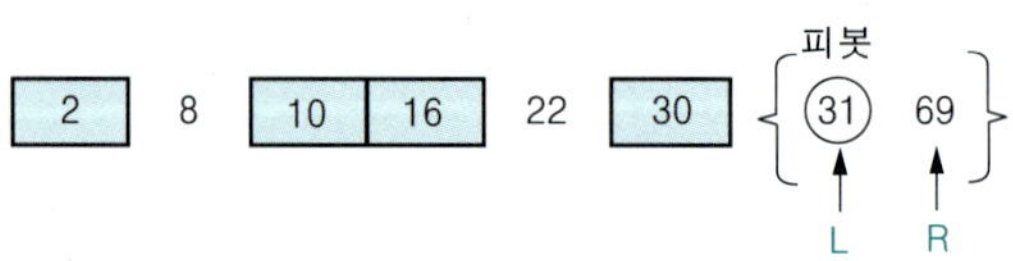

❶ L은 오른쪽으로 이동하면서 피봇보다 크거나 같은 원소인 31을 찾고, R은 왼쪽으로 이동하면서 피봇보다 작은 원소를 찾다가 원소 31에서 L과 만난다. L과 R이 만났으므로 피봇과 교환하는데, 이때 R의 원소가 피봇이므로 결국 제자리가 피봇 원소 31의 자리로 확정된다.

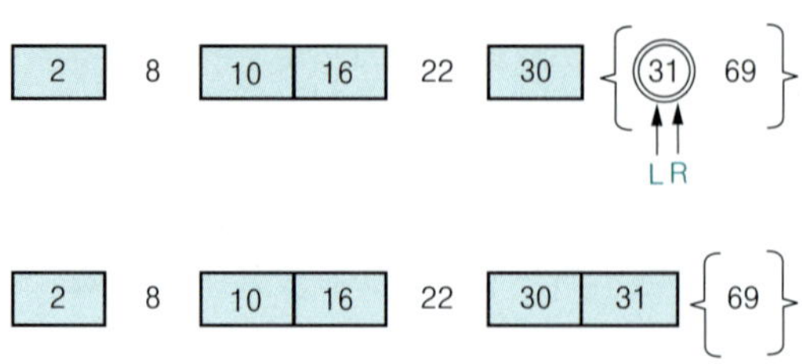

피봇 < 오른쪽 부분 집합

피봇 31의 오른쪽 부분집합의 원소가 한 개이므로 퀵 정렬을 수행하지 않는다. 이것으로서 전체 퀵 정렬이 모두 완성되었다.

퀵 정렬은 버블 정렬과 마찬가지로 교환 방식의 정렬 방법이다. 버블 정렬은 인접한 두 개의 원소를 비교하여 자리를 교환하기 때문에 원소가 이동하는 거리가 1이 되어 자기 자리를 찾기까지 비교 횟수와 자리 교환 횟수가 많아진다. 퀵 정렬은 이런 점을 개선하여 자기 자리에 최대한 가까이 이동시켜서 비교 횟수와 자리 교환 횟수를 줄인 정렬 방법이다.

2. 퀵 정렬 알고리즘

다음은 크기가 n인 배열 a[ ]의 원소들을 퀵 정렬하는 알고리즘이다.

[알고리즘 11-3] 퀵 정렬 알고리즘

```
quickSort(a[], begin, end)
    if (m < n) then {
        p ← partition(a, begin, end);
        quickSort(a[], begin, p-1);
        quickSort(a[], p+1, end);
    }
end quickSort()
```

퀵 정렬 알고리즘은 주어진 배열 a[ ]를 두 개의 파티션으로 분할하는 partition( ) 연산이 필요하다.

[알고리즘 11-4] 파티션 분할 알고리즘

```
partiton(a[], begin, end)
    pivot ← (begin + end)/2;
    L ← begin;
    R ← end;
    while(L<R) do {
        while(a[L]<a[pivot] and L<R) do L++;
        while(a[R]≥a[pivot] and L<R) do R--;
        if(L<R) then {        // L의 원소와 R의 원소 교환
```

```
                temp ← a[L];
                a[L] ← a[R];
                a[R] ← temp;
            }
        }
        temp ← a[pivot];            // R의 원소와 피봇 원소 교환
        a[pivot] ← a[R];
        a[R] ← temp;
        return L;
    end partition()
```

퀵 정렬 알고리즘에서 실행 성능은 선택한 피봇에 의해 결정된다. 퀵 정렬 알고리즘의 실행 성능이 가장 좋은 경우는 피봇에 의해서 원소들이 왼쪽 부분집합과 오른쪽 부분집합으로 정확히 n/2개씩 이등분이 되는 경우가 반복되어 수행 단계 수가 최소가 되는 경우다. 피봇에 의해 원소들을 분할하였을 때 1개와 n−1개로 한쪽으로 치우쳐 분할되는 경우가 반복되어 수행 단계 수가 최대가 되는 경우에는 실행 성능이 최저로 떨어진다. 일반적으로 퀵 정렬의 평균 시간 복잡도는 $O(n\log_2 n)$이다. 퀵 정렬은 같은 시간 복잡도를 가지는 다른 정렬 방법에 비해서 자리 교환 횟수를 줄임으로써 실행 시간 성능을 향상시킨 정렬 방법이다.

3. 퀵 정렬 프로그램

정렬되지 않은 {69, 10, 30, 2, 16, 8, 31, 22}의 자료들을 퀵 정렬 방법으로 정렬하는 프로그램을 작성해보자.

[예제 11-3] 퀵 정렬 프로그램

```
class Sort{
    int i=0;
    public int partition(int a[], int begin, int end){
        int pivot, temp, L, R, t;

        L = begin;
        R = end;
```

```
        pivot = (begin + end)/2;
        System.out.printf("\n [퀵정렬 %d 단계 : pivot=%d ]\n", ++i, a[pivot]);
        while(L<R){
            while((a[L]<=a[pivot]) && (L<=R)) L++;
            while((a[R]>a[pivot]) && (L<=R)) R--;
            if(L<R){
                temp = a[L];
                a[L] = a[R];
                a[R] = temp;

                if(L == pivot){//L과 R 원소를 교환하여, 결과적으로 피봇원소의 위치가 변경된 경우
                    for(t=0; t<a.length; t++)
                        System.out.printf("%3d ", a[t]);
                    System.out.println();

                    return R;
                }
            }
        }
        //(L>R)이 된 경우
        temp = a[pivot];
        a[pivot] = a[R];
        a[R] = temp;
        for(t=0; t<a.length; t++)
            System.out.printf("%3d  ", a[t]);
        System.out.println();
        return R;
    }

    public void quickSort(int a[], int begin, int end){
        if(begin < end){
            int p;
            p = partition(a, begin, end);
```

```java
                quickSort(a, begin, p-1);
                quickSort(a, p+1, end);
            }
        }
    }


public class Ex_3_11 {
    public static void main(String args[]){
        int a[] = {69, 10, 30, 2, 16, 8, 31, 22};
        Sort S = new Sort();
        System.out.printf("\정렬할 원소 : ");
        for(int i=0; i<a.length; i++)
            System.out.printf("%3d", a[i]);
        System.out.println();
        S.quickSort(a, 0, 7);
    }

}
```

```
C:\WINDOWS\system32\cmd.exe

C:\자바_자료구조\11장>javac Ex11_3.java

C:\자바_자료구조\11장>java Ex11_3

정렬할 원소 :  69 10 30 2 16 8 31 22

 [퀵정렬 1 단계 : pivot=2 ]
  2   10   30   69   16    8   31   22

 [퀵정렬 2 단계 : pivot=16 ]
  2   10    8   16   69   30   31   22

 [퀵정렬 3 단계 : pivot=10 ]
  2    8   10   16   69   30   31   22

 [퀵정렬 4 단계 : pivot=30 ]
  2    8   10   16   22   30   31   69

 [퀵정렬 5 단계 : pivot=31 ]
  2    8   10   16   22   30   31   69

C:\자바_자료구조\11장>
```

Section

05 삽입 정렬

1. 삽입 정렬의 이해

삽입 정렬(Insert Sort)은 정렬되어 있는 부분집합에 정렬할 새로운 원소의 위치를 찾아 삽입하는 방법이다. 삽입 정렬에서는 정렬할 자료가 두 개의 부분집합 S(Sorted)와 U(Unsorted)로 나뉘어 있다고 생각한다. 앞부분 원소부터 정렬을 수행하면서 정렬된 앞부분의 원소들은 부분집합 S가 되고 아직 정렬되지 않은 나머지 원소들은 부분집합 U가 된다. 정렬되지 않은 부분집합 U의 원소를 하나씩 꺼내서 이미 정렬되어 있는 부분집합 S의 마지막 원소부터 비교하면서 위치를 찾아 삽입하여 부분집합 S의 원소는 하나씩 늘리고 부분집합 U의 원소는 하나씩 줄인다. U의 원소를 모두 삽입하여 공집합이 되면 삽입 정렬이 완성된다.

정렬되지 않은 {69, 10, 30, 2, 16, 8, 31, 22}의 자료들을 삽입 정렬 방법으로 정렬하는 과정을 살펴보자.

초기 상태 : 첫 번째 원소는 정렬되어 있는 부분집합 S로 생각하고, 나머지 원소들은 정렬되지 않은 원소들의 부분집합 U로 생각한다.

S={69}, U={10, 30, 2, 16, 8, 31, 22}

S	U						
69	10	30	2	16	8	31	22

① 1단계 : U의 첫 번째 원소 10을 S의 마지막 원소 69와 비교하여 (10 < 69)이므로 원소 10은 원소 69의 앞자리가 된다. 더 이상 비교할 S의 원소가 없으므로 찾은 위치에 원소 10을 삽입한다.

S={10, 69}, U={30, 2, 16, 8, 31, 22}

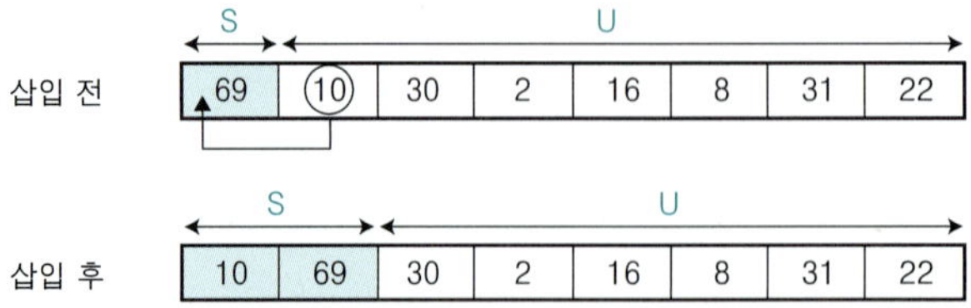

② 2단계 : U의 첫 번째 원소 30을 S의 마지막 원소 69와 비교한다. (30 < 69)이므로 원소 69의 앞자리 원소 10과 비교한다. (30 > 10)이므로 원소 10과 69 사이에 삽입한다.

S={10, 30, 69}, U={2, 16, 8, 31, 22}

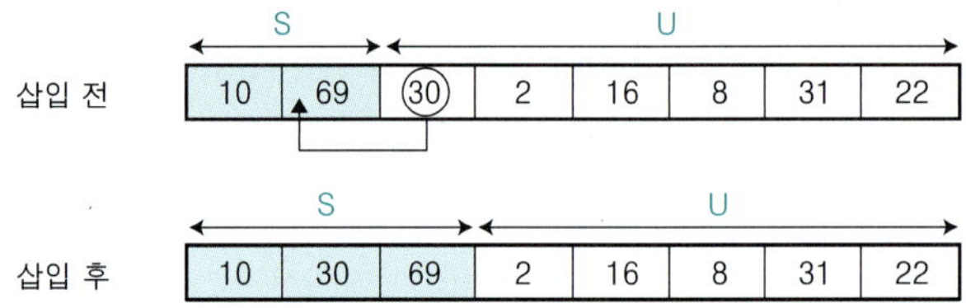

③ 3단계 : U의 첫 번째 원소 2를 S의 마지막 원소 69와 비교한다. (2 < 69)이므로 원소 69의 앞자리 원소 30과 비교한다. (2 < 30)이므로 다시 원소 69의 앞자리 원소 10과 비교한다. (2 < 10)으로 더 이상 비교할 S의 원소가 없으므로 원소 10의 앞에 삽입한다.

S={2, 10, 30, 69}, U={16, 8, 31, 22}

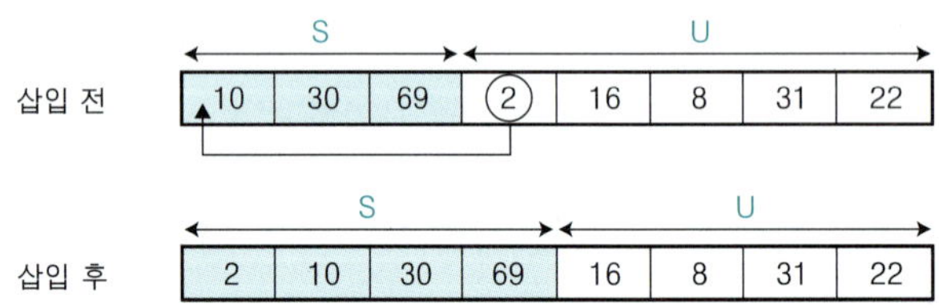

④ 4단계 : U의 첫 번째 원소 16을 S의 마지막 원소 69와 비교한다. (16 < 69)이므로 그 앞자리 원소 30과 비교한다. (16 < 30)이므로 다시 그 앞자리 원소 10과 비교한다. (16 > 10)이므로 원소 10과 30 사이에 삽입한다.

S={2, 10, 16, 30, 69}, U={8, 31, 22}

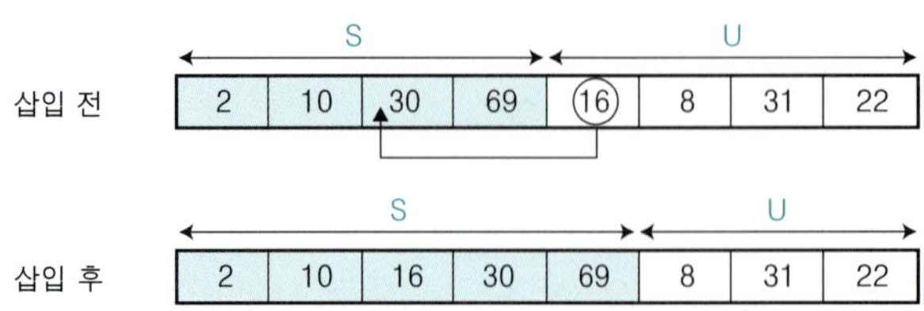

⑤ 5단계 : U의 첫 번째 원소 8을 S의 마지막 원소 69와 비교한다. (8 < 69)이므로 그 앞자리 원소 30과 비교한다. (8 < 30)이므로 그 앞자리 원소 16과 비교한다. (8 < 16)이므로 다시 그 앞자리 원소 10과 비교한다. (8 < 10)이므로 다시 그 앞자리 원소 2와 비교한다. (8 > 2)이므로 원소 2와 10 사이에 삽입한다.

S={2, 8, 10, 16, 30, 69}, U={31, 22}

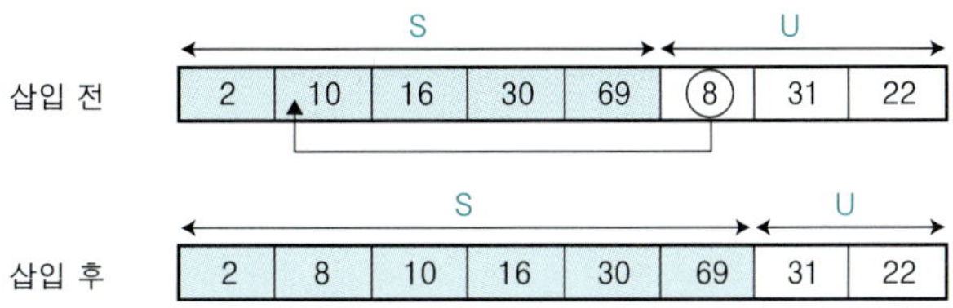

⑥ 6단계 : U의 첫 번째 원소 31을 S의 마지막 원소 69와 비교한다. (31 < 69)이므로 그 앞자리 원소 30과 비교한다. (31 > 30)이므로 원소 30과 69 사이에 삽입한다.

S={2, 8, 10, 16, 30, 31, 69}, U={22}

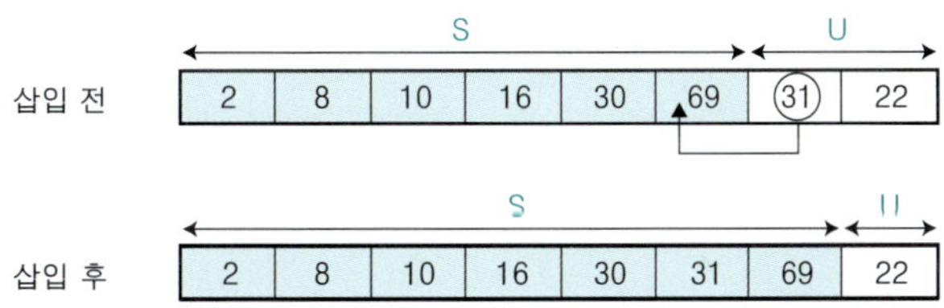

⑦ 7단계 : U의 첫 번째 원소 22를 S의 마지막 원소 69와 비교한다. (22 < 69)이므로 그 앞자리 원소 31과 비교한다. (22 <31)이므로 그 앞자리 원소 30과 비교한다. (22 < 30)이므로 다시 그 앞자리 원소 16과 비교한다. (22 > 16)이므로 원소 16과 30 사이에 삽입한다.

S={2, 8, 10, 16, 22, 30, 31, 69}, U={ }

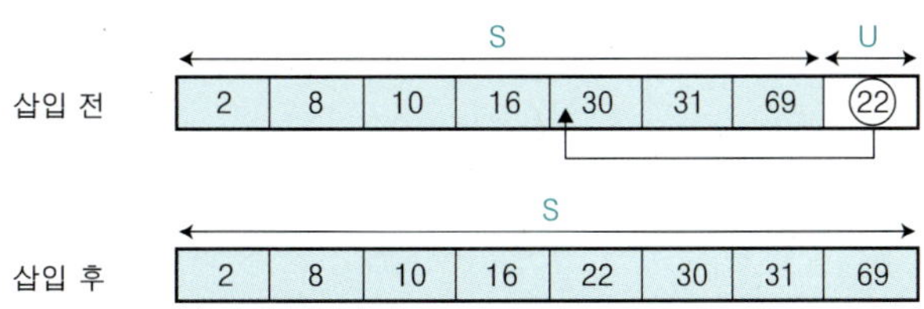

U가 공집합이 되었으므로 실행을 종료하고 삽입 정렬이 완성된다.

2 삽입 정렬 알고리즘

다음은 크기가 n인 배열 a[ ]의 원소들을 삽입 정렬하는 알고리즘이다.

[알고리즘 11-5] 삽입 정렬 알고리즘

```
insertionSort(a[],n)
    for (i←1; i<n; i←i+1) do {
        temp ← a[i];
        j ← i;
        if (a[j-1]>temp) then move ← true;
        else move ← false;
        while (move) do {
            a[j] ← a[j-1];
            j ← j-1;
            if (j>0 and a[j-1]>temp) then move ← true;
            else move ← false;
        }
        a[j] ← temp;
    }
end insertionSort()
```

n개의 자료를 정렬하는 삽입 정렬에서 사용하는 메모리 공간은 n개가 된다. 삽입 정렬에서 원소들을 비교하는 횟수가 최소인 경우는 이미 원소들이 정렬되어 있는 경우다. [그림 11-2]와 같이 이미 정렬되어 있는 경우에는 바로 앞자리 원소와 한번만 비교한다. 따라서 최소의 전체 비교 횟수는 n−1이 되어 시간 복잡도가 O(n)이 된다. 그리고 [그림 11-3]과 같이 모든 원소가 역순으로 되어 있는 경우에는 비교 횟수가 최대가 되어 시간 복잡도가 $O(n^2)$이 된다.

$$\text{최대 비교 횟수} = 1+2+3+ \cdots +(n-1) = \frac{n(n-1)}{2}$$

따라서 삽입 정렬의 평균 비교 횟수는 $\frac{n(n-1)}{4}$가 되어 평균 시간 복잡도는 $O(n^2)$이 된다.

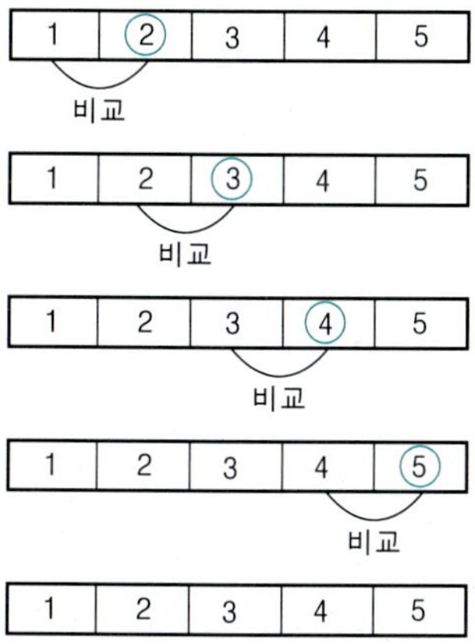

[그림 11-2] 이미 정렬되어 있는 원소에서의 삽입 정렬

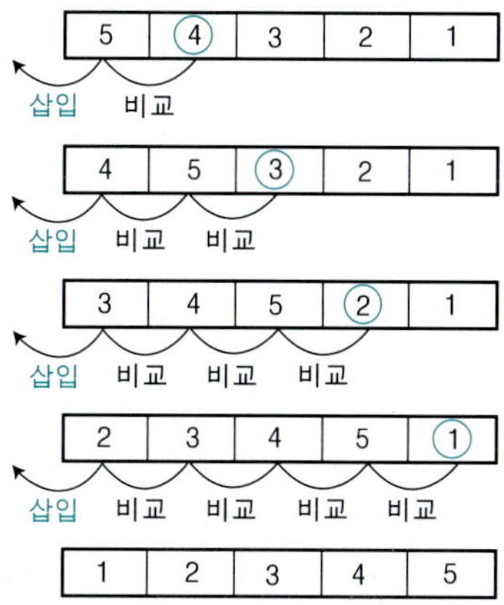

[그림 11-3] 역순으로 정렬되어 있는 원소에서의 삽입 정렬

3 삽입 정렬 프로그램

[예제 11-4] 삽입 정렬 프로그램

```
class Sort{
    public void insertionSort(int a[], int size){
        int i, j, t, temp;
        for(i=1; i<size; i++){
            temp = a[i];
            j = i;
            while((j>0) && (a[j-1]>temp)){
                a[j] = a[j-1];
                j--;
            }
            a[j] = temp;
            System.out.printf("\n삽입정렬 %d 단계 : ", i);
            for(t=0; t<size; t++)
                System.out.printf("%3d ", a[t]);
        }
        System.out.println();
```

```
    }
}

class Ex11_4{
    public static void main(String args[]){
        int a[] = {69, 10, 30, 2, 16, 8, 31, 22};
        int size = a.length;
        Sort S = new Sort();
        System.out.printf("\n정렬할 원소 : ");
        for(int i=0; i<a.length; i++)
            System.out.printf(" %d", a[i]);
        System.out.println();
        S.insertionSort(a, size);
    }
}
```

```
C:\WINDOWS\system32\cmd.exe

C:\자바_자료구조\11장>javac Ex11_4.java

C:\자바_자료구조\11장>java Ex11_4

정렬할 원소 :  69 10 30 2 16 8 31 22

삽입정렬 1 단계 :  10  69  30   2  16   8  31  22
삽입정렬 2 단계 :  10  30  69   2  16   8  31  22
삽입정렬 3 단계 :   2  10  30  69  16   8  31  22
삽입정렬 4 단계 :   2  10  16  30  69   8  31  22
삽입정렬 5 단계 :   2   8  10  16  30  69  31  22
삽입정렬 6 단계 :   2   8  10  16  30  31  69  22
삽입정렬 7 단계 :   2   8  10  16  22  30  31  69

C:\자바_자료구조\11장>
```

Section

06 셸 정렬

1. 셸 정렬의 이해

셸 정렬(Shell Sort)은 일정한 간격(interval)으로 떨어져 있는 자료들끼리 부분집합을 구성하고 각 부분집합에 있는 원소들에 대해서 삽입 정렬을 수행하는 작업을 반복하면서 전체 원소들을 정렬하는 방법이다. 전체 원소에 대해서 삽입 정렬을 수행하는 것보다 부분집합으로 나누어 정렬하면 비교 연산과 교환 연산의 횟수를 줄일 수 있다.

셸 정렬에서 부분집합을 만드는 기준이 되는 간격을 매개변수 h에 저장한다. 한 단계가 수행될 때마다 h의 값을 감소시키고 셸 정렬을 순환 호출하는데, 결국 h가 1이 될 때까지 반복한다. 셸 정렬의 성능은 매개변수 h의 값에 따라 달라진다. 일반적으로 사용하는 h의 값은 원소 개수의 $\frac{1}{2}$을 사용하고 한 단계 수행될 때마다 h의 값을 반으로 감소시키면서 반복 수행한다.

정렬되지 않은 {69, 10, 30, 2, 16, 8, 31, 22}의 자료들을 셸 정렬 방법으로 정렬하는 과정을 살펴보자.

① 1단계 : 원소의 개수가 8개이므로 매개변수 h는 4에서 시작한다. h=4이므로 간격이 4인 원소들을 같은 부분집합으로 만들면 4개의 부분집합이 만들어진다.

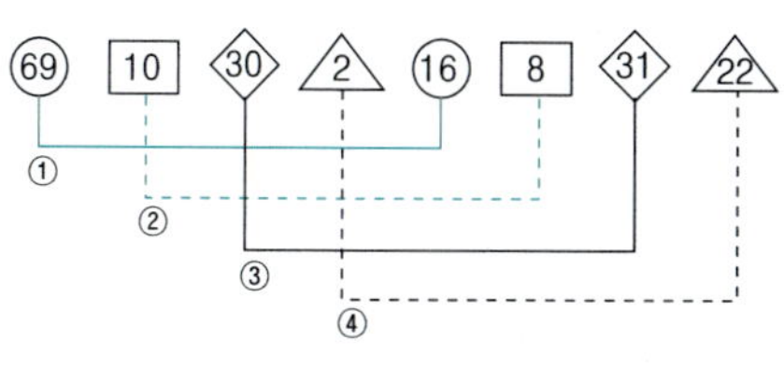

❶ 첫 번째 부분집합 {69, 16}에 대해서 삽입 정렬을 수행하여 정렬한다.

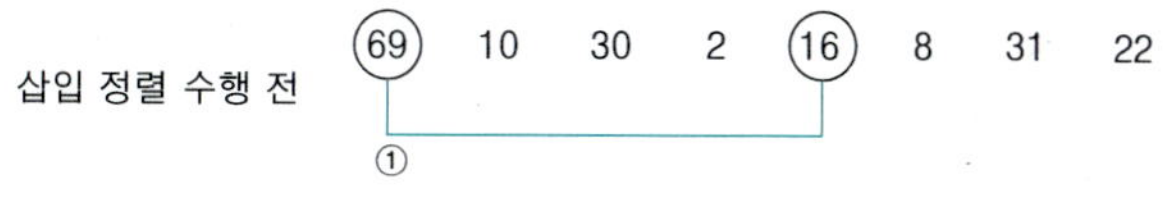

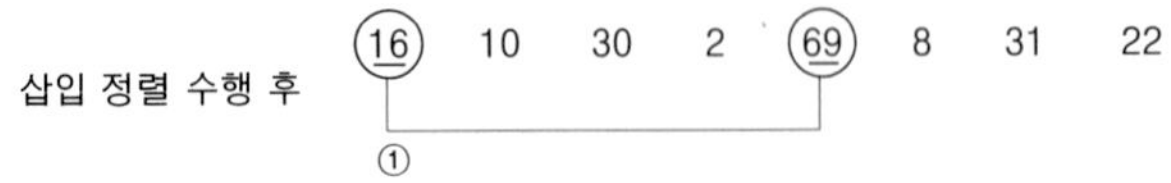

❷ 두 번째 부분집합 {10, 8}에 대해서 삽입 정렬을 수행한다.

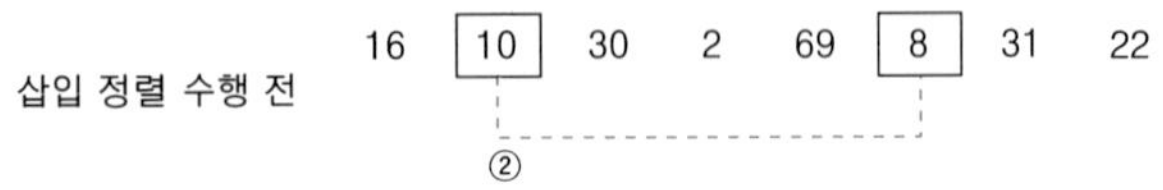

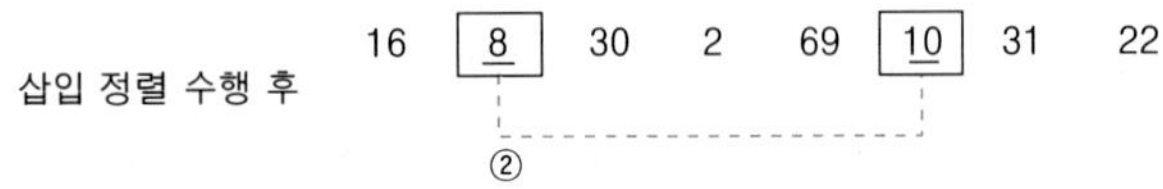

❸ 세 번째 부분집합 {30, 31}에 대해서 삽입 정렬을 수행하는데, 30<31이므로 자리 교환은 발생하지 않는다.

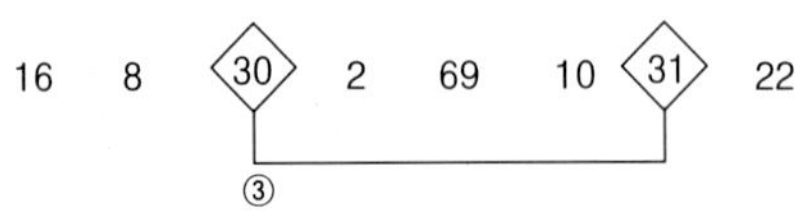

❹ 네 번째 부분집합 {2, 22}에 대해서 삽입 정렬을 수행하는데, 2<22므로 자리 교환은 발생하지 않는다.

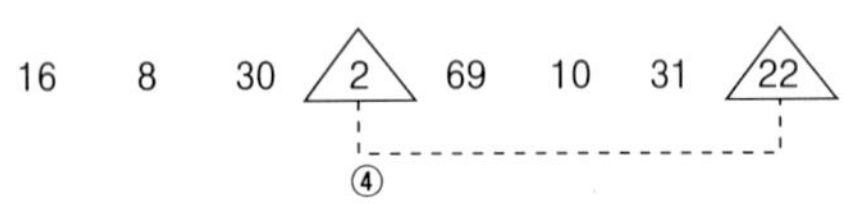

② 2단계 : 이제 h를 2로 변경하고 다시 셸 정렬을 시작한다. h=2이므로 간격이 2인 원소들을 같은 부분집합으로 만들면 2개의 부분집합이 만들어진다.

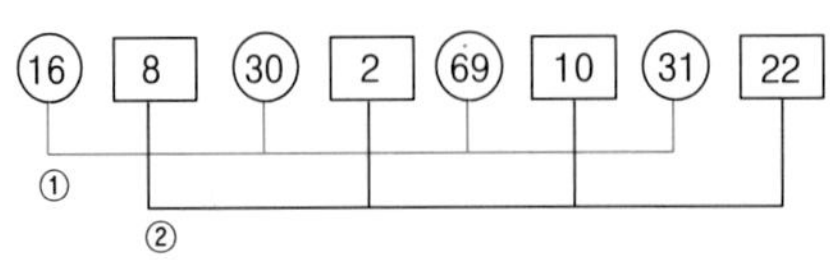

❶ 첫 번째 부분집합 {16, 30, 69, 31}에 대해서 삽입 정렬을 수행하여 정렬한다.

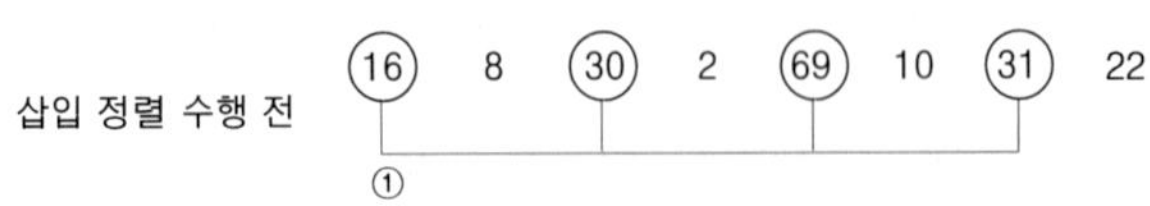

삽입 정렬 수행 후

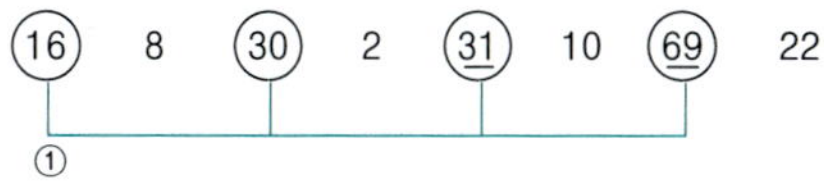

❷ 두 번째 부분집합 {8, 2, 10, 22}에 대해서 삽입 정렬을 수행하여 정렬한다.

삽입 정렬 수행 전

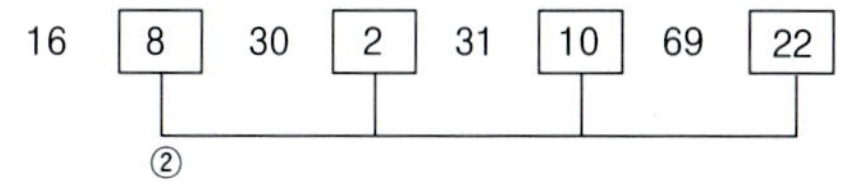

삽입 정렬 수행 후

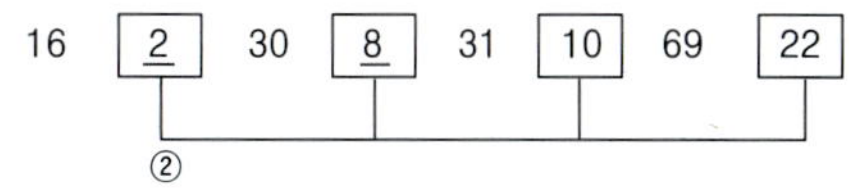

③ 3단계 : 이제 h를 1로 변경하고 다시 셸 정렬을 시작한다. h=1이므로 간격이 1인 원소들을 같은 부분집합으로 만들면 1개의 부분집합이 만들어진다. 즉 전체 원소에 대해서 삽입 정렬을 수행하게 된다.

삽입 정렬 수행 전

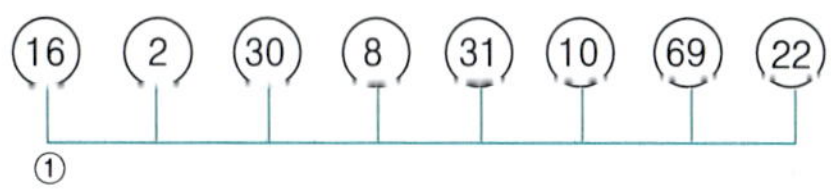

삽입 정렬 수행 후

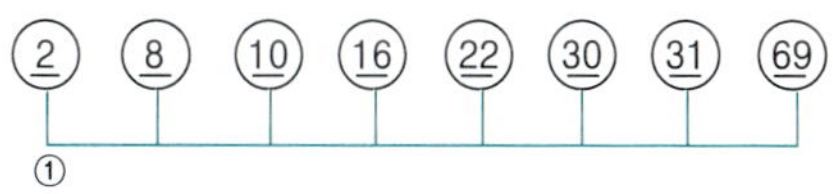

2. 셸 정렬 알고리즘

다음은 크기가 n인 배열 a[ ]의 원소들을 셸 정렬하는 알고리즘이다.

[알고리즘 11-6] 셸 정렬 알고리즘

```
shellSort(a[],n)
    interval ← n;
    while (interval ≥ 1) do {
      interval ← interval/2;
      for (i←0; i<interval; i←i+1) do {
         intervalSort(a[], i, n, interval);
```

```
        }
    }
end shellSort()
```

셸 정렬에서는 분리된 부분집합의 원소들을 삽입 정렬하는 intervalSort( ) 연산이 필요하다.

셸 정렬은 n개의 자료에 대한 메모리 공간과 매개변수를 저장할 공간을 사용한다. 비교횟수는 처음 원소의 상태에 상관없이 매개변수 h에 의해 영향을 받기 때문에 알고리즘의 성능을 분석하기가 쉽지 않은데, 일반적으로 셸 정렬의 시간 복잡도를 $O(n^{1.25})$로 측정한다. 셸 정렬은 삽입 정렬의 시간 복잡도 $O(n^2)$보다 개선된 정렬 방법이다.

3 셸 정렬 프로그램

정렬되지 않은 {69, 10, 30, 2, 16, 8, 31, 22}의 자료들을 셸 정렬 방법으로 정렬하는 프로그램을 작성해보자.

[예제 11-5] 셸 정렬 프로그램

```
class Sort{
    public void intervalSort(int a[], int begin, int end,
        int interval){
        int i, j, item;
        for(i=begin+interval; i<=end; i=i+interval){
            item = a[i];
            for(j=i-interval; j>=begin && item<a[j]; j-=interval)
                a[j+interval] = a[j];
            a[j+interval] = item;
        }
    }

    public void shellSort(int a[], int size){
        int i, j, interval, t=0;
        interval = size/2;
        while(interval >= 1){
```

```
            for(i=0; i<interval; i++)
                intervalSort(a, i, size-1, interval);
            System.out.printf("\n셀정렬 %d 단계 : interval =
                                 %d >> ", ++t, interval);
            for(j=0; j<size; j++)
                System.out.printf("%d   ", a[j]);
            System.out.println();
            interval /= 2;
        }
    }
}

class Ex11_5{
    public static void main(String args[]){
        int a[] = {69, 10, 30, 2, 16, 8, 31, 22};
        int size = a.length;
        Sort S = new Sort();
        System.out.printf("\n정렬할 원소 : ");
        for(int i=0; i<a.length; i++)
            System.out.printf(" %d", a[i]);
        System.out.println();
        S.shellSort(a, size);
    }
}
```

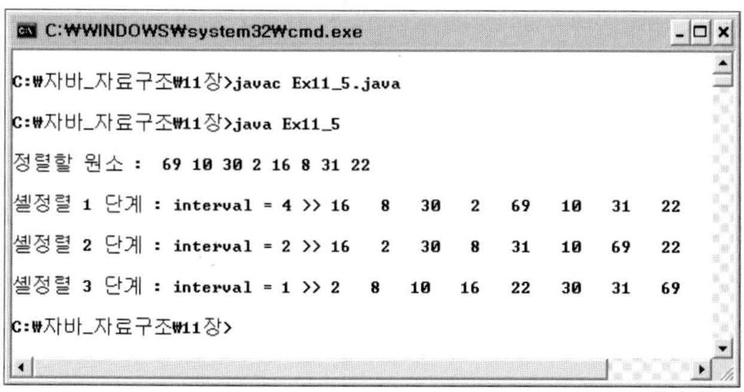

Section 07

병합 정렬

1 병합 정렬의 이해

병합 정렬(Merge Sort)은 여러 개의 정렬된 자료의 집합을 결합하여 한 개의 정렬된 집합으로 만드는 방법이다. 병합 정렬은 전체 원소들에 대해서 수행하지 않고 부분집합으로 분할(divide)하고 각 부분집합에 대해서 정렬 작업을 완성(conquer)한 후에 정렬된 부분집합들을 다시 결합(combine)하는 분할 정복(Divide and Conquer) 기법을 사용한다.

2개의 정렬된 자료의 집합을 결합하여 하나의 집합으로 만드는 병합 방법을 2-way 병합이라 하고, n개의 정렬된 자료의 집합을 결합하여 하나의 집합으로 만드는 병합 방법을 n-way 병합이라고 한다. 2-way 병합 정렬은 다음과 같은 작업을 반복 수행하면서 완성한다.

(1) 분할(divide) : 입력 자료를 같은 크기의 부분집합 2개로 분할한다.
(2) 정복(conquer) : 부분집합의 원소들을 정렬한다. 부분집합의 크기가 충분히 작지 않으면 순환 호출을 이용하여 다시 분할 정복 기법을 적용한다.
(3) 결합(combine) : 정렬된 부분집합들을 하나의 집합으로 통합한다.

정렬되지 않은 {69, 10, 30, 2, 16, 8, 31, 22}의 자료들을 병합 정렬 방법으로 정렬하는 과정을 살펴보자.

① 1단계(분할단계) : 정렬할 전체 자료의 집합에 대해서 최소 원소의 부분집합이 될 때까지 분할 작업을 반복하여 1개의 원소를 가진 부분집합 8개를 만든다.

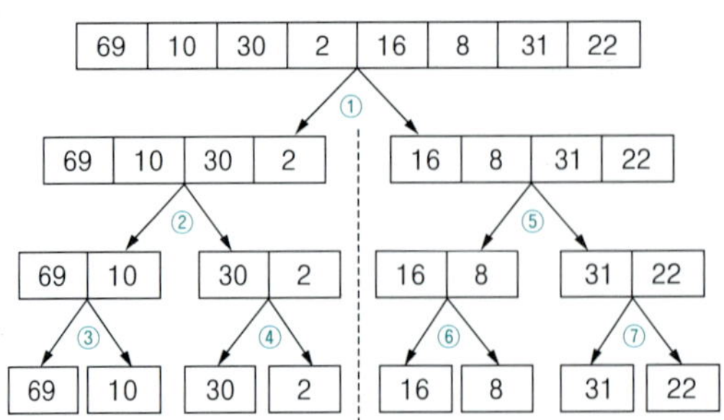

② 2단계(병합단계) : 2개의 부분집합을 정렬하면서 하나의 집합으로 병합한다. 8개의 부분집합이 1개로 병합될 때까지 반복한다.

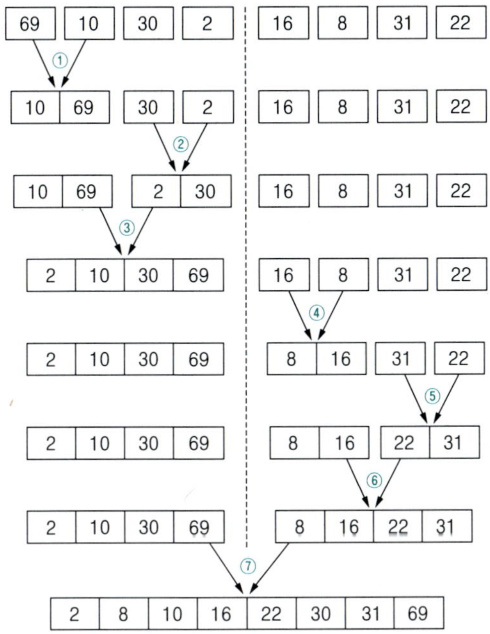

2. 병합 정렬 알고리즘

다음은 크기가 n인 배열 a[ ]의 원소들을 병합 정렬하는 알고리즘이다.

[알고리즘 11-7] 병합 정렬 알고리즘

```
mergeSort(a[],m,n)
    if (a[m:n]의 원소수 > 1) then {
        전체 집합을 두개의 부분집합으로 분할;
        mergeSort(a[],m,middle);
        mergeSort(a[],middle+1,n);
        merge(a[m:middle],a[middle+1:n]);
    }
end mergeSort()
```

mergeSort( ) 연산은 배열 a[ ]를 이등분으로 분할하여 부분 배열을 만들고 각 부분 배열에 대해서 다시 mergeSort( )를 순환 호출하여 이등분으로 분할하는 작업을 반복하는데, 부분 배열의 원소가 한 개가 될 때까지 분할 작업을 계속한다. 분할 작업이 끝나면 merge( ) 연산을 이용하여 부분 배열을 정렬하면서 병합하는 작업을 반복하여 하나의 전체 배열을 완성한다.

병합 정렬은 각 단계에서 새로 병합하여 만든 부분집합을 저장할 공간이 추가로 필요하기 때문에 정렬할 원소 n개에 대해서 2×n개의 메모리 공간을 사용한다. n개의 원소를 분할하기 위해서 $\log_2 n$번의 단계를 수행하고, 부분집합의 원소를 비교하면서 병합하는 단계에서 최대 n번의 비교 연산을 수행하므로 전체 병합 정렬의 시간 복잡도는 $O(n\log_2 n)$이 된다.

3. 병합 정렬 프로그램

정렬되지 않은 {69, 10, 30, 2, 16, 8, 31, 22}의 자료들을 병합 정렬 방법으로 정렬하는 프로그램을 작성해보자.

[예제 11-6] 병합 정렬 프로그램

```
class Sort{
    private int sorted[] = new int [30];

    public void merge(int a[], int m, int middle, int n){
        int size = a.length;
        int  i, j, k, t;
        i = m;
        j = middle+1;
        k = m;
        while(i<=middle && j<=n){
            if(a[i] <= a[j])  sorted[k] = a[i++];
            else  sorted[k] = a[j++];
            k++;
        }
        if(i>middle){
```

```
            for(t=j; t<=n; t++, k++)
                sorted[k] = a[t];
        }
        else{
            for(t=i; t<=middle; t++, k++)
                sorted[k] = a[t];
        }

        for(t=m; t<=n; t++)
            a[t] = sorted[t];
        System.out.printf("\n 병합 정렬 >> ");
        for(t=0; t<size; t++)
            System.out.printf("%3d ", a[t]);
    }

    public void mergeSort(int a[], int m, int n)    {
        int middle;
        if(m<n){
            middle = (m+n)/2;
            mergeSort(a, m, middle);
            mergeSort(a, middle+1, n);
            merge(a, m, middle, n);
        }
    }
}

class Ex11_6{
    public static void main(String args[]){
        int a[] = {69, 10, 30, 2, 16, 8, 31, 22};
        int size = a.length;
        Sort S = new Sort();
        System.out.printf("\n정렬할 원소 : ");
        for(int i=0; i<a.length; i++)
            System.out.printf(" %d", a[i]);
        System.out.println();
```

```
            S.mergeSort(a, 0, size-1);
        }
}
```

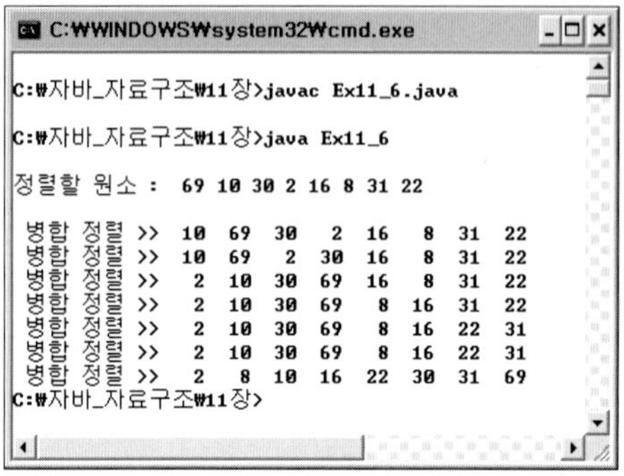

Section

08 기수 정렬

1. 기수 정렬의 이해

기수 정렬(Radix Sort)은 분배 방식의 정렬 방법으로 정렬할 원소의 키값에 해당하는 버킷(bucket)에 원소를 분배하였다가 버킷의 순서대로 원소를 꺼내는 방법을 반복한다. 기수 정렬은 원소의 키를 표현하는 값의 기수(radix)만큼의 버킷이 필요하고, 키값의 자릿수만큼 기수 정렬을 반복한다. 10진수로 표현된 키값을 가진 원소들을 정렬할 때에는 0부터 9까지 10개의 버킷을 사용한다. 먼저 키값의 일의 자리에 대해서 기수 정렬을 수행하고, 다음 단계에서는 키값의 십의 자리에 대해서, 그리고 그 다음 단계에서는 백의 자리에 대해서 기수 정렬을 수행한다. 한 단계가 끝날 때마다 버킷에 분배된 원소들을 버킷의 순서대로 꺼내서 다음 단계의 기수 정렬을 수행해야 하므로 큐를 사용하여 버킷을 만든다.

정렬되지 않은 {69, 10, 30, 2, 16, 8, 31, 22}의 자료들을 기수 정렬 방법으로 정렬하는 과정을 살펴보자. 키값의 최대 자릿수가 두 자리이므로 기수 정렬을 두 번 반복한다.

초기 상태 : 큐를 사용하여 0부터 9까지 10개의 버킷을 만든다.

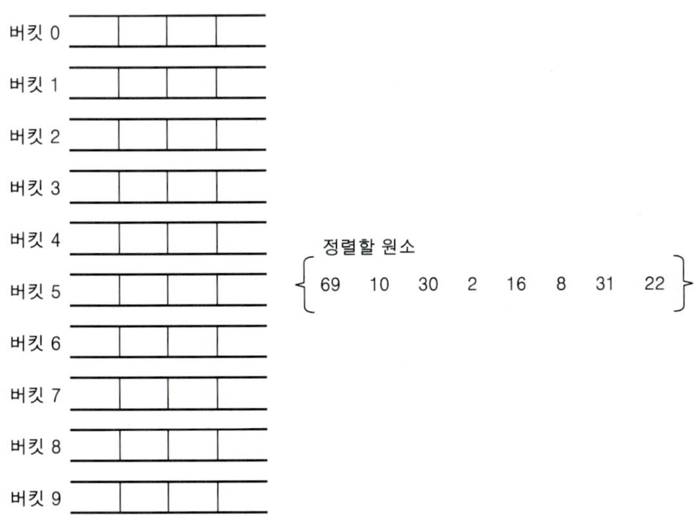

① 1단계 : 키값의 일의 자리에 대해서 기수 정렬을 수행한다.

❶ 정렬할 원소의 키값의 일의 자리에 따라서 순서대로 버킷에 분배한다.

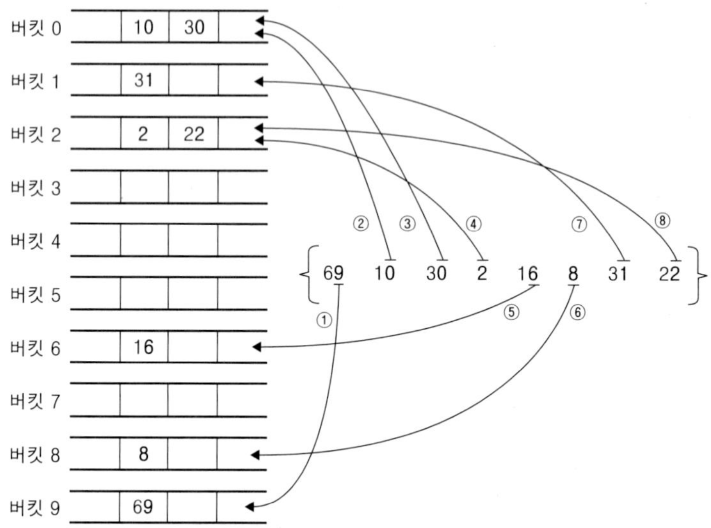

❷ 버킷에 분배된 원소들을 순서대로 꺼내서 다시 저장한다.

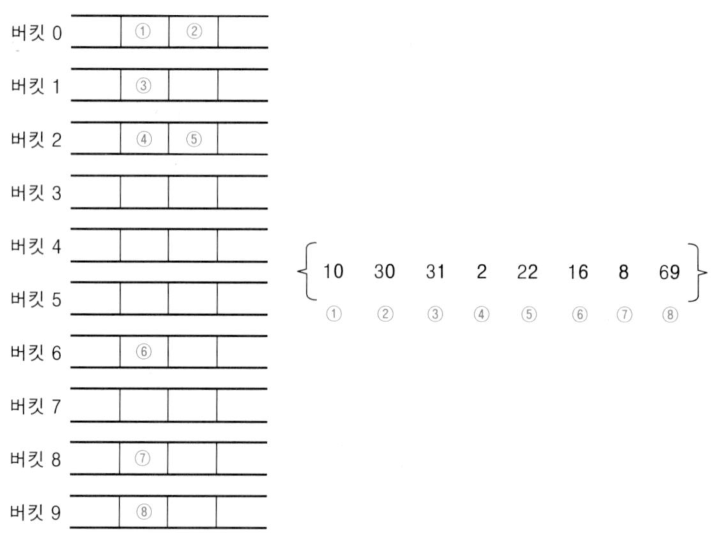

② 2단계 : 키값의 십의 자리에 대해서 기수 정렬을 수행한다.

❶ 정렬할 원소의 십의 자리 값에 따라서 순서대로 버킷에 분배한다.

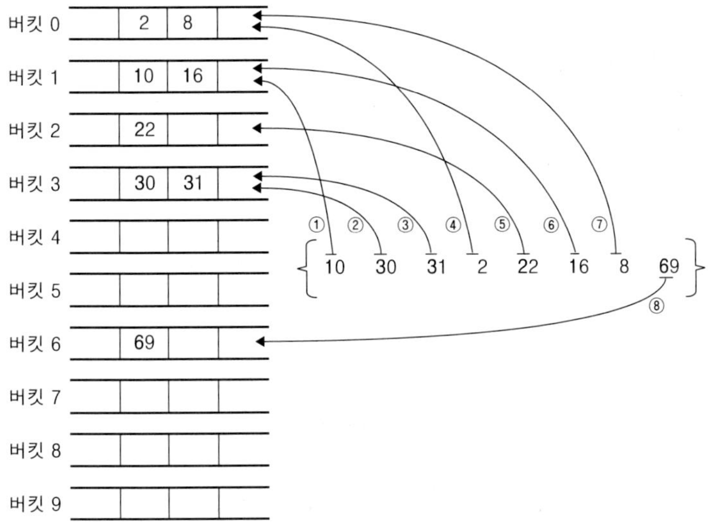

❷ 버킷에 분배된 원소들을 순서대로 꺼내서 다시 저장한다.

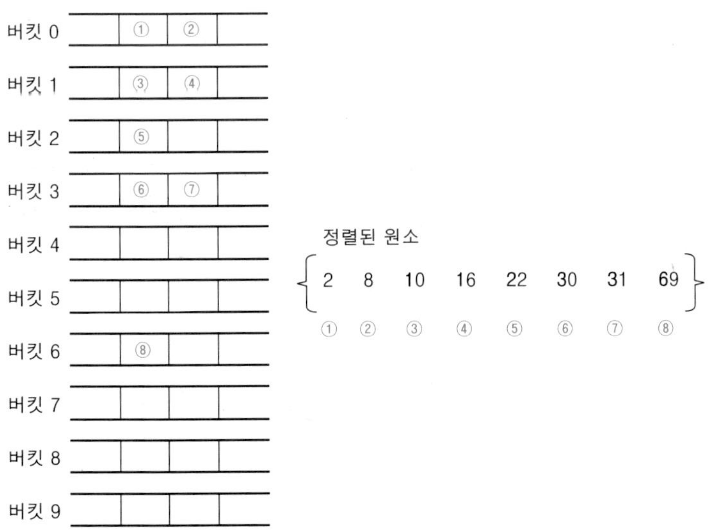

두 번의 기수 정렬을 수행하여 전체 원소에 대한 정렬을 완성하였다.

❷ 기수 정렬 알고리즘

다음은 크기가 n인 배열 a[]의 원소들을 기수 정렬하는 알고리즘이다.

[알고리즘 11-8] 기수 정렬 알고리즘

```
radixSort(a[], n)
    for (k ← 1;  k≤ n;  k ← k+1) do  {
        for (i ← 0;  i < n;  i ← i+1) do  {
              k번째 자릿수 값에 따라서 해당 버킷에 저장한다;
              enQueue(Q[k], a[i]);
        }
        p ← -1;
        for (i ← 0;  i ≤ 9;  i ≤ i+1) do  {
              while (Q[i] ≠ NULL) do  {
                     p ← p+1;
                     a[p] ← deQueue(Q[i]);
              }
        }
    }
end radixSort()
```

기수 정렬의 수행 시간은 정렬할 원소의 수 n과 키값의 자릿수 d와 버킷의 수를 결정하는 기수 r에 따라서 달라진다. 정렬할 원소 n개를 r개의 버킷에 분배하는 작업이 n+r이고, 이 작업을 자릿수 d만큼 반복해야 하므로 수행할 작업은 d(n+r)이 된다. 따라서 시간 복잡도는 O(d(n+r))이 된다.

Section

09 힙 정렬

1 힙 정렬의 이해

힙 정렬(Heap Sort)은 9장의 힙 자료구조를 이용하여 정렬하는 방법이다. 힙에서는 항상 가장 큰 원소가 루트 노드가 되고, 삭제 연산을 수행하면 항상 루트 노드의 원소를 삭제하여 반환하는 특성이 있다. 그러므로 최대 힙에 대해서 원소의 개수만큼 삭제 연산을 수행하면 내림차순으로 정렬된 원소를 얻을 수 있고, 최소 힙에 대해서 원소의 개수만큼 삭제 연산을 수행하면 오름차순으로 정렬된 원소를 얻을 수 있다. 힙 정렬은 정렬할 원소들을 입력하여 최대 힙을 구성한다. 그리고 힙에 대해서 삭제 연산을 수행하여 얻은 원소를 마지막 자리에 배치하고 힙을 다시 최대 힙이 되도록 재구성하는 작업을 원소의 개수만큼 반복하면 오름차순의 정렬을 완성할 수 있다.

정렬되지 않은 {69, 10, 30, 2, 16, 8, 31, 22}의 자료들을 힙 정렬 방법으로 정렬하는 과정을 살펴보자.

초기 상태 : 정렬할 원소가 8개므로 노드가 8개인 완전 이진 트리를 만들고, 최대 힙으로 구성한다.

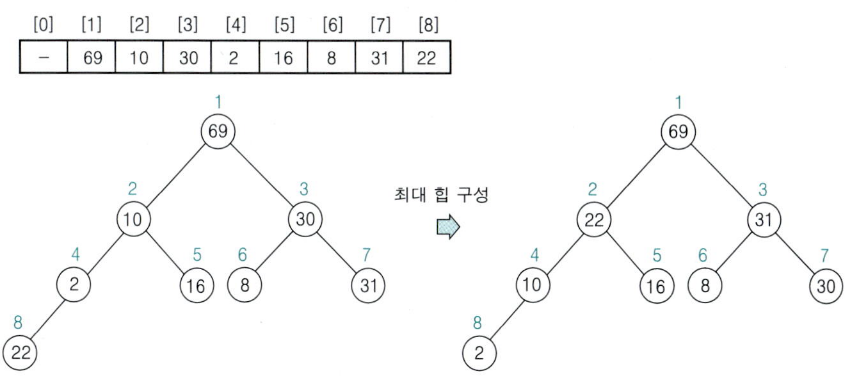

① 1단계 : 힙에 삭제 연산을 수행하여 루트 노드의 원소 69를 구해서 배열의 마지막 자리에 저장하고, 나머지 원소들에 대해서 최대 힙으로 재구성한다.

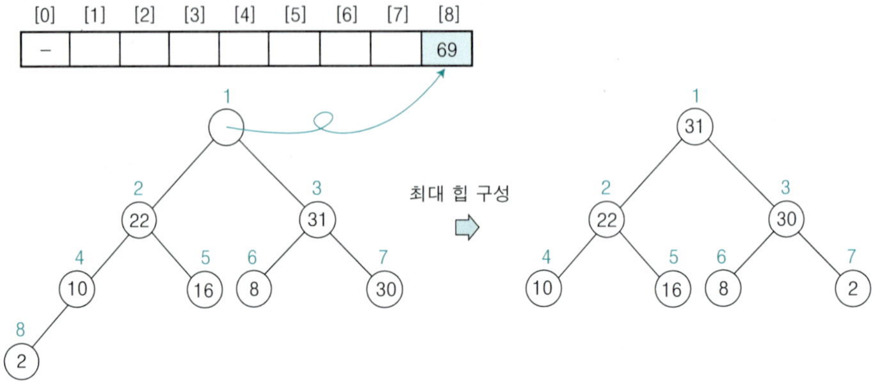

② 2단계 : 힙에 삭제 연산을 수행하여 루트 노드의 원소 31을 구해서 배열의 비어있는 마지막 자리에 저장하고, 나머지 원소들에 대해서 최대 힙으로 재구성한다.

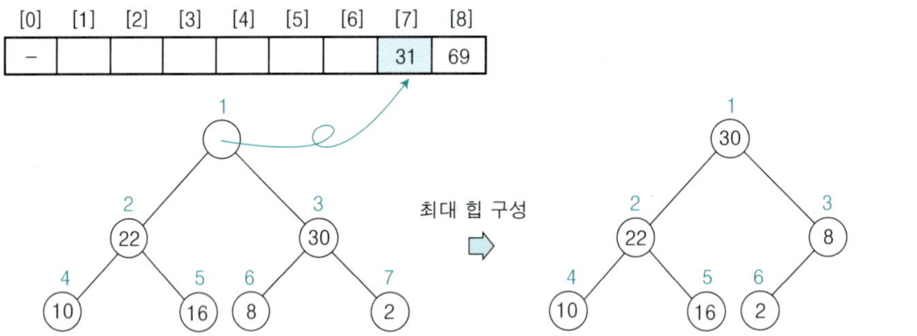

③ 3단계 : 힙에 삭제 연산을 수행하여 루트 노드의 원소 30을 구해서 배열의 비어있는 마지막 자리에 저장하고, 나머지 원소들에 대해서 최대 힙으로 재구성한다.

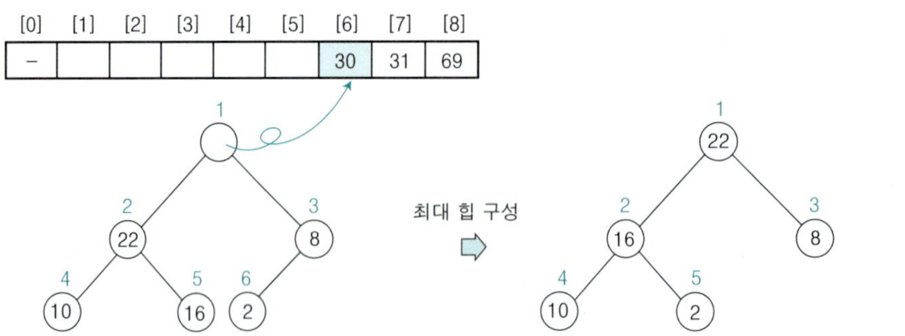

④ 4단계 : 힙에 삭제 연산을 수행하여 루트 노드의 원소 22를 구해서 배열의 비어있는 마지막 자리에 저장하고, 나머지 원소들에 대해서 최대 힙으로 재구성한다.

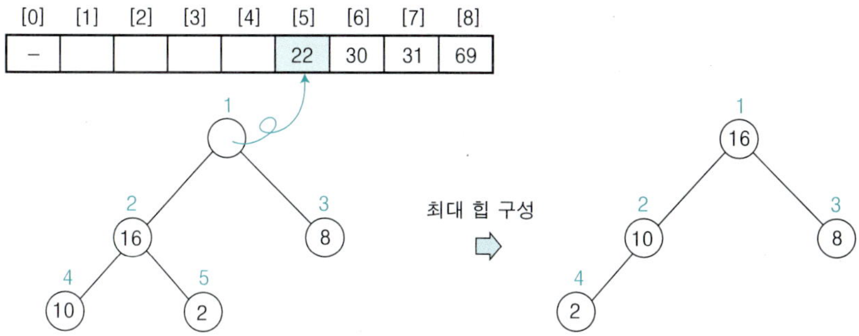

⑤ 5단계 : 힙에 삭제 연산을 수행하여 루트 노드의 원소 16을 구해서 배열의 비어있는 마지막 자리에 저장하고, 나머지 원소들에 대해서 최대 힙으로 재구성한다.

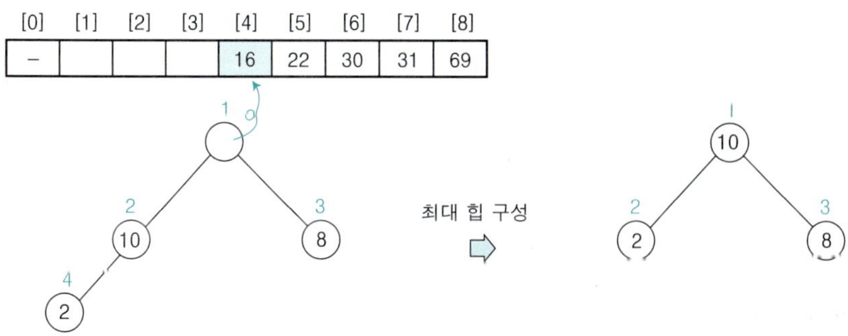

⑥ 6단계 : 힙에 삭제 연산을 수행하여 루트 노드의 원소 10을 구해서 배열의 비어있는 마지막 자리에 저장하고, 나머지 원소들에 대해서 최대 힙으로 재구성한다.

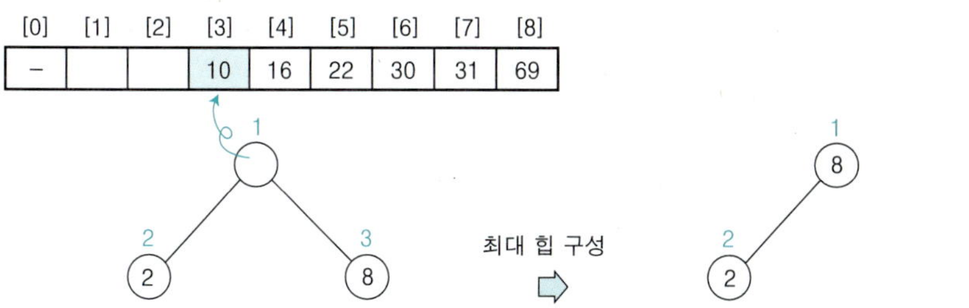

⑦ 7단계 : 힙에 삭제 연산을 수행하여 루트 노드의 원소 8을 구해서 배열의 비어있는 마지막 자리에 저장하고, 나머지 원소들에 대해서 최대 힙으로 재구성한다.

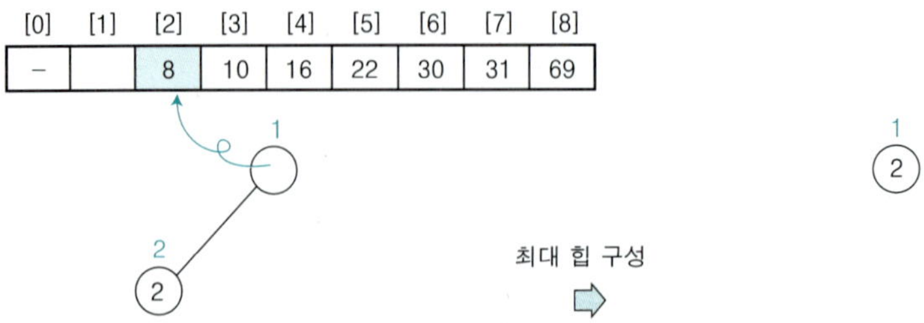

⑧ 8단계 : 힙에 삭제 연산을 수행하여 루트 노드의 원소 2를 구해서 배열의 비어있는 마지막 자리에 저장한다. 나머지 원소들에 대해서 최대 힙으로 재구성해야 하는데, 이미 공백 힙이 되었으므로 힙 정렬을 종료한다.

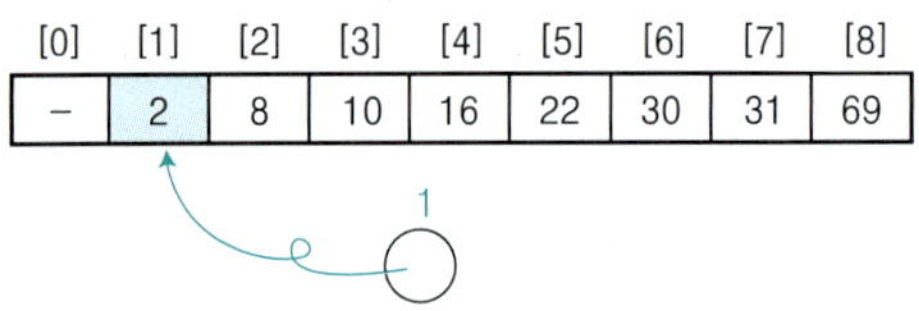

2 힙 정렬 알고리즘

다음은 크기가 n인 배열 a[ ]의 원소들을 힙 정렬하는 알고리즘이다.

[알고리즘 11-9] 힙 정렬 알고리즘

```
heapSort(a[])
    n ← a.length-1;
    for (i ← n/2;  i ≥ 1;  i ← i-1) do  { // 배열 a[]를 히프로 변환
        makeHeap(a, i, n);
    for (i ← n-1;  i ≥ 1;  i ← i-1) do  { // 히프의 루트 노드 원소를
        temp ← a[1];                      // 배열의 비어있는
        a[1] ← a[i+1];                    // 마지막 자리에 저장
        a[i+1] ← temp;
        makeHeap(a, 1, i);
    }
end heapSort()
```

힙 정렬에서는 배열을 힙 구조로 재구성하는 makeHeap( ) 연산에 대한 알고리즘은 다음과 같다.

[알고리즘 11-10] 힙 재구성 알고리즘

```
makeHeap(a[], h, m)
    for (j ← 2*h;  j ≤ m;  j ← 2*j) do  {
        if (j < m) then
            if (a[j] < a[j+1]) then j ← j+1;
        if (a[h] ≥ a[j]) then exit;
        else a[j/2] ← a[j];
    }
    a[j/2] ← a[h];
end makeHeap()
```

힙에 삭제 연산을 반복 수행하여 오름차순으로 정렬된 원소를 구하기는 쉽지만 삭제 연산을 수행한 후에 힙을 재구성하는 연산 수행 시간이 필요하다. n개의 노드에 대해서 완전 이진 트리는 $\log_2(n+1)$의 레벨을 가지므로 완전 이진 트리를 힙으로 구성하는 평균시간은 $O(\log_2 n)$이 된다. n개의 노드에 대해서 삭제 연산을 수행하고, 힙을 재구성하는 시간 복잡도는 $O(n\log_2 n)$이 된다.

Section

10 트리 정렬

1 트리 정렬의 이해

트리 정렬(Tree Sort)은 9장의 이진 탐색 트리를 이용하여 정렬하는 방법이다. 정렬할 원소들을 이진 탐색 트리로 구성하고 중위 순회 방법을 사용하여 이진 탐색 트리의 원소들을 순회하여 꺼내면 오름차순 정렬이 된다.

정렬되지 않은 {69, 10, 30, 2, 16, 8, 31, 22}의 자료들을 트리 정렬을 사용하여 정렬하는 과정을 살펴보자.

① 1단계 : 정렬할 원소 8개를 차례대로 트리에 삽입하여 이진 탐색 트리를 구성한다.
② 2단계 : 이진 탐색 트리를 중위 순회 방법으로 순회하면서 원소를 저장한다.

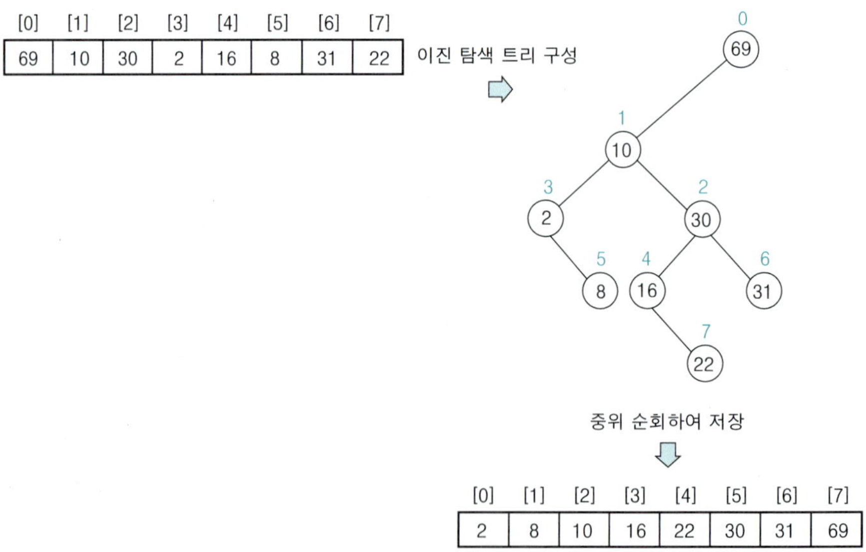

② 트리 정렬 알고리즘

다음은 크기가 n인 배열 a[ ]의 원소들을 트리 정렬하는 알고리즘이다.

[알고리즘 11-11] 트리 정렬 알고리즘

```
treeSort(a[], n)
    for (i ← 0;  i < n;  i ←  i+1) do
        insertBST(bsT, a[i]);        // 이진 탐색 트리의 삽입 연산
    inorder(bsT);                    // 중위 순회 연산
end treeSort()
```

이진 탐색 트리에서의 삽입 연산 insertBST( )와 중위 순회 연산 inorder( )는 9장의 알고리즘을 응용하여 사용한다.

트리 정렬에서 원소들을 비교하여 이진 탐색 트리를 구성하는 시간이 $O(\log_2 n)$이므로 n개의 노드에 대해서 이진 탐색 트리를 구성하고, 트리 정렬을 수행하는 시간 복잡도는 $O(n\log_2 n)$이 된다.

요약

1 정렬이란 순서 없이 배열되어 있는 자료들을 작은 것부터 큰 것 순서의 오름차순이나 큰 것부터 작은 것 순서의 내림차순으로 재배열하는 것이다. 정렬 방법은 수행되는 위치에 따라서 컴퓨터 메모리 내부에서 수행하는 내부 정렬과 메모리의 외부인 보조 기억 장치에서 수행하는 외부 정렬로 분류할 수 있고, 수행 방법에 따라 비교식 정렬과 분산식 정렬로 구분할 수 있다.

2 내부 정렬의 정렬 방법을 다음과 같이 분류한다.

① 교환 방식 : 키를 비교하고 교환하여 정렬하는 방식(선택 정렬, 버블 정렬, 퀵 정렬)
② 삽입 방식 : 키를 비교하고 삽입하여 정렬하는 방식(삽입 정렬, 셸 정렬)
③ 병합 방식 : 키를 비교하고 병합하여 정렬하는 방식(2-way 병합, n-way 병합)
④ 분배 방식 : 키를 구성하는 값을 여러 개의 부분집합에 분배하여 정렬하는 방식 (기수 정렬)
⑤ 선택 방식 : 이진 트리를 사용하여 정렬하는 방식 (힙 정렬, 트리 정렬)

3 교환 방식에는 선택 정렬과 버블 정렬, 퀵 정렬이 있다.

① 선택 정렬 : 전체 원소들 중에서 선택하여 기준 위치에 맞는 원소를 선택하여 자리를 교환하는 방식으로 정렬한다.
② 버블 정렬 : 인접한 두개의 원소를 비교하여 자리를 교환하는 방식을 첫 번째 원소부터 마지막 원소까지 반복하여 한 단계가 끝나면 가장 큰 원소가 마지막 자리로 정렬된다.
③ 퀵 정렬 : 정렬할 전체 원소에 대해서 정렬을 수행하지 않고 기준 값을 중심으로 왼쪽 부분집합과 오른쪽 부분집합으로 분할한다. 왼쪽 부분집합에는 기준 값보다 작은 원소들을 이동시키고, 오른쪽 부분집합에는 기준 값보다 큰 원소들을 이동시킨다.

4 삽입 방식에는 삽입 정렬과 셸 정렬이 있다.

① 삽입 정렬 : 정렬되어 있는 부분집합에 정렬할 새로운 원소의 순서를 찾아 삽입하는 방법이다.
② 셸 정렬 : 일정한 간격으로 떨어져있는 자료들로 구성한 부분집합 단위로 삽입 정렬을 수행하는 방법이다. 전체 원소에 대해서 정렬을 수행하는 삽입 정렬 방법에서 비교연산과 교환연산을 하는 것보다 부분집합으로 나누어 정렬하면 비교횟수와 교환연산을 줄일 수 있다.

5 병합 정렬은 정렬되지 않은 자료들을 부분집합으로 분할하고 각 부분집합에 대해서 정렬 작업을 완성한 후에 다시 결합하는 분할 정복 기법을 사용한다. n개의 정렬된 자료의 집합을 결합하여 하나의 집합으로 만드는 병합 방법을 n-way 병합이라고 한다.

6 기수 정렬은 분배방식의 정렬 방법으로 정렬할 원소의 키값에 해당하는 버킷에 원소를 분배하였다가 버킷의 순서대로 원소를 꺼내는 방법을 반복한다. 기수 정렬은 원소의 키를 표현하는 값의 기수만큼의 버킷이 필요하고, 키값의 자리수만큼 기수 정렬을 반복한다.

7 선택 방식에는 힙 정렬과 트리 정렬이 있다.

① 힙 정렬 : 힙 자료구조를 이용하여 정렬하는 방법이다.

② 트리 정렬 : 이진 탐색 트리를 이용하여 정렬하는 방법이다. 정렬할 원소들을 이진 탐색 트리로 구성하고 중위 순회 방법을 사용하여 이진 탐색 트리의 원소들을 순회하여 꺼내면 오름차순 정렬이 된다.

연습문제

1 다음의 자료들을 정렬하여라.

34, 27, 19, 51, 8, 24, 11

① 선택 정렬을 사용하여 정렬하여라.
② 버블 정렬을 사용하여 정렬하여라.
③ 삽입 정렬을 사용하여 정렬하여라.
④ 병합 정렬을 사용하여 정렬하여라.
⑤ 퀵 정렬을 사용하여 정렬하여라.
⑥ 힙 정렬을 사용하여 정렬하여라.
⑦ 트리 정렬을 사용하여 정렬하여라.
⑧ 셸 정렬을 사용하여 정렬하여라.
⑨ 기수 정렬을 사용하여 정렬하여라.

2 정렬 방법 중에서 별도의 메모리가 추가로 필요한 정렬 방법은 무엇인가?

3 큐를 사용하는 정렬 방법은 무엇인가? 그리고 큐를 사용하는 이유는 무엇인가?

4 정렬 알고리즘 선택 시 고려사항으로 거리가 먼 것은? (2000년 기출문제)

가. 증가 데이터의 배열 상태
나. 키값들의 분포 상태
다. 소요 공간 및 작업 시간
라. 정렬에 필요한 기억공간의 크기

5 자료가 다음과 같이 주어졌다고 하자. 선택 정렬을 적용하여 오름차순으로 정렬할 경우 2단계를 진행한 후의 정렬 상태는? (2001년 기출문제)

9, 4, 5, 11, 8

가. 4, 5, 9, 8, 11
나. 4, 5, 9, 11, 8
다. 4, 5, 8, 11, 9
라. 4, 5, 8, 9, 11

6 인접한 데이터를 비교하면서 그 크기에 따라 데이터의 위치를 바꾸어 정렬하는 방법은? (2002년 기출문제)

가. 퀵 정렬　나. 힙 정렬　다. 셸 정렬　라. 버블 정렬

7 삽입정렬을 사용하여 다음의 자료를 오름차순으로 정렬하고자 한다. 3회전 후의 결과는?
(2007년 기출문제)

5, 4, 3, 2, 1

가. 2, 3, 4, 5, 1
나. 4, 5, 3, 2, 1
다. 3, 4, 5, 2, 1
라. 1, 2, 3, 4, 5

8 다음 자료를 버블 정렬을 이용하여 오름차순으로 정렬할 경우 PASS 2의 결과는?
(2007년 기출문제)

9, 6, 7, 3, 5

가. 3, 5, 6, 7, 9
나. 6, 7, 3, 5, 9
다. 6, 3, 5, 7, 9
라. 3, 5, 9, 6, 7

Chapter 12

검색

*학습목표

• 자료에 대한 검색의 개념을 이해한다.
• 순차 검색의 개념과 알고리즘을 알아본다.
• 이진 검색의 개념과 알고리즘을 알아본다.
• 해싱에 대해 알아보고 다른 검색 알고리즘과의 차이를 이해한다.

Section

01 검색

검색(search)이란 말 그대로 무언가를 찾는 것이다. 필통에서 원하는 필기구를 찾는 것, 영어 사전에서 단어를 찾는 것, 사람들이 많이 모인 청계천에서 친구를 찾는 것, 인터넷에서 상영중인 영화를 찾는 것도 모두 검색이다. 자료의 정렬과 마찬가지로 검색은 자료구조를 활용하는 중요한 방법이다. 만들고 저장하고 정렬해놓은 자료를 사용하기 위해서 원하는 자료를 찾는 작업이 바로 검색이다. 저장한 자료는 그 자료를 구별하여 인식할 수 있는 키를 가지고 있는데, 이를 탐색키(Search Key)라고 한다. 자료를 검색하는 것은 원하는 탐색키를 가진 항목을 찾는 것이다. 자료들 속에서 원하는 항목을 찾은 경우를 검색 성공이라고 하고, 찾지 못한 경우는 검색 실패라고 한다.

검색 연산은 삽입 연산과 삭제 연산을 위해서도 필요한 연산으로서 원소를 삽입하거나 삭제하려면 먼저 그 위치를 찾아야 하는데, 이때 검색 연산을 수행한다. 검색 방법의 효율성은 어떠한 자료구조의 형태를 사용하고 있는지와 자료의 배열 상태에 따라 영향을 받으므로 문제에 맞는 가장 적당한 검색 방법을 선택하여 사용하여야 한다.

검색이 수행되는 위치에 따라서 메모리 내의 자료에 대해서 수행하는 내부 검색(Internal Search)과 메모리의 외부에 있는 보조 기억 장치에 있는 자료에 대해서 수행하는 외부 검색(External Search)이 있다.

검색 방법에 따라서 다음과 같이 검색 방법을 분류한다.

- 비교 검색 방식(Comparison Search Method) : 검색 대상의 키를 비교하여 검색하는 방법 (순차 검색, 이진 검색, 트리 검색)
- 계산 검색 방식(Non-comparison Method) : 계수적인 성질을 이용한 계산으로 검색하는 방법 (해싱)

Section

02 순차 검색

순차 검색은 가장 쉽고 단순한 검색방법으로서 순서대로 항목을 비교하면서 검색하는 순차 검색과 인덱스 테이블을 사용하여 검색의 효율을 높인 색인 순차 검색이 있다.

1 순차 검색

순차 검색(Sequential Search)은 일렬로 되어있는 자료를 처음부터 마지막까지 순서대로 검색하는 방법으로 선형 검색(Linear Search)이라고도 한다. 순차 검색은 가장 간단하고 직접적인 방법으로서 배열이나 연결 리스트로 구현된 순차 자료구조에서 원하는 항목을 찾는 방법이다. 순차 검색은 검색해야하는 자료의 양에 따라 효율이 달라지기 때문에 자료가 아주 많은 경우에는 비효율적이지만, 알고리즘이 단순하여 구현이 쉬운 장점이 있다.

정렬되지 않은 자료에서의 순차 검색과 정렬되어있는 자료에서의 순차 검색을 살펴보자.

정렬되지 않은 순차 자료구조에서의 순차 검색

첫 번째 원소부터 시작하여 마지막 원소까지 순서대로 키값이 일치하는 원소가 있는지를 비교하여 찾는다. 키값이 일치하는 원소를 찾으면 그 원소가 몇 번째 원소인지를 반환한다. 마지막 원소까지 비교하여 키값이 일치하는 원소가 없으면 검색 실패가 된다.

8	30	1	9	11	19	2

9를 검색하는 경우

① 9 ≠ 8	8	30	1	9	11	19	2
② 9 ≠ 30	8	30	1	9	11	19	2
③ 9 ≠ 1	8	30	1	9	11	19	2
④ 9 = 9	8	30	1	⑨	11	19	2

(a) 검색 성공의 경우

8	30	1	9	11	19	2

6을 검색하는 경우

① 6 ≠ 8	**8**	30	1	9	11	19	2
② 6 ≠ 30	8	**30**	1	9	11	19	2
③ 6 ≠ 1	8	30	**1**	9	11	19	2
④ 6 ≠ 9	8	30	1	**9**	11	19	2
⑤ 6 ≠ 11	8	30	1	9	**11**	19	2
⑥ 6 ≠ 19	8	30	1	9	11	**19**	2
⑦ 6 ≠ 2	8	30	1	9	11	19	**2**

(b) 검색 실패의 경우

[그림 12-1] 순차 검색의 예

다음은 순차 검색 알고리즘이다.

[알고리즘 12-1] 순차 검색 알고리즘 1

```
sequentialSearch1(a[],n, key)
    i←0;
    while (i<n and a[i]≠key) do {
            i←i+1;
     }
    if (i<n) then return i;
    else return -1;
end sequentialSearch1()
```

순차 검색에서 비교횟수는 찾고자 하는 원소의 위치에 따라 다르다. 찾고자 하는 원소가 첫 번째 원소라면 비교횟수는 한번이 되고, 두 번째 원소라면 비교횟수는 2번, 세 번째 원소라면 비교횟수는 3번이 되므로 찾는 원소가 i번째 원소면 i번을 비교한 후에 찾을 수 있다. 그러므로 순차 검색의 평균 비교 횟수는 다음과 같다.

$$\frac{1}{n}(1+2+3+\cdots+n) = \frac{n+1}{2}$$

이때 평균 시간 복잡도는 O(n)이다.

정렬되어있는 순차 자료구조에서의 순차 검색

정렬되어 있지 않은 자료에서 순차 검색을 하는 경우에 검색 실패는 마지막 원소까지 모두 비교한 후에야 알 수 있다. 하지만 정렬되어 있는 자료에 대해서 순차 검색을 할 경우에는 원소의 키값이 찾는 키값보다 크면 찾는 원소가 없는 것이므로 더 이상 검색을 수행하지 않고 끝낼 수 있다.

[그림 12-2] 정렬되어있는 자료에서의 순차 검색의 예

다음은 정렬되어있는 자료에서의 순차 검색 알고리즘이다.

[알고리즘 12-2] 순차 검색 알고리즘 2

```
sequentialSearch2(a[],n, key)
     i←0;
     while (a[i]<key) do {
        i←i+1;
     }
    if (a[i]=key) then return i;
    else return -1;
end sequentialSearch2()
```

순차 검색 알고리즘 2는 찾는 항목이 없어서 검색 실패하는 경우에 정렬되어 있지 않은 자료를 순차 검색하는 [알고리즘 12-1]보다 평균 비교횟수가 반으로 줄어든다. 하지만 평균 시간 복잡도는 [알고리즘 12-1]과 마찬가지로 O(n)이 된다.

다음은 자료가 정렬되어 있지 않은 경우와 정렬되어 있는 경우에 대해서 각각 순차 검색을 수행하는 프로그램이다.

[예제 12-1] 순차 검색 프로그램

```
class Search{
    public void sequentialSearch1(int a[], int size, int key){
        int i=0;
        System.out.printf("\n %d를 순차검색하여라! ->> ", key);
        while(i<size && (a[i]!=key)) i++;
        if(i<size)
            System.out.printf("%d 번째에 검색 성공! \n", i+1);
        else
            System.out.printf("%d 번째에 검색 실패! \n", i+1);
    }

    public void sequentialSearch2(int a[], int size, int key){
        int i=0;
        System.out.printf("\n %d를 순차검색하여라! ->> ", key);
        while(a[i] < key) i++;
        if(a[i] == key)
            System.out.printf("%d 번째에 검색 성공! \n", i+1);
        else
            System.out.printf("%d 번째에 검색 실패! \n", i+1);
    }
}

class Ex12_1{
    public static void main(String args[]){
        int a1[] = {8, 30, 1, 9, 11, 19, 2};
        int size = a1.length;
        Search S = new Search();
        System.out.printf("\n정렬되지 않은 자료에서의 순차검색 >> ");
        S.sequentialSearch1(a1, size, 9);
        S.sequentialSearch1(a1, size, 6);
```

```
        int a2[] = {1, 2, 8, 9, 11, 19, 29};
        size = a2.length;
        System.out.printf("\n정렬되어 있는 자료에서의 순차검색 >> ");
        S.sequentialSearch2(a2, size, 9);
        S.sequentialSearch2(a2, size, 6);
    }
}
```

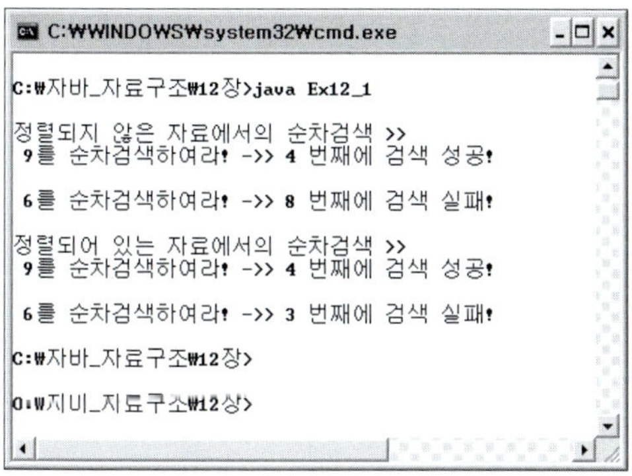

```
C:₩WINDOWS₩system32₩cmd.exe
C:₩자바_자료구조₩12장>java Ex12_1

정렬되지 않은 자료에서의 순차검색 >>
 9를 순차검색하여라! ->> 4 번째에 검색 성공!

 6를 순차검색하여라! ->> 8 번째에 검색 실패!

정렬되어 있는 자료에서의 순차검색 >>
 9를 순차검색하여라! ->> 4 번째에 검색 성공!

 6를 순차검색하여라! ->> 3 번째에 검색 실패!

C:₩자바_자료구조₩12장>
```

2. 색인 순차 검색

색인 순차 검색(Index Sequential Search)은 인덱스 테이블(Index Table)을 추가로 사용하여 탐색의 효율을 높인 검색 방법이다. 인덱스 테이블은 배열에 정렬되어 있는 자료 중에서 일정한 간격으로 떨어져 있는 원소들을 가지고 있다. 자료가 저장되어 있는 배열의 크기가 n이고 인덱스 테이블의 크기가 m일 때, 배열에서 n/m간격으로 떨어져 있는 원소와 그의 인덱스를 인덱스 테이블에 저장한다. 찾고자 하는 키값을 인덱스 테이블에서 검색하여 indexTable[i].key ≤ key < indexTable[i+1].key를 만족하는 i를 찾아서 배열의 어느 범위에 있는지를 먼저 알아낸 후에 해당 범위에 대해서만 순차 검색을 수행한다.

[그림 12-3]은 {1, 2, 8, 9, 11, 19, 29}의 자료를 검색하기 위해 만든 인덱스 테이블을 보여준다. 키값이 6인 원소를 검색하려면 먼저 인덱스 테이블의 키값을 검색한다. 키값 6은 인덱스 테이블의 키값 1과 9 사이에 있으므로 자료가 저장되어 있는 배열에서 인덱스 0번

부터 2번까지를 검색 범위로 정하고 순차 검색을 수행한다.

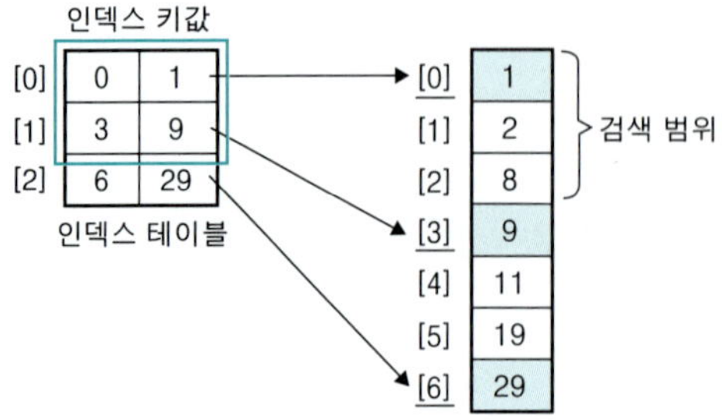

[그림 12-3] 색인 순차 검색의 예

색인 순차 테이블의 성능은 인덱스 테이블의 크기에 따라 달라진다. 인덱스 테이블의 크기가 줄어들면 배열의 인덱스를 저장하는 간격이 커지므로 배열에서 검색해야 하는 범위도 커진다. 인덱스 테이블의 크기를 늘리면 배열의 인덱스를 저장하는 간격이 작아지므로 배열에서 검색해야 하는 범위는 작아지겠지만, 인덱스 테이블을 검색하는 시간이 늘어나게 된다. 색인 순차 검색의 시간 복잡도는 O(m + n/m)이 된다.

Section

03 이진 검색

이진 검색(Binary Search)은 자료의 가운데에 있는 항목을 키값과 비교하여 키값이 더 크면 오른쪽 부분을 검색하고, 키값이 더 작으면 왼쪽 부분을 검색하는 방법이다. 가운데에 있는 값을 기준으로 왼쪽과 오른쪽의 두 부분으로 나누어서 검색하므로 이분 검색 또는 보간 검색(Interpolation Search)이라고도 한다. 키를 찾을 때까지 이진 검색을 순환적으로 반복 수행함으로써 검색 범위를 반으로 줄여가면서 더 빠르게 검색한다. 또한 검색 범위를 반으로 분할하고 검색을 수행하는 작업을 반복하므로 분할 정복 기법이라고도 한다.

이진 검색은 자료가 정렬되어 있는 상태에서만 사용할 수 있다.

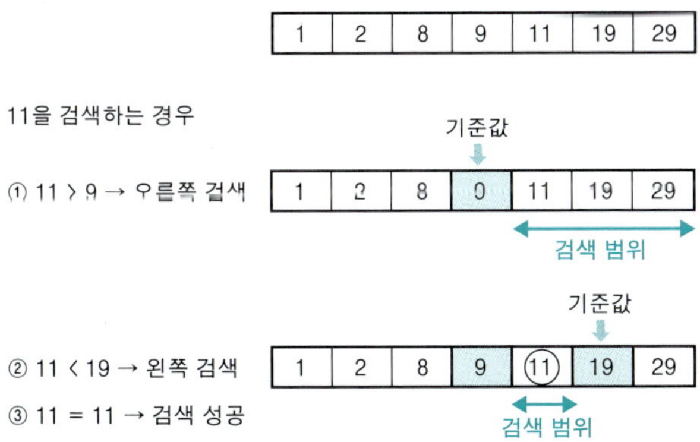

(a) 검색 성공의 경우

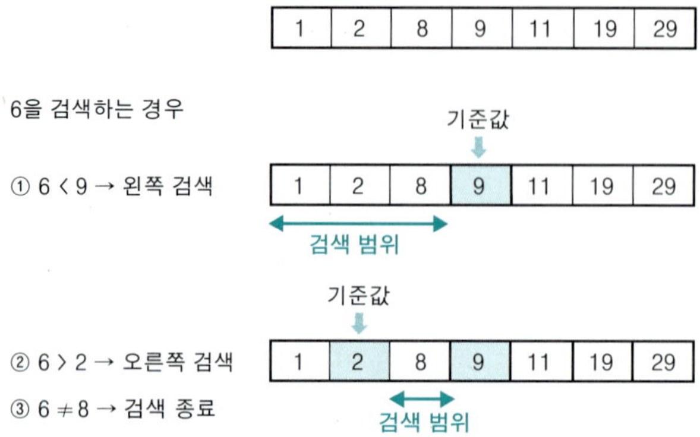

(b) 검색 실패의 경우

[그림 12-4] 이진 검색의 예

다음은 이진 검색 알고리즘이다.

[알고리즘 12-3] 이진 검색 알고리즘

```
binarySearch(a[], low, high, key)
    middle ← (low+high)/2;
    if (key = a[middle]) then return i;
    else if (key < a[middle]) then binarySearch(a[], low,
        middle-1, key);
    else if (key > a[middle]) then binarySearch(a[], middle+1,
        high, key);
    else return -1;
end binarySearch()
```

이진 검색 방법은 시간 복잡도가 $O(\log_2 n)$으로 다른 검색 방법에 비해 성능이 좋지만, 삽입이나 삭제를 수행한 후에 항상 배열의 상태를 정렬된 상태로 유지해야 하는 작업이 추가로 필요하다.

Section

04 이진 트리 검색

이진 트리 검색(Binary Tree Search)은 9장에서 설명한 이진 탐색 트리를 사용하여 검색하는 방법이다. 이진 탐색 트리는 루트 노드를 기준으로, 왼쪽 서브 트리는 루트 노드보다 키값이 작은 원소들로 구성하고 오른쪽 서브 트리는 루트 노드보다 키값이 큰 원소들로 구성한 이진 트리다. 이렇게 구성한 이진 탐색 트리는 중위 순회 방법으로 순회하면 오름차순으로 정렬된 자료를 구할 수 있다.

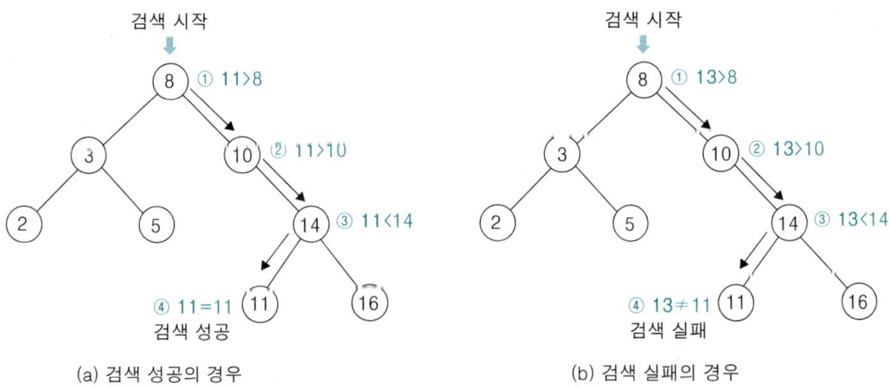

[그림 12-5] 이진 트리 검색의 예

이진 트리 검색은 이진 탐색 트리의 특성을 이용하여 쉽게 검색할 수 있지만, 원소의 삽입이나 삭제 연산에 대해서 항상 이진 탐색 트리를 재구성하여 유지해야 하는 단점이 있다.

Section

05 해싱

해싱(hashing)은 키값을 비교하여 찾는 검색 방법이 아니라 산술적인 연산을 이용하여 키가 있는 위치를 계산하여 바로 찾아가는 계산 검색 방식이다. 키값을 원소의 위치로 변환하는 함수를 해싱 함수(Hashing Function)라고 하고, 해싱 함수에 의해 계산된 주소의 위치에 항목을 저장한 표를 해시 테이블(Hash Table)이라고 한다.

지금부터 해싱을 이용한 검색 방법과 해싱 함수의 종류 그리고 오버플로우에 대한 처리 방법에 대해 알아보자.

1. 해싱 검색 방법

해싱 검색은 키값에 대해서 해싱 함수를 계산하여 주소를 구하고, 구한 주소에 해당하는 해시 테이블에 찾는 항목이 있으면 검색 성공이 되고, 없으면 검색 실패가 된다.

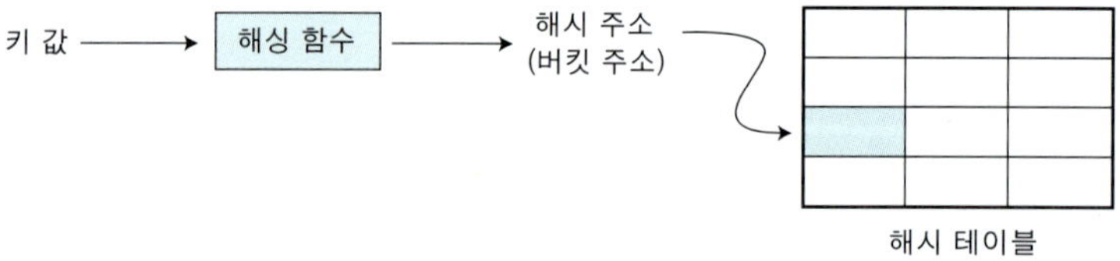

[그림 12-6] 해싱 검색의 수행 방법

도서관에서 책을 찾을 때 첫 번째 책꽂이부터 책 제목을 비교하면서 찾는 사람은 없을 것이다. 도서관의 수많은 책들을 일일이 비교하면서 찾는다는 것은 너무 무모한 일이기 때문이다. 도서관에서는 도서목록카드를 이용하도록 되어 있다. 원하는 책의 도서목록카드를 보면 책이 있는 위치가 적혀있고 그 위치로 가면 책을 찾을 수 있다. 전산화되어 있는 도서검색 시스템에서 제목을 입력하여 책 위치를 확인한 후에 찾는 것도 역시 해싱의 예가 된다.

[그림 12-7] 해싱의 예: 위치 번호에 따른 도서 찾기

수업을 듣는 15명의 학생들에게 자리를 지정해주기 위해서 학번을 입력하면 0~14 사이의 자리번호를 생성해주는 번호생성기를 사용한다고 생각해보자. 각자 자기 학번으로 생성된 번호의 자리에 앉는다. 빈자리가 있으면 그 자리에 해당하는 학번의 학생은 결석이다. 여기에서 학번은 키값이 되고, 자리번호를 생성해주는 번호생성기는 해싱 함수가 된다. 학생들이 앉는 지정자리가 있는 강의실은 해시 테이블이 된다. 강의실 자리에 있는 학생은 검색 성공이 될 것이고, 결석하여 자리에 없는 학생들은 검색 실패가 될 것이다.

[그림 12-8] 해싱의 예: 학번에 따른 강의실 좌석 배정

해시 테이블은 n개의 버킷과 m개의 슬롯으로 구성한다. 해싱 함수에 의해서 계산된 주소는 버킷 주소가 된다. 이때 사용하는 해싱 함수는 0~n-1 사이의 버킷 주소을 만들어야 한다. 해싱 함수에 의해서 알아낸 버킷에 키값이 저장된 슬롯이 여러 개 있는 경우에는 순차 검색을 하여 해당 슬롯을 검색한다.

해싱 구조에서는 다음의 용어들을 사용한다.

■ **동거자**

모든 키값이 고르게 사용되기보다는 많이 사용하는 비슷한 키값들도 있고 거의 사용하지 않는 키값도 있기 때문에 키값의 수만큼 많은 버킷을 만드는 것은 메모리 공간을 낭비하는 것이다. 그래서 해시 테이블에서는 버킷의 수를 줄이고 같은 버킷 안에 여러 개의 슬롯을 두어서 해싱 함수로 만든 주소가 같은 키값들은 같은 버킷에 저장하는 방법을 사용하는데, 이때 서로 다른 키값을 가지지만 해싱 함수에 의해서 같은 버킷에 저장된 키값들을 동거자라고 한다.

하나의 버킷에 여러 개의 슬롯을 두는 것은 [그림 12-9]의 좌석 배정 예에서 좌석을 1인용 좌석이 아니라 여러 사람이 앉을 수 있는 다인용 좌석을 두는 것과 같다. 번호생성기에서 같은 번호를 받은 학생들은 같은 좌석에 함께 앉는 짝꿍이 되는데, 이들이 같은 버킷에 저장된 동거자다.

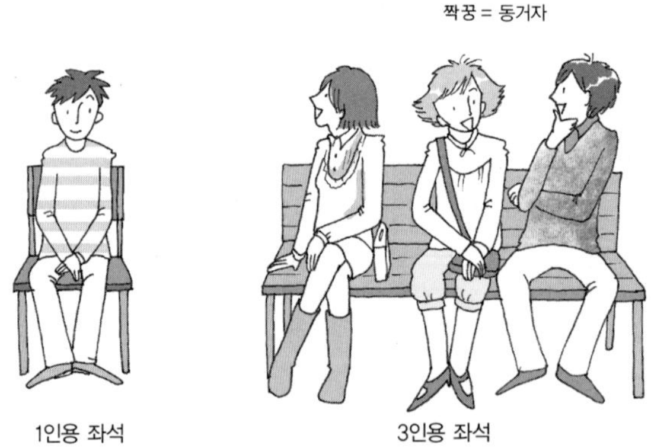

[그림 12-9] 동거자의 예: 같은 좌석에 앉은 짝꿍

■ **충돌**

서로 다른 키값에 대해서 해싱 함수에 의해 주어진 버킷 주소가 같은 경우를 충돌이라고 한다. 충돌이 발생한 경우에는 비어있는 슬롯에 동거자 관계로 키값을 저장하면 되지만,

비어있는 슬롯이 없는 경우에는 문제가 발생한다. 버킷에 비어있는 슬롯이 없는 상태를 포화 버킷 상태라고 하는데, 포화 버킷 상태에서 또 그 버킷을 지정받은 키값이 있어서 다시 충돌이 발생하면 오버플로우가 된다.

[그림 12-9]의 3인용 좌석을 네 번째로 배정받은 학생은 앉을 자리가 없으므로 오버플로우가 된다.

[그림 12-10] 오버플로우의 예

■ 키값 밀도

키값 밀도는 사용 가능한 전체 키값들 중에서 현재 해시 테이블에 저장되어서 실제 사용되고 있는 키값의 개수 정도를 나타낸다.

$$\text{키값 밀도} = \frac{\text{실제 사용중인 키값의 개수}}{\text{사용 가능한 키값의 개수}}$$

■ 적재 밀도

적재 밀도는 해시 테이블에 저장 가능한 키값의 개수 중에서 현재 해시 테이블에 저장되어서 실제 사용되고 있는 키값의 개수 정도를 나타낸다.

$$\text{적재 밀도} = \frac{\text{실제 사용중인 키값의 개수}}{\text{해시 테이블에 저장 가능한 전체 키값의 개수}} = \frac{\text{실제 사용중인 키값의 개수}}{\text{버킷 개수} \times \text{슬롯 개수}}$$

2 해싱 함수

해싱 검색에서 가장 중요한 것은 키값의 위치를 계산하는 해싱 함수다. 어떤 해싱 함수를 사용하느냐에 따라 해싱 검색의 효율이 달라진다. 좋은 해싱 함수는 다음의 조건을 만족해야한다.

- 해싱 함수는 계산이 쉬워야 한다.
  비교 검색 방법을 사용하여 키값의 비교 연산을 수행하는 시간보다 해싱 함수를 사용하여 계산하는 시간이 빨라야 해싱 검색을 사용하는 의미가 있다.
- 해싱 함수는 충돌이 적어야 한다.
  충돌이 많이 발생한다는 것은 같은 버킷을 할당받는 키값이 많다는 뜻이다. 즉 비어있는 버킷이 많은데도 어떤 버킷은 오버플로우가 발생할 수 있는 상태가 되므로 좋은 해싱 함수가 될 수 없다.
- 해시 테이블에 고르게 분포할 수 있도록 주소를 만들어야 한다.

해싱 함수의 종류

■ 중간 제곱 함수

중간 제곱 함수는 키값을 제곱한 결과값에서 중간에 있는 적당한 비트를 주소로 사용하는 방법이다. 제곱한 값의 중간 비트들은 대개 키의 모든 값과 관련이 있기 때문에 서로 다른 키값은 서로 다른 중간 제곱 함수값을 갖는다.

키값이 이진수로 00110101 10100111일 때 중간 제곱 함수를 사용하여 주소를 구해보자.

```
                00110101 10100111
×               00110101 10100111
---------------------------------
00001011001111101001001011110001
```

(결과값에서 가운데 8비트 **11101001**에 밑줄 표시)

키값에 대한 이진수를 제곱한 결과값에서 가운데 있는 8비트는 11101001이 된다. 11101001의 10진수 값 233이 해시 테이블의 버킷 주소가 된다. 제곱 결과값에서 주소로 사용하는 비트의 수는 해시 테이블의 버킷 개수에 따라서 결정된다. 버킷이 256개가 있다면 버킷의 주소는 0~255까지 256개의 값을 사용한다. 256개의 값을 만들기 위해 필요한 최소의 비트 수는 $256 = 2^8$로, 8비트가 되므로 제곱 결과값에서 8비트를 사용한다.

■ 제산 함수

제산(division) 함수는 나머지 연산자 mod를 사용하는 방법으로서, 키값 k를 해시 테이블의 크기 M으로 나눈 나머지를 해시 주소로 사용한다.

$$h(k) = k \bmod M$$

M으로 나눈 나머지 값의 범위는 0~(M−1)이 되므로 해시 테이블의 인덱스로 사용할 수 있다. 해시 주소는 충돌이 발생하지 않고 고르게 분포하도록 생성되어야 하므로 키값을 나누는 해시 테이블의 크기 M은 적당한 크기의 소수(Prime Number)를 사용한다.

■ 승산 함수

승산 함수는 곱하기 연산을 사용하는 방법인데, 키값 k와 정해진 실수 α를 곱한 결과에서 소수점 이하 부분만을 테이블의 크기 M과 곱하여 그 정수 값을 주소로 사용한다.

■ 접지 함수

접지 함수는 키의 비트 수가 해시 테이블 인덱스의 비트 수보다 큰 경우에 주로 사용하는 방법이다. 키값 k가 있을 때 해시 테이블 인덱스의 비트수와 같은 크기로 분할한 후 분할된 부분을 더하는데, 이때 더하는 방법에 따라 이동 접지 함수와 경계 접지 함수로 나뉜다.

(1) 이동 접지 함수

이동 접지 함수는 각 분할 부분을 이동시켜서 오른쪽 끝자리가 일치하도록 맞춘 뒤에 더하는 방법이다.

해시 테이블 인덱스가 3자리고, 키값 k가 12312312312인 경우에 이동 접지 함수를 이용하여 해시 주소를 구해보자. 키값 k를 3자리 크기로 분할하면 k_1=123, k_2=123, k_3=123, k_4=12가 된다. 이렇게 구한 키값들을 오른쪽 끝자리가 일치하도록 맞춰서 더하면 381이 나오는데, 이 값이 인덱스 테이블의 주소가 된다.

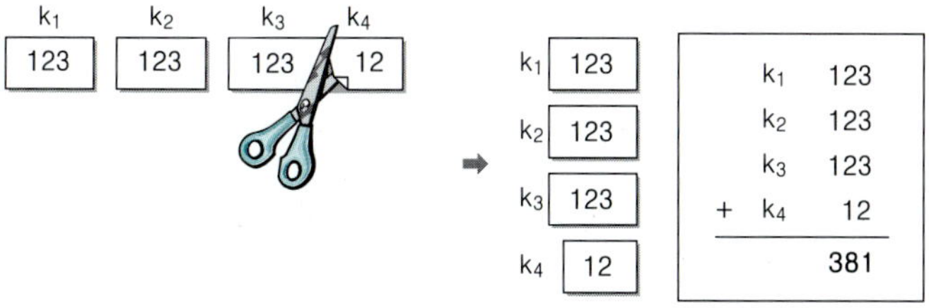

[그림 12-11] 이동 접지 함수의 사용 방법

(2) 경계 접지 함수

경계 접지 함수는 분할된 각 경계를 기준으로 접어 서로 마주보게 배치한 후 더하는 방법이다. 해시 테이블 인덱스가 3자리고 키값 k가 12312312312인 경우에 경계 접지 함수를 이용하여 해시 주소를 구해보자. 키값 k를 3자리 크기로 접으면 k_1=123, k_2=321, k_3=123, k_4=21이 된다. 이렇게 구한 키값들을 오른쪽 끝자리가 일치하도록 맞춰서 더하면 588이 나오는데, 이 값이 인덱스 테이블의 주소가 된다.

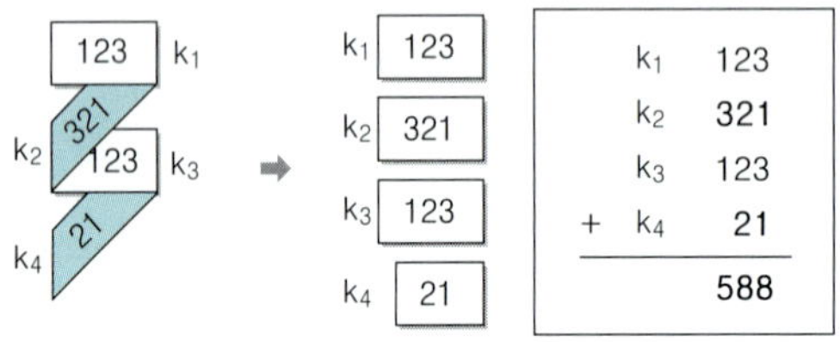

[그림 12-12] 경계 접지 함수의 사용 방법

■ 숫자 분석 함수

숫자 분석법은 키값을 이루고 있는 각 자릿수의 분포를 분석하여 해시 주소로 사용하는 방법이다. 각 키값을 적절히 선택한 진수로 변환한 후에 각 자릿수의 분포를 분석하여 가장 편중된 분산을 가진 자릿수는 생략하고 가장 고르게 분포된 자릿수부터 해시 테이블 주소의 자릿수만큼 차례로 뽑아서 만든 수를 역순으로 바꾸어서 주소로 사용한다.

키값이 학번이고 해시 테이블 주소의 자릿수가 3자리인 경우에 숫자 분석 함수를 이용하여 해시 주소를 구해보자. [그림 12-13]에 있는 학번에서 2008은 입학년도를 나타내고 04는 학과를 나타낸다. 그 다음 1과 2는 주간과 야간을 나타내고 마지막 두 자리는 학생번호를 나타낸다. 가장 고르게 분포된 번호는 학생번호를 나타내는 마지막 두 자리 숫자고, 그 다음으로 고르게 분포된 번호는 주간과 야간을 구분하는 한 자리 숫자므로 합쳐서 3자리의 해시 테이블 주소를 만든다.

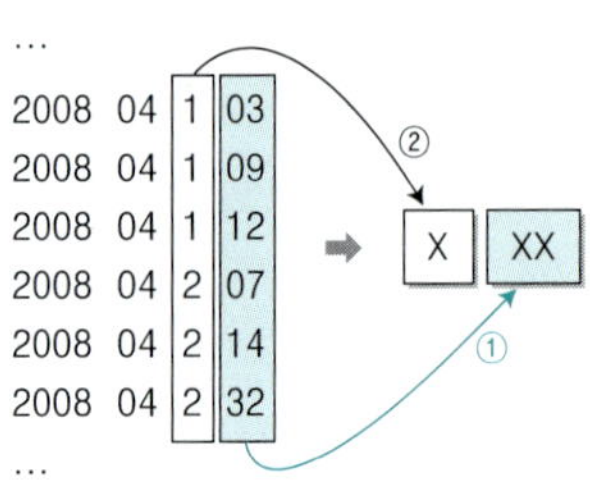

[그림 12-13] 숫자 분석 함수의 사용 방법

■ **진법 변환 함수**

진법 변환 함수는 키값이 10진수가 아닌 다른 진수일 때, 10진수로 변환하고 해시 테이블 주소로 필요한 자릿수만큼만 하위 자리의 수를 사용하는 방법이다.

■ **비트 추출 함수**

비트 추출 함수는 해시 테이블의 크기가 2^k일 때 키값을 이진 비트로 놓고 임의의 위치에 있는 비트들을 추출하여 주소로 사용하는 방법이다. 이 방법에서는 충돌이 발생할 가능성이 많으므로 테이블의 일부에 주소가 편중되지 않도록 키값들의 비트들을 미리 분석하여 사용해야 한다.

3. 오버플로우 처리 방법

해시 테이블과 해싱 함수를 잘 선택하여 오버플로우가 발생하지 않도록 해야 하고, 오버플로우가 발생한 경우에는 효율적으로 처리하여 문제를 해결해야 한다. 오버플로우를 해결하는 방법은 충돌이 일어난 키값을 다른 비어있는 버킷을 찾아 저장하는 선형 개방 주소법과 여러 개의 항목을 저장할 수 있도록 해시 테이블의 구조를 변경하는 체이닝 방법이 있다.

선형 개방 주소법

선형 개방 주소법은 선형 소사법(Linear Probing)이라고도 한다. 선형 개방 주소법에서 해싱 함수로 구한 버킷에 빈 슬롯이 없어서 오버플로우가 발생하면 그 다음 버킷에 빈 슬롯이 있는지 조사한다. 빈 슬롯이 있으면 키값을 저장하고, 빈 슬롯이 없으면 다시 그 다음 버킷을 조사한다. 이런 과정을 되풀이하면서 해시 테이블 내에 비어있는 슬롯을 순차적으로 찾아서 사용하여 오버플로우 문제를 처리한다.

해시 테이블의 크기가 5이고 제산 함수를 해시 함수로 사용하는 경우에 선형 개방 주소법을 사용하여 오버플로우를 해결하는 과정을 살펴보자. 해시 함수 h(k) = k mod 5가 되고, 저장할 키값은 {45, 9, 10, 96, 25}다.

① 키값 45 저장하기

h(45) = 45 mod 5 = 0 ⇒ 해시 테이블 0번에 45 저장([그림 12-14]의 (1))

② 키값 9 저장하기

h(9) = 9 mod 5 = 4 ⇒ 해시 테이블 4번에 9 저장([그림 12-14]의 (2))

③ 키값 10 저장하기

h(10) = 10 mod 5 = 0 ⇒ 충돌 발생!

⇒ 다음 버킷 중에서 비어있는 버킷 1에 10 저장([그림 12-14]의 (3))

④ 키값 96 저장하기

h(96) = 96 mod 5 = 1 ⇒ 충돌 발생!

⇒ 다음 버킷 중에서 비어있는 버킷 2에 96 저장([그림 12-14]의 (4))

⑤ 키값 25 저장하기

h(25) = 25 mod 5 = 0 ⇒ 충돌 발생!

⇒ 다음 버킷 중에서 비어있는 버킷 3에 25 저장([그림 12-14]의 (5))

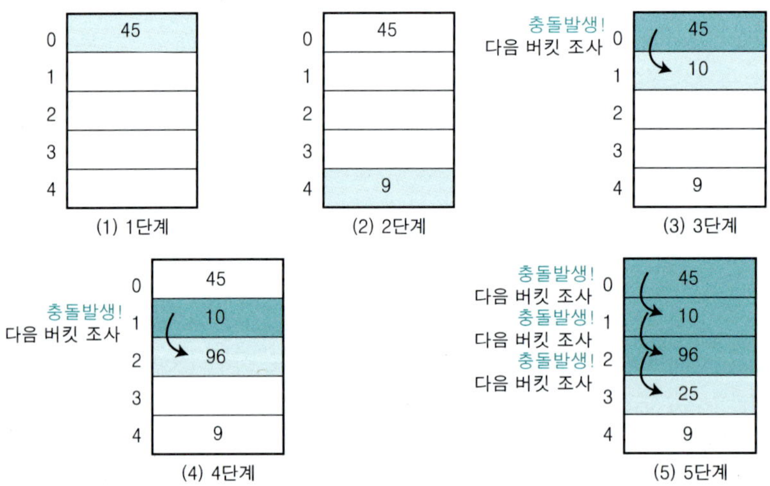

[그림 12-14] 선형 개방 주소법을 사용하는 해시 테이블

체이닝

체이닝은 해시 테이블의 구조를 변경하여 각 버킷에 하나 이상의 키값을 저장할 수 있도록 하는 방법이다. 버킷에 슬롯을 동적으로 삽입하고 삭제하기 위해서 연결 리스트를 사용한다. 각 버킷에 대한 헤드 노드를 1차원 배열로 만들고 각 버킷에 대한 헤드 노드는 슬롯을 연결 리스트로 가지고 있어서 슬롯의 삽입이나 삭제 연산을 쉽게 수행할 수 있다. 버킷 내에서 원하는 슬롯을 검색하기 위해서는 버킷의 연결 리스트를 선형 검색한다.

체이닝을 사용하여 오버플로우를 해결하는 과정을 살펴보자. 해시 함수 h(k) = k mod 5가 되고, 저장할 키값은 {45, 9, 10, 96, 25}다.

① 키값 45 저장하기

h(45) = 45 mod 5 = 0 ⇒ 해시 테이블 0번에 노드를 삽입하고 45 저장([그림 12-15]의 (1))

② 키값 9 저장하기

h(9) = 9 mod 5 = 4 ⇒ 해시 테이블 4번에 노드를 삽입하고 9 저장([그림 12-15]의 (2))

③ 키값 10 저장하기

h(10) = 10 mod 5 = 0 ⇒ 해시 테이블 0번에 노드를 삽입하고 10 저장([그림 12-15]의 (3))

④ 키값 96 저장하기

h(96) = 96 mod 5 = 1 ⇒ 해시 테이블 1번에 노드를 삽입하고 96 저장([그림 12-15]의 (4))

⑤ 키값 25 저장하기

h(25) = 25 mod 5 = 0 ⇒ 해시 테이블 0번에 노드를 삽입하고 25 저장([그림 12-15]의 (5))

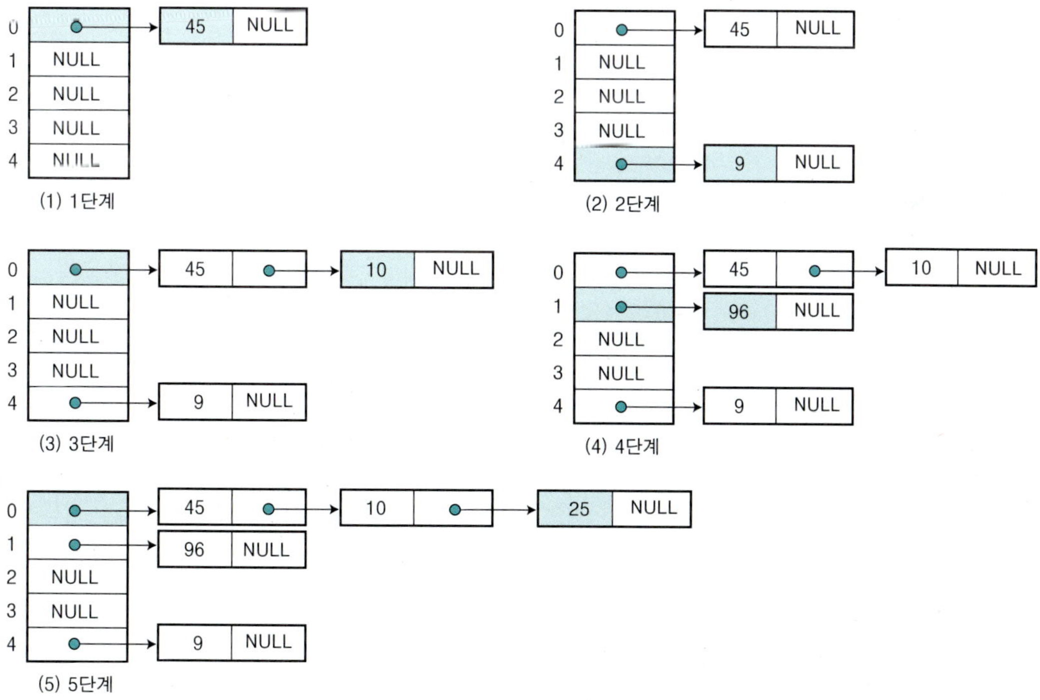

[그림 12-15] 체이닝을 사용하는 해시 테이블

요약

1 자료를 검색하는 것은 원하는 탐색키를 가진 항목을 찾는 것이다. 원하는 항목을 찾은 경우를 검색 성공이라고 하고, 찾지 못한 경우는 검색 실패라고 한다.

2 검색 방법에 따라서 다음과 같이 검색 방법을 분류한다.

비교 검색 방식 (comparison search method)	검색 대상의 키를 비교하여 검색하는 방법(순차 검색, 이진 검색, 트리 검색)
계산 검색 방식 (non-comparison method)	키를 비교하지 않고 계수적인 성질을 이용한 계산으로 검색 하는 방법(해싱)

3 순차 검색은 일렬로 되어있는 자료를 처음부터 마지막까지 순서대로 비교하여 검색하는 방법으로, 가장 간단하고 직접적인 방법으로서 배열이나 연결 리스트로 구현된 순차 자료구조에서 원하는 항목을 찾는 방법이다.

4 색인 순차 검색은 인덱스 테이블을 추가로 사용하여 탐색의 효율을 높이는 검색 방법이다. 찾고자 하는 키값을 인덱스 테이블에서 검색하여 indexTable[i].key ≤ key < indexTable[i+1].key를 만족하는 i를 찾아서 알아낸 범위에 대해서만 순차 검색을 수행한다.

5 이진 검색은 가운데에 있는 항목을 키값과 비교하여 키값이 더 크면 오른쪽 부분을 검색하고, 키값이 더 작으면 왼쪽 부분을 검색하는 방법을 반복 수행하는 분할 정복 기법을 이용한 검색 방법이다. 이진 검색은 반드시 정렬되어있는 자료에서의 검색에서만 사용할 수가 있다.

6 이진 트리 검색은 루트 노드를 기준으로 왼쪽 서브 트리는 루트 노드보다 키값이 작은 원소들로 구성하고, 오른쪽 서브 트리는 루트 노드보다 키값이 큰 원소들로 구성한 이진 탐색 트리를 이용한 검색 방법이다.

7 해싱은 계수적인 성질을 이용하여 키가 있는 위치를 계산하여 바로 찾아가는 계산 검색 방식이다. 해싱 검색은 키값에 대해서 해싱 함수를 계산하여 주소를 구하고, 구한 주소에 해당하는 해시 테이블로 바로 가서 항목이 있으면 검색 성공이 되고 없으면 검색 실패가 된다.

연습문제

1 다음의 키값에 대한 버킷 주소를 결정하여라. 해시 테이블의 버킷 수는 256개며, 알파벳 'a~z'의 아스키 코드값 97~122를 사용하여라.

[tree, heap, deap, list]

① 중간 제곱 함수를 이용하여 주소를 구하여라.
② 제산 함수를 이용하여 주소를 구하여라.
③ 승산 함수를 이용하여 주소를 구하여라.
(단, α=0.001일 경우와 α=0.618일 경우에 대해서 주소를 구하여라)

2 다음과 같이 레코드가 구성되어 있을 때 이진 검색 방법으로 14를 찾을 경우 비교 횟수는 몇 번인가? (2000년, 2002년, 2003년 기출문제)

1, 2, 3, 4, 5, 6, 7, 8, 9, 10, 11, 12, 13, 14, 15

가. 2번　　나. 3번
다. 4번　　라. 5번

3 What's the explain next sentence? Choose the collect answer. (2006년 기출문제)

A quick method for finding an ordered dense list for particular record by successively looking at that half of the remaining portion of the list in which the record is known to.

가. Tree Search　　나. Hashing
다. Block Search　　라. Binary Search

4 탐색 방법 중 키 값으로부터 레코드가 저장되어 있는 주소를 직접 계산하여 산출된 주소로 바로 접근하는 방법은? (2006년 기출문제)

가. 이진 탐색　　나. 피보나치 탐색
다. 해싱 탐색　　라. 블록 탐색

연습문제

5 해싱 함수 기법 중 어떤 진법으로 표현된 주어진 레코드 키 값을 다른 진법으로 간주하고, 키 값을 변화하여 홈 주소로 취하는 방법은? (2006년 기출문제)

가. 숫자 분석 방법　　나. 대수적 코딩 방법

다. 기수 변환 방법　　라. 제곱법

〔아~자〕

〔차~하〕

〔A~D〕

〔E~L〕

〔M~Z〕